建设工程资料管理与填写范例丛书

建设工程监理资料管理与表格填写范例

张双军 陈 洁 马 燕 主 编
张 盟 张在国 邢伟宁 副主编

中国建材工业出版社

图书在版编目（CIP）数据

建设工程监理资料管理与表格填写范例／张双军，陈洁，马燕主编；张盟，张在国，邢伟宁副主编. -- 北京：中国建材工业出版社，2023.8
（建设工程资料管理与填写范例丛书）
ISBN 978-7-5160-3811-6

Ⅰ.①建… Ⅱ.①张… ②陈… ③马… ④张… ⑤张… ⑥邢… Ⅲ.①建筑工程－监理工作－技术档案－档案管理 Ⅳ.① G275.3

中国国家版本馆 CIP 数据核字（2023）第 148272 号

建设工程监理资料管理与表格填写范例
JIANSHE GONGCHENG JIANLI ZILIAO GUANLI YU BIAOGE TIANXIE FANLI
张双军　陈　洁　马　燕　主　编
张　盟　张在国　邢伟宁　副主编

出版发行：中国建材工业出版社
地　　址：北京市海淀区三里河路 11 号
邮政编码：100831
经　　销：全国各地新华书店
印　　刷：北京印刷集团有限责任公司
开　　本：787mm×1092mm　1/16
印　　张：25
字　　数：640 千字
版　　次：2023 年 8 月第 1 版
印　　次：2023 年 8 月第 1 次
定　　价：85.00 元

本社网址：www.jccbs.com，微信公众号：zgjcgycbs
请选用正版图书，采购、销售盗版图书属违法行为
版权专有，盗版必究。本社法律顾问：北京天驰君泰律师事务所，张杰律师
举报信箱：zhangjie@tiantailaw.com　举报电话：（010）57811389
本书如有印装质量问题，由我社市场营销部负责调换，联系电话：（010）57811387

前　言

工程建设是一个技术性强，涉及的学科领域相当广泛的行业。这就要求工程建设从业人员必须熟练地掌握各学科基本理论和专业技术知识。只有具备了完善的专业知识，才能在工程建设领域进行相关的研究、规划、设计、施工等工作。

本丛书编写的目的，是明确不同岗位技术人员在工程建设过程中的工程资料管理职责和权限，切实提高建设工程技术资料的管理水平，促进资料管理系统化、程序化、规范化和制度化的落实。为保证本丛书出版特成立了《建设工程资料管理与填写范例丛书》编委会，编委会由长期在一线从事施工技术工作且具有丰富施工经验的技术骨干和专家组成。

本丛书共分四个分册，包括：《建设工程监理资料管理与表格填写范例》、《建筑工程资料管理与表格填写范例》、《建筑施工安全资料管理与表格填写范例》、《市政工程资料管理与表格填写范例》。

《建设工程监理资料管理与表格填写范例》依据《建筑工程施工质量验收统一标准》(GB 50300—2013)、《建设工程监理规范》(GB/T 50319—2013)、《建设工程文件归档规范》(GB/T 50328—2014)、《建筑工程资料管理规程》(JGJ/T 185—2009)等进行编写。

《建筑工程资料管理与表格填写范例》依据《建筑工程施工质量验收统一标准》(GB 50300—2013)、《建设工程文件归档规范》(GB/T 50328—2014)、《建筑工程资料管理规程》(JGJ/T 185—2009)和《建筑工程资料管理规程》(DB11/T 695—2009)等进行编写。

《建筑施工安全资料管理与表格填写范例》以《建设工程施工现场安全资料管理规程》(CECS 266—2009)为指导思想，依据《建筑施工安全检查标准》(JGJ 59—2011)、《建设工程施工现场安全资料管理规程》(DB 11/383—2006)等进行编写。

《市政工程资料管理与表格填写范例》主要依据原建设部颁发的城建〔2002〕221号文件《市政基础设施工程施工技术文件管理规定》、《建设工程文件归档规范》(GB/T 50328—2014)、《市政基础设施工程资料管理规程》(DB11/T 808—2011)等进行编写。

本丛书主要对工程资料管理基础知识、资料编制、资料归档等内容进行了详细地阐述，书中还对资料表格进行示范性的填写，以方便技术人员的使用。由于本丛书编写时间较短，涉及专业较多，错漏之处敬请读者提出宝贵意见。

编　者
2023年8月

目 录

第1章 概 述 1
- 1.1 监理资料的形成 1
- 1.2 监理资料的编写（制）原则 4
- 1.3 监理资料归档 7
- 1.4 施工资料的基本规定 12
- 1.5 施工资料常见的填写通病 13

第2章 监理单位编制的资料 15
- 2.1 监理规划 15
- 2.2 监理实施细则 19
- 2.3 监理月报 21
- 2.4 监理会议纪要 30
- 2.5 监理工作日志 36
- 2.6 监理工作总结 38
- 2.7 监理通知单 44
- 2.8 监理抽检记录 45
- 2.9 工程暂停令 46
- 2.10 工程延期审批表 48
- 2.11 费用索赔审批表 50
- 2.12 工程款支付证书 52
- 2.13 旁站监理记录 54
- 2.14 质量事故报告及处理资料 55
- 2.15 竣工移交证书 56
- 2.16 工程质量评估报告 58
- 2.17 工作联系单 60
- 2.18 工程变更单 61

第3章 监理单位审签的建筑与结构工程施工资料 63
- 3.1 施工测量记录 63
- 3.2 施工物资资料 83
- 3.3 施工记录资料 132
- 3.4 施工试验资料 201

第4章 监理单位审签建筑给水排水及采暖、通风空调工程施工资料 264
- 4.1 施工物资资料 264
- 4.2 施工记录资料 268
- 4.3 施工试验记录 294

第5章 监理单位审签建筑电气、智能建筑工程施工资料 343
- 5.1 施工记录 343
- 5.2 施工试验记录 350

第6章 监理单位审签竣工质量验收资料	381
6.1 《单位(子单位)工程质量竣工验收记录》监理单位审核	381
6.2 《单位(子单位)工程质量控制核查记录》监理单位审核	384
6.3 《单位(子单位)工程安全和功能检验资料核查及主要功能抽查记录》监理单位审核	387
6.4 《单位(子单位)工程观感质量检查记录》监理单位审核	389
6.5 《单位工程竣工预验收报验单》监理单位审核	390
参考文献	391

第1章 概 述

1.1 监理资料的形成

1. 监理资料的管理要求

(1)监理资料是监理单位在工程建设监理活动过程中形成的全部资料。

(2)监理(建设)单位应在工程开工前按相关规定确定本工程的见证人员。见证人应履行见证职责,填写见证记录。

(3)监理规划应由总监理工程师审核签字,并经监理单位技术负责人批准。

(4)监理实施细则应由监理工程师根据专业工程特点编制,经总监理工程师审核批准。

(5)监理单位在编制监理规划时,应针对工程的重要部位及重要施工工序制定旁站监理方案,明确旁站监理的范围、内容、程序和旁站监理人员职责等。监理人员应根据旁站监理方案实施旁站,在实施旁站监理时应填写旁站监理记录。

(6)监理月报应由总监理工程师签认并报送建设单位和监理单位。

(7)监理会议纪要由项目监理部根据会议记录整理,经总监理工程师审阅,由与会各方代表会签。

(8)项目监理部的监理工作日志应由专人负责逐日记载。

(9)监理工程师对工程所用物资或施工质量进行随机抽检时,应填写监理抽检记录。

(10)监理工程师在监理过程中,发现不合格项时应填写不合格项处置记录。

(11)工程施工过程中如发生质量事故,项目总监理工程师应记录事故情况并以书面形式上报。

(12)项目总监理工程师在工程竣工预验收合格后应撰写工程质量评估报告,对工程建设质量做出综合评价。工程质量评估报告应由项目总监理工程师及监理单位技术负责人签认,并加盖公章。

(13)工程竣工验收合格后,项目总监理工程师及建设单位代表应共同签署竣工移交证书,并加盖监理单位、建设单位公章。

(14)工程竣工验收合格后,项目总监理工程师应组织编写监理工作总结并提交建设单位。

2. 监理资料的形成流程

监理资料宜按如图1-1所示流程形成。

3. 监理资料分类及编号

(1)监理资料宜分为监理管理资料、进度控制资料、质量控制资料、造价控制资料、合同管理资料、竣工验收资料。

(2)监理资料宜按表1-1中规定的类别和形成时间顺序编号。

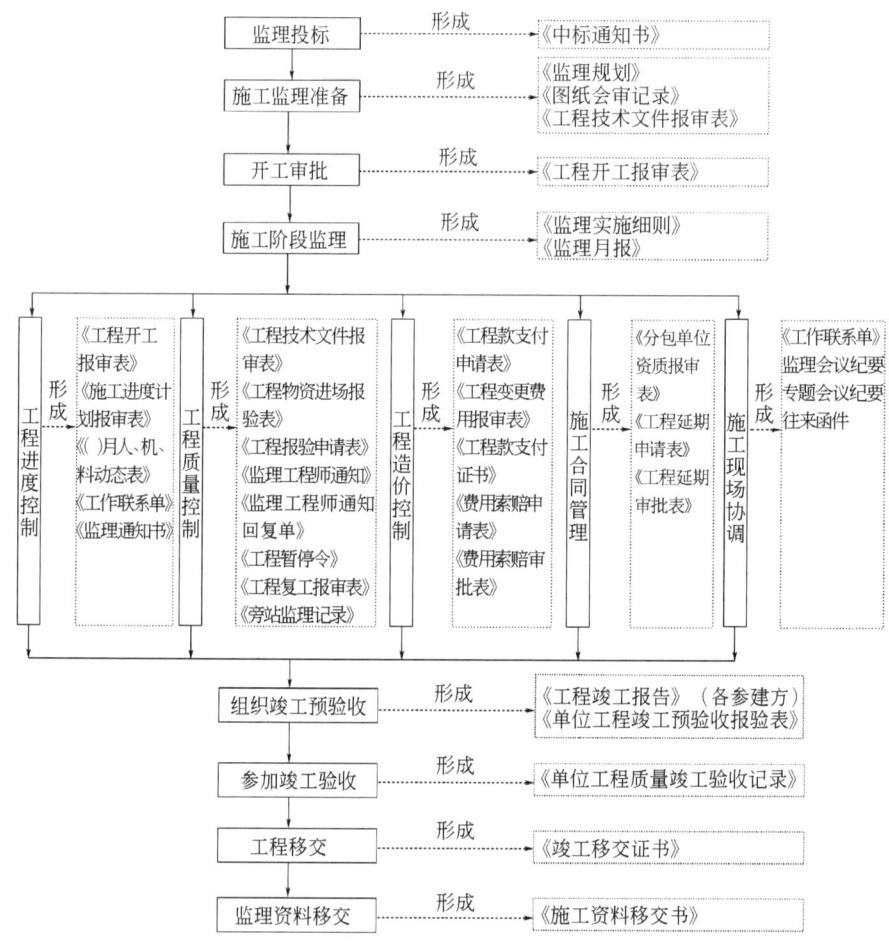

图 1-1　监理资料的形成流程

表 1-1　监理资料类别、来源及保存

工程资料类别		工程资料名称	工程资料来源	工程资料保存			
				施工单位	监理单位	建设单位	城建档案馆
B1类	监理管理资料	监理规划	监理单位		●	●	●
		监理实施细则	监理单位	○	●	●	●
		监理月报	监理单位		●	●	
		监理会议纪要	监理单位	○	●	●	
		监理工作日志	监理单位		●		
		监理工作总结	监理单位		●	●	●
		工作联系单(表 B.1.1)	监理单位 施工单位	○	○		
		监理工程师通知(表 B.1.2)	监理单位	○	○		
		监理工程师通知回复单* (表 C.1.7)	施工单位	○	○		
		工程暂停令(表 B.1.3)	监理单位	○	○	○	●
		工程复工报审表*(表 C.3.2)	施工单位	●	●	●	●

续表

工程资料类别		工程资料名称	工程资料来源	工程资料保存			
				施工单位	监理单位	建设单位	城建档案馆
B2类	进度控制资料	工程开工报审表*（表C.3.1）	施工单位	●	●	●	●
		施工进度计划报审表*（表C.3.3）	施工单位	○	○		
B3类	质量控制资料	质量事故报告及处理资料	施工单位	●	●	●	●
		旁站监理记录*（表B.3.1）	监理单位	○	●		
		见证取样和送检见证人员备案表（表B.3.2）	监理单位或建设单位	●	●	●	
		见证记录*（表B.3.3）	监理单位	●	●		
		工程技术文件报审表*（表C.2.1）	施工单位	○	○		
B4类	造价控制资料	工程款支付申请表（表C.3.6）	施工单位	○	○	●	
		工程款支付证书（表B.4.1）	监理单位	○	○	●	
		工程变更费用报审表*	施工单位	○	○	●	
		费用索赔申请表	施工单位	○	○	●	
		费用索赔审批表（表B.4.2）	监理单位	○	○	●	
B5类	合同管理资料	委托监理合同*	监理单位		●	●	●
		工程延期申请表（表C.3.5）	施工单位	●	●	●	
		工程延期审批表（表B.5.1）	监理单位	●	●	●	
		分包单位资质报审表*（表C.1.3）	施工单位	●	●	●	
B6类	竣工验收资料	单位（子单位）工程竣工预验收报验表*	施工单位	●	●	●	
		单位（子单位）工程质量竣工验收记录**	施工单位	●	●	●	●
		单位（子单位）工程质量控制资料核查记录*	施工单位	●	●	●	●
		单位（子单位）工程安全和功能检验资料核查及主要功能抽查记录*	施工单位	●	●	●	●
		单位（子单位）工程观感质量检查记录*	施工单位	●	●	●	●
		工程质量评估报告	监理单位	●	●	●	
		监理费用决算资料	监理单位		○	●	
		监理资料移交书	监理单位		●	●	
		B类其他资料					

注：1. 表中工程资料名称与资料保存单位所对应的栏中，"●"表示"归档保存"，"○"表示"过程保存"，是否归档保存可自行确定；

2. 表中注明"*"的文件，宜由施工单位和监理单位或建设单位共同形成；表中注明"**"的文件，宜由建设、设计、监理、施工等多方共同形成；

3. 勘察单位保存资料内容应包括工程地质勘察报告、勘察招投标文件、勘察合同、勘察单位工程质量检查报告以及勘察单位签署的有关质量验收记录等；

4. 设计单位保存资料内容应包括审定设计方案通知书及审查意见。审定设计方案通知书要求征求有关部门的审查意见和要求取得有关协议、初步设计图及设计说明、施工图及设计说明、消防设计审核意见、施工图设计文件审查通知书及审查报告、设计招投标文件、设计合同、图纸会审记录、设计变更通知单、设计单位签署意见的工程洽商记录（包括技术核定单）、设计单位工程质量检查报告以及设计单位签署的有关质量验收记录。

1.2 监理资料的编写(制)原则

1. 监理规划

(1)监理规划编审应遵循下列程序：

1)总监理工程师组织专业监理工程师编制；

2)总监理工程师签字后由工程监理单位技术负责人审批。

(2)监理规划应包括下列主要内容：

1)工程概况；

2)监理工作的范围、内容、目标；

3)监理工作依据；

4)监理组织形式、人员配备及进退场计划、监理人员岗位职责；

5)监理工作制度；

6)工程质量控制；

7)工程造价控制；

8)工程进度控制；

9)安全生产管理的监理工作；

10)合同与信息管理；

11)组织协调；

12)监理工作设施。

(3)在实施建设工程监理过程中，实际情况或条件发生变化而需要调整监理规划时，应由总监理工程师组织专业监理工程师修改，并应经工程监理单位技术负责人批准后报建设单位。

(4)监理规划应由总监理工程师审核签字，并经监理单位技术负责人批准。

2. 监理实施细则

(1)监理实施细则应包括下列主要内容：

1)专业工程特点；

2)监理工作流程；

3)监理工作要点；

4)监理工作方法及措施。

(2)在实施建设工程监理过程中，监理实施细则可根据实际情况进行补充、修改，并应经总监理工程师批准后实施。

3. 监理月报

(1)工程施工安全监理情况

1)重点说明监理工程师审查施工方案中的安全技术措施的情况，审查专项施工方案是否符合强制性标准的情况，审查安全管理制度、安全操作规程和施工现场临时用电方案的情况，审查安全生产事故应急预案制定的情况，审查安全教育计划、安全交底的情况等。

2)监督施工单位是否按照专项安全施工方案组织施工，是否有违章作业的情况。施工单位拒不整改或不停止施工的，监理工程师报告建设主管部门的情况。

3)督促施工单位进行安全生产自查、落实安全生产技术措施的情况。

4)建立施工安全监理台账情况，总监和驻地工程师定期检查施工安全监理台账记录的情况。

(2)工程施工环境保护监理情况

1)描述监理审查施工组织设计中施工环境保护措施的情况。

2)监理工程师在巡视、旁站中,随时检查施工单位制定的施工环境管理方案或管理措施的落实情况。

3)如果施工中存在违章、违规情况,监理工程师书面指令施工单位整改的情况。

4)施工中发现文物古迹时,监理工程师要求施工单位依法保护现场,并报告有关部门和建设单位的情况。

(3)合同其他事项的管理情况

1)本月合同执行情况。

2)工程变更事项。

3)工程延期处理情况。

4)费用索赔事项。

5)合同管理分析。

(4)本月监理工作小结

1)对本月进度、质量、工程款支付等方面情况的综合评价。

2)本月监理工作情况。

3)有关本工程的意见和建议。

(5)下月监理工作计划及重点

4. 监理会议纪要

(1)会议纪要应由项目监理机构负责起草,总监理工程师审阅,与会各方代表会签,发至合同有关各方,并应有签收手续。

(2)工地例会应包括以下主要内容:

1)检查上次例会议定事项的落实情况,分析未完事项原因。

2)检查分析工程项目进度计划完成情况,提出下一阶段进度目标及其落实措施。

3)检查分析工程项目质量状况,针对存在的质量问题提出改进措施。

4)检查工程量核定及工程款支付情况。

5)解决需要协调的有关事项。

6)其他有关事宜。

5. 监理工作日志

(1)监理工作日志的编写原则。

1)应反映监理活动的具体内容及其深度、广度,体现出时间、地点、有关的人以及事情的起因、经过和结果,必须条理清晰。

2)记录内容要全面,必须体现监理行业特点、技术要求和岗位职责履行情况,做到言简意赅,重点突出,使用专业术语和规范数据。

3)问题的发现和处理,必须有始有终、前后闭合。

4)必须体现监理职业的正直性和对他人的公正性要求。

5)必须坚持及时送审、签认、封存制度。

6)可以结合党和国家的时势、上级管理机构(如住建委、监理协会等)及本监理单位的时事,在日志中做一些记录,体现监理人员既重视技术又重视政治。

(2)监理日志应包括天气和施工环境情况、当日施工进展情况、当日监理工作情况(包括旁站、巡视、见证取样、平行检验等)、当日存在的问题及处理情况以及其他有关事项。

6. 监理工作总结

(1)工程竣工验收合格后,项目总监理工程师应组织编写监理工作总结并提交建设单位。

(2)监理工作总结应包括工程概况、项目监理机构、建设工程监理合同履行情况、监理工作成效、监理工作中发现的问题及处理情况、说明和建议等。

7. 监理通知单

(1)项目监理机构应检查施工进度计划的实施情况,发现实际进度严重滞后于计划进度且影响合同工期时,应签发监理通知单,要求施工单位采取调整措施加快施工进度。总监理工程师应向建设单位报告工期延误风险。

(2)项目监理机构应巡视检查危险性较大的分部分项工程专项施工方案实施情况。发现未按专项施工方案实施时,应签发监理通知单,要求施工单位按专项施工方案实施。

(3)项目监理机构在实施监理过程中,发现工程存在安全事故隐患时,应签发监理通知单,要求施工单位整改;情况严重时,应签发工程暂停令,并应及时报告建设单位。施工单位拒不整改或不停止施工时,项目监理机构应及时向有关主管部门报送监理报告。

8. 监理抽检记录

(1)监理工程师对工程所用物资或施工质量进行随机抽检时,应填写监理抽检记录。

(2)如检查结果合格,监理工程师在"处置意见"栏中签字。如检查结果不合格,按有关规定填写"处置意见",同时填写"不合格项处置记录",通知承包单位。

(3)监理抽检的百分比由各单位根据工程实际和监理单位控制能力自行确定。

(4)如是监理单位自行抽查和试验,"被委托单位"栏可以不填。

9. 工程暂停令

(1)暂停施工事件发生时,项目监理机构应如实记录所发生的情况。

(2)总监理工程师应会同有关各方按施工合同约定,处理因工程暂停引起的与工期、费用有关的问题。

(3)因施工单位原因暂停施工时,项目监理机构应检查、验收施工单位的停工整改过程、结果。

(4)当暂停施工原因消失、具备复工条件时,施工单位提出复工申请的,项目监理机构应审查施工单位报送的工程复工报审表及有关材料,符合要求后,总监理工程师应及时签署审查意见,并应报建设单位批准后签发工程复工令;施工单位未提出复工申请的,总监理工程师应根据工程实际情况指令施工单位恢复施工。

10. 工程延期审批表

(1)项目监理机构批准工程延期应同时满足下列条件:

1)施工单位在施工合同约定的期限内提出工程延期。

2)因非施工单位原因造成施工进度滞后。

3)施工进度滞后影响到施工合同约定的工期。

(2)施工单位因工程延期提出费用索赔时,项目监理机构可按施工合同约定进行处理。

(3)发生工期延误时,项目监理机构应按施工合同约定进行处理。

(4)工程监理单位应根据勘察设计合同,协调处理勘察设计延期、费用索赔等事宜。

11. 费用索赔审批表

(1)项目监理机构批准施工单位费用索赔应同时满足下列条件:

1)施工单位在施工合同约定的期限内提出费用索赔。

2)索赔事件是因非施工单位原因造成,且符合施工合同约定。
3)索赔事件造成施工单位直接经济损失。
(2)当施工单位的费用索赔要求与工程延期要求相并联时,项目监理机构可提出费用索赔和工程延期的综合处理意见,并应与建设单位和施工单位协商。
(3)因施工单位原因造成建设单位损失,建设单位提出索赔时,项目监理机构应与建设单位和施工单位协商处理。
(4)工程监理单位应根据勘察设计合同,协调处理勘察设计延期、费用索赔等事宜。

12. 工程款支付证书

(1)项目监理机构应按下列程序进行工程计量和付款签证:
1)专业监理工程师对施工单位在工程款支付报审表中提交的工程量和支付金额进行复核,确定实际完成的工程量,提出到期应支付给施工单位的金额,并提出相应的支持性材料。
2)总监理工程师对专业监理工程师的审查意见进行审核,签认后报建设单位审批。
3)总监理工程师根据建设单位的审批意见,向施工单位签发工程款支付证书。
(2)工程款支付报审表应按表"工程款支付报审表"的要求填写,工程款支付证书应按表"工程款支付证书"的要求填写。

13. 旁站监理记录

项目监理机构应将影响工程主体结构安全的、完工后无法检测其质量的或返工会造成较大损失的部位及其施工过程作为旁站的关键部位、关键工序。

14. 竣工移交证书

(1)当工程达到基本交验条件时,应组织各专业工程监理工程师对各专业工程的质量情况、使用功能进行全面检查。对发现影响竣工验收的问题签发"监理通知"要求承包单位进行整改。
(2)对需要进行功能试验的项目(包括无负荷试车)。应督促承包单位及时进行试验;认真审阅试验报告单,并对重要项目现场监督;必要时应请建设单位及设计单位派代表参加。

15. 工作联系单

项目监理机构应协调工程建设相关方的关系。项目监理机构与工程建设相关方之间的工作联系,除另有规定外宜采用工作联系单形式进行。

16. 工程变更单

(1)建设单位与施工单位未能就工程变更费用达成协议时,项目监理机构可提出一个暂定价格并经建设单位同意,作为临时支付工程款的依据。工程变更款项最终结算时,应以建设单位与施工单位达成的协议为依据。
(2)项目监理机构可对建设单位要求的工程变更提出评估意见,并应督促施工单位按会签后的工程变更单组织施工。

1.3 监理资料归档

1. 工程文件的归档范围

(1)对与工程建设有关的重要活动、记载工程建设主要过程和现状、具有保存价值的各种载体的文件,均应收集齐全整理立卷后归档。
(2)工程文件的具体归档范围应符合《建设工程文件归档规范》(GB/T 50328—2014)附录A的要求。

(3)声像资料的归档范围和质量要求应符合现行行业标准《城建档案业务管理规范》CJJ/T 158 的要求。

(4)不属于归档范围、没有保存价值的工程文件,文件形成单位可自行组织销毁。

2. 归档文件的质量要求

(1)归档的工程文件应为原件。

(2)工程文件的内容及其深度必须符合国家有关工程勘察、设计、施工、监理等方面的技术规范标准和规程。

(3)工程文件的内容必须真实、准确,与工程实际相符合。

(4)工程文件应采用碳素墨水、蓝黑墨水等耐久性强的书写材料,不得使用红色墨水、纯蓝墨水、圆珠笔、复写纸、铅笔等易褪色的书写材料。计算机输出文字和图件应使用激光打印机,不应使用色带式打印机、水性墨打印机和热敏打印机。

(5)工程文件应字迹清楚,图样清晰,图表整洁,签字盖章手续完备。

(6)工程文件中文字材料幅面尺寸规格宜为 A4 幅面(297mm×210mm)。图纸宜采用国家标准图幅。

(7)工程文件的纸张应采用能够长期保存的韧力大、耐久性强的纸张。

(8)所有竣工图均应加盖竣工图章。

1)竣工图章的基本内容应包括:"竣工图"字样、施工单位、编制人、审核人、技术负责人、编制日期、监理单位、现场监理、总监。

2)竣工图章示例如下(图 1-2):

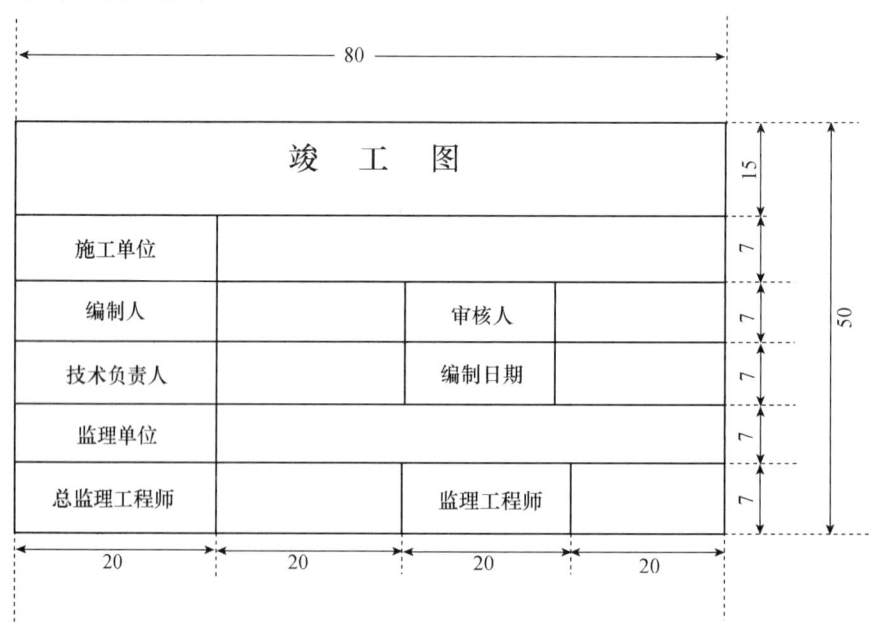

图 1-2 竣工图章示例

3)竣工图章尺寸为:50mm×80mm。

4)竣工图章应使用不易褪色的红印泥,应盖在图标栏上方空白处。

(9)竣工图的绘制与改绘应符合国家现行有关制图标准的规定。

(10)归档的建设工程电子文件应采用表 1-2 所列开放式文件格式或通用格式进行存储。专用软件产生的非通用格式的电子文件应转换成通用格式。

表 1-2 工程电子文件存储格式表

文件类别	格式
文本(表格)文件	PDF、XML、TXT
图像文件	JPEG、TIFF
图形文件	DWG、PDF、SVG
影像文件	MPEG2、MPEG4、AVI
声音文件	MP3、WAV

(11)归档的建设工程电子文件应包含元数据,保证文件的完整性和有效性。元数据应符合现行行业标准《建设电子档案元数据标准》CJJ/T 187 的规定。

(12)归档的建设工程电子文件应采用电子签名等手段,所载内容应真实和可靠。

(13)归档的建设工程电子文件的内容必须与其纸质档案一致。

(14)离线归档的建设工程电子档案载体,应采用一次性写入光盘,光盘不应有磨损、划伤。

(15)存储移交电子档案的载体应经过检测,应无病毒、无数据读写故障,并应确保接收方能通过适当设备读出数据。

3. 立卷的原则和方法

(1)立卷应按下列流程进行:

1)对属于归档范围的工程文件进行分类,确定归入案卷的文件材料;

2)对卷内文件材料进行排列、编目、装订(或装盒);

3)排列所有案卷,形成案卷目录。

(2)立卷应遵循下列原则:

1)立卷应遵循工程文件的自然形成规律和工程专业的特点,保持卷内文件的有机联系,便于档案的保管和利用;

2)工程文件应按不同的形成、整理单位及建设程序,按工程准备阶段文件、监理文件、施工文件、竣工图、竣工验收文件分别进行立卷,并可根据数量多少组成一卷或多卷;

3)一项建设工程由多个单位工程组成时,工程文件应按单位工程立卷;

4)不同载体的文件应分别立卷。

(3)立卷应采用下列方法:

1)工程准备阶段文件应按建设程序、形成单位等进行立卷;

2)监理文件应按单位工程、分部工程或专业、阶段等进行立卷;

3)施工文件应按单位工程、分部(分项)工程进行立卷;

4)竣工图应按单位工程分专业进行立卷;

5)竣工验收文件应按单位工程分专业进行立卷;

6)电子文件立卷时,每个工程(项目)应建立多级文件夹,应与纸质文件在案卷设置上一致,并应建立相应的标识关系;

7)声像资料应按建设工程各阶段立卷,重大事件及重要活动的声像资料应按专题立卷,声像档案与纸质档案应建立相应的标识关系。

(4)施工文件的立卷应符合下列要求:

1)专业承(分)包施工的分部、子分部(分项)工程应分别单独立卷;

2)室外工程应按室外建筑环境和室外安装工程单独立卷；

3)当施工文件中部分内容不能按一个单位工程分类立卷时，可按建设工程立卷。

(5)不同幅面的工程图纸，应统一折叠成 A4 幅面(297mm×210mm)。应图面朝内，首先沿标题栏的短边方向以 W 形折叠，然后再沿标题栏的长边方向以 W 形折叠，并使标题栏露在外面。

(6)案卷不宜过厚，文字材料卷厚度不宜超过 20mm，图纸卷厚度不宜超过 50mm。

(7)案卷内不应有重份文件。印刷成册的工程文件宜保持原状。

(8)建设工程电子文件的组织和排序可按纸质文件进行。

4. 卷内文件的排列

(1)文字材料按事项、专业顺序排列。同一事项的请示与批复、同一文件的印本与定稿、主件与附件不能分开，并按批复在前、请示在后，印本在前、定稿在后，主件在前、附件在后的顺序排列。

(2)图纸按专业排列，同专业图纸按图号顺序排列。

(3)既有文字材料又有图纸的案卷，文字材料排前，图纸排后。

5. 案卷的编目

(1)编制卷内文件页号应符合下列规定：

1)卷内文件均按有书写内容的页面编号。每卷单独编号，页号从"1"开始。

2)页号编写位置：单面书写的文件在右下角；双面书写的文件，正面在右下角，背面在左下角。折叠后的图纸一律在右下角。

3)成套图纸或印刷成册的科技文件材料，自成一卷的，原目录可代替卷内目录，不必重新编写页码。

4)案卷封面、卷内目录、卷内备考表不编写页号。

(2)卷内目录的编制应符合下列规定：

1)卷内目录排列在卷内文件首页之前，式样宜符合图 1-3 的要求。

2)序号应以一份文件为单位编写，用阿拉伯数字从 1 依次标注。

3)责任者应填写文件的直接形成单位或个人。有多个责任者时，应选择两个主要责任者，其余用"等"代替。

4)文件编号应填写文件形成单位的发文号或图纸的图号，或设备、项目代号。

5)文件题名应填写文件标题的全称。当文件无标题时，应根据内容拟写标题，拟写标题外应加"[ ]"符号。

6)日期应填写文件的形成日期或文件的起止日期，竣工图应填写编制日期。日期中"年"应用四位数字表示，"月"和"日"应分别用两位数字表示。

7)页次应填写文件在卷内所排的起始页号，最后一份文件应填写起止页号。

8)备注应填写需要说明的问题。

6. 工程文件归档

(1)归档应符合下列规定：

1)归档文件范围和质量应符合《建设工程文件归档规范》(GB/T 50328－2014)第 4 章的规定；

2)归档的文件必须经过分类整理，并应符合《建设工程文件归档规范》(GB/T 50328－2014)第 5 章的规定。

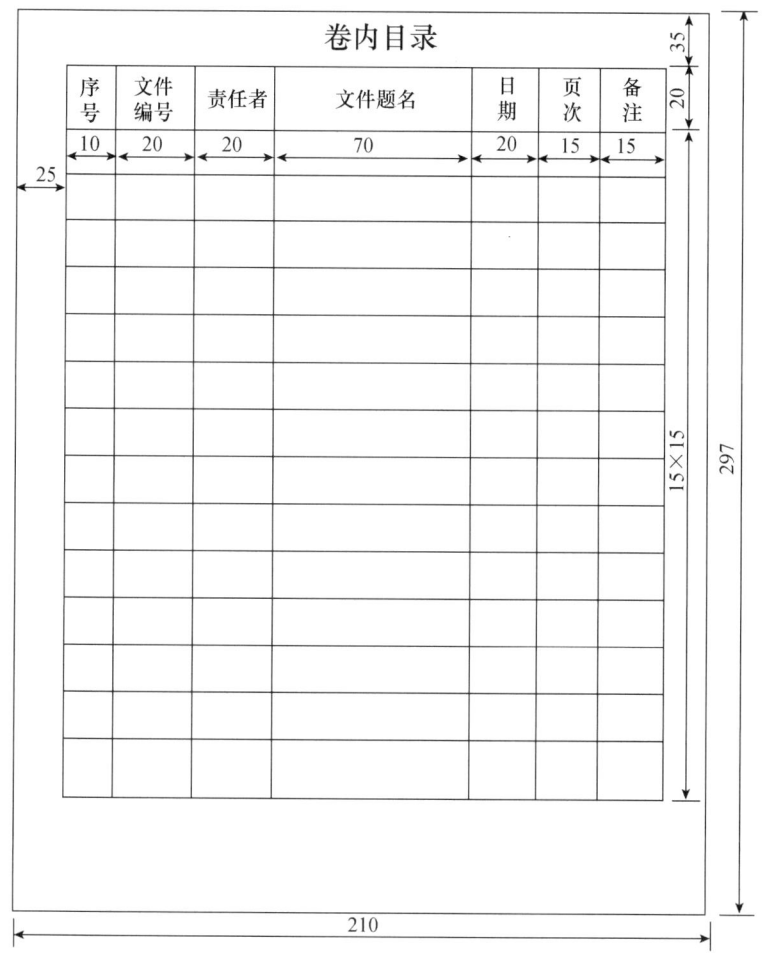

图 1-3 卷内目录式样

注：1. 尺寸单位统一为：mm；
    2. 比例 1∶2。

(2)电子文件归档应包括在线式归档和离线式归档两种方式。可根据实际情况选择其中一种或两种方式进行归档。

(3)归档时间应符合下列规定：

1)根据建设程序和工程特点,归档可分阶段分期进行,也可在单位或分部工程通过竣工验收后进行。

2)勘察、设计单位应在任务完成后,施工、监理单位应在工程竣工验收前,将各自形成的有关工程档案向建设单位归档。

(4)勘察、设计、施工单位在收齐工程文件并整理立卷后,建设单位、监理单位应根据城建档案管理机构的要求,对归档文件完整、准确、系统情况和案卷质量进行审查。审查合格后方可向建设单位移交。

(5)工程档案的编制不得少于两套,一套应由建设单位保管,一套(原件)应移交当地城建档案管理机构保存。

(6)勘察、设计、施工、监理等单位向建设单位移交档案时,应编制移交清单,双方签字、盖章后方可交接。

(7)设计、施工及监理单位需向本单位归档的文件,应按国家有关规定和《建设工程文件归档规范》(GB/T 50328—2014)附录A、附录B的要求立卷归档。

7. 工程档案验收与移交

(1)列入城建档案管理机构档案接收范围的工程,竣工验收前,城建档案管理机构应对工程档案进行预验收。

(2)城建档案管理机构在进行工程档案预验收时,应查验下列主要内容:

1)工程档案齐全、系统、完整,全面反映工程建设活动和工程实际状况;
2)工程档案已整理立卷,立卷符合《建设工程文件归档规范》(GB/T 50328—2014)的规定;
3)竣工图的绘制方法、图式及规格等符合专业技术要求,图面整洁,盖有竣工图章;
4)文件的形成、来源符合实际,要求单位或个人签章的文件,其签章手续完备;
5)文件的材质、幅面、书写、绘图、用墨、托裱等符合要求;
6)电子档案格式、载体等符合要求;
7)声像档案内容、质量、格式符合要求。

(3)列入城建档案管理机构接收范围的工程,建设单位在工程竣工验收后3个月内,必须向城建档案管理机构移交一套符合规定的工程档案。

(4)停建、缓建建设工程的档案,可暂由建设单位保管。

(5)对改建、扩建和维修工程,建设单位应组织设计、施工单位对改变部位据实编制新的工程档案,并应在工程竣工验收后3个月内向城建档案管理机构移交。

(6)当建设单位向城建档案管理机构移交工程档案时,应提交移交案卷目录,办理移交手续,双方签字、盖章后方可交接。

1.4 施工资料的基本规定

(1)工程资料应真实地反映工程质量的实际情况,并与工程进度同步形成、收集和整理。

(2)工程资料应字迹清晰并有相关人员及单位的签字签章。

(3)工程参建各单位应确保各自资料的真实有效、完整齐全,严禁伪造或故意撤换。

(4)工程资料应为原件。当为复印件时,应加盖复印件提供单位的公章,注明复印日期,并有经手人签字。

(5)工程参建各单位应及时对工程资料进行确认、签字。

(6)工程参建各单位应在合同中对工程资料的编制、套数、费用和移交期限等提出明确要求。合同中对工程资料的技术要求不应低于《建筑工程资料管理规程》(JGJ/T 185—2009)的规定。

(7)工程竣工图应由建设单位组织编制,可委托施工、监理或设计单位编制。

(8)列入城建档案馆管理部门接收范围的工程档案,建设单位应在工程竣工验收前,依法提请城建档案馆管理部门对工程档案进行预验收,取得《建设工程竣工档案验收意见》,并在工程竣工验收后六个月内,将工程档案移交城建档案馆。

(9)由建设单位采购供应的建筑材料、构配件和设备,建设单位应提供相应的质量证明文件。

(10)工程参建各单位应对本单位形成的工程资料负责管理,并保证工程资料的可追溯性。由多方共同形成的工程资料,各自承担相应的管理责任。

(11)由建设单位发包的专业承包施工工程,分包单位应按《建筑工程资料管理规程》(JGJ/T 185—2009)的要求,将形成的施工资料直接交建设单位;由总包单位发包的专业承包施工工程,分包单位应按《建筑工程资料管理规程》(JGJ/T 185—2009)的要求,将形成的施工资料交总包单位,总包单位汇总后交建设单位。

(12)工程资料的收集、整理应有专人负责管理,资料管理人员应经过相应的培训。

(13)工程资料的形成、收集和整理应采用计算机管理。计算机管理软件所采用的数据格式应符合相关要求,软件功能应符合《建筑工程资料管理规程》(JGJ/T 185—2009)的要求并经过评审。

1.5 施工资料常见的填写通病

填写工程资料常见的通病有以下几点:

(1)单位工程划分不标准。《建筑工程施工质量验收统一标准》(GB/T 50300—2013)规定:具有独立施工条件并能形成独立使用功能的建筑物及构筑物为一个单位工程。建筑规模较大的单位工程,可将其能形成独立使用功能的部分作为一个子单位工程。例如:一栋综合楼,下部是商场,上部是商住,下部施工完了并能形成独立的使用功能,上部正在施工。或者,上部已施工完,并能形成独立的使用功能,但下部未施工完,建设单位申请对已完部分进行竣工验收,根据上述统一标准的规定,在资料齐全的情况下,应该同意该工程竣工验收,因为它是一个子单位工程。单位工程、分部、分项工程或检验批划分不标准,工程质量评定也无法做到标准。

(2)各种资料表格表头和表尾填写、签字不统一、不规范。例如:工程名称栏,一栋单位工程资料中有时出现两个名称,有时出现三个名称(例如:质量评定资料部分填写综合楼,隐蔽工程验收资料部分填写商住楼,监理资料部分填写综合住宅楼)。建设单位名称栏也是如此,开工时是一个单位名称,竣工备案时又是一个单位名称,造成工程申办、备案名称不一致,资料无法归档。签字栏更是随意。

总监理工程师栏应是合同或协议书中明确的项目监理负责人,也可以是监理单位以文字形式明确的项目监理负责人,项目监理负责人必须拥有监理工程师任职资格证书及注册证书。

表头部分内容可统一打印、填写。表尾的签字栏,应在做出检查、评定、验收的记录和结论后,由本人亲自签署实名和日期。

监理工程师(总监理工程师)在所有记录的监理工程师(总监理工程师)签字处签字,同时加盖统一核发的注册监理工程师印章。其他注册资格人员,统一核发印章的,也应在本人签字处加盖印章,覆盖签字。

(3)表格中楼层填写不准确,概念模糊。不同的层数设计标准不一样,一旦误填,即造成工程项目与建设工程规划许可证、施工图设计文件审查批准书不相符。

(4)单位(子单位)工程预验收与验收易混淆,造成资料编写、整理不规范。例如:施工单位竣工报告预验收后编写,监理单位的质量评估报告,勘察、设计单位的质量检查报告竣工验收后编写等。

预验收的程序是:单位(子单位)工程按设计文件和施工合同施工完后,施工单位应自行组织有关人员进行检查、评定,合格后填写《工程竣工报告》和《单位工程竣工预验收报验表》并附相应的资料报项目监理部,申请工程竣工预验收。监理部对上述资料审查,符合要求后,总监理工程师组织项目监理部人员与设计、施工、建设单位进行工程预验收。工程预验收通过后,总监理工程师签署《单位工程竣工预验收报验表》,编写《工程质量评估报告》,勘察、设计单位编写《工程质量检查报告》,建设单位制定竣工验收方案、验收组成员组成。工程预验收完成。

验收程序:建设单位持"竣工验收方案、验收组人员名单和工程竣工报告、工程质量评估报告、工程质量检查报告"等资料报建设工程质量监督站,申请组织竣工验收。监督站审查同意后,建设单位组织竣工验收(勘察、设计、监理、施工单位参加,监督站监督)。验收合格后,建设单位编写"工程竣工验收报告",并在15个工作日内持"工程竣工验收报告"等有关资料到备案机关办理"竣工工程备案"手续。

(5)建设工程各参建方报告内容编写不规范。有的工程参建方报告内容只有三行字,有的只有两行字,甚至有的只有四个字"同意验收"或"符合要求"。《工程质量监督工作导则》对建设工程参建五方编写的报告给出了明确的定义。其他地方可依据地方规程具体要求填写。

第 2 章　监理单位编制的资料

2.1　监理规划

<u>　　××体育馆改扩建　　</u>工程

监 理 规 划

编　制：<u>　××× 　</u>

审　核：<u>　××× 　</u>

北京市××工程建设监理有限公司

××年××月××日

目 录

(1)工程概况；
(2)监理工作的范围、内容、目标；
(3)监理工作依据；
(4)监理组织形式、人员配备及进退场计划、监理人员岗位职责；
(5)监理工作制度；
(6)工程质量控制；
(7)工程造价控制；
(8)工程进度控制；
(9)安全生产管理的监理工作；
(10)合同与信息管理；
(11)组织协调；
(12)监理工作设施。

"监理规划"填写说明与依据

监理规划是项目监理机构全面开展建设工程监理工作的指导性文件。

一、表格解析

1. 责任部门

项目监理部。

2. 填写要点

监理规划无固定格式。

二、填写依据

1. 规范名称

(1)《建设工程监理规范》(GB/T 50319—2013);

(2)《建筑工程资料管理规程》(DB11/T 695—2009)。

2. 相关要求

(1)监理规划应结合工程实际情况,明确项目监理机构的工作目标,确定具体的监理工作制度、内容、程序、方法和措施。

(2)监理规划可在签订建设工程监理合同及收到工程设计文件后由总监理工程师组织编制,并应在召开第一次工地会议前报送建设单位。

(3)监理规划的编制原则:

1)可行性原则

项目监理规划必须充分考虑工程项目的特点、现场施工条件、承包单位的施工实力、项目监理机构的监理能力等,实事求是地编写,不得言过其实或套用其他工程项目的监理规划,必须密切结合工程项目本身特点,具备高度的可操作性。

2)全局性原则

项目监理规划的内容应包括项目监理工作的全部内容,即包括影响项目监理工作的全部因素,而且提出对这些因素进行控制管理的制度、方法、程序和措施的明确规定,但对这些因素也不是同等考虑,要找出其中的重点。

3)预见性原则

项目监理规划中对各种影响监理工作因素的控制,应体现出"以预控为主"的原则,这就是要求编制监理规划时对工程项目的质量、进度、造价控制及安全管理工作有可能发生的风险问题有预见性和超前的考虑。

4)针对性原则

因为没有任何两个工程项目是完全相同的,必然是各有特点,因此虽然编制项目监理规划的内容要求是统一的,但其内容应各具针对性,应各自具有特点。编制时应结合工程本身的特点和各自不同的条件,有针对性地编写,才能最大程度地发挥监理规划的作用。

5)适应性原则

监理规划具有适应性。项目监理规划在被批准后的实施过程中,当情况有重大变化时(如设计图纸有重大变更),项目监理规划应作必要的调整,调整后按原报审程序经过批准后,报送建设单位和有关部门。

(4)监理规划的编制依据:

监理规划编制的资料依据除《建设工程监理规范》(GB/T 50319—2013)外,其他参见表2-1。

表 2-1 监理规划编制依据

编制依据	文件资料名称	
反应工程特征的资料	勘察设计阶段监理相关服务	(1)可行性研究报告或设计任务书； (2)项目立项批文； (3)规划红线范围； (4)用地许可证； (5)设计条件通知书； (6)地形图
	施工阶段监理	(1)设计图纸和施工说明书； (2)地形图； (3)施工合同及其他建设工程合同
反映建设单位对项目监理要求的资料	监理合同；反应监理工作范围和内容、监理大纲、监理投标文件	
反映工程建设条件的资料	(1)当地气象资料和工程地质及水文资料； (2)当地建筑材料供应状况的资料； (3)当地勘察设计和土建安装力量的资料； (4)当地交通、能源和市政公用设施的资料； (5)检测、监测、设备租赁等其他工程参见方的资料	
反映当地工程建设法规及政策方面的资料	(1)工程建设程序； (2)招投标和工程监理制度； (3)工程造价管理制度等； (4)有关法律法规及政策	
工程建设法律、法规及标准	法律法规，部门规章，建设工程监理规范，勘察、设计、施工、质量评定、工程验收等方面的规范、规程、标准等	

(5)监理规划编审应遵循下列程序：
1)总监理工程师组织专业监理工程师编制；
2)总监理工程师签字后由工程监理单位技术负责人审批。

2.2 监理实施细则

××工程钢筋工程

监 理 实 施 细 则

编制：×××
审核：×××

××工程建设监理有限公司
××项目监理部
××年××月××日

"监理实施细则"填写说明与依据

监理实施细则是针对某一专业或某一方面建设工程监理工作的操作性文件。

一、表格解析

1. 责任部门

项目监理部。

2. 填写要点

监理实施细则无固定格式。

二、填写依据

1. 规范名称

(1)《建设工程监理规范》(GB/T 50319—2013);

(2)《建筑工程资料管理规程》(DB11/T 695—2009)。

2. 相关要求

(1)对专业性较强、危险性较大的分部分项工程,项目监理机构应编制监理实施细则。

(2)监理实施细则应在相应工程施工开始前由专业监理工程师编制,并应报总监理工程师审批。

(3)监理实施细则的编制应依据下列资料:

1)监理规划;

2)工程建设标准、工程设计文件;

3)施工组织设计、(专项)施工方案。

2.3 监理月报

××住宅楼 工程监理(7)月份月报

建设单位：　　　××集团开发有限公司

监理机构(章)：××工程建设监理有限公司××项目监理部

合同编号：　　　　　××××

总监理工程师：　　　×××

编制人员：　　　　×××

填报日期：　　　2014.7.30

工程名称	××住宅楼工程	建设单位	××集团开发有限公司
设计单位	××建筑设计研究院	施工单位	××建设集团有限公司
本月工程概况	（1）各专业施工形象进度情况 1）土建工程：截至7月25日的形象进度：①四层Ⅳ段顶板混凝土完成；②五层结构全部完成；③六层顶板混凝土浇筑完毕；④地下室外墙防水卷材完成；⑤保护墙完成；⑥回填土完成2/3。 2）建筑电气工程敷管预埋与土建配合进度一致。 3）水暖安装、通风与空调安装工程：留洞、套管预埋与土建配合进度一致。 （2）安全生产、文明施工情况 1）本月安全生产无事故。 2）文明施工情况。 基本做到工程材料、半成品、构件的堆放整齐，材料的标识基本到位；施工过程中基本做到工完场清。		
本月工程形象进度完成情况	1. 工程实际完成情况与总进度计划比较（表1） 2. 本月实际完成情况与进度计划比较（表2） 3. 本月工、料、机动态（表3） 4. 对进度完成情况的分析 （1）本月施工进度计划与实际完成的比较 四层Ⅳ段顶板混凝土按计划完成。五层结构按计划拖后1天。六层结构按计划拖后2天。地下室防水层、保护墙和回填土拖后3天。 （2）本月施工进度计划与实际完成的分析 本月计划拖后3天完成，主要原因是回填土因现场作业场地狭窄，需要外运土方供应不及时，回填拖后3天，结构施工因顶板梁模板和钢筋施工作业拖后2天。 5. 本月采取的措施及效果 本月的进度计划在月末发生影响进度情况，拖延的时间要在下月初采取必要的措施赶上，确保总进度计划按期完成。 6. 本月在施部位工程照片（略）		

工程名称	××住宅楼工程	建设单位	××集团开发有限公司
设计单位	××建筑设计研究院	施工单位	××建设集团有限公司
本月工程形象进度完成情况	表1 工程实际完成情况与总进度计划比较表 2014年		

表1 工程实际完成情况与总进度计划比较表

序号	分部工程名称	年月 1	2	3	4	5	6	7	8	9	10	11	12
1	±0.000以下结构												
2	主体结构												
3	装饰装修工程												
4	机电安装工程												
5	竣工清理验收												

计划进度：════　实际进度：────

工程名称	××住宅楼工程	建设单位	××集团开发有限公司
设计单位	××建筑设计研究院	施工单位	××建设集团有限公司
本月工程形象进度完成情况	表2 本月实际完成情况与进度计划比较表		

表2 本月实际完成情况与进度计划比较表

序号	分部工程名称	日期 6月 26-30	7月 1-25
1	四层Ⅳ段结构		
2	五层Ⅰ、Ⅱ段结构		
3	五层Ⅲ、Ⅳ段结构		
4	六层Ⅰ、Ⅱ段结构		
5	六层Ⅲ、Ⅳ段结构		
6	外墙防水层、保护墙及回填土		

计划进度：══════　实际进度：──────

工程名称	××住宅楼工程	建设单位	××集团开发有限公司
设计单位	××建筑设计研究院	施工单位	××建设集团有限公司

本月工程形象进度完成情况

表3 本月工、料、机动态统计表

人工	工种	电工	机械工	钢筋工	木工	水暖工	混凝土工	防水工	其他	总人数
	人数	5	3	20	30	4	20	6	30	118
	持证人数	5	3	12			10	4		34

主要材料	名称	单位	上月库存量	本月进场量	本月消耗量	本月库存量
	钢筋	t	50	85	80	55
	防水卷材	m²	2000	0	2000	0
	预拌混凝土	m³	0	350	350	0
	白砂砖	块	0	10000	10000	0

主要机械	名称	生产厂家	规格型号	数量
	钢筋切割机	××机械制造厂	2.2kW	2
	钢筋弯曲机	××机械制造厂	3kW	2
	卷扬机	××机械设备有限公司	11kW	1
	电焊机	××机械设备有限公司	50Hz	1
	塔式起重机	××机械制造公司	QTZ6516	1

工程名称	××住宅楼工程	建设单位	××集团开发有限公司
设计单位	××建筑设计研究院	施工单位	××建设集团有限公司

工程质量情况	
	1. 分项工程验收情况(表4) **表4 分项工程验收情况表** | 序号	部位	分项工程名称	报验单号	验评等级 承包单位自评	验评等级 监理单位确定 | |---|---|---|---|---|---| | 一 | 建筑工程 | | | | | | (一) | 基础工程 | | | | | | 1 | 地下一层外墙 | 防水工程 | ××× | 合格 | 合格 | | 2 | 地下一层外墙 | 防水保护墙 | ××× | 合格 | 合格 | | (二) | 主体工程 | | | | | | 1 | 首层Ⅰ～Ⅳ段柱 | 混凝土工程 | ××× | 合格 | 合格 | | 2 | 首层Ⅰ～Ⅳ段顶板、楼梯 | 混凝土工程 | ××× | 合格 | 合格 | | 3 | 二层Ⅰ～Ⅳ段柱 | 混凝土工程 | ××× | 合格 | 合格 | | 4 | 二层Ⅰ～Ⅳ段顶板、楼梯 | 混凝土工程 | ××× | 合格 | 合格 | | 5 | 五层Ⅰ～Ⅳ段柱 | 钢筋工程 | ××× | 合格 | 合格 | | 6 | 五层Ⅰ～Ⅳ段柱 | 模板工程 | ××× | 合格 | 合格 | | 7 | 五层Ⅰ～Ⅳ段顶板、楼梯 | 模板工程 | ××× | 合格 | 合格 | | 8 | 五层Ⅰ～Ⅳ段顶板、楼梯 | 钢筋工程 | ××× | 合格 | 合格 | | 9 | 六层Ⅰ～Ⅳ段柱 | 钢筋工程 | ××× | 合格 | 合格 | | 10 | 六层Ⅰ～Ⅳ段柱 | 模板工程 | ××× | 合格 | 合格 | | 11 | 六层Ⅰ～Ⅳ段顶板、楼梯 | 模板工程 | ××× | 合格 | 合格 | | 12 | 六层Ⅰ～Ⅳ段顶板、楼梯 | 钢筋工程 | ××× | 合格 | 合格 | | 二 | 电气安装工程 | | | | | | 1 | 五层Ⅰ～Ⅳ段顶板 | 管路敷设 | ××× | 合格 | 合格 | | 2 | 六层Ⅰ～Ⅳ段顶板 | 管路敷设 | ××× | 合格 | 合格 | 2. 分部工程验收情况统计(表5) **表5 分部工程验收情况统计表** | 序号	分部工程名称	本月 合格项数	本月 合格率(%)	累计 合格项数	累计 合格率(%) | |---|---|---|---|---|---| | 1 | 地基与基础 | 2 | 100 | 24 | 100 | | 2 | 主体结构 | 47 | 100 | 75 | 100 | | 3 | 建筑给水排水及采暖 | 0 | 0 | 8 | 100 | | 4 | 建筑电气 | 8 | 100 | 38 | 100 | | 5 | 通风与空调 | 0 | 0 | 5 | 100 | 3. 工程质量问题 本期存在的工程质量问题是回填土的分层厚度不符合要求,主要发生在夜间施工段的回填土的分层厚度超过300mm。 4. 工程质量情况分析 本期回填土的分层厚度不符合要求的主要原因是施工人员对回填土的质量不重视,现场管理不到位。 5. 本月采取的措施及效果 回填土的分层厚度不符合要求的部位进行返工处理,承包单位并对负责该工序施工的管理人员及操作工人进行通报批评和处罚。经处理后回填土的质量达到要求。

工程名称		××住宅楼工程		建设单位		××集团开发有限公司	
设计单位		××建筑设计研究院		施工单位		××建设集团有限公司	
工程签证情况	1. 工程量审批情况（表6）							
	表6 工程量审批情况表							
	序号	项　目	单位	申报工程量	核定数量	简要说明		
	1	有地下室挖土方（槽深≤10m的包括面积在内）	m³	1557.67	0	未完成		
	2	抗压板土方增加费	m³	301.85	301.85			
	3	3mm×2厚SBS卷材（外立面）	m²	1636.33	1636.33			
	4	烧结普通砖保护墙（厚度115mm）	m²	1689.20	1689.20			
	5	2∶8防渗灰土	m³	509.45	509.45			
	6	现浇混凝土矩形柱（周长在1.2m以内）C30	m³	90.00	90.00			
	7	现浇混凝土矩形柱（周长在1.2m以外）C30	m³	2.04	2.04			
	8	现浇钢筋混凝土框架梁C30	m³	212.00	212.00			
	9	现浇钢筋混凝土板底梁C30	m³	95.00	95.00			
	10	现浇钢筋混凝土有梁板（厚100mm）C30	m²	1736.00	1736.00			
	11	现浇钢筋混凝土板增减10mmC30	m²	1736.00	1736.00			
	12	现浇钢筋混凝土有梁板（厚100mm）C30	m²	8.06	8.06			
	13	现浇钢筋混凝土板增减10mmC30	m²	8.06	8.06			
	14	现浇钢筋混凝土平板（厚100mm）C30	m²	157.48	157.48			
	15	现浇钢筋混凝土板增减10mmC30	m²	157.48	157.48			
	2. 工程款审批情况及月支付情况（表7）							
	表7 工程款审批情况表							
	工程名称		××住宅楼工程		合同价		××万元	
	序号	项目内容	至上月累计（元）		本月完成（元）		至本月累计（元）	
			申报数	核定数	申报数	核定数	申报数	核定数
	1	7月份工程进度款	3314276	3300000	1389818	1200000	4704094	4500000
	2	工程变更费用	37781	13835	0	0	37781	13835
	3. 工程款支付情况分析							
	建设单位按施工合同的规定，向施工方及时支付了工程款，施工方应做到专款专用，保证本工程款专项用于本工程。							
	4. 本月采取的措施及效果							
	按施工合同的约定，正确计量月完成工程量，审核月工程进度款，保证工程款支付与施工进度一致；严格控制变更、洽商的签认及其费用审核。							

工程名称	××住宅楼工程	建设单位	××集团开发有限公司
设计单位	××建筑设计研究院	施工单位	××建设集团有限公司

合同其他事项处理情况	1. 设计变更、洽商(表8) 表8 设计变更、洽商情况表 | 序号	编号	日期	变更及洽商部位	变更及洽商概述	变更及洽商理由 | |---|---|---|---|---|---| | 一 | 土建洽商 | | | | | | 1 | ××× | 2014.6.27 | 地下一层 | ⑧~⑨/⑪轴设备管井变更 | 原图纸设计不明确 | | 2 | ××× | 2014.6.29 | 基础肥槽回填 | 肥槽回填做法 | 工程需要 | | 3 | ××× | 2014.6.27 | 3号、4号楼梯 | 3号、4号楼梯增加梯梁柱 | 规范要求 | | 4 | ××× | 2014.7.1 | 地下一层 | 两侧后浇带封堵变更 | 设备安装需要 | | 5 | ××× | 2014.7.5 | 5层 | 结施15、17部分梁变更 | 结构需要 | | 6 | ××× | 2014.7.11 | 5层 | 增加阳台配筋图 | 结构需要 | | 7 | ××× | 2014.7.14 | 5层 | 结施-8 | 结构需要 | | 二 | 电气洽商 | | | | | | 1 | ××× | 2014.7.22 | 地下室 | 增加照明 | 甲方需要 | 2. 工程延期(表9) 表9 工程延期情况表 | 申请日期 | 延期内容 | 审批日期 | 审批意见 | 监理签认 | |---|---|---|---|---| | 2014.7.5 | 因工程变更 | 2014.7.6 | 同意延期1天 | ××× | | | | | | | | | | | | |
本月监理工作小结	1. 对本月进度、质量、工程款支付等方面情况的综合评价 本月的工程进度有拖后,但情况不严重,主体结构的总进度没有受到大的影响。工程质量方面回填土发生个别部位的质量问题,通过整改得到解决。主体结构施工质量较好。工程款支付情况正常进行,没有影响承包单位的资金使用。 2. 本月监理工作情况 本月监理工作重点控制结构主体的施工质量控制,做到严格监理,热情服务。对进场材料进行检查和验收。对各分项工程的报验进行检查验收。杜绝不合格的材料用在工程上和上道工序未经验收合格进行下道工序施工的情况发生。加强现场的巡检和旁站监理工作,使关键部位和工序的施工质量得到控制。加强对施工工期的控制,发生有拖后情况及时与承包单位协调,要求承包单位采取措施。在工程款支付的审核工作中,严格控制不少付和不多付,公正地签发工程款支付证书。做好甲方或其他单位与承包单位的协调方面工作。总之,本月的各项监理工作比较到位。 3. 有关本工程的意见和建议 建议甲方和承包单位对下步施工涉及的装修材料和设备定货的有关问题进行确定,避免因材料和设备等问题影响总工期。 4. 下月监理工作的重点 继续做好结构施工的质量控制和工期控制。
下月监理工作打算	继续做好结构施工的质量控制和工期控制

如填写内容过多,可加附页。

"工程监理(　)月份月报"填写说明与依据

监理月报是项目监理机构每月向建设单位提交的建设工程监理工作及建设工程实施情况等分析总结报告。监理月报应由总监理工程师签认并报送建设单位和监理单位。

一、表格解析

1. 责任部门

项目监理部。

2. 提交时限

监理月报的编制周期通常为上月26日到本月25日,原则上在下月的5日之前发送至建设单位及有关单位。

3. 填写要点

(1)合同编号:填写委托监理合同的编号。

(2)本月工程概况:逐项说明主要工程进展情况。

(3)本月监理小结:总结当月监理工作的主要情况。

二、填写依据

1. 规范名称

(1)《建设工程监理规范》(GB/T 50319—2013);

(2)《建筑工程资料管理规程》(DB11/T 695—2009)。

2. 相关要求

监理月报应包括以下内容:

(1)本月工程概况。

(2)本月工程形象进度。

(3)工程进度。

1)本月实际完成情况与计划进度比较。

2)对进度完成情况及采取措施效果的分析。

(4)工程质量。

1)本月工程质量及质量控制情况。

2)检验批、分项、分部(子分部)工程的质量验收情况。

3)本月工程质量情况动态分析。

4)本月采取的工程质量措施及效果。

(5)工程计量与工程款支付。

1)工程量审核情况。

2)工程款审批情况及月支付情况。

3)工程款支付情况分析。

4)本月采取的措施及效果。

2.4 监理会议纪要

监理会议纪要(第一次工地会议纪要)		编号	001
工程名称	××综合楼工程	签发	×××
会议时间	××年××月××日(星期×)××时	会议地点	××××
会议主持人	×××	会议记录人	×××
出席人员	建设单位：×××、××× 监理单位：×××、×××、×××、××× 承包单位：×××、×××、×××、×××、×××、××× 分包单位：/		

会议主要内容：

一、建设单位、承包单位和监理单位分别介绍各自驻现场机构、人员及分工

1. 建设单位介绍驻现场机构、人员及分工

项目经理：×××，全面负责建设项目的管理；土建工程师：×××，负责土建施工方面的现场代表；电气工程师：×××，负责电气施工方面的现场代表；设备工程师：×××，负责暖通施工方面的现场代表。

2. 承包单位介绍驻现场机构、人员及分工

项目经理：×××，全面负责项目经理部的工作。

常务副经理：×××，负责本项目行政工作。

生产副经理：×××，负责本项目施工生产管理工作。

项目技术负责人：×××，负责本项目施工技术管理工作。

工程师：×××，负责本项目施工技术具体工作。

质检员：×××，负责本项目工程质量检查工作。

木工工长×××、钢筋工长×××、混凝土工长×××、测量员×××、暖通工长×××、电气工长×××、资料员×××、试验员×××、造价员×××、材料员×××、保管员×××、安全员×××、后勤管理员×××。

3. 监理单位介绍驻现场机构、人员及分工

总监理工程师：×××，全面负责项目监理部的工作。

总监代表：×××，负责总监赋予的权力和工作。

结构监理工程师：×××、×××，负责建筑及结构监理。

暖通监理工程师：×××，负责室内给排水、采暖、通风、空调、燃气安装监理。

电气监理工程师：×××，负责动力、照明、电视、电话安装。

监理文员：×××，负责文件收集、整理、归档、各类文件打印等工作。

各专业监理工程师负责本专业工程质量、进度、造价的控制工作。

二、建设单位根据委托监理合同宣布对总监理工程师的授权

××工程建设监理有限公司承担的××项目监理工作由×××总监理工程师全面负责监理合同所约定的权限和义务，开展监理工作，其工作权力范围：

(1) 审查承包单位选择的分包单位的资质，确认分包单位。

(2) 审查承包单位的施工组织设计、施工方案和施工进度计划。

(3) 督促、检查承包单位开工准备工作，签署工程开工报告。

(4)对工程材料/构配件和设备的检验权,对不合格的工程材料/构配件和设备有权通知承包单位停止使用。

(5)参加与所建项目有关的生产、技术、安全、质量、进度等会议或检查。

(6)签发监理通知、参与工程质量事故调查、分析及处理、下达暂停工/复工指令、签发往来公文函件及各类报表。

(7)签署承包单位的申请、支付证书和竣工结算。

(8)审查和处理工程变更。

(9)调解建设单位与承包单位的合同争议、处理索赔、审批工程延期。

(10)审核签认分部(子分部)工程,组织单位工程竣工预验收,督促承包单位对存在的问题进行整改,签署工程竣工报验单,并提出工程质量评估报告。参加由建设单位组织的竣工验收并签署竣工验收报告。

三、建设单位介绍工程开工准备情况

1.项目的各项审批手续已办理齐全,设计文件全部通过审查并已发给承包单位。

2.自筹资金已满足使用。

3.规划钉桩已落实。

四、项目经理汇报施工现场施工准备的情况

1.技术工作准备情况

(1)图纸交底及会审已完成,各类图籍、规范、标准、规程准备齐全。

(2)施工组织设计已经完成,报项目监理部审批。

(3)现场定位放线已完成,控制网已设置完毕。

2.设施及设备准备情况

(1)临时设施已搭设完毕,临时用水、电及场地整平已完成。

(2)塔吊、搅拌机、混凝土输送泵、电焊机等主要设备已进场。

(3)模板、脚手工具、运输工具、施工各种工器具已基本备齐。

3.进场工程材料情况

砂、碎石、水泥、钢筋、木材等主要材料已进场,并通过验收。

4.人员进场情况

劳务公司已确定,合同已签订,人员已进场。

五、建设单位和总监理工程师对施工准备情况提出意见和要求

1.建设单位对施工准备情况提出要求

(1)承包单位的各项准备工作基本到位,提出预计开工日期,上报项目监理部审批。

(2)确定开工日期后,应严格按建设施工承包合同约定的内容组织实施。

2.总监理工程师对施工准备情况提出意见和要求

(1)专业监理工程师对承包单位的开工条件已进行审查通过。

(2)总监理工程师签署工程开工报审表,同意承包单位施工。

六、总监理工程师介绍监理规划的主要内容

1.国家及本市发布的有关工程建设监理的政策、法令、法规。

2.阐明有关合同中规定的建设单位、监理单位和承包单位的权利和义务。

3.介绍监理工作内容。

4.介绍监理控制工作的基本程序和方法。

5.有关报表的报审要求。

续表

七、研究确定各方在施工过程中参加监理例会的主要人员、召开工地例会周期、地点及主要议题

1.参加监理例会的人员确定

(1)项目监理部全体;(2)建设单位项目代表;(3)承包单位项目经理、生产经理、技术负责人、质量检查员、工长等有关人员。

2.会议召开时间

每周召开一次会议,定在每周五下午3:00。

3.会议地点

在工地会议室。

4.主要会议议题

(1)检查上次例会决事项的落实情况,分析未完事项的原因。

(2)检查工程施工进度计划完成情况,分析施工进度滞后或超前的原因。

(3)确定下一阶段进度目标,研究、落实承包单位实现进度目标的措施。

(4)材料、构配件和设备供应情况及存在的质量问题和改进要求。

(5)工程质量和技术方面的有关问题,明确主要改进措施。

(6)分包单位的管理与协调问题。

(7)工程变更的主要问题。

(8)工程量核定及工程款支付中的有关问题。

(9)违约、争议、工程延期、费用索赔的意向及处理情况。

(10)其他有关事项。

建设单位:×××
监理单位:×××
承包单位:×××

监理会议纪要		编号	×××
工程名称	××综合楼工程	签发	×××
会议时间	××年××月××日(星期×)××时	会议地点	××××
会议主持人	×××	会议记录人	×××
出席人员	建设单位：×××、××× 监理单位：×××、×××、×××、××× 承包单位：×××、×××、×××、×××、×××、×××、××× 分包单位：×××		

会议主要内容：

（一）上周议决事项落实情况

上周六项议决事项已落实四项，其他两项在落实中。

（二）上周施工进度情况及本周施工进度计划安排

1. 上周施工进度完成情况

(1)机房抹灰按计划完成；(2)西侧电缆沟抹灰及盖板按计划完成；(3)一至四层内外墙体挂钢板网及抹灰施工进度正常；(4)电缆桥架安装正常进行；(5)空调水支管和风机盘管安装正常进行。上周施工进度情况较好，基本按施工进度计划完成各项工作。

2. 下周施工进度计划安排

(1)一至四层内墙体抹灰，外墙抹灰打底；(2)屋面防水××月××日前完成；(3)屋面女儿墙抹灰完成；(4)电缆桥架安装、配电箱安装及穿线；(5)空调风机盘管、制冷机组配管安装，冷却塔配管安装及人防风机房安装；(6)给水排水管安装。

（三）本周工程项目质量状况，针对存在的质量问题提出改进措施

本周的施工项目的质量情况比较稳定，主要项目是抹灰工程和设备安装，基本处于过程施工，没有达到验收的程度。从监理巡检情况看，施工质量符合要求，工程质量在受控状态内。

（四）工程量核定及工程款支付情况

本周的施工项目主要是抹灰工程和设备安装，涉及本月的工程量核定及工程款支付的审批工作，土建工程核定的工程量是填充墙的砌筑工程量，设备安装按已签订的买卖合同总金额支付一定比例的设备款。具体情况按监理部的审核和签认进行工程款支付。

（五）需要协调的有关事项

(1)南段四层风管、消防、空调水管等与结构梁交叉的变更问题，应与结构设计确认变更位置，施工单位负责与设计联系。

(2)卫生间大便器冲水的形式改变后，应考虑原设计的给水量是否够用的问题。由施工单位负责与设计联系。

(3)设备电动阀的配电系统没有设计图，需要进行补充设计。施工单位负责与设计联系。

(4)二氧化碳灭火系统管路与通风管道碰撞的问题，由该系统设计到现场解决，由分包单位负责与设计联系。

(5)电缆桥架厂家供货不及时的问题由总包负责进行督促。

续表

(六)其他有关事宜
(1)土建方面办理3份工程变更洽商,主要内容:
1)北段首层105室门恢复原设计1000mm宽;
2)屋面风管支架做法;
3)部分房间隔墙位置的变更。
(2)电气方面办理2份洽商,内容详见洽商。
(3)给水排水方面办理1份洽商,内容详见洽商。
(4)样板间的地砖在原选定的基础上提高档次,由总包单位选出样品由甲方确认。
(七)对下步工作要求
(1)做好施工洞口封堵的隐蔽检查,控制质量符合要求。
(2)要加强对安装和装修施工质量的控制及成品保护。
(3)制冷机组的配管要考虑路线合理和通顺。
(4)加强文明施工的管理,保持现场的清洁;加强现场安全、保卫、治安方面的管理,确保安全无事故。

"监理会议纪要"填写说明与依据

监理会议纪要由项目监理部根据会议记录整理,与会各方代表会签。

一、表格解析

1. 责任部门

项目监理部。

2. 填写要点

(1)出席人员:填写出席人员姓名,不可填写工作中的称谓。

(2)会议主要内容:根据会议记录进行填写。

二、填写依据

1. 规范名称

(1)《建设工程监理规范》(GB/T 50319—2013);

(2)《建筑工程资料管理规程》(DB11/T 695—2009)。

2. 相关要求

(1)工程开工前,监理人员应参加由建设单位主持召开的第一次工地会议,会议纪要应由项目监理机构负责整理,与会各方代表会签。

(2)项目监理机构应定期召开监理例会,并组织有关单位研究解决与监理相关的问题。项目监理机构可根据工程需要,主持或参加专题会议,解决监理工作范围内工程专项问题。监理例会以及由项目监理机构主持召开的专题会议的会议纪要,应由项目监理机构负责整理,与会各方代表会签。

(3)第一次工地会议应包括以下主要内容:

1)建设单位、承包单位和监理单位分别介绍各自驻现场的组织机构、人员及其分工。

2)建设单位根据委托监理合同宣布对总监理工程师的授权。

3)建设单位介绍工程开工准备情况。

4)承包单位介绍施工准备情况。

5)建设单位和总监理工程师对施工准备情况提出意见和要求。

6)总监理工程师介绍监理规划的主要内容。

7)研究确定各方在施工过程中参加工地例会的主要人员,召开工地例会周期、地点及主要议题。

2.5 监理工作日志

监 理 工 作 日 志		编 号		×××
工程名称		××综合楼工程		
监理单位		××工程建设监理有限公司		
	天气状况	风力(级)	最高(最低)温度(℃)	备 注
白天	晴	1~2	27	
夜间	晴	1~2	14	
施工检查情况： 施工部位情况： 1. 四层5段柱模板安装。 2. 四层1段柱钢筋绑扎。 3. 三层2段顶板混凝土养护。 4. 三层3段顶板钢筋绑扎。 5. 三层4段顶板模板安装。 6. 楼西侧暖沟砌砖。 7. 楼南侧肥槽回填土，施工人员30人，夯实机械4套。				
监理工作记录： 中间验收： 1. 14:40，四层5段柱模板安装验收合格。 2. 16:00，三层4段顶板模板安装验收合格。 3. 16:20，四层2段柱放线验收合格。 旁站及见证： 四层5段柱混凝土浇筑18:30开始22:00结束，各工序操作符合施工规范要求。 现场见证取样试块3组，编号：106、107、108				
记录人	×××	日 期		××年××月××日

注：本表由监理单位项目监理机构填写并保存。各地方按地方要求表式填写并保存。

"监理工作日志"填写说明与依据

监理工作日志是项目监理机构每日对建设工程监理工作及施工进展情况所做的记录。

一、表格解析

1. 责任部门

项目监理部。

2. 填写要点

(1)天气情况:填写当天主要工作时段天气情况。

(2)施工检查情况与监理工作记录:按照工程施工情况如实填写。

二、填写依据

1. 规范名称

(1)《建设工程监理规范》(GB/T 50319—2013);

(2)《建筑工程资料管理规程》(DB11/T 695—2009)。

2. 相关要求

(1)监理工作日志的重要性

1)规范监理行为的需要。

2)为公平、公正地处理工程索赔、工程变更、工程质量事故及违约事件提供现场真实资料。

3)通过检查监理工作日志,可以评估监理工作的到位情况、履约情况以及监理工程师的"监理工作质量"等。

(2)工程监理日记与监理工作日志的区别

监理日记是监理工作人员的个人的工作日记,每个监理工作人员都有义务记录。监理工作日志是整个现场监理组织机构的、集体的监理日志,每一个监理工作人员不一定有权力去记录,由驻地(总监)监理工程师指定专业监理人员负责汇总和记录。

2.6 监理工作总结

<u>　　××高层住宅楼　　</u>**工程监理工作总结**

监　理　单　位：<u>　××工程建设监理有限公司　</u>（公章）

合　同　编　号：<u>　　　　×××　　　　</u>

总监理工程师：<u>　　　　×××　　　　</u>

日　　　　　期：<u>　　××年××月××日　　</u>

监理工作概况及监理委托合同的履行

工程名称	××高层住宅楼工程		设计单位	××建筑设计研究院	
建设单位	××投资置业集团有限公司		施工单位	××建设集团有限公司	
建设规模	建筑面积:19960m² 层　数:11/1		结构型式	框架剪力墙	工程投资(万元)	4865
开工日期	××年××月××日		竣工日期	××年××月××日	施工日历天数	297

监理组织机构设置、主要监理人员及变动情况：

1. 项目监理组织机构设置，见下图。

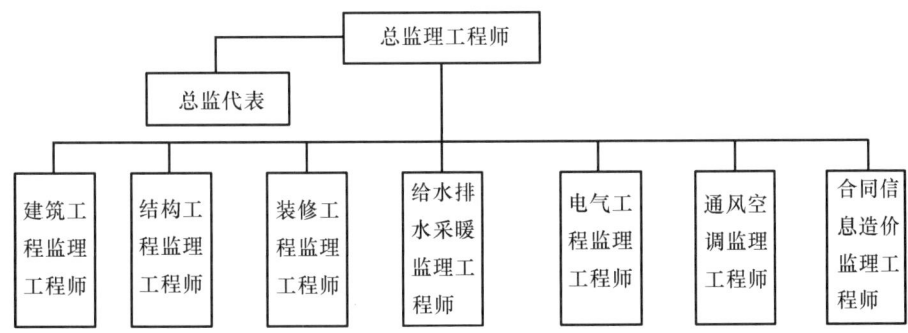

2. 项目主要监理人员。

项目监理部主要监理人员一览表

序号	姓名	职　务	性别	职　称	专业	备　注
1	×××	总监理工程师	男	高级工程师	工业与民用建筑	注册监理工程师
2	×××	总监代表	男	工程师	土木工程	注册监理工程师
3	×××	监理工程师（建筑工程）	男	工程师	工业与民用建筑	注册监理工程师
4	×××	监理工程师（结构工程）	男	工程师	建筑工程	全国监理工程师培训证书
5	×××	监理工程师（给排水采暖、通风与空调）	女	工程师	给水排水	全国监理工程师培训证书
6	×××	监理工程师（建筑电气、建筑智能化）	男	高级工程师	电气工程及其自动化	全国监理工程师培训证书
7	×××	监理工程师（合同、信息、造价管理）	女	工程师	工程造价	注册造价工程师
8	×××	监理员（建筑工程）	男	助理工程师	工程管理	住建委监理员培训证书

投入监理设施：

主要设施及设备清单一览表

序号	名　　称	数量	规　　格	备　　注
1	办公及生活用房	5间	3m×6m	业主提供
2	办公桌、椅子	9套	三屉桌、写字台	业主提供7套,自备2套
3	电话	1部		业主提供
4	文件柜	4套	铁皮2套5节,木制2套	业主提供2套,自备2套
5	床	8张	单人	业主提供
6	柜式空调	5台	美的KFR－51LW/DY－IB(R3)	业主提供
7	计算机	4台	联想Y470N－ITH	自备
8	打印机	1台	爱普生LQ－730K	自备
9	黑白多功能激光一体机	1台	惠普(HP)Laser Jet Pro M1536dnf	自备
10	照相机	2架	通用(GE)X500	自备
11	工程质量检测器	1套	JZC-2型　03200130#	自备
12	经纬仪	1台	J2	自备
13	水准仪	1台	DZS 3-1	自备
14	其他(简略)			

监理合同履行情况(此栏内容较多可加附页)

1. 监理合同目标完成情况

(1)工程质量目标:合同约定质量等级为合格;实际工程质量等级为合格。

(2)工程进度目标:合同约定开竣工日期:××年××月××日至××年××月××日(不包括地基处理);

实际开竣工日期:××年××月××日至××年××月××日,实现进度目标。

(3)工程造价控制目标:合同总造价48657230元(不包括工程变更费用);实际签发工程款金额:48657230元(不包括工程变更费用),实际工程款支付符合合同约定金额。

2. 监理合同的履行情况

按委托监理合同约定的监理服务时间、内容完成了各项监理工作并得到委托监理合同约定的监理酬金。

监理工作成效

监理工程师对原材料、设备实际验收批次	合格和同意使用的 165 批,占原材料、设备进场总批次的 97 %
监理工程师对进场的原材料取样见证次数	总计 69 次,占总取样次数的 37.5 %
监理工程师对工程所用砂浆、混凝土的试配及砂浆、混凝土试块制作和送检的取样见证次数	总计 65 次,占试验总次数的 35 %
监理工程师对本工程的分项工程按国家相应的验收标准抽检和复验的项数	总计 195 项,占分项工程的 100 %
监理工程师对施工单位的报验申请验收并签署意见的工程项数	总计 310 项,其中同意验收 304 项,占 98 %,不同意验收 6 项,占 2 %
监理人员在施工过程进行平行检验和对关键部位、关键工序旁站监理的工作情况	填写平行检查记录和旁站监理记录共 94 张
监理机构组织召开的各类工地会议次数	总计 92 次,会议纪要总计 61 份
监理机构发给承包单位的监理通知份数	总计 83 份,其中关于质量 71 份,进度 7 份,其他内容 5 份。
监理工程师有关工程索赔的审核情况	承包单位提报值 453320 元; 监理工程师最终审定 312216 元;
监理工程师对工程进度的控制情况	审批各类工程进度计划 27 份, 总监理工程师批准工程临时延期 0 天, 总监理工程师批准工程最终延期 0 天。

本项目承包单位工程结算提报值及监理工程师审定情况	承包单位提报值　52955815　元； 监理工程师最终审定　51472803　元； 与预算相比增加/减少　2815573.3　元。
本工程合同约定开工时间:××年××月××日 本工程合同约定竣工时间:××年××月××日	本工程实际开工时间:××年××月××日 本工程实际竣工时间:××年××月××日
本工程合同约定质量等级:合格	经监理机构核定质量等级　合格

目标控制完成情况及合理化建议实效:

1. 目标控制完成情况

(1)工程进度目标控制完成情况

1)第一个目标的实现是地基人工处理CFG桩,于××年××月××日至××年××月××日完成。

2)第二个目标的实现是基础工程,于××年××月××日至××年××月××日完成。

3)第三个目标的实现是主体结构封顶,于××年××月××日至××年××月××日完成。

4)第四个目标的实现是装饰装修工程,于××年××月××日至××年××月××日完成。

5)第五个目标的实现是机电安装工程,于××年××月××日至××年××月××日完成。

6)第六个目标的实现是竣工验收,于××年××月××日至××年××月××日完成。

(2)工程质量目标控制完成情况

在工程施工全过程的监理工作中,各专业工程监理工程师对工程质量严格控制,圆满地完成了工程质量控制目标。

1)分部工程:共10分部(地基与基础、主体结构、建筑装饰装修、建筑屋面、建筑给水排水及采暖、建筑电气、智能建筑、通风与空调、电梯、建筑节能),核查10分部,符合标准及设计要求10分部。各分部工程质量验收结论(略)。

2)质量控制资料核查:共40项,经审查符合《建筑工程资料管理标准》40项。

3)安全和主要使用功能核查及抽查结果:共核查26项,符合要求26项;共抽查10项,符合要求10项。

4)观感质量验收:共抽查24项,符合要求24项,观感质量验收为好。

5)单位工程质量情况:该工程承包合同规定的质量等级为:合格;施工单位的质量目标定位:确保优良。在投入上以确保优良,创优工程的目标进行安排,工程质量的创优评定由工程质量协会进行评定。监理单位按施工质量验收规范的结论为,该工程施工质量符合设计要求和施工质量验收规范,验收合格。

(3)工程造价目标控制完成情况

该工程对造价控制的主要工作是控制工程量的确认和工程款的支付的审批工作,在监理过程中对工程进度款的审批工作做到按合同条款进行,完成了工程造价的目标。工程进度款支付情况(略)。

2. 施工过程中出现的问题及其处理情况和建议

(1)施工过程中出现的问题

1)回填土施工中回填土分层厚度超过标准和灰土搅拌不均匀。

2)防水卷材在阴阳角处的粘铺方法不正确。

3)部分大模板拆模较早,使混凝土表面有残缺现象。

4)隔墙抹灰的墙面有裂缝。

(2)处理情况及建议

1)对于回填土的质量问题的处理方法,对有问题的部位返工重做。

"监理工作总结"填写说明与依据

一、表格解析

1. 责任部门

项目监理部。

2. 提交时限

工程竣工验收完成后提交。

二、填写依据

1. 规范名称

(1)《建设工程监理规范》(GB/T 50319—2013);

(2)《建筑工程资料管理规程》(DB11/T 695—2009)。

2. 相关要求

参见 1.2 节第 6 款。

2.7 监理通知单

表 A.0.3 监理通知单

工程名称：　××住宅楼工程　　　　　　　　　　　　　　　编号：×××

致：　××建设集团有限公司××项目经理部　（施工项目经理部）

事由：　关于你项目部使用 DN700 Ⅲ级钢筋混凝土承插管问题。

内容：　你项目部施工，所使用的 DN700 Ⅲ级钢筋混凝土承插管破碎试验检查发现

如下问题：

1. 环向筋环数不能达到企业标准要求，企业标准为 A5 钢筋 83 根，破碎试验检查时为 81 根。
2. 根据《混凝土和钢筋混凝土排水管》(GB/T 11836—2009)第 5.2.3 条规定：钢筋骨架的纵向钢筋直径不得小于 4.0mm，在 DN700 Ⅲ级钢筋混凝土承插管配筋图册中也有明确说明。破碎试验检查时纵向钢筋直径为 3.0mm，不符合规范要求。

项目监理机构(盖章)

总/专业监理工程师(签字)　×××

××年××月××日

注：1. 本表一式三份，项目监理机构、建设单位、施工单位各一份；
　　2. 本表摘自《建设工程监理规范》(GB/T 50319—2013)。

"监理通知单"填写说明与依据

项目监理机构发现施工存在质量问题的，或施工单位采用不适当的施工工艺，或施工不当，造成工程质量不合格的，应及时签发监理通知单，要求施工单位整改。整改完毕后，项目监理机构应根据施工单位报送的监理通知回复单对整改情况进行复查，提出复查意见。

监理通知单应按"监理通知单"的要求填写，监理通知回复单应按"监理通知回复单"的要求填写。

2.8 监理抽检记录

监理抽检记录 表 B2		资料编号	×××
工程名称	××综合楼工程	抽检日期	××年××月××日

检查项目：聚氨酯防水涂料

检查部位：地上一层至五层卫生间防水涂料

检查数量：2kg

被委托单位：××工程试验检测中心

检查结果： ☑合格　　□不合格

处置意见：

	监理工程师(签字)：×××	日期：××年××月××日
监理单位名称：××工程建设监理有限公司	总监理工程师(签字)：×××	日期：××年××月××日

本表由监理单位填写。

"监理抽检记录"填写说明与依据

监理抽检主要是依据合同中约定,对工程的某些重要部位,或是对施工质量和材料有怀疑时,监理工程师所进行的抽查,将抽查结果填入本表留下记录。

2.9 工程暂停令

表 A.0.5 工程暂停令

工程名称：××住宅楼工程　　　　　　　　　　　　　　　编号：×××

致：　　××建设集团有限公司××项目经理部　　　　　（施工项目经理部）

由于　你方选定的分包商在未经我监理方审批许可的情况下，擅自进场施工　原因，现通知你方于　××　年　××　月　××　日　××　时起，暂停　土方开挖工程　部位（工序）施工，并按下述要求做好后续工作。

要求：

1. 填报分包单位资格报审表。
2. 提供分包商相关资质证书。

……

项目监理机构（盖章）
总监理工程师（签字、加盖执业印章）　×××
××年××月××日

注：1. 本表一式三份，项目监理机构、建设单位、施工单位各一份；
　　2. 本表摘自《建设工程监理规范》（GB/T 50319－2013）。

"工程暂停令"填写说明与依据

(1)总监理工程师在签发工程暂停令时,可根据停工原因的影响范围和影响程度,确定停工范围,并应按施工合同和建设工程监理合同的约定签发工程暂停令。

(2)项目监理机构发现下列情况之一时,总监理工程师应及时签发工程暂停令:

1)建设单位要求暂停施工且工程需要暂停施工的;

2)施工单位未经批准擅自施工或拒绝项目监理机构管理的;

3)施工单位未按审查通过的工程设计文件施工的;

4)施工单位违反工程建设强制性标准的;

5)施工存在重大质量、安全事故隐患或发生质量、安全事故的。

(3)总监理工程师签发工程暂停令应事先征得建设单位同意,在紧急情况下未能事先报告时,应在事后及时向建设单位作出书面报告。

2.10 工程延期审批表

工程延期审批表 表 B5		资料编号	×××
工程名称	××大厦工程	日　期	××年××月××日

致　__××建设集团有限公司__　(施工单位)：

　　根据施工合同条款　__××__　条的规定,我方对你方提出的第(__××__)号关于__建设单位提供钢筋原材未及时到场__延期申请,要求延长工期__××__日历天,经过我方核评估：

☑　同意工期延长　__××__　日历天,竣工日期(包括已指令延长的工期)从原来的__××__年__××__月__××__日延长到__××__年__××__月__××__日。请你方执行。

☐　不同意延长工期,请按约定竣工日期组织施工。

说明：
　　经建设、施工单位协调,同意延长工期。

监理单位名称：××工程建设监理有限公司	总监理工程师(签字)：×××

本表由监理单位填写。

"工程延期审批表"填写说明与依据

项目监理机构收到工程临时延期或最终延期申请时,专业监理工程师按照施工合同约定进行审查,填写"工程延期审批表",总监理工程师应进行审核,并征得建设单位同意后,予以批复。

一、表格解析

1. 责任部门

项目经理部。

2. 填写要点

(1)施工合同条款条:填写相关合同条款的条目号。

(2)关于延期申请:概述延期主要原因。

二、填写依据

1. 规范名称

(1)《建设工程监理规范》(GB/T 50319—2013);

(2)《建筑工程资料管理规程》(DB11/T 695—2009)。

2. 相关要求

(1)施工单位提出工程延期要求符合施工合同约定时,项目监理机构应予以受理。

(2)当影响工期事件具有持续性时,项目监理机构应对施工单位提交的阶段性工程临时延期报审表进行审查,并应签署工程临时延期审核意见后报建设单位。

(3)当影响工期事件结束后,项目监理机构应对施工单位提交的工程最终延期报审表进行审查,并应签署工程最终延期审核意见后报建设单位。

(4)项目监理机构在批准工程临时延期、工程最终延期前,均应与建设单位和施工单位协商。

2.11 费用索赔审批表

费用索赔审批表 表 B6		资料编号	×××
工 程 名 称	××综合楼工程	日　期	××年××月××日

致　　××建设集团有限公司　　(施工单位)：

根据施工合同第　××　条款的规定,你方提出的第(　×××　)号关于　因工程变更增加额外　费用索赔申请,索赔金额共计人民币(大写)　叁万陆仟叁佰贰拾柒元　,(小写)　￥36327.00　,经我方审核评估：

　　☐　不同意此项索赔。
　　☑　同意此项索赔,金额为(大写)　　　叁万陆仟叁佰贰拾柒元　　　。

理由：
(1)费用索赔事件属非承包单位原因。
(2)费用索赔的情况属实。

索赔金额的计算：
(1)同意地下一层Ⅰ段、Ⅱ段墙柱钢筋1/3部分拆除重做的费用。
(2)同意工程变更增加的合同外的施工项目的费用。
(3)工程延期2天的增加管理费用3000元。

监理工程师(签字)：×××
监理单位名称：××工程建设监理有限公司　　　总监理工程师(签字)：×××

本表由监理单位填写。

"费用索赔审批表"填写说明与依据

施工单位在施工合同规定的期限内向项目监理机构提交费用索赔意向通知书和索赔申请,监理人员应收集与索赔有关的资料。项目总监理工程师进行费用索赔审查,并就索赔额度与施工、建设单位协调一致后,总监理工程师签署费用索赔审批表。

一、表格解析

1. 责任部门

项目经理部。

2. 填写要点

(1)"理由"栏的填写应依据收集的有关证明资料。

(2)"索赔金额的计算"应填写详细的计算公式和计算数据,必要时可附页。

二、填写依据

1. 规范名称

(1)《建设工程监理规范》(GB/T 50319—2013);

(2)《建筑工程资料管理规程》(DB11/T 695—2009)。

2. 相关要求

(1)项目监理机构应及时收集、整理有关工程费用的原始资料,为处理费用索赔提供证据。

(2)项目监理机构处理费用索赔的主要依据应包括下列内容:

1)法律法规;

2)勘察设计文件、施工合同文件;

3)工程建设标准;

4)索赔事件的证据。

(3)项目监理机构可按下列程序处理施工单位提出的费用索赔:

1)受理施工单位在施工合同约定的期限内提交的费用索赔意向通知书;

2)收集与索赔有关的资料;

3)受理施工单位在施工合同约定的期限内提交的费用索赔报审表;

4)审查费用报审表;需要施工单位进一步提交详细资料时,应在施工合同约定的期限内发出通知;

5)与建设单位和施工单位协商一致后,在施工合同约定的期限内签发费用索赔报审表,并报建设单位。

2.12 工程款支付证书

表 A.0.8 工程款支付证书

工程名称：××住宅楼工程　　　　　　　　　　　　　　　　　编号：×××

致：　　××建设集团有限公司　　　（施工单位）

根据施工合同约定,经审核编号为　　××××　　工程款支付报审表,扣除有关款项后,同意支付工程款共计(大写)

　　壹佰万元整　　（小写：　¥1000000.00　）。

其中：

1. 施工单位申报款为：　1000000.00 元
2. 经审核施工单位应得款为：　1000000.00 元
3. 本期应扣款为：　70000.00 元
4. 本期应付款为：　930000.00 元

附件：工程款支付报审表及附件

项目监理机构(盖章)

总监理工程师(签字、加盖执业印章)　×××

××年××月××日

注：1. 本表一式三份,项目监理机构、建设单位、施工单位各一份；
　　2. 本表摘自《建设工程监理规范》(GB/T 50319－2013)。

"工程款支付证书"填写说明与依据

(1)项目监理机构应按下列程序进行竣工结算款审核:

1)专业监理工程师审查施工单位提交的竣工结算款支付申请,提出审查意见;

2)总监理工程师对专业监理工程师的审查意见进行审核,签认后报建设单位审批,同时抄送施工单位,并就工程竣工结算事宜与建设单位、施工单位协商;达成一致意见的,根据建设单位审批意见向施工单位签发竣工结算款支付证书;不能达成一致意见的,应按施工合同约定处理。

(2)工程竣工结算款支付报审表应按"工程款支付报审表"的要求填写,竣工结算款支付证书应按"工程款支付证书"的要求填写。

2.13 旁站监理记录

表 A.0.6 旁站记录

工程名称:××住宅楼工程　　　　　　　　　　　　　　　　　编号:×××

旁站的关键部位、关键工序	首层楼板现浇混凝土施工	施工单位	××建设集团有限公司
旁站开始时间	××年××月××日 ××时××分	旁站结束时间	××年××月××日 ××时××分

旁站的关键部位、关键工序施工情况：

　　本次混凝土浇筑现场施工管理人员××名在岗,钢筋修复人员××名,模板修复人员××名,混凝土工××名,振动棒××根,照明碘钨灯××盏。混凝土浇筑正常,无违章作业现象,未发现安全隐患。

　　经现场旁站监理,本次混凝土浇筑混凝土标号为C××(混凝土有外加剂时应记录写明),符合设计要求,现场检查坍落度××次,其值分别为××mm和××mm,混凝土振捣到位,无漏振现象,钢筋及水电管线保护良好,混凝土标高及收面良好,混凝土抹面收光及时,表面无积水翻砂现象;混凝土按要求及时进行了试块见证取样××组,现场已留置了同条件养护混凝土试块××组。

发现的问题及处理情况：

　　无

旁站监理人员（签字）　×××
　　　　　　　　　　　　××年××月××日

注：1. 本表一式一份,项目监理机构留存；
　　2. 本表摘自《建设工程监理规范》(GB/T 50319—2013)。

"旁站监理记录"填写说明与依据

　　项目监理机构应根据工程特点和施工单位报送的施工组织设计,确定旁站的关键部位、关键工序,安排监理人员进行旁站,并应及时记录旁站监理情况。

　　旁站监理记录应按本表填写。

2.14 质量事故报告及处理资料

1. 工程质量问题和质量事故处理的注意事项

(1)对施工过程中出现的质量缺陷,专业监理工程师应及时下达《监理工程师通知单》,要求承包单位整改,并检查整改结果。

(2)监理人员发现施工存在重大质量隐患,可能造成质量事故或已经造成质量事故,应通过总监理工程师及时下达《工程暂停令》,要求承包单位停工整改。整改完毕并经监理人员复查,符合规定要求后,总监理工程师应及时签署《工程复工报审表》。总监理工程师下达《工程暂停令》和签署《工程复工报审表》,宜事先向建设单位报告。

(3)对需要返工处理或加固补强的质量事故,总监理工程师应责令承包单位报送质量事故调查报告和经设计单位等相关单位认可的处理方案,项目监理机构应对质量事故的处理过程和处理结果进行跟踪检查和验收。

(4)在建设过程中,由于设计或施工原因,造成工程质量不符合规范或设计要求的,统称为工程质量事故。

(5)发生工程质量事故后,施工单位必须用电话或书面形式逐级上报。对重大的质量事故和工伤事故,项目监理机构应立即上报建设单位。

(6)在工程施工过程中,项目监理机构的监理人员发现工程质量不符合规范、标准要求时,必须指令承包单位及时处理。

(7)当分部工程存在严重的缺陷,通过返修或加固处理仍不能满足安全使用要求的,严禁验收。

(8)对经过处理的工程,承包单位必须有详尽的记录资料,处理方案等原始数据应齐全、准确、真实,必须经总监理工程师审核、签字验收。

(9)对工程质量事故隐瞒不报,或拖延处理,或处理不当,或处理结果未经监理站同意的,对事故部分及受事故影响的部分工程应视为不合格,不予验工计价。待合格后,再补办验工计价。

(10)总监理工程师应及时向建设单位及本监理单位报送有关质量事故的书面报告,并应将完整的质量事故处理记录整理归档。

2. 编制依据

(1)《建设工程质量管理条例》[中华人民共和国国务院令(第279号)];

(2)《建设工程监理规程》(DBJ 01—41—2002);

(3)《建设工程监理规范》(GB/T 50319—2013)。

2.15 竣工移交证书

竣工移交证书 表 B9		资料编号	×××
工程名称	××综合楼工程		

致　　××集团开发有限公司　　（建设单位）：

　　兹证明施工单位　　××建设集团有限公司　　
施工的　　××综合楼工程　　，已按施工合同的要求完成，并验收合格，即日起该工程移交建设单位管理，并进入保修期。

附件：单位工程验收记录

总监理工程师（签字）	监理单位（章）
××× 日期：××年××月××日	××工程建设监理有限公司 日期：××年××月××日
建设单位代表（签字）	建设单位（章）
××× 日期：××年××月××日	××集团开发有限公司 日期：××年××月××日

本表由监理单位填写。

"竣工移交证书"填写说明与依据

工程竣工验收完成后,由项目总监理工程师及建设单位代表共同签署"竣工移交证书",并加盖监理单位、建设单位公章。

一、表格解析

1. 责任部门

项目监理部。

2. 填写要点

(1)建设单位、承包单位、监理单位、工程名称均应与施工合同所填写的名称一致。

(2)单位工程验收记录包括《分部(子分部)工程质量验收记录》、《单位(子单位)工程质量控制资料检查记录》、《单位(子单位)工程安全和功能检验资料检查及主要功能抽查记录》、《单位(子单位)工程观感质量检查记录》等。

(3)工程竣工验收合格后,本表由监理单位负责填写,总监理工程师签字,加盖单位公章;建设单位代表签字并加盖建设单位公章。

(4)日期应写清楚,表明即日起该工程移交建设单位管理,并进入保修期。

二、填写依据

1. 规范名称

(1)《建设工程监理规范》(GB/T 50319—2013);

(2)《建筑工程资料管理规程》(DB11/T 695—2009)。

2. 相关要求

(1)总监理工程师组织竣工预验收。

1)要求承包单位在工程项目自检合格并达到竣工验收条件时,填写《单位工程竣工预验收报验表》,并附相应竣工资料(包括分包单位的竣工资料)报项目监理部,申请竣工预验收。

2)总监理工程师组织项目监理部监理人员对质量控制资料进行核查,并督促承包单位完善。

3)总监理工程师组织监理工程师和承包单位共同对工程进行检查验收。

4)专业监理工程师对竣工工程质量进行核查,核查内容和要求如下:

①工程建设合同约定的设计文件和各项施工工作已经完成;

②工程实体质量符合规范和约定要求;

③工程质量控制资料汇总整理完毕;

④工程安全和功能检验资料汇总完毕;

⑤对部分工程安全和功能进行抽查,抽查结果符合要求;

⑥对工程观感质量进行检查,质量综合评价应满足相关要求;

⑦机电设备单机试车和系统无负荷联动试车已完成;

⑧建筑物内部及场地周围清整完毕,管线具备接通条件;

⑨经建设单位同意不影响使用功能的零星工程已确定施工完成时限。

5)经验收需要对局部进行整改的,应在整改符合要求后再验收,直至符合合同要求。总监理工程师签署《单位工程竣工预验收报验表》。

6)预验收合格后,监理单位应对工程提出质量评估报告,整理监理资料,工程质量评估报告必须经总监理工程师和监理单位技术负责人审核签字。

(2)竣工验收。参加建设单位组织的竣工验收,并提供相关监理资料;对验收中提出的整改问题,项目监理部要求承包方整改;工程质量符合要求后,由总监理工程师会同参加验收的各方签署竣工验收报告。

(3)竣工验收完成后,由项目总监理工程师和建设单位代表共同签署"竣工移交证书",并由监理单位、建设单位盖章后,送承包单位一份。

2.16 工程质量评估报告

工程质量评估报告编写实例

封面(略)

前言

××工程建设监理有限公司受××公司的委托,对××大厦工程实施监理工作。项目监理部于××年××月××日开始对该工程进行施工阶段监理,经建设单位、设计单位、施工单位、监理单位的共同努力,于××年××月××日该工程通过竣工预验收,下面对该工程进行工程质量评估。

正文

(一)工程概况

1. 建筑特点

地下部分的建筑面积为12058m²。建筑平面呈矩形,东西向长58.70m,南北向长81.70m。该工程地下一层层高5.80m和4m,为餐厅、厨房、浴室、变配电室、汽车、自行车停车车库等;地下二层层高5.70m和4.2m,为冷冻机房、热交换站、6级人防和影视资料库等;地上十七层(局部四层、五层、六层等),屋顶两层,建筑总高72.20m,总建筑面积41264m²,室内外高差0.45m,地下水位在30.02~30.38m之间(埋深15.80~16.30m)。

2. 结构特点

基础采用满堂红筏形基础;地下室为混凝土板柱体系;地上结构为钢筋混凝土框架—剪力墙结构,四层裙房部分采用局部框剪结构,报告厅大跨部分采用双向井式梁结构,地上结构的楼、屋盖采用无粘结预应力双向无梁楼盖体系。

该工程地基持力层为砂卵石天然持力层,局部为中砂层,Ⅱ类场地土,无液化现象。工程抗震设防烈度为8度。抗震等级:框架柱、密肋楼盖、框架梁二级;抗震墙一级。

(二)施工单位基本情况

总包单位:××建设集团有限公司。

机电安装分包单位:××机电工程有限公司。

劳务分包队:××建筑工程有限公司。

供应单位:××物资有限公司。

承包单位项目经理部全面负责本工程的施工任务,各管理层人员配备齐全,资格符合要求。施工人员、各专业人员岗位证书齐全,符合要求。劳务人员数量满足施工工期要求。施工各类机械设备规格、型号、数量、性能满足施工要求。工程原材料、构配件、设备能按使用计划落实。根据对总包单位、分包单位及主要原材料、构配件、设备供应单位的考察确定,总包单位和分包单位及供应单位有能力完成本工程的施工项目。

(三)主要采取的施工方法

(1)现场场地狭小,基槽四周做了护坡处理(钢筋混凝土护坡桩),槽边不放坡。

(2)基础深,现浇混凝土强度等级高,底板混凝土浇筑量大且厚,采取了相应技术措施。

(3)墙体厚度及所用材料变化多,种类多。板厚、标高不一;坡道、轴间混凝土柱等测量放线要求高。给水排水、暖通、电气专业墙、板预留洞较多。

(4)为保证混凝土浇筑的连续性,保证混凝土的质量,加快施工进度,解决现场场地狭小的问题,混凝土全部采用预拌混凝土。混凝土输送和浇筑采用塔吊和混凝土输送泵、水平布料杆等多种方式进行。

续表

(5)"四新"应用。针对该工程的特点,为保证该工程优质、高速地完成,落实建设部在建筑业推广应用的新技术、新工艺,结合该工程的实际情况,采用的新技术、新工艺有以下几个方面:

1)采用泵送混凝土技术。该工程混凝土浇筑采用泵送,布料杆下料,加快了混凝土浇筑速度,取消了中间环节,大大减轻了工人的劳动强度,节省了大部分塔式起重机作业,从而加快了施工进度。

2)清水模板技术。模板板面采用竹编板,该模板板块大,面板平整光滑,可大大提高混凝土的外观质量及保水作用,免除抹灰,且比小钢模板提高工效。

3)钢筋连接技术。竖向粗钢筋焊接采用电渣压力焊,水平粗钢筋采用滚轧直螺纹连接,该项技术可保证钢筋的连接头质量和连接强度,保证钢筋的同心度及密集钢筋间的最小间距,从而有效保证了混凝土的浇筑质量。

4)混凝土外加剂技术。混凝土内掺加减水剂、早强抗冻剂等外加剂施工技术。

5)激光扫平仪抄平放线垂直打点技术。

(四)工程地基基础和主体结构的质量状况

1. 地基与基础的质量状况

该工程地基的土质与勘察报告一致,钎探结果符合设计要求,基坑验槽合格。基础采用满堂红筏形基础;地下室为混凝土板柱体系。对该分部工程的×项分项工程,进行了查验,符合设计要求和施工质量验收规范,验收合格。

2. 主体结构的质量状况

主体结构为钢筋混凝土框架—剪力墙结构。在主体结构施工的全过程中共查验分项工程×项,施工单位自检合格,监理验收合格。

(五)其他分部工程的质量状况

(1)建筑屋面分部工程,施工单位自检合格,监理验收合格。

(2)建筑装饰装修分部工程中地面、抹灰、门窗、轻质隔墙、饰面砖、细部等子分部工程,施工单位自检合格,监理验收合格。

(3)建筑给水、排水及采暖分部工程,施工单位自检合格,监理验收合格。

(4)建筑电气分部工程,施工单位自检合格,监理验收合格。

(5)智能建筑分部工程,施工单位自检合格,监理验收合格。

(6)通风与空调分部工程,施工单位自检合格,监理验收合格。

(7)电梯分部工程,施工单位自检合格,监理验收合格。

(六)施工中发生过的质量事故和主要质量问题、原因分析和处理结果

在施工全过程中没有发生质量事故,作为一般性的质量问题(包括常见质量通病)在施工过程中有所发生,这些问题通过自查、自检进行整改处理,达到合格后进行下道工序施工。

(七)对工程质量的综合评估意见

该工程承包合同规定的质量等级为:合格。监理单位对分项、分部、单位工程的验收情况认为该工程达到了施工合同约定的工程质量标准,单位工程预验收合格。

2.17 工作联系单

表 C.0.1 工作联系单

工程名称：××住宅楼工程　　　　　　　　　　　　　　　　　　　编号：×××

致：　××工程建设监理有限公司××项目监理部　　

根据施工合同第 3.1.12 条要求，"分部、分项、检验批验收表格"采用《建筑工程施工质量验收统一标准》(GB 50300—2013)附录 E 中表格格式，但建设单位下发的表格系统中的相应表格格式与 GB 50300—2013 中要求的格式不同，请予以确认。

　　　　　　　　　　　　　　　　　　　发文单位　××建设集团有限公司××项目经理部
　　　　　　　　　　　　　　　　　　　　　　　负责人(签字)　×××
　　　　　　　　　　　　　　　　　　　　　　　××年××月××日

本表摘自《建设工程监理规范》(GB/T 50319—2013)。

"工作联系单"填写说明与依据

参见 1.2 节第 15 款。

2.18 工程变更单

表 C.0.2　工程变更单

工程名称：××住宅楼工程　　　　　　　　　　　　　　　编号：×××

致：　××建设集团有限公司　　　　　　　　　　　　　　　　　　　　　　　　　 　　由于　××集团开发有限公司　原因，兹提出　增加地下消防水池　工程变更，请予以审批。 　　附件： 　　　　变更内容 　　　　变更设计图 　　　　相关会议纪要 　　　　其他 　　　　　　　　　　　　　　　　　　　　　　　　　变更提出单位：××集团开发有限公司 　　　　　　　　　　　　　　　　　　　　　　　　　　　　　　负责人：××× 　　　　　　　　　　　　　　　　　　　　　　　　　　　　　××年××月××日	
工程量增/减	现浇混凝土 167m³
费用增/减	210235 元
工期变化	15d
施工项目经理部(盖章) 项目经理(签字)　　　　　×××	设计单位(盖章) 设计负责人(签字)　　　　×××
项目监理机构(盖章) 总监理工程师(签字)　　　×××	建设单位(盖章) 负责人(签字)　　　　　　×××

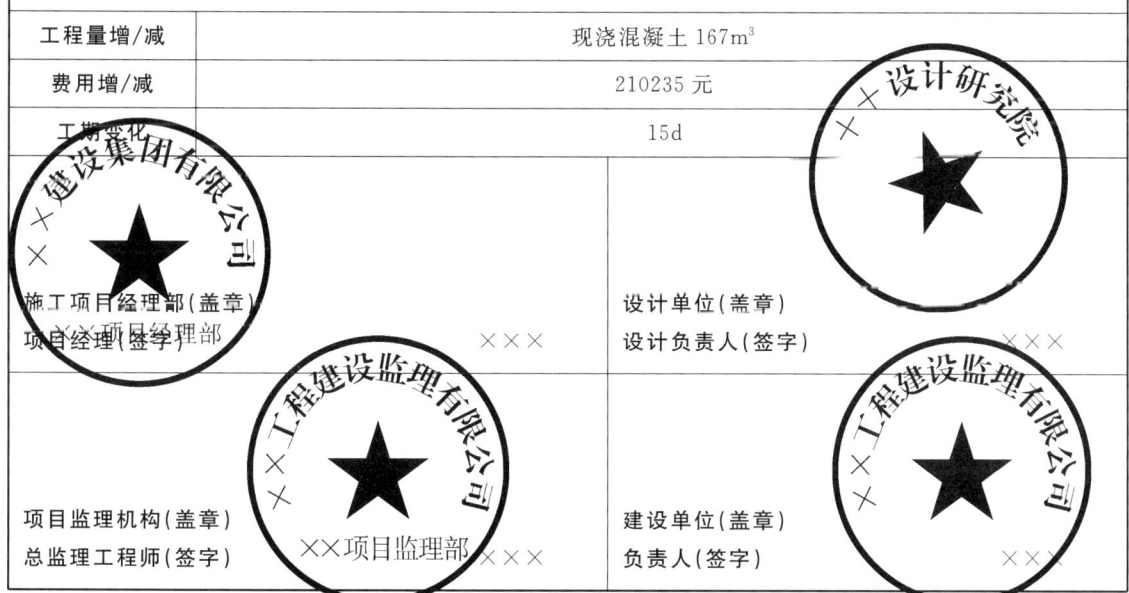

注：1. 本表一式四份，建设单位、项目监理机构、设计单位、施工单位各一份；
　　2. 本表摘自《建设工程监理规范》(GB/T 50319—2013)。

"工程变更单"填写说明与依据

(1)项目监理机构可按下列程序处理施工单位提出的工程变更:

1)总监理工程师组织专业监理工程师审查施工单位提出的工程变更申请,提出审查意见。对涉及工程设计文件修改的工程变更,应由建设单位转交原设计单位修改工程设计文件。必要时,项目监理机构应建议建设单位组织设计、施工等单位召开论证工程设计文件的修改方案的专题会议。

2)总监理工程师组织专业监理工程师对工程变更费用及工期影响作出评估。

3)总监理工程师组织建设单位、施工单位等共同协商确定工程变更费用及工期变化,会签工程变更单。

4)项目监理机构根据批准的工程变更文件监督施工单位实施工程变更。

(2)项目监理机构可在工程变更实施前与建设单位、施工单位等协商确定工程变更的计价原则、计价方法或价款。

第3章 监理单位审签的建筑与结构工程施工资料

3.1 施工测量记录

3.1.1 《工程定位测量记录》监理单位审核

工程定位测量记录 表C3-1		资料编号	00－00－C3－×××
工程名称	××住宅小区6号楼工程	委托单位	××建设集团有限公司
图纸编号	规划总图、首层建筑平面图、基底结构图	施测日期	××年××月××日
平面坐标依据	××测绘院×××普测×××号	复测日期	××年××月××日
高程依据	××测绘院×××普测×××号	使用仪器	J1(6210798) NA724(5230718)
允许误差	$i \leqslant 1/7500, \alpha < \pm 26''$; $h \leqslant \pm 6\sqrt{n}$ mm	仪器校验日期	J1　　××年××月××日 NA724　××年××月××日

定位抄测示意图:

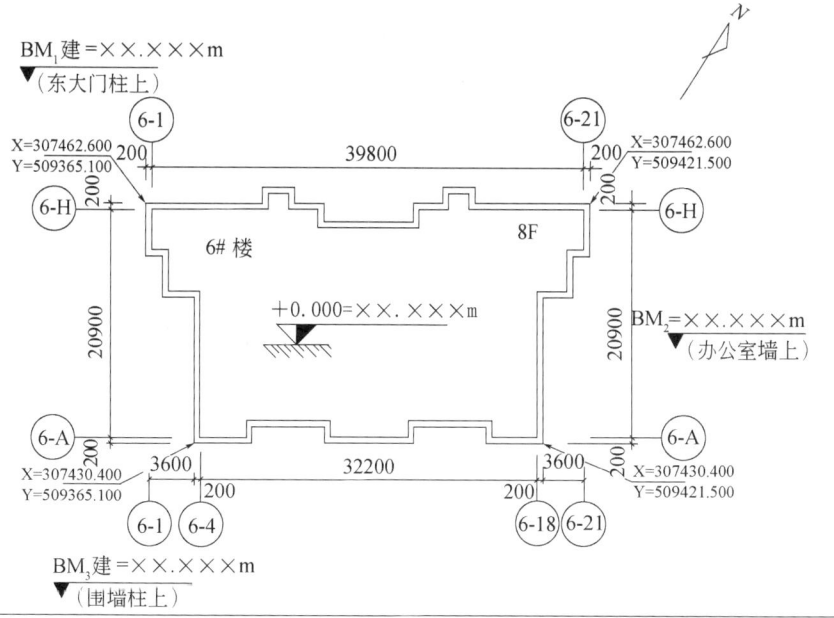

复测结果:

经核对:规划总图、首层建筑平面图、基底结构图、测绘成果资料、数据一致、无误。

经实测:(1)依据桩点坐标精度在规范之内可用。

(2)所实测桩点、外控网轴线误差在 $i \leqslant 1/7500$ 以内。

(3)现场引测施工高程点,精度在 $h \leqslant \pm 6\sqrt{n}$ mm 以内。

达到《工程测量规范》(GB 50026—2007)、《建筑施工测量技术规程》(DB11/T 446—2007)的精度要求。

签字栏	施工单位	××建设集团 有限公司	专业技术负责人	测量负责人	复测人	施测人
			×××	×××	×××	×××
	监理(建设)单位	××工程建设监理有限公司	专业工程师		×××	

本表由施工单位填写。

"工程定位测量记录"填写说明与依据

建筑工程应由规划部门现场定位,施工单位校核后保存原始坐标控制点和水准点,并填写工程定位测量记录,报送监理、建设单位和规划部门共同予以复测验收。

一、表格解析

1. 提交时限

工程定位完成后 2d 内提交。

2. 填写要点

(1)工程名称:与施工图纸图签中的名称一致。

(2)委托单位:指业主或总承包单位全称。

(3)图纸编号:应体现规划总图、首层建筑图、基底结构图等的图号。

(4)施测日期、复测日期:按实际日期填写。

(5)平面坐标依据、高程依据:应体现有资质测绘单位和测绘成果编号。

(6)允许误差:视建筑物等级,结合现行工程测量规范、规程及设计要求,分别体现拟建工程建筑物平面位置、高程引测的允许技术指标。

(7)使用仪器:应分别注明测定平面仪器型号、出厂编号;测定高程仪器型号、出厂编号。

(8)仪器校验日期:应分别注明平面仪器型号及对应检定日期,高程仪器型号及对应检定日期。

(9)定位抄测示意图:

1)应将建筑物平面位置线、重要控制轴线、尺寸及指北针方向、±0.000 标高的绝对高程、现场标准水准点、坐标点、红线桩、周边原有建筑物、道路等采用适当比例绘制在此栏内。

2)坐标、高程依据要标注引出位置,并标出它与建筑物的关系。

3)特殊情况下,可不按比例,只画示意图,但要标出主要轴线尺寸。同时须注明±0.000 标高的绝对高程。

(10)复测结果:应根据监理单位要求由施工(测量)单位采用计算机打印。应核对测量内业资料是否齐全、一致无误;再查看各项实测偏差是否在工程测量规范允许误差范围内。

(11)签字栏:"专业技术负责人"为项目总工;"施工测量负责人"为施测单位主管;"施测人"是指测量员;"复测人"是指验线员。

二、填写依据

1. 规范名称

(1)《工程测量规范》(GB 50026—2007);

(2)《建筑施工测量技术规程》(DB11/T 446—2007);

(3)《建筑工程资料管理规程》(DB11/T 695—2009)。

2. 相关要求

(1)工程定位由两种情况来完成

1)第一种情况(通用情况)

有资质的测绘单位按照规划总图及单位工程尺寸相符后在施工现场定规划楼坐桩,施工单位接桩后经查验点位间尺寸相对误差在 1/2500,检测角与条件角较差 60″以内即定桩合格,施工单位依此适当地调整确定起始点和起始方向,按照建筑物平面控制网的等级技术要求测设轴线外控网,按土方开挖图撒上口线;市或属地规划行政主管部门接到此工程业主的验线申请后,三个组日内对本工程楼坐桩进行规划验线,并发出验线合格或不合格通知单,业主接到验线合格的通知单后,工程即可进行下步程序,即定位工作完成。

2)第二种情况(特殊情况)

在特定的情况和条件下,业主仅在施工区或临近的区域内提供有资质的测绘单位实定的不少于3个导线点,并有正式的成果资料单(多见于数十栋别墅区),施工单位按规划总图及单位工程图一致的楼坐桩或尺寸,自行定楼坐桩。经施工单位自查无误后,业主请有资质的测绘单位进行验线,并发出验线合格或不合格通知单,验线的测绘单位具有规划验线的权力时,则一次验线成功,施工单位可进行下步工序。

(2)工程定位程序

1)校对规划总图上单位工程楼座坐标、单位工程施工图上的坐标及尺寸、有资质的测绘单位现场所定楼坐桩成果资料要吻合。

2)对有资质的测绘单位现场所定的楼坐桩进行实测实量,看其是否与测绘成果资料一致,实测成果资料作为有资质的测绘单位定桩移交备查。

3)当查验现场楼坐桩无误后,施工单位按施工测量方案进行外控桩的引测形成外控网(井字形或基线形),对外控桩进行有效的保护、标识、使用至相应的时限,并做出"××工程平面外控网布置图",在此图上如实地标出外控桩点坐标或距相应轴线直线尺寸。

(3)建筑物定位的方法选择

1)建筑物轴线平行定位依据,且为矩形时,宜选用直角坐标法。

2)建筑物轴线不平行定位依据,或为任意形状时,宜选用极坐标法。

3)建筑物距定位依据较远,且量距困难时,宜选用角度(方向)交会法。

4)建筑物距定位依据不超过所用钢尺长度,且场地量距条件较好时,宜选用距离交会法。

5)使用光电测距仪定位时,宜选用极坐标法,测距仪的精度不应低于Ⅲ级。

6)使用全站仪定位时,宜选用坐标放样法。

3.1.2 《基槽平面及标高实测记录》监理单位审核

基槽平面及标高实测记录 表 C3-2		资料编号	00－00－C3－×××
工程名称	××大厦工程	日　期	××年××月××日

一、验线依据：1. 定位控制桩①④⑦⑩ⒶⒸⒽ。
　　　　　　　2. 基础施工高程控制网 H_1、H_2、H_3。
　　　　　　　3. 基础平面图××。
　　　　　　　4. 施工测量方案。
　　　　　　　5.《建筑施工测量技术规程》(DB11/T 446－2007)。

二、内容：1. 基底外轮廓线及外轮廓断面。
　　　　　2. 垫层标高。
　　　　　3. 集水坑、电梯井等位置和标高。
　　　　　4. 基坑边坡。

基槽平面、剖面简图：

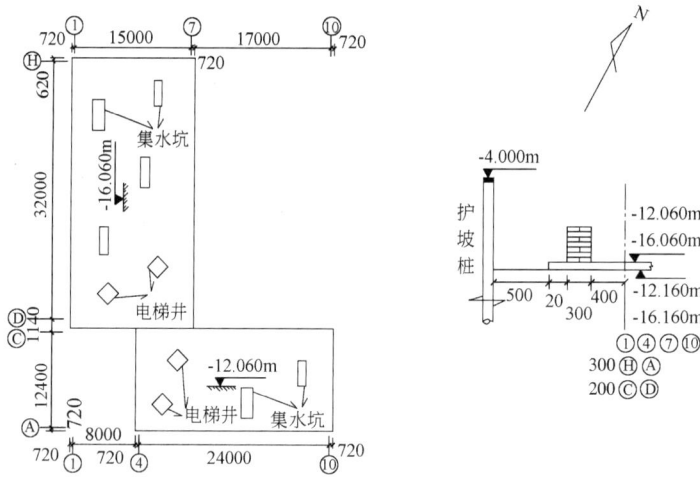

注：集水坑、电梯井等位置、尺寸，见××施工图。

检查意见：

经核对：外控轴线、设计施工图尺寸无误，基槽位置准确。

经查验：1. 基础外轮廓线误差在±10mm 以内。
　　　　2. 集水坑、电梯井位置尺寸误差在±5mm 以内。
　　　　3. 垫层控制标高为－16.060m、－12.060m，实测垫层面标高误差在±10mm 以内。

符合《建筑施工测量技术规程》(DB11/T 446－2007)的精度要求。

签字栏	施工单位	××建设集团有限公司	专业技术负责人	专业质检员	施测人
			×××	×××	×××
	监理(建设)单位	××工程建设监理有限公司	专业工程师		×××

本表由施工单位填写。

混凝土垫层底(坑底)实测标高

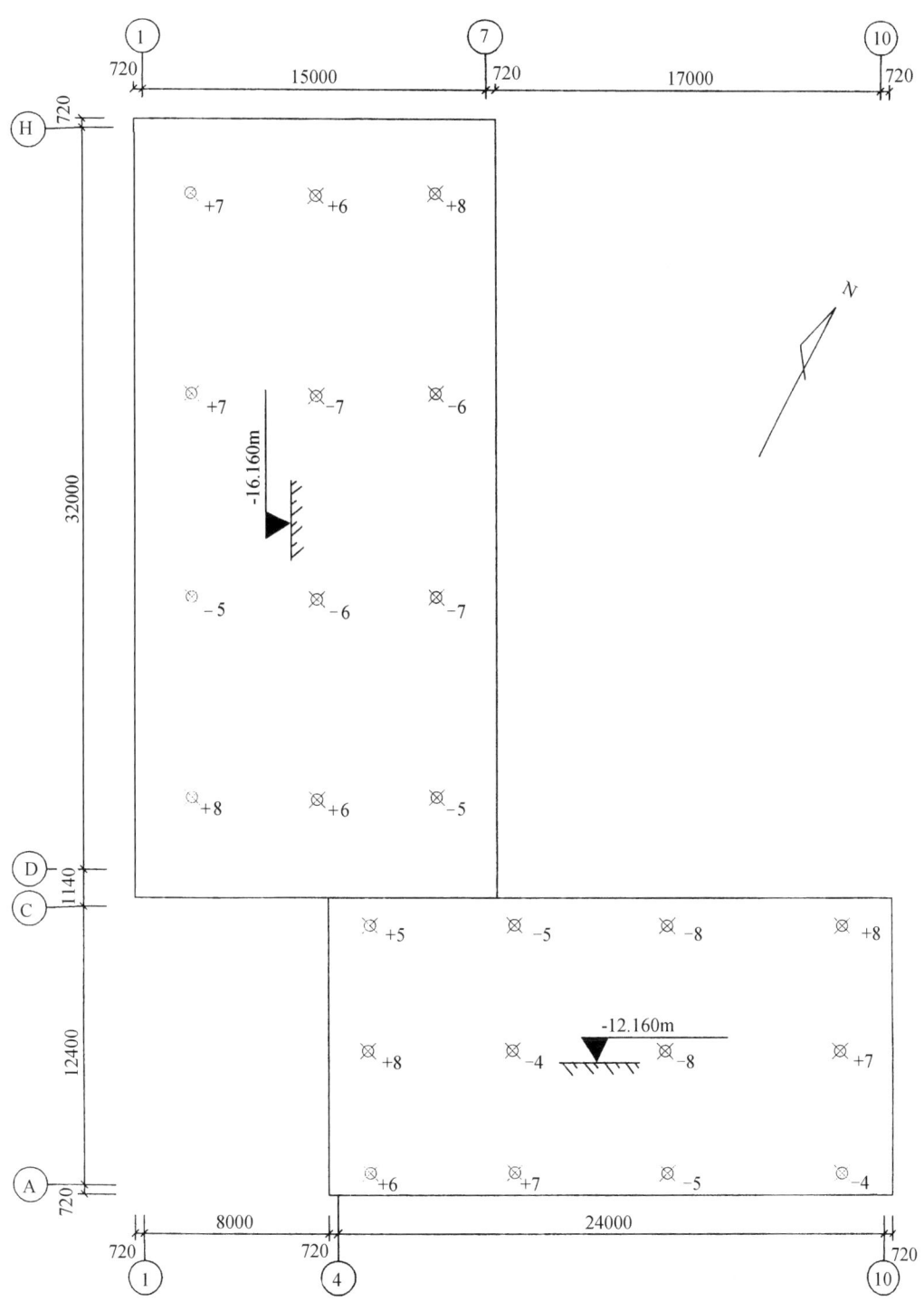

实测人：×××　　　　　　　　　　　　　日期：××年××月××日

混凝土垫层顶面(未作防水)实测标高

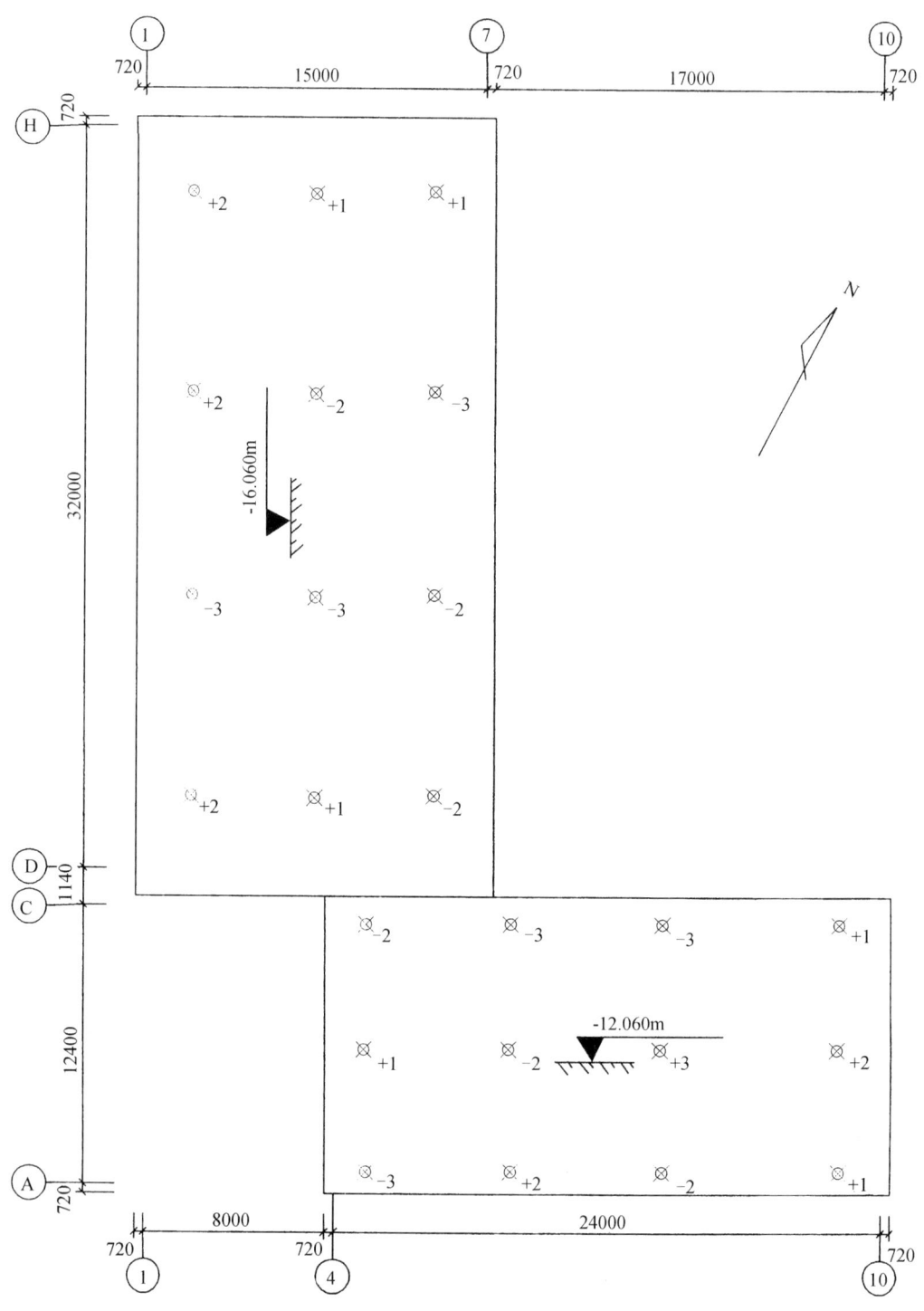

实测人:×××　　　　　　　　　　　　　　日期:××年××月××日

"基槽平面及标高实测记录"填写说明与依据

施工单位在基础垫层未做防水前,依据主控轴线和基底平面图,对建筑物基底外轮廓线、集水坑、电梯井坑、垫层标高(高程)、基槽断面尺寸和坡度等进行抄测并填写基槽平面及标高实测记录。

一、表格解析

1. 提交时限

在验线完成后2d内提交。

2. 填写要点

(1)验线依据:是指由建设单位或测绘院提供的坐标、高程控制点和工程测量定位控制桩、高程点等,内容要描述清楚。

(2)基槽平面、剖面简图:要画出基槽平、剖面简图轮廓线,应标注主轴线尺寸,标注断面尺寸、高程。

(3)检查意见:将检查意见表达清楚,不得用"符合要求"一词代替检查意见,应有测量的具体数据误差。如:基底外轮廓及电梯井、集水坑位置准确无误。垫层标高6.800m,误差均在±5mm以内。

(4)基槽平面放线及标高实测记录辅助资料。在完成地基验槽过程中所实测的基坑位置、标高记录也应附在"基槽平面及标高实测记录"表后,作为基槽平面放线及标高实测记录表的辅助资料。

(5)混凝土垫层顶面(未作防水前)应进行实测,其标高作为"基槽平面及标高实测记录"表附件中成果之一上报。

二、填写依据

1. 规范名称

(1)《建筑施工测量技术规程》(DB11/T 446—2007);

(2)《工程测量规范》(GB 50026—2007);

(3)《建筑工程资料管理规程》(DB11/T 695—2009)。

2. 相关要求

(1)基槽(坑)开挖应符合下列规定:

1)条形基础放线,以轴线控制桩为准测设基槽边线,两灰线外侧为槽宽,允许误差为+20mm、-10mm。

2)杯形基础放线,以轴线控制桩为准测设柱中心桩,再以柱中心桩及其轴线方向定出柱基开挖边线,中心桩的允许误差为3mm。

3)整体开挖基础放线、地下连续墙施工时,应以轴线控制桩为准测设连续墙中线,中线横向允许误差为±10mm;混凝土灌注桩施工时,应以轴线控制桩为准测设灌注桩中线,中线横向允许误差为+20mm;大开挖施工时应根据轴线控制桩分别测设出基槽上、下口位置桩,并标定开挖边界线,上口桩允许误差为+50mm、-20mm,下口桩允许误差为+20mm、-10mm。

4)在条形基础与杯形基础开挖中,应在槽壁上每隔3m距离测设距槽底设计标高500mm或1000mm的水平桩,允许误差为±5mm;

5)整体开挖基础当挖土接近槽底时,应及时测设坡脚与槽底上口标高,并拉通线控制槽底标高。

（2）在垫层（或地基）上进行基础放线前，应以建筑物平面控制网为准，检测建筑物外廓轴线控制桩无误后，投测主轴线，允许误差为±3mm。

（3）基础外廓轴线投测应经闭合检测后，用墨线弹出细部轴线与施工线，基础外廓轴线允许误差应符合表 3-1 的规定。

表 3-1 基础放线的允许误差

长度 L、宽度 B 的尺寸（m）	允许误差（mm）
$L(B) \leqslant 30$	±5
$30 < L(B) \leqslant 60$	±10
$60 < L(B) \leqslant 90$	±15
$90 < L(B) \leqslant 120$	±20
$120 < L(B) \leqslant 150$	±25
$150 < L(B)$	±30

3.1.3 《楼层平面放线及标高实测记录》监理单位审核

楼层平面放线及标高实测记录 表 C3-3		资料编号	02-01-C3-×××
工程名称	××大厦工程	日期	××年××月××日
放线部位	五层①~④/Ⓐ~Ⓒ轴实体墙柱	放线内容	建筑+0.500m线 =××.×××m

放线依据:
1. 首层建筑+0.500m高程传递点 A、B 为 48.500m。
2. 五层建筑平面图×××、结构平面图×××。
3. 施工测量方案。
4.《工程测量规范》(GB 50026—2007)。

放线简图:

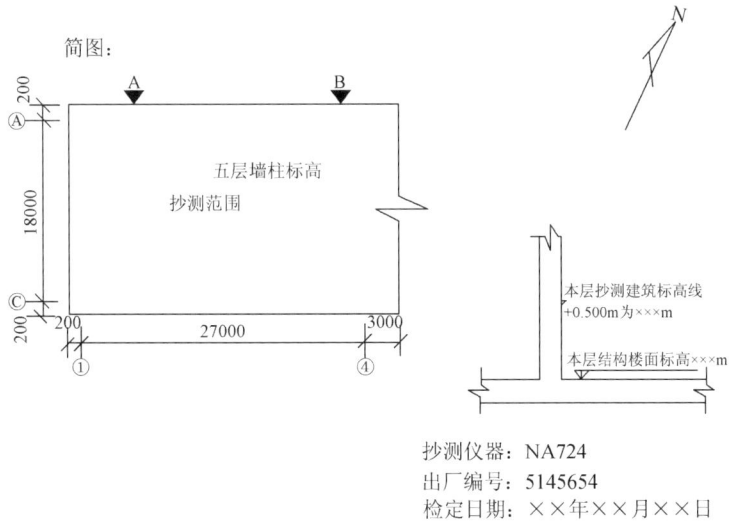

抄测仪器:NA724
出厂编号:5145654
检定日期:××年××月××日

检查意见:
   经核对:外控桩(坐标)尺寸、设计施工图及放线成果资料一致无误。
   经查验:1. 控制段轴线尺寸误差在±5mm以内,角度±10″以内;
   2. 各轴线、墙柱边线、借线、门窗洞口线误差均在+2mm以内;
   3. 内控点间距尺寸误差在 3mm,角度±10″以内;
   4. 本层结构面标高-0.100m,实测混凝土楼面标高误差在±10mm以内。
符合《建筑施工测量技术规程》(DB11/T 446—2007)精度要求。

签字栏	施工单位	××建设集团有限公司	专业技术负责人	专业质检员	施测人
			×××	×××	×××
	监理(建设)单位	××工程建设监理有限公司	专业工程师		×××

本表由施工单位填写。

楼层平面放线及标高实测记录
表 C3-3

资料编号	02－01－C3－×××
工程名称	××大厦工程
日　期	××年××月××日
放线部位	十三层⑬～⑯/⑫～⑰轴
放线内容	墙柱轴线、边线、门窗洞口线垂直度偏差

放线依据：
1. 内控点 $18N_1$、$18N_2$、$18N_3$、$18N_4$、$18N_5$、$18N_6$。
2. 首层控制基准点 A，B＋0.500m 建＝××.×××m。
3. 十三层建筑平面图××、结构图××。
4. 施工测量方案。
5.《建筑施工测量技术规程》(DB11/T 446－2007)。

放线简图：

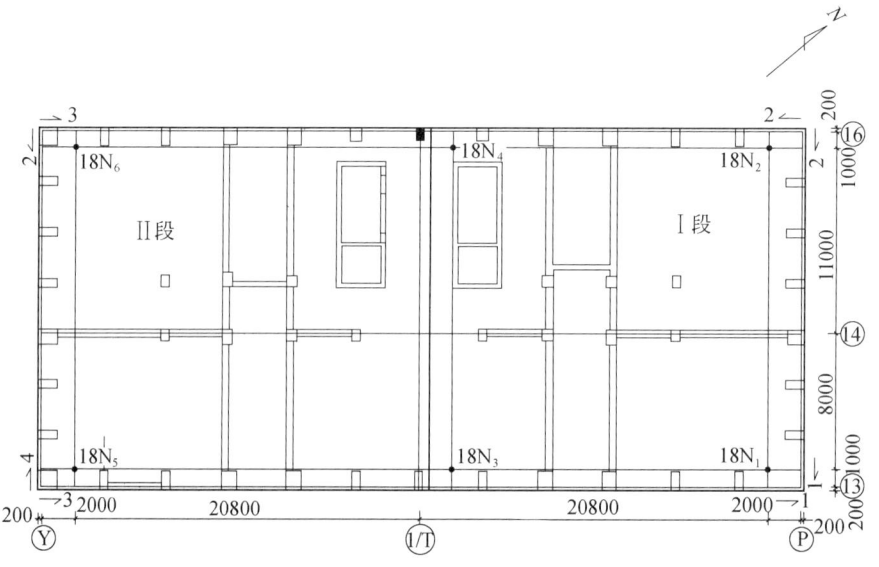

注：墙柱轴线、边线、门窗洞口线见×××施工图

检查意见：

经核对：内控点尺寸与设计图尺寸一致无误。

经查验：1. 内控制点间距尺寸在±2mm 以内、角度±10″以内；
　　　　2. 各轴线、墙柱边线、门窗洞口线误差均在±3mm 以内；
　　　　3. 本层结构面标高－38.900m，实测误差均在±10mm 以内。

符合《建筑施工测量技术规程》(DB11/T 446－2007)精度要求。

签字栏	施工单位	××建设集团有限公司	专业技术负责人	专业质检员	施测人
			×××	×××	×××
	监理(建设)单位	××工程建设监理有限公司	专业工程师		×××

本表由施工单位填写。

"楼层平面放线及标高实测记录"填写说明与依据

施工单位依据主控轴线和基础平面图在基础垫层防水保护层上进行墙柱轴线及边线、集水坑、电梯井边线的测量放线及标高实测;在结构楼层上进行墙柱轴线及边线、门窗洞口线等测量放线,实测楼层标高及建筑物各大角双向垂直度偏差,并填写楼层平面放线及标高实测记录。

一、表格解析

1. 责任部门

项目工程部。

2. 提交时限

放线完成后1d内提交。

3. 填写要点

(1)工程名称:与竣工图图签一致。

(2)放线部位:标明某层及实测施工的轴线段。

(3)放线内容:基础板底防水保护层面层及首层(含)以下各层:墙、柱轴线、边线,门窗洞口线;地上二层(含)以上各层:墙、柱轴线、边线,门窗洞口线,垂直度偏差。

(4)放线依据。

1)采用外控投线方法的楼层。施工测量方案;建筑施工测量技术规程;定位外控桩×、×、×、×;×层的建筑××平面图、结构××图;首层用测绘院高程 BM_1、BM_2、BM_3。

2)采用内控法竖向传递轴线的楼层。施工测量方案;建筑施工测量技术规程;内控点×、×、×、×;×层的建筑××平面图、结构××图;首层以下各层施工用高程控制网 H_1、H_2、H_3;二层(含)以上各层+0.500m=××.×××m;高程传递标准点1、2、3。

(5)放线简图:应标明楼层外轮廓线、楼层重要控制轴线、尺寸及指北方向。采用内控法向上传递竖向控制线时,第一个施工段要标明不少于4个内控点。首层(不含)以上各层应标明垂直度偏差方向及数值。

(6)检查意见:由施工单位根据监理的要求采用计算机打印,应有测量的具体数据误差。

(7)签字栏。

1)专业技术负责人:栋号技术负责人或有测量上岗证的项目测量组长。

2)专业质检员:验线员或质量检查员。

3)实测人:指有测量上岗证的实测人员。

4)施工单位:施工总承包单位全称。

二、填写依据

1. 规范名称

(1)《建筑施工测量技术规程》(DB11/T 446—2007);

(2)《工程测量规范》(GB 50026—2007);

(3)《建筑工程资料管理规程》(DB11/T 695—2009)。

2. 相关要求

(1)一般规定

1)结构施工测量的主要内容包括:主轴线内控基准点的设置、施工层的放线与抄平、建筑物主轴线的竖向投测、施工层标高的竖向传递、大型预置构件的弹线与结构安装测量等。

2)结构施工测量应在首层放线验收后,按有关规定申请复核,经批准后方可实施。

3)结构施工测量采用外控法进行轴线竖向投测时,应将控制轴线引测至首层结构外立面上,作为各施工层主轴线竖向投测的方向基准。

4)结构施工测量采用内控法进行轴线竖向投测时,应在首层或最底层底板上预埋钢板,划"+"字线钻孔,作为基准点,并在各层楼板对应位置预留200mm×200mm孔洞,以便传递轴线。

5)轴线竖向投测前,应检测控制桩、基准点,确保其位置正确,投测的允许误差应为$3H/10000$,且符合表3-2的规定。

表3-2 轴线竖向投测允许误差

项 目		允许误差(mm)
每 层		3
总高 H (m)	$H\leqslant30$	5
	$30<H\leqslant60$	10
	$60<H\leqslant90$	15
	$90<H\leqslant120$	20
	$120<H\leqslant150$	25
	$150<H$	30

6)控制轴线投测至施工层后,应组成闭合图形,且间距不宜大于所用钢尺长度,控制轴线应选择在以下部位:建筑物外廓轴线;单元、施工流水段分界轴线;楼梯间、电梯间两侧轴线;每施工流水段内控点不得少于3个。

7)施工层放线时,应先检测投测轴线,闭合后再测设细部轴线与施工线,各部位放线允许误差应符合表3-3的规定。

表3-3 各部位放线允许误差

项 目		允许误差(mm)
外廓主轴线长度 L(m)	$L\leqslant30$	±5
	$30<L\leqslant60$	±10
	$60<L\leqslant90$	±15
	$90<L\leqslant120$	±20
	$120<L\leqslant150$	±25
	$150<L$	±30
细部轴线		±2
承重墙、梁、柱边线		±3
非承重墙边线		±3
门窗洞口线		±3

8)标高的竖向传递,应用钢尺从首层起始标高线垂直量取,当传递高度超过钢尺长度时,应另设一道起始线。每栋建筑应由三处分别向上传递,标高允许误差应为$3H/10000$,且符合表3-4的规定。

9)施工层抄平之前,应先检测三个传递标高点,当较差小于3mm时,以其平均点作为本层标高起测点。

10)抄平时宜将水准仪安置在待测点范围的中心位置,使用微倾式水准仪时应进行一次精密定平,水平线标高允许误差为±3mm。

表 3-4 标高竖向传递允许误差

项 目		允许误差(mm)
每 层		±3
总高 H (m)	$H \leqslant 30$	±5
	$30 < H \leqslant 60$	±10
	$60 < H \leqslant 90$	±15
	$90 < H \leqslant 120$	±20
	$120 < H \leqslant 150$	±25
	$150 < H$	±30

11)建筑物围护结构封闭前,应将外控轴线引测至结构内部,作为室内装修与设备安装放线的依据,控制线可采用平行借线法引测。

12)结构施工中测设的轴线与标高线,均应以墨线标定,线迹清晰明确,墨线宽度应小于 1mm。

(2)砌体结构施工测量

1)砌体结构施工测量在基础墙顶放线时,应弹出墙体轴线;在楼板上放线时,内墙应弹出两侧边线,外墙应弹出内边线。

2)墙体砌筑之前,应按有关施工图绘制皮数杆,作为控制墙体砌筑标高的依据,皮数杆全高绘制误差为±2mm。

3)皮数杆的设置位置应选在建筑物各转角及施工流水段分界处,相邻间距不宜大于 15m,立杆时先用水准仪抄平,标高线允许误差为±2mm。

4)各施工层墙体砌筑到一步架高度后,应测设 500mm(或 1000mm)水平线,作为结构、装修施工的标高依据,相邻标高点间距不宜大于 4m,水平线允许误差为±3mm。

(3)钢筋混凝土结构施工测量

1)钢筋混凝土结构施工测量的内容包括:装配式框架、现浇框架、框架-剪力墙、剪力墙等结构形式的施工测量。

2)钢筋混凝土构件进场后,检查其几何尺寸的允许误差应符合表 3-5 的规定。

表 3-5 构件几何尺寸允许误差

项 目		允许误差(mm)
长度	梁	+10,-5
	柱	+5,-10
宽度	梁	±5
	柱	±5
高度	梁	±5
	柱	±5

3)预制梁柱安装前,应在梁两端与柱身三面分别弹出几何中线或安装线,弹线允许误差为±2mm。

4)预制柱安装前,应检查结构中支承埋件的平面位置与标高,其允许误差应符合表 3-6 的规定,并绘简图记录误差情况。

表 3-6 结构支承埋件允许误差

项　　目	允许误差(mm)
中心位置	±5
顶面标高	0,−5

5)预制柱安装时,应用两台经纬仪,在相互垂直的轴线上同时检测构件安装的垂直度,当观测面为不等截面时,经纬仪应安置在轴线上;当观测面为等截面时,经纬仪可不安置在轴线上,但仪器中心至柱中心的直线与轴线的水平夹角不得大于15°。预制柱安装测量垂直度的允许误差为±3mm。

6)柱顶面的梁或屋架位置线,应以结构平面轴线为准测设,允许误差应符合上述第(1)款的5)条的规定。

7)预制梁安装后,应对柱身垂直度进行复测,并做记录。

8)在现浇混凝土结构中,墙、柱钢筋绑扎完成后,应在竖向主筋上测设标高,并用油漆标注,作为支模与浇灌混凝土高度的依据,测法及允许误差应符合上述第(1)款的8)条的规定。

9)现浇柱支模后,应用经纬仪检测模板垂直度,测法及允许误差应符合上述第(3)款的5)条的规定。

(4)滑动模板施工测量

1)模板组装前,应根据建筑物轴线控制桩在基础顶面放线,测法及各项允许误差应符合上述第(1)款的7)条的规定。

2)滑模施工过程中检测模板垂直度的仪器、设备,可根据建筑物高度与施工现场条件选用经纬仪、线锤、激光铅垂仪等,其相对误差不应大于1/10000。

3)模板垂直度的检测应设观测站,当采用经纬仪检测时,应设置在轴线控制桩上;当采用激光铅垂仪检测时,应设置在结构外角处。

4)在滑升过程中,每滑升一个浇灌层高度应自检一次,每次交换班时,应全面检查一次,并记录结构垂直、扭转与截面尺寸等偏差数值,作为模板纠偏的依据。

5)模板滑升之前,应在结构竖向钢筋上测设统一标高点,作为测量门窗口与顶板支模高度的依据,测法及允许误差应符合上述第(1)款的8)条的规定。

6)各层室内水平线的测设,在逐间引测后,应与该层的起始标高点校核,允许误差为+3mm。

(5)升板结构施工测量

1)基础施工完成后,应根据轴线控制桩测设建筑物主轴线、细部轴线、柱边线等,其各项允许误差应符合上述第(1)款的7)条的规定。

2)预制柱安装测量,应符合上述第(3)款的5)条的有关规定。

3)现浇柱施工时,应用经纬仪检测模板的垂直度,允许误差应符合上述第(1)款的5)条的规定。

4)楼板制作时,应在胎膜上抄平弹线,标高允许误差为±2mm。

5)各层楼板提升施工前,应在每根柱上抄平弹线,作为测量提升差异与搁置差异的基准,水平线标高允许误差为±2mm。

6)楼板提升施工前,应复测每根柱的竖向偏差,并绘制方向偏差图。

7)楼板提升过程中,应用经纬仪检测柱身竖向偏移与楼板水平位移情况,并做好记录。

3.1.4 《楼层平面标高抄测记录》监理单位审核

楼层平面标高抄测记录 表 C3-4		资料编号	02－01－C3－×××
工程名称	××大厦工程	日 期	××年××月××日
抄测部位	五层Ⓐ～Ⓒ/①～④轴实体墙柱	抄测内容	墙柱+0.500m 建 =××.×××m

抄测依据：
1. 首层+0.500m 高程传递点 A、B 为 48.500m。
2. 五层建筑平面图×××、结构平面图×××。
3. 施工测量方案。
4.《建筑施工测量技术规程》(DB11/T 446－2007)。

抄测说明：

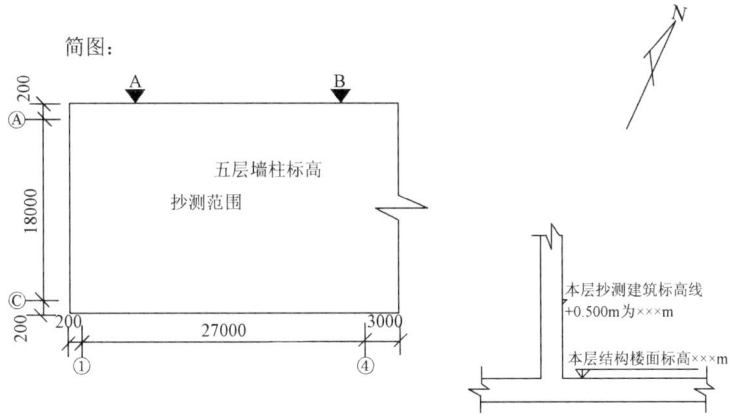

抄测仪器：NA724
出厂编号：5145654
检定日期：××年××月××日

检查意见：

经核对：楼层设计标高与抄测标高数值无误。
经查验：从首层 A、B 标高点传递到五层两点 A′、B′误差在 3mm 以内。
本层实体墙柱抄测标高建+0.500m 误差在±3mm 以内。
符合设计施工图标高及《建筑施工测量技术规程》(DB11/T 446－2007)精度要求。

签字栏	施工单位	××建设集团 有限公司	**专业技术负责人**	**专业质检员**	**施测人**
			×××	×××	×××
	监理（建设） 单位	××工程建设监理有限公司	**专业工程师**	×××	

本表由施工单位填写。

附

楼层标高实测明细表

工程名称：××大厦工程　　　　　　　　　　　　　　　　　　××年××月××日

楼　　层	建筑地面标高	建筑层高	钢筋抄测标高	墙柱抄测标高	备注
地下三层	−12.000		−11.600	−11.500	×××、×××、×××
		5.000			
地下二层	−7.000		−6.600	−6.500	×××、×××、×××
		4.000			
地下一层	−3.000		−2.600	−2.500	×××、×××、×××
		3.000			
首　　层	±0.000		0.400	0.500	×××、×××、×××
		4.000			
地上二层	4.000		4.400	4.500	×××、×××、×××
		3.500			
地上三层	7.500		7.900	8.000	×××、×××、×××
		3.500			
地上四层	11.000		11.400	11.500	×××、×××、×××
		3.000			
地上五层	14.000		14.400	14.500	×××、×××、×××
		3.000			
地上六层	17.000		17.400	17.500	×××、×××、×××
⋮	⋮	⋮	⋮	⋮	
⋮	⋮	⋮	⋮	⋮	
地上 $n-1$ 层	48.000		48.400	48.500	×××、×××、×××
		3.000			
地上 n 层	51.000		51.400	51.500	×××、×××、×××
		3.000			
地上 $n+1$ 层	54.000		54.400	54.500	×××、×××、×××

抄测标识：

钢筋　▼　n 层 +0.500m 结 51.400m　　　　墙柱　　n 层 +0.500m 建 51.500m　▼

制表人：×××　　　　　　　　核对人：×××　　　　　　　　审核人：×××

注：1. 本表依据本工程建筑立面图及各楼层建筑图而定；
　　2. 本工程楼层实测标高线均为本楼层建筑标高+0.500m，若有变更另行通知；
　　3. 楼层引测标点不少于两点，见原始水准记录；
　　4. 本表作为对水、电、设备等相关工种和人员的通知，见签收登记。

"楼层平面标高抄测记录"填写说明与依据

施工单位完成楼层标高抄测后,填写"楼层标高抄测记录"。楼层标高抄测内容包括:建筑+0.500m(或+1.000m)水平控制线、楼地面、顶棚与门窗口标高等。

一、表格解析

1. 提交时限

放线完成后1d内提交。

2. 填写要点

(1)抄测部位:抄测的层数及抄测的施工段的轴线范围。

(2)抄测内容:墙、柱上本层+0.500m建=××.×××m或+1.000m建=××.×××m。

(3)抄测依据:

1)首层以下各层用施工高程控制网H_1、H_2、H_3;首层用有资质测绘单位抄测的BM_1、BM_2、BM_3高程点;二层(含)以上各层+0.500m建=××.×××m高程传递控制点。

2)所抄测楼层的建筑平面图××。

3)施工测量方案。

4)《工程测量规范》(GB 50026—2007)。

(4)抄测说明:抄测范围用轴线简图表示;抄测标高用局部剖面表示;抄测工具应注明仪器型号、出厂编号、合格仪器检定日期。

(5)检查意见:

经核对:楼层设计标高与抄测标高数值无误。

经查验:墙柱上抄测+0.500m建=××.××m,标高线误差为××mm。

符合设计施工图标高及《工程测量规范》(GB 50026—2007)精度要求。

二、填写依据

1. 规范名称

(1)《工程测量规范》(GB 50026—2007);

(2)《建筑工程资料管理规程》(DB11/T 695—2009)。

2. 相关要求

(1)首层以下各层抄测标高可依据施工高程控制网进行高程控制抄测。首层抄测标高控制点依据有资质的测绘单位现场留置的标高点。二层(含)以上各层部位抄测标高依据首层抄测的±0.000m建或+0.500m建或+1.000m建标高点向二层以上传递标高。

(2)各楼层抄测的标高均应以本层建筑标高±0.000m的+0.500m整倍数为准。

(3)各楼层施工段引测标高点不应少于两个,应做标识,在引测中应错层校对。

(4)楼层所抄测标高线应在关键处(电梯井)、明显处(单元楼梯口)留×层+0.500m建=××.×××m标识供施工现场各工序、工种清楚地使用。

(5)多层或高层建筑应事先详细查阅建筑剖面图中各层建筑标高与各楼层建筑标高是否一致,并作出楼层标高实测明细表,避免干一层查一层可能出现的隐患。

3.1.5 《建筑物垂直度、标高测量记录》监理单位审核

建筑物垂直度、标高测量记录 表 C3-5		资料编号	00－00－C3－×××
工程名称	××大厦工程		
施工阶段	主体结构(封顶)完	观测日期	××年××月××日

观测说明(附观测示意图):	
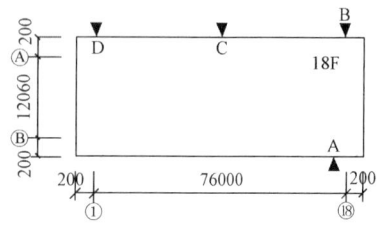 注：A、B、C、D点首层高程竖向传递基准点均为建筑＋0.500m	1. 本工程为现浇混凝土框架剪力墙结构。 2. 用2″经纬仪加弯管目镜加钢尺配合量距测楼外墙外(阳)大角垂直度偏差。 3. 用DZS3－1水准仪配合50m检定钢尺加三项改正测楼标高偏差。 4. 地上各层标高抄测依据点均从首层对应高程基准点传递上来；垂直度偏差均从地上各层角点对首层同角点而言。 5. 本工程由于不均匀沉降造成结构各层墙柱原标高线偏差较大。

垂直度测量(全高)		标高测量(全高)	
观测部位	实测偏差(mm)	观测部位	实测偏差(mm)
①/Ⓐ十八层外大角	Ⓐ方向向外8	传递到十八层屋顶女儿墙上标高点 54.500m	±10mm以内
①/Ⓐ十八层外大角	①方向向外7	传递到十八层结构外墙上标高点 51.500m	±10mm以内
①/Ⓐ十七层外大角	Ⓐ方向向外6	传递到十七层结构外墙上标高点 48.500m	±10mm以内
①/Ⓐ十七层外大角	①方向向内7		
①/Ⓐ十六层外大角	Ⓐ方向向外8	传递到十六层结构外墙上标高点 45.500m	±10mm以内
①/Ⓐ十六层外大角	①方向向内6		
①/Ⓐ十五层外大角	Ⓐ方向向内5	传递到十五层结构外墙上标高点 42.500m	±10mm以内
①/Ⓐ十五层外大角	①方向向内8		
①/Ⓐ十四层外大角	Ⓐ方向向外6	传递到十四层结构外墙上标高点 39.500m	±10mm以内
①/Ⓐ十四层外大角	①方向向内5		
…			

结论：
1. 按施工图施工未改变规划平面、楼层及标高的设计要求。
2. 外墙外(阳)大角竖向偏差未超过规划要求。
3. 楼总高度及各层楼高满足高程控制的精度要求(相对首层高程传递基准点)。

符合设计施工图及《工程测量规范》(GB 50026－2007)精度要求。

签字栏	施工单位	××建设集团有限公司	专业技术负责人	专业质检员	施测人
			×××	×××	×××
	监理(建设)单位	××工程建设监理有限公司	专业工程师	×××	

本表由施工单位填写。

"建筑物垂直度、标高测量记录"填写说明与依据

施工单位应在结构工程施工中、一个施工阶段完成和工程竣工时分别对建筑物垂直度和全高进行实测,填写观测记录报项目监理机构审查。

一、表格解析
1. 责任部门
项目工程部。
2. 填写要点
(1)工程名称:与施工图中图签一致。
(2)施工阶段:结构完成或工程竣工。
(3)观测说明:
1)用示意外轮廓轴线简图表示阳角观测部位。
2)使用什么仪器、采用什么方法对总高的垂直度和总高进行实测实量简明标注。
3)注明建筑物结构型式是为对应允许误差的分类。
4)垂直度测量(全高)、标高测量(全高)指阳角外檐总高度。
(4)结论:
1)经核对:设计施工图及对应有关资料无误。
2)经查验:总高垂直度偏差值及标高高差值在允许范围之内。
3)符合设计施工图及工程测量规范精度要求。

二、填写依据
1. 规范名称
(1)《建筑施工测量技术规程》(DB11/T 446—2007);
(2)《工程测量规范》(GB 50026—2007)。
2. 相关要求
(1)垂直度一个阳角有两个偏差值。
(2)标高一个阳角有一个偏差值。
(3)允许误差见表3-7~表3-9。

表3-7 建筑总高度(H)的铅垂度限差

建筑总高度(m)	限差(mm)
$30 < H \leq 60$	10
$60 < H \leq 90$	15
$90 < H \leq 120$	20
$120 < H \leq 150$	25
$150 < H \leq 180$	30
$180 < H$	符合设计要求

表 3-8 建筑总高度(H)限差

建筑总高度(m)	限差(mm)
$30 < H \leqslant 60$	±10
$60 < H \leqslant 90$	±15
$90 < H \leqslant 120$	±20
$120 < H \leqslant 150$	±25
$150 < H \leqslant 180$	±30
$180 < H$	符合设计要求

表 3-9 混凝土工程、钢结构工程、砌体工程垂直度、标高允许偏差

项	目		允许偏差值(mm)	检查方法
混凝土工程	垂直度	层高≤5m	8	经纬仪
		层高＞5m	8	吊线
		全高(H)	$H/1000$ 且≤30	尺量
	标高	层高	±10	水准仪
		全高	±30	
钢结构工程	垂直度	杯口、单节柱	$H/1000$ 且≤10	经纬仪
		单层结构跨中	$H/250$ 且≤15	
		多层、高层整体结构	$H/1000$ 且≤25	尺量
砌体工程	垂直度	每层	5	经纬仪
		全高 ≤10m	10	吊线
		全高 ＞10m	20	尺量

3.2 施工物资资料

3.2.1 《半成品钢筋出厂合格证》监理单位审核

半成品钢筋出厂合格证 表 C4-1				资料编号		01－02－C4－×××	
工程名称	××大厦工程			合格证编号		2014－065	
委托单位	××建设集团有限公司××项目部			钢筋种类		热轧带肋钢筋 HRB 335	
供应总量(t)	20.5		加工日期	××年××月××日		供货日期	××年××月××日
序号	级别规格	供应数量(kg)	进货日期	生产厂家	原材报告编号	复试报告编号	使用部位
1	HRB335 Φ32	5000	××年××月××日	××钢铁有限公司	017	2014－0145	地下一、二层柱
备注：							
供应单位技术负责人			填表人			供应单位名称（盖章）	
×××			×××				
填表日期		××年××月××日					

本表由半成品钢筋供应单位提供。

"半成品钢筋出厂合格证"填写说明与依据

加工厂应向订货单位提供被加工钢筋力学试验报告和半成品钢筋出厂合格证。

一、表格解析

1. 责任部门

供应单位。

2. 提交时限

随物资进场提交。

3. 检查要点

(1)合格证中应包括：工程名称、委托单位、生产厂家、合格证编号、供应数量、加工及供货日期、钢筋级别规格、原材及复试报告编号、使用部位、供应单位技术负责人(签字)、填表人(签字)、供应单位盖章等内容。

(2)"合格证编号"指加工单位出具的半成品钢筋出厂合格证的编号。

(3)"原材报告编号"指生产厂家的钢筋原材出厂质量证明书的编号。

(4)"复试报告编号"指钢筋进场后取样复试报告的编号。

二、填写依据

1. 规范名称

(1)《混凝土结构工程施工质量验收规程》(DBJ 01-82-2005)；

(2)《建筑工程资料管理规程》(DB11/T 695-2009)。

2. 相关要求

(1)钢筋采用场外委托加工时，钢筋资料应分级管理，加工单位应保存钢筋的原材出厂质量证明、复试报告、接头连接试验报告等资料，并保证资料的可追溯性。

(2)外委托加工的钢筋质量应由加工单位负责，施工单位仅需保留出厂合格证并对进场钢筋做外观检查。但用于承重结构的钢筋和钢筋连接接头，若通过进场外观检查对其质量产生怀疑或监理、设计单位有特殊要求时，可进行力学性能和工艺性能的抽样复试。如监理或设计单位提出复试要求的，应事先约定进场取样复试的原则与要求。

3.2.2 《预制混凝土构件出厂合格证》监理单位审核

预制混凝土构件出厂合格证 表 C4-2			资料编号	02-01-C4-×××	
工程名称及使用部位	××大厦工程　三层①~⑨/⑧~⑪轴		合格证编号	2014-063	
构件名称	预应力圆孔板	型号规格	YKB-3	供应数量	80t
制造厂家	××预制构件厂		企业等级证	一级	
标准图号或设计图纸号	设计图纸　结施-5		混凝土设计强度等级	C30	
混凝土浇筑日期	××年××月××日至××年××月××日		构件出厂日期	××年××月××日	
性能检验评定结果	混凝土抗压强度		主　筋		
	达到设计强度(%)	试验编号	力学性能	工艺性能	
	125	2014-0045	钢筋屈服点、抗拉强度、伸长率均符合要求	见钢筋原材试验报告(2014-0045)	
	外　观				
	质量状况		规格尺寸		
	合　格		3580mm×1180mm×120mm		
	结构性能				
	承载力(kPa)	挠　度(mm)	抗裂检验(kPa)	裂缝宽度(mm)	
	2.00	1.50	1.40	$0.12 \leqslant 0.15(w_{max})$	
备注：			结论：试件结构各项性能指标经检验均达到规范规定,质量合格,同意出厂。		
供应单位技术负责人		填表人	供应单位名称(盖章)		
×××		×××			
填表日期	××年××月××日				

本表由预制混凝土构件供应单位提供。

"预制混凝土构件出厂合格证"填写说明与依据

施工单位使用预制构件时,预制构件加工单位应保存各种原材料(如钢筋、混凝土组成材料)的质量合格证明、复试报告等资料,并应保证各种资料的可追溯性;施工单位必须保存加工单位提供的"预制混凝土构件出厂合格证"和进场后的试(检)验报告。

一、表格解析

1. 责任部门

供应单位。

2. 提交时限

随物资进场提交。

3. 检查要点

(1)预制构件结构性能检验方法应符合《混凝土结构工程施工质量验收规范》(GB 50204—2002,2010年版)附录C的规定。

(2)预制混凝土构件出厂合格证应由构件加工单位质检部门提供,应包括以下主要内容:构件名称、合格证编号、型号规格、供应数量、制造厂家名称、企业资质等级证、标准图号或设计图纸号、混凝土设计强度等级及浇筑日期、构件出厂日期、性能检验评定结果及结论、技术负责人(签字)、填表人(签字)及单位盖章等内容。

(3)预制构件的质量必须合格,如需采取技术措施的,应满足有关技术要求,经有关技术负责人、设计及建设单位批准签认后,方允许使用,并应注明使用的工程名称和使用部位。

(4)合格证应与实际所用预制构件物证吻合、批次对应。

二、填写依据

1. 规范名称

(1)《混凝土结构工程施工质量验收规程》(DBJ 01—82—2005);

(2)《建筑工程资料管理规程》(DB11/T 695—2009)。

2. 相关要求

进入现场的预制构件,其外观质量、尺寸偏差及结构性能应符合标准图及设计的要求。

检查数量:按批检查。

检查方法:检查构件合格证。

3.2.3 《钢构件出厂合格证》监理单位审核

钢构件出厂合格证 表 C4-3				资料编号		02—03—C4—×××	
工程名称	××大厦工程			合格证编号		2014—105	
委托单位	××钢构件厂			焊药型号		/	
钢材材质			防腐状况	已做防腐处理		焊条或焊丝型号	E4303 3.2mm×350mm
供应总量(t)	90		加工日期	××年××月××日		出厂日期	××年××月××日
序号	构件名称及编号	构件数量	构件单重(kg)	原材报告编号	复试报告编号	使用部位	
1	1号钢柱	12	9000	035	××-0135	一层①～⑨/Ⓑ～①轴	
2	1号桁架	3	22000	039	××-0147	屋面	
备注:							
供应单位技术负责人		填表人					
×××		×××					
填表日期		××年××月××日					

本表由钢构件供应单位提供。

"钢构件出厂合格证"填写说明与依据

钢结构厂家必须提供构件出厂合格证,合格证应有生产厂家名称,使用构件的工程名称,构件规格、型号、数量、出厂日期、质量等级并加盖生产厂家公章。

一、表格解析

1. 责任部门

供应单位。

2. 提交时限

随物资进场提交。

3. 检查要点

(1)钢构件生产厂家除提供构件出厂合格证外,还应保存各种原材料(钢材、焊接材料、涂料)质量合格证明、复试报告等资料并保证各种资料的可追溯性。

(2)钢构件出厂合格证应包括以下主要内容:工程名称、委托单位、合格证编号、钢材原材报告及复试报告编号、焊条或焊丝及焊药型号、供应总量、加工及出厂日期、构件名称及编号、构件数量、防腐状况、使用部位、技术负责人(签字)、填表人(签字)及单位盖章等内容。

(3)合格证要填写齐全,不得漏填或错填。数据真实,结论正确,符合标准要求。

二、填写依据

1. 规范名称

(1)《钢结构工程施工质量验收规范》(GB 50205—2001);

(2)《建筑工程资料管理规程》(DB11/T 695—2009)。

2. 相关要求

钢构件出厂时,其质量必须合格,并符合《钢结构工程施工质量验收规范》(GB 50205—2001)中的有关规定,合格证要填写齐全,不得漏填或错填。数据真实,结论正确,符合标准要求。钢构件出厂时应提交以下资料:

(1)钢构件出厂合格证。

(2)施工图和设计变更文件,设计变更的内容应在施工图中相应部位加以注明。

(3)制作中对技术问题处理的协议文件。

(4)钢材必须有质量证明书,并应符合设计文件的要求,如对钢材的质量有异议时,必须按规范进行力学性能和化学成分的抽样检验,合格后方能使用。

焊条、焊剂及焊药应有出厂合格证,并应符合设计要求,需进行烘焙的应有烘焙记录。

(5)高强度螺栓、高强度大六角头螺栓在安装前,按有关规定应复试摩擦面抗滑移系数及连接副预拉力或扭矩系数,合格后方可安装。应有一级、二级焊缝无损检验报告。

(6)涂料应有质量证明书,防火涂料应经消防部门认可。

(7)焊接工艺评定报告。

(8)有预拼要求时,钢构件验收应具备预拼装记录。

(9)构件发运和包装清单。

3.2.4 《预拌混凝土出厂合格证》监理单位审核

预拌混凝土出厂合格证 表 C4-4				资料编号		01-07-C4-×××	
使用单位	××建设集团有限公司　××项目部			合格证编号		××-195	
工程名称与浇筑部位	××大厦工程　基础底板①～⑯/Ⓐ～Ⓗ轴						
强度等级	C35	抗渗等级	P8	供应数量(m³)		979	
供应日期	××年××月××日	至		××年××月××日			
配合比编号	2014-094						
原材料名称	水泥	砂	石	掺合料		外加剂	
品种及规格	P·O 42.5R	中砂	碎石	Ⅱ级粉煤灰		HNB-1	
试验编号	2014-052	2014-050	2014-049	2014-020		2014-018	
每组抗压强度值(MPa)	试验编号	强度值	试验编号	强度值	备注:		
	2014-0521	53.2	2014-0522	51.2			
	2014-0523	51.8	2014-0524	51.3			
	2014-0525	53.5	2014-0526	53.7			
	2014-0527	50.9	2014-0528	48.0			
	2014-0529	49.7	2014-0530	44.9			
抗渗试验	试验编号	指标	试验编号	指标			
	2014-0069	P>8	2014-0070	P>8			
抗压强度统计结果				结论:			
组数 n	平均值		最小值	合　格			
10	50.8		44.9				
供应单位技术负责人		填表人		供应单位名称 (盖章)			
×××		×××					
填表日期:	××年××月××日						

本表由预拌混凝土供应单位提供。

"预拌混凝土出厂合格证"填写说明与依据

预拌混凝土出厂合格证由供应单位负责提供,应包括以下内容:使用单位、合格证编号、工程名称与浇筑部位、混凝土强度等级、抗渗等级、供应数量、供应日期、原材料品种与规格和试验编号、配合比编号、混凝土28d抗压强度值、抗渗等级性能试验、抗压强度统计结果及结论,技术负责人(签字)、填表人(签字)、供应单位盖章。

一、表格解析

1. 责任部门

由混凝土供应单位提供,施工单位材料员负责收集,内容核查无误后移交项目资料员整理。

2. 提交时限

随物资进场提交。

3. 检查要点

(1)合格证要填写齐全,无未了项,不得漏填或错填。数据真实,结论正确,符合要求。

(2)浇筑部位:应与施工单位提出的混凝土浇筑申请的施工部位相一致。

(3)抗渗等级:采用抗渗混凝土应按照设计要求反映抗渗等级,不允许空缺不填。

二、填写依据

1. 规范名称

(1)《预拌混凝土质量管理规程》(DB11/385-2010);

(2)《建筑工程资料管理规程》(DB11/T 695-2009)。

2. 相关要求

(1)预拌混凝土企业应向用户提供产品合格证、碱总量计算书、氯离子含量计算书及必要的产品质量证明文件。提供复印件时应加盖印章,注明原件存放处并有经手人签字。

(2)预拌混凝土供应单位必须向施工单位提供以下资料:

1)预拌混凝土运输单;

2)预拌混凝土出厂合格证(32d内提供);

3)混凝土氯化物和碱总量计算书(工程结构有要求时);

4)砂石碱活性试验报告(工程结构有要求时)。

其中,混凝土氯化物和碱总量计算书必须符合《预防混凝土结构工程碱集料反应规程》(DBJ 01-95-2005)的规定。

(3)预拌混凝土供应单位除向施工单位提供上述资料外,还应保证以下资料的可追溯性:

试配记录、水泥出厂合格证和试(检)验报告;砂和碎(卵)石试验报告;轻集料试(检)验报告;外加剂和掺合料产品合格证和试(检)验报告;开盘鉴定;混凝土抗压强度试验报告(出厂检验混凝土强度值应填入预拌混凝土出厂合格证)、抗渗试验报告(试验结果应填入预拌混凝土出厂合格证);混凝土坍落度测试记录(搅拌站测试记录);原材料有害物含量检测报告。

3.2.5 《预拌混凝土运输单》监理单位审核

预拌混凝土运输单(正本)
表 C4-5

资料编号	02—01—C4—×××

合同编号	×××	任务单号	×××
供应单位	××预拌混凝土供应公司	生产日期	××年××月××日
工程名称及施工部位	××大厦工程 地上六层⑥~⑫/Ⓔ~①轴墙体		
委托单位	×××	混凝土强度等级	C30	抗渗等级	/
混凝土输送方式	泵送	其他技术要求	/		
本车供应方量(m³)	6	要求坍落度(mm)	140~160	实测坍落度(mm)	150
配合比编号	××—0012	配合比比例	C∶W∶S∶G=1.00∶0.49∶2.42∶3.17		
运距(km)	20	车号	京A2316	车次	16	司机	×××
出站时间	13:38	到场时间	14:28	现场出罐温度(℃)	19
开始浇筑时间	14:36	完成浇筑时间	14:50	现场坍落度(mm)	150
签字栏	现场验收人	混凝土供应单位质量员	混凝土供应单位签发人
	×××	×××	×××

预拌混凝土运输单(副本)
表 C4-5

资料编号	02—01—C4—×××

合同编号	×××	任务单号	×××
供应单位	××预拌混凝土供应公司	生产日期	××年××月××日
工程名称及施工部位	××大厦工程 地上六层⑥~⑫/Ⓔ~①轴墙体		
委托单位	×××	混凝土强度等级	C30	抗渗等级	/
混凝土输送方式	泵送	其他技术要求	/		
本车供应方量(m³)	6	要求坍落度(mm)	140~160	实测坍落度(mm)	150
配合比编号	××—0012	配合比比例	C∶W∶S∶G=1.00∶0.49∶2.42∶3.17		
运距(km)	20	车号	京A2316	车次	16	司机	×××
出站时间	13:38	到场时间	14:28	现场出罐温度(℃)	19
开始浇筑时间	14:36	完成浇筑时间	14:50	现场坍落度(mm)	150
签字栏	现场验收人	混凝土供应单位质量员	混凝土供应单位签发人
	×××	×××	×××

"预拌混凝土运输单"填写说明与依据

预拌混凝土供应单位应随车向施工单位提供预拌混凝土运输单。

一、表格解析

1. 责任部门

混凝土供应单位。

2. 提交时限

随混凝土运输车提供。

3. 填写要点

供应单位填写：工程名称、使用部位、供应方量、配合比、坍落度、出站时间、到场时间等。施工单位试验和材料人员填写：现场出罐温度、现场实测坍落度（抽测）、开始浇筑时间、完成浇筑时间。

二、填写依据

1. 规范名称

(1)《混凝土结构工程施工质量验收规程》(DBJ 01－82－2005)；

(2)《建筑工程资料管理规程》(DB11/T 695－2009)。

2. 相关要求

(1)预拌混凝土进场应对配合比通知单、开盘鉴定、坍落度、运输单等进行检查。

(2)预拌混凝土运输单内容包括：工程名称、使用部位、供应方量（与工程实际用量相符）、配合比、坍落度、出站时间、到场时间和测定的现场实测坍落度等。施工单位应检验运输单项目是否齐全、准确、真实、无未了项，编号必须填写，签字盖章齐全。

3.2.6 《钢材试验报告》监理单位审核

钢材试验报告 表 C4-6 (2014)量认(京)字(U0375)号					资料编号	01-02-C4-×××	
					试验编号	GJ 2014-1023	
					委托编号	2014-02150	
工程名称	××综合楼工程 基础反梁、地下一层柱				试件编号	钢筋015	
委托单位	××建设集团有限公司××项目部				试验委托人	××	
钢材种类	热轧带肋	规格或牌号		HRB 335	生产厂	××钢铁集团有限公司	
代表数量	20.25t	来样日期		××年××月××日	试验日期	××年××月××日	
公称直径(厚度)(mm)	25				公称面积(mm²)	490.9	

试验结果	力学性能试验结果					弯曲性能试验结果		
	屈服点(MPa)	抗拉强度(MPa)	伸长率(%)	$\sigma_{b实}/\sigma_{s实}$	$\sigma_{s实}/\sigma_{b标}$	弯心直径(mm)	角 度(°)	结 果
	380	580	30	1.53	1.13	75	180	合 格
	375	570	31	1.52	1.12	75	180	合 格
	化学分析					其他:		
	分析编号	化学成分(%)						
		C	Si	Mn	P	S	C_{eq}	

结论:
依据《钢筋混凝土用钢 第2部分:热轧带肋钢筋》(GB 1499.2-2007/XG1-2009)标准,符合热轧带肋钢筋 HRB 335 要求。

批 准	×××	审 核	×××		×××
试验单位	××工程检测试验有限公司				
报告日期	××年××月××日				

本表由检测机构提供。

"钢材试验报告"填写说明与依据

一、表格解析

1. 责任部门

钢材供应单位必须提供质量证明书,并由施工单位的项目材料员负责收集;进场检验合格后按照有关规定做复试,钢材进场复试报告应由施工单位的项目试验员负责收集,项目资料员汇总整理。

2. 提交时限

检测报告应随物资进场提交。复试报告应在正式使用前提交,复试时间3d左右。

二、填写依据

1. 规范名称

(1)《优质碳素结构钢冷轧钢板和钢带》(GB/T 13237—2013);
(2)《碳素结构钢》(GB/T 700—2006);
(3)《钢筋混凝土用钢 第1部分:热轧光圆钢筋》(GB 1499.1—2008/XG1—2012);
(4)《钢筋混凝土用钢 第2部分:热轧带肋钢筋》(GB 1499.2—2007/XG1—2009);
(5)《钢筋混凝土用余热处理钢筋》(GB 13014—2013);
(6)《冷轧带肋钢筋》(GB 13788—2008);
(7)《冷轧扭钢筋》(JG 190—2006);
(8)《预应力混凝土用钢丝》(GB/T 5223—2002/XG2—2008);
(9)《中强度预应力混凝土用钢丝》(YB/T 156—1999);
(10)《预应力混凝土用钢棒》(GB/T 5223.3—2005);
(11)《预应力混凝土用钢绞线》(GB/T 5224—2003/XG1—2008);
(12)《预应力混凝土用低合金钢丝》(YB/T 038—1993);
(13)《一般用途低碳钢丝》(YB/T 5294—2009)。

2. 进场复验项目、组批原则及取样

(1)碳素结构钢

1)进场复验项目:拉伸试验(屈服强度、抗拉强度、伸长率)、弯曲试验。
2)组批原则及取样规定:
①同一厂别、同一炉罐号、同一规格、同一交货状态每60t为一验收批,不足60t也按一批计。
②每一验收批取一组试件(拉伸、弯曲各1个)。

(2)钢筋混凝土用热轧带肋钢筋、热轧光圆钢筋、余热处理钢筋

1)进场复验项目:拉伸试验(屈服强度、抗拉强度、断后伸长率)、弯曲试验。
2)组批原则及取样规定:
①同一牌号、同一炉罐号、同一规格,每60t为一验收批,不足60t也按一批计。
②每一验收批取一组试件(拉伸2个、弯曲2个)。
③超过60t的部分,每增加40t(或不足40t的余数),增加一个拉伸试件和一个弯曲试件。

(3)冷轧带肋钢筋

1)进场复验项目:拉伸试验(屈服点、抗拉强度、伸长率)、弯曲试验。
2)组批原则及取样规定:
①同一牌号、同一规格、同一生产工艺、同一交货状态,每60t为一验收批,不足60t也按一批计。

②每一检验批取拉伸试件1个(逐盘),弯曲试件2个(每批),松弛试件1个(定期)。

③在每(任)盘中的任意一端截去500mm后切取。

(4)冷轧扭钢筋

1)进场复验项目:拉伸强度(抗拉强度、伸长率)、弯曲试验、质量、节距、厚度。

2)组批原则及取样规定:

①同一牌号、同一规格尺寸、同一台轧机、同一台班每10t为一验收批,不足10t也按一批计。

②每批取弯曲试件1个,拉伸试件2个,质量、节距、厚度各3个。

(5)预应力混凝土用钢丝

1)进场复验项目:抗拉强度、伸长率、弯曲试验。

2)组批原则及取样规定:

①同一牌号、同一规格、同一加工状态的钢丝为一验收批,每批质量不大于60t。

②在每盘钢丝的任一端截取抗拉强度、弯曲和断后伸长率的试验试件各一根。规定非比例伸长应力和最大力下总伸长率试验每批取3根。

(6)预应力混凝土用钢棒

1)进场复验项目:抗拉强度、断后伸长率、伸直性。

2)组批原则及取样规定:

①同一牌号、同一规格、同一加工状态的钢棒为一验收批,每批质量不大于60t。

②从任一盘钢棒任意一端截取1根试样进行抗拉强度、断后伸长率试验;每批钢棒不同盘中截取3根试样进行弯曲试验;每5盘取1根伸直性试验试样;规定非比例延伸强度试样为每批3根;应力松弛为每条生产线每月不少于1根。

③对于直条钢棒,以切断盘条的盘数为取样依据。

(7)预应力混凝土用钢绞线

1)进场复验项目:整根钢绞线的最大力、规定非比例延伸力、最大力总伸长率。

2)组批原则及取样规定:

①同一牌号、同一规格、同一生产工艺捻制的钢绞线为一验收批,每批质量不大于60t。

②从每批钢绞线中任取3盘,从每盘所选的钢绞线端部正常部位截取一根进行表面质量、直径偏差、捻距和力学性能试验。如每批少于3盘,则应逐盘进行上述检验。

(8)一般用途低碳钢丝

1)进场复验项目:抗拉强度、180°弯曲试验次数、伸长率。

2)组批原则及取样规定:

①同一尺寸、同一锌层级别、同一交货状态的钢丝为一验收批。

②从每批中抽查5%,但不少于5盘进行形状、尺寸和表面检查。

③从上述检查合格的钢丝中抽取5%,优质钢抽取10%,不少于3盘,拉伸试验、反复弯曲试验每盘一个(任意端)。

3.2.7 《水泥试验报告》监理单位审核

水泥试验报告 表C4-7 (2014)量认(京)字(U0375)号		资料编号	01－02－C4－×××	
		试验编号	SN14－0166	
		委托编号	2014－06379	
工程名称	××综合楼工程 地下室砌体结构	试件编号		水泥－001
委托单位	××建设集团有限公司××项目部	试验委托人		×××
品种及强度等级	P·O 42.5	出厂编号及日期	×××× ××年××月××日	厂别牌号 ×××
代表数量	200t	来样日期	××年××月××日	试验日期 ××年××月××日

试验结果	一、细度	1. 80μm方孔筛余量(%)	/					
		2. 比表面积(m²/kg)	/					
	二、标准稠度用水量(P)(%)		25.6					
	三、凝结时间	初凝	1h37min		终凝		3h4min	
	四、安定性	雷氏法	/ mm		饼法		合格	
	五、其他		/					
	六、强度(MPa)							
		抗折强度				抗压强度		
		3d		28d		3d		28d
		单块值	平均值	单块值	平均值	单块值	平均值	单块值	平均值
		4.0	3.8	8.2	8.1	17.2	17.2	41.7	40.7
						17.3		40.3	
		3.8		7.3		16.8		41.6	
						16.7		40.5	
		3.7		8.9		17.6		39.2	
						17.6		41.1	

结论：
依据GB 175－2007/XG1－2009标准，所检项目符合P·O 42.5水泥的要求。

批　准	×××	审　核	×××	×××
试验单位		××工程检测试验有限公司		
报告日期		××年××月××日		

本表由检测机构提供。

"水泥试验报告"填写说明与依据

一、表格解析

1. 责任部门

水泥生产单位必须提供水泥出厂合格质量证明文件、物理性能检验报告及建筑材料放射性指标检验报告(结构及室内装修用水泥)。进场检验合格后,按照规范要求取样复试,试验报告由试验单位负责提供,项目试验员收集。

2. 提交时限

检测报告应随物资进场提交。复试报告应在正式使用前提交,复试时间快测4d,常规28d。质量证明文件应在水泥出厂7d内提供,检验项目包括除28d强度以外的各项试验结果。28d强度结果应在水泥发出日起32d内补报。产品合格证应以28d抗压、抗折强度为准。

二、填写依据

1. 规范名称

(1)《通用硅酸盐水泥》(GB 175—2007/XG1—2009);
(2)《砌筑水泥》(GB/T 3183—2003);
(3)《铝酸盐水泥》(GB 201—2000);
(4)《钢渣硅酸盐水泥》(GB 13590—2006);
(5)《白色硅酸盐水泥》(GB/T 2015—2005);
(6)《硫铝酸盐水泥》(GB 20472—2006);
(7)《镁渣硅酸盐水泥》(GB/T 23933—2009);
(8)《低热微膨胀水泥》(GB 2938—2008);
(9)《抗硫酸盐硅酸盐水泥》(GB 748—2005)。

2. 进场复验项目、组批原则及取样

(1)通用硅酸盐水泥与砌筑水泥

1)进场复验项目:安定性、凝结时间、强度、保水率(通用硅酸盐水泥可不做此项目检测)。

2)组批原则及取样:

①散装水泥

a.对同一水泥厂生产同期出厂的同品种、同强度等级、同一出厂编号的水泥为一验收批,但一验收批的总量不得超过500t。

b.随机从不少于3个车罐中各取等量水泥,经混拌均匀后,再从中称取不少于12kg的水泥作为试样。

②袋装水泥

a.对同一水泥厂生产同期出厂的同品种、同强度等级、同一出厂编号的水泥为一验收批,但一验收批的总量不得超过200t。

b.随机从不少于20袋中各取等量水泥,经混拌均匀后,再从中称取不少于12kg的水泥作为试样。

(2)铝酸盐水泥

1)进场复验项目:强度、凝结时间、细度。

2)组批原则及取样:

①同一水泥厂、同一类型、同一编号的水泥,每120t为一取样单位,不足120t也按一取样单

位计。

②取样应有代表性,可从 20 袋中各取等量样品,总量至少 15kg。

注:水泥取样后,超过 45d 出厂时须重新取样试验。

3. 技术要求(以通用硅酸盐水泥为例,其他品种水泥见相应材料标准)

(1)通用硅酸盐水泥化学指标

通用硅酸盐水泥化学指标应符合表 3-10 的要求。

表 3-10 通用硅酸盐水泥化学指标

品 种	代号	不溶物(质量分数)	烧失量(质量分数)	三氧化硫(质量分数)	氧化镁(质量分数)	氧离子(质量分数)
硅酸盐水泥	P·Ⅰ	≤0.75	≤3.0	≤3.5	≤5.0[a]	≤0.06[c]
	P·Ⅱ	≤1.50	≤3.5			
普通硅酸盐水泥	P·O	—	≤5.0			
矿渣硅酸盐水泥	P·S·A	—	—	≤4.0	≤6.0[b]	
	P·S·B	—	—		—	
火山灰质硅酸盐水泥	P·P	—	—	≤3.5	≤6.0[b]	≤0.06[c]
粉煤灰硅酸盐水泥	P·F	—	—			
复合硅酸盐水泥	P·C	—	—			

a 如果水泥压蒸试验合格,则水泥中氧化镁的含量(质量分数)允许放宽至 6.0%;

b 如果水泥中氧化镁的含量(质量分数)大于 6.0%时,需进行水泥压蒸安定性试验并合格;

c 当有更低要求时,该指标由买卖双方确定。

(2)通用硅酸盐水泥碱含量(选择性指标)

水泥中碱含量按 $Na_2O+0.658K_2O$ 计算值表示。若使用活性集料,用户要求提供低碱水泥时,水泥中的碱含量应不大于 0.60%或由买卖双方协商确定。

(3)通用硅酸盐水泥物理指标

1)凝结时间

硅酸盐水泥初凝时间不小于 45min,终凝时间不大于 390min。

普通硅酸盐水泥、矿渣硅酸盐水泥、火山灰质硅酸盐水泥、粉煤灰硅酸盐水泥和复合硅酸盐水泥初凝不小于 45min,终凝不大于 600min。

2)安定性

沸煮法合格。

3)强度

不同品种、不同强度等级的通用硅酸盐水泥,其不同龄期的强度应符合表 3-11 的规定。

表 3-11 通用硅酸盐水泥强度

品　种	强度等级	抗压强度		抗折强度	
		3d	28d	3d	28d
硅酸盐水泥	42.5	≥17.0	≥42.5	≥3.5	≥6.5
	42.5R	≥22.0		≥4.0	
	52.5	≥23.0	≥52.5	≥4.0	≥7.0
	52.5R	≥27.0		≥5.0	
	62.5	≥28.0	≥62.5	≥5.0	≥8.0
	62.5R	≥32.0		≥5.5	
普通硅酸盐水泥	42.5	≥17.0	≥42.5	≥3.5	≥6.5
	42.5R	≥22.0		≥4.0	
	52.5	≥23.0	≥52.5	≥4.0	≥7.0
	52.5R	≥27.0		≥5.0	
矿渣硅酸盐水泥 火山灰硅酸盐水泥 粉煤灰硅酸盐水泥 复合硅酸盐水泥	32.5	≥10.0	≥32.5	≥2.5	≥5.5
	32.5R	≥15.0		≥3.5	
	42.5	≥15.0	≥42.5	≥3.5	≥6.5
	42.5R	≥19.0		≥4.0	
	52.5	≥21.0	≥52.5	≥4.0	≥7.0
	52.5R	≥23.0		≥4.5	

4）细度（选择性指标）

硅酸盐水泥和普通硅酸盐水泥的细度以比表面积表示，其比表面积不小于 $300m^2/kg$；矿渣硅酸盐水泥、火山灰质硅酸盐水泥、粉煤灰硅酸盐水泥和复合硅酸盐水泥的细度以筛余表示，其 $80\mu m$ 方孔筛筛余不大于 10% 或 $45\mu m$ 方孔筛筛余不大于 30%。

3.2.8 《砂试验报告》监理单位审核

砂试验报告 表 C4-8 (2014)量认(京)字(U0375)号		资料编号	01—02—C4—×××
		试验编号	SZ14—0081
		委托编号	2014—13386
工程名称	××办公楼工程	试样编号	砂—012
委托单位	××建设集团有限公司××项目部	试验委托人	×××
种 类	中砂	产地	××砂石厂
代表数量	600t	来样日期 ××年××月××日	试验日期 ××年××月××日

试验结果	一、筛分析	1. 细度模数(μ_f)	2.3
		2. 级配区域	Ⅱ 区
	二、含泥量(%)		2.6
	三、泥块含量(%)		1.0
	四、表观密度(kg/m³)		/
	五、堆积密度(kg/m³)		/
	六、碱活性指标		/
	七、其他		/

结论：
依据 JGJ 52—2006 标准，含泥量、泥块含量指标合格。
本试样按细度模数分属中砂，其级配属Ⅱ区。
可用于浇筑 C30 及 C30 以上的混凝土。

批 准	×××	审 核	×××	试验	×××
试验单位	××工程检测试验有限公司				
报告日期	××年××月××日				

本表由检测机构提供。

"砂试验报告"填写说明与依据

砂应按规定进行复试,预防碱-集料反应的工程或结构部位所使用的砂,供应单位应提供砂的碱活性检验报告。

一、表格解析

1. 责任部门

砂复试报告由试验单位提供,由项目试验员负责收集,项目资料员负责汇总整理。

2. 提交时限

复试报告在正式使用前提交,试验时间3d左右。

二、填写依据

1. 规范名称

(1)《普通混凝土用砂、石质量及检验方法标准》(JGJ 52—2006);

(2)《建筑工程资料管理规程》(DB11/T 695—2009)。

2. 进场复验项目、组批原则及取样

(1)进场复验项目:筛分析、含泥量、泥块含量。

(2)组批原则及取样规定:

1)以同一产地、同一规格每400m³或600t为一验收批,不足400m³或600t也按一批计。

2)当质量比较稳定、进料量较大时,可以1000t为一验收批。

3)取样部位应均匀分布,在料堆上从8个不同部位抽取等量试样(每份11kg)。然后用四分法缩至20kg,取样前先将取样部位表面铲除。

3. 技术要求

(1)砂的粗细程度按细度模数 μ_f 分为粗、中、细、特细四级,其范围应符合下列规定:

粗砂:$\mu_f=3.7\sim3.1$

中砂:$\mu_f=3.0\sim2.3$

细砂:$\mu_f=2.2\sim1.6$

特细砂:$\mu_f=1.5\sim0.7$

(2)砂筛应采用方孔筛。砂的公称粒径、砂筛筛孔的公称直径和方孔筛筛孔边长应符合表3-12的规定。

表3-12 砂的公称粒径、砂筛筛孔的公称直径和方孔筛筛孔边长尺寸

砂的公称粒径	砂筛筛孔的公称直径	方孔筛筛孔边长
5.00mm	5.00mm	4.75mm
2.50mm	2.50mm	2.36mm
1.25mm	1.25mm	1.18mm
630μm	630μm	600μm
315μm	315μm	300μm
160μm	160μm	150μm
80μm	80μm	75μm

除特细砂外,砂的颗粒级配可按公称直径630μm筛孔的累计筛余量(以质量百分率计,下同),分成三个级配区(表3-13),且砂的颗粒级配应处于表3-13中的某一区内。

砂的实际颗粒级配与表3-13中的累计筛余相比,除公称粒径为5.00mm和630μm(表3-13

斜体所标数值)的累计筛余外,其余公称粒径的累计筛余可稍有超出分界线,但总超出量不应大于5%。

当天然砂的实际颗粒级配不符合要求时,宜采取相应的技术措施,并经试验证明能确保混凝土质量后,方允许使用。

表 3-13 砂颗粒级配区

累计筛余(%) 级配区 公称粒径	Ⅰ区	Ⅱ区	Ⅲ区
5.00mm	10~0	10~0	10~0
2.50mm	35~5	25~0	15~0
1.25mm	65~35	50~10	25~0
630μm	85~71	70~41	40~16
315μm	95~80	92~70	85~55
160μm	100~90	100~90	100~90

配制混凝土时宜优先选用Ⅱ区砂。当采用Ⅰ区砂时,应提高砂率,并保持足够的水泥用量,满足混凝土的和易性;当采用Ⅲ区砂时,宜适当降低砂率;当采用特细砂时,应符合相应的规定。

配制泵送混凝土,宜选用中砂。

(3)天然砂中含泥量、砂中泥块含量应符合表 3-14 的规定。

表 3-14 天然砂中含泥量、砂中泥块含量

混凝土强度等级	≥C60	C55~C30	≤C25
天然砂中含泥量(按质量计,%)	≤2.0	≤3.0	≤5.0
砂中泥块含量(按质量计,%)	≤0.5	≤1.0	≤2.0

天然砂中对于有抗冻、抗渗或其他特殊要求的小于或等于 C25 混凝土用砂,其含泥量不应大于 3.0%。

砂中对于有抗冻、抗渗或其他特殊要求的小于或等于 C25 混凝土用砂,其泥块含量不应大于 1.0%。

(4)人工砂或混合砂中石粉含量应符合表 3-15 的规定。

表 3-15 人工砂或混合砂中石粉含量

混凝土强度等级		≥C60	C55~C30	≤C25
石粉含量 (%)	MB<1.4(合格)	≤5.0	≤7.0	≤10.0
	MB≥1.4(不合格)	≤2.0	≤3.0	≤5.0

(5)砂的坚固性应采用硫酸钠溶液检验,试样经 5 次循环后,其质量损失应符合下列规定。
①在严寒及寒冷地区室外使用并经常处于潮湿或干湿交替状态下的混凝土,≤8%。
②对于有抗疲劳、耐磨、抗冲击要求的混凝土,≤8%。
③有腐蚀介质作用或经常处于水位变化区的地下结构混凝土,≤8%。

④其他条件下使用的混凝土,≤10%。

(6)人工砂的总压碎值指标应小于30%。

(7)当砂中含有云母、轻物质、有机物、硫化物及硫酸盐等有害物质时,其含量应符合表3-16的规定。

表3-16 砂中的有害物质含量

项　　目	质　量　指　标
云母含量(按质量计,%)	≤2.0
轻物质含量(按质量计,%)	≤1.0
硫化物及硫酸盐含量(折算成SO_3按质量计,%)	≤1.0
有机物含量	颜色不应深于标准色。当颜色深于标准色时,应按水泥胶砂强度试验方法进行强度对比试验,抗压强度比不应低于0.95

对于有抗冻、抗渗要求的混凝土用砂,其云母含量不应大于1.0%。

当砂中含有颗粒状的硫酸盐或硫化物杂质时,应进行专门检验,确认能满足混凝土耐久性要求后,方可采用。

(8)对于长期处于潮湿环境的重要混凝土结构用砂,应采用砂浆棒(快速法)或砂浆长度法进行集料的碱活性检验。经上述检验判断为有潜在危害时,应控制混凝土中的碱含量不超过$3kg/m^3$,或采用能抑制碱-集料反应的有效措施。

(9)砂中氯离子含量应符合下列规定:

①对于钢筋混凝土用砂,其氯离子含量不得大于0.06%(以干砂的质量百分率计);

②对于预应力混凝土用砂,其氯离子含量不得大于0.02%(以干砂的质量百分率计)。

(10)海砂中贝壳含量应符合下列的规定:

混凝土强度等级≥C40时,≤3%;混凝土强度等级C35~C30时,≤5%;混凝土强度等级C25~C15时,≤8%。

对于有抗冻、抗渗或其他有特殊要求的小于或等于C25混凝土用砂,其贝壳含量不应大于5%。

3.2.9 《碎(卵)石试验报告》监理单位审核

碎(卵)石试验报告 表 C4-9 (2014)量认(京)字(U0375)号		资料编号		01—02—C4—×××	
		试验编号		SS14—0032	
		委托编号		2014—08591	
工程名称	××办公楼工程地下室砌体结构		试样编号		石—001
委托单位	××建设集团有限公司××项目部		试验委托人		×××
种类、产地	碎石　××砂石厂		公称粒径(mm)		5～25
代表数量	600t	来样日期	××年××月××日	试验日期	××年××月××日
试验结果	一、筛分析	经配情况	☑连续粒级　□单粒级		
		级配结果	/		
		最大粒级	25.0mm		
	二、含泥量(%)		0.6		
	三、泥块含量(%)		0.1		
	四、针、片状颗粒含量(%)		7.5		
	五、压碎指标值(%)		12		
	六、表观密度(kg/m³)		/		
	七、堆积密度(kg/m³)		/		
	八、碱活性指标		低碱活性		
	九、其他		/		

结论：
依据《普通混凝土用砂、石质量及检验方法标准》(JGJ 52—2006)标准，含泥量，泥块含量，针、片状颗粒含量，压碎指标值合格。
级配符合5～25mm连续粒级的要求。

批　准	×××	审　核	×××	试　验	×××
试验单位	××工程检测试验有限公司				
报告日期	××年××月××日				

本表由检测机构提供。

"碎(卵)石试验报告"填写说明与依据

碎(卵)石应按规定进行复试,预防碱-集料反应的工程或结构部位所使用的碎(卵)石,供应单位应提供砂的碱活性检验报告。

一、表格解析

1. 责任部门

碎(卵)石复试报告由试验单位提供,由项目试验员负责收集,项目资料员负责汇总整理。

2. 提交时限

复试报告在正式使用前提交,试验时间3d左右。

二、填写依据

1. 规范名称

(1)《普通混凝土用砂、石质量及检验方法标准》(JGJ 52—2006)
(2)《建筑工程资料管理规程》(DB11/T 695—2009)

2. 进场复验项目、组批原则及取样

1)进场复验项目:筛分析,含泥量,泥块含量,针、片状颗粒含量,压碎值指标。

2)组批原则及取样规定:

①以同一产地、同一规格每 $400m^3$ 或 600t 为一验收批,不足 $400m^3$ 或 600t 也按一批计。每一验收批取样一组。

②当质量比较稳定,进料量较大时,可以 1000t 为一验收批。

③一组试样 40kg(最大粒径 10mm、16mm、20mm)或 80kg(最大粒径 31.5mm、40mm),取样部位应均匀分布,在料堆上从 5 个不同的部位抽取大致相等的试样 16 份。每份 5~40kg,然后缩分到 40kg 或 80kg 送检。

3. 技术要求

(1)石筛应采用方孔筛。石的公称粒径、石筛筛孔的公称直径与方孔筛筛孔边长应符合表3-17 的规定。

表 3-17　石的公称粒径、石筛筛孔的公称直径与方孔筛筛孔边长　　　(单位:mm)

石的公称粒径	石筛筛孔的公称直径	方孔筛筛孔边长
2.50	2.50	2.36
5.00	5.00	4.75
10.0	10.0	9.5
16.0	16.0	16.0
20.0	20.0	19.0
25.0	25.0	26.5
31.5	31.5	31.5
40.0	40.0	37.5
50.0	50.0	53.0
63.0	63.0	63.0
80.0	80.0	75.0
100.0	100.0	90.0

碎石或卵石的颗粒级配,应符合表 3-18 的要求。混凝土用石应采用连续粒级。

单粒级宜用于组合成满足要求的连续粒级;也可与连续粒级混合使用,以改善其级配或配成较大粒度的连续粒级。

当卵石的颗粒级配不符合本标准表 3-18 要求时,应采取措施并经试验证实能确保工程质量后,方允许使用。

表 3-18 碎石或卵石的颗粒级配范围

级配情况	公称粒级(mm)	累计筛余,按质量(%) 方孔筛筛孔边长尺寸(mm)										
		2.36	4.75	9.5	16.0	19.0	26.5	31.5	37.5	53	63	75	90
连续粒级	5～10	95～100	80～100	0～15	0	—	—	—	—	—	—	—	—
	5～16	95～100	85～100	30～60	0～10	0	—	—	—	—	—	—	—
	5～20	95～100	90～100	40～80	—	0～10	0	—	—	—	—	—	—
	5～25	95～100	90～100	—	30～70	—	0～5	0	—	—	—	—	—
	5～31.5	95～100	90～100	70～90	—	15～45	—	0～5	0	—	—	—	—
	5～40	—	95～100	70～90	—	30～65	—	—	0～5	0	—	—	—
单粒级	10～20	—	95～100	—	0～15	0	—	—	—	—	—	—	—
	16～31.5	—	95～100	—	85～100	—	—	0～10	0	—	—	—	—
	20～40	—	—	95～100	—	80～100	—	—	0～10	0	—	—	—
	31.5～63	—	—	—	95～100	—	—	75～100	45～75	—	0～10	0	—
	40～80	—	—	—	—	95～100	—	—	70～100	—	30～60	0～10	0

(2)碎石或卵石中针、片状颗粒含量应符合表 3-19 的规定。

表 3-19 针、片状颗粒含量

混凝土强度等级	≥C60	C55～C30	≤C25
针、片状颗粒含量(按质量计,%)	≤8	≤15	≤25

(3)碎石或卵石中含泥量、泥块含量应符合表 3-20 的规定。

表 3-20 碎石或卵石中含泥量、泥块含量

混凝土强度等级	≥C60	C55～C30	≤C25
含泥量(按质量计,%)	≤0.5	≤1.0	≤2.0
泥块含量(按质量计,%)	≤0.2	≤0.5	≤0.7

对于有抗冻、抗渗或其他特殊要求的混凝土,其所用碎石或卵石中含泥量不应大于 1.0%。当碎石或卵石的含泥是非黏土质的石粉时,其含泥量可由表 3-20 的 0.5%、1.0%、2.0%,分别提

高到1.0%、1.5%、3.0%。

对于有抗冻、抗渗或其他特殊要求的强度等级小于C30的混凝土,其所用碎石或卵石中泥块含量不应大于0.5%。

(4)碎石的强度可用岩石的抗压强度和压碎值指标表示。岩石的抗压强度应比所配制的混凝土强度至少高20%。当混凝土强度等级大于或等于C60时,应进行岩石抗压强度检验。岩石强度首先应由生产单位提供,工程中可采用压碎值指标进行质量控制。碎石的压碎值指标宜符合表3-21的规定。

表3-21 碎石的压碎值指标

岩石品种	混凝土强度等级	碎石压碎值指标(%)
沉积岩	C60~C40	≤10
	≤C35	≤16
变质岩或深成的火成岩	C60~C40	≤12
	≤C35	≤20
喷出的火成岩	C60~C40	≤13
	≤C35	≤30

注:沉积岩包括石灰岩、砂砾等;变质岩包括片麻岩、石英岩等;深成的火成岩包括花岗岩、正长岩、闪长岩和橄榄岩等;喷出的火成岩包括玄武岩和辉绿岩等。

(5)卵石的强度可用压碎值指标表示。其压碎值指标应符合下列要求:
1)混凝土强度等级:C60~C40,压碎值指标≤12%。
2)混凝土强度等级:≤C35,压碎值指标≤16%。

(6)碎石或卵石的坚固性应用硫酸钠溶液法检验,试样经5次循环后,其质量损失应符合下列规定。

1)在严寒及寒冷地区室外使用,并经常处于潮湿或干湿交替状态下的混凝土;有腐蚀性介质作用或经常处于水位变化区的地下结构或有抗疲劳、耐磨、抗冲击等要求的混凝土,试样经5次循环后,其质量损失应≤8%;

2)在其他条件下使用的混凝土,试样经5次循环后,其质量损失应≤12%。

(7)碎石或卵石中的硫化物和硫酸盐含量以及卵石中有机物等有害物质含量,应符合下列规定。

1)硫化物及硫酸盐含量(折算成SO_3,按质量计,%)≤1.0%;

2)卵石中有机物含量(用比色法试验)颜色应不深于标准色。当颜色深于标准色时,应配制成混凝土进行强度对比试验,抗压强度比应不低于0.95。

3)当碎石或卵石中含有颗粒状硫酸盐或硫化物杂质时,应进行专门检验,确认能满足混凝土耐久性要求后,方可采用。

(8)对于长期处于潮湿环境的重要结构混凝土,其所使用的碎石或卵石应进行碱活性检验。

进行碱活性检验时,首先应采用岩相法检验碱活性集料的品种、类型和数量。当检验出集料中含有活性二氧化硅时,应采用快速砂浆棒法和砂浆长度法进行碱活性检验;当检验出集料中含有活性碳酸盐时,应采用岩石柱法进行碱活性检验。

经上述检验,当判定集料存在潜在碱-碳酸盐反应危害时,不宜用作混凝土集料;否则,应通过专门的混凝土试验,做最后评定。

当判定集料存在潜在碱-硅反应危害时,应控制混凝土中的碱含量不超过$3kg/m^3$,或采用能抑制碱-集料反应的有效措施。

3.2.10 《外加剂试验报告》监理单位审核

外加剂试验报告 表 C4-10

(2014)量认(京)字(U0375)号

资料编号	01-02-C4-×××
试验编号	2014-0036
委托编号	2014-00480

工程名称	××办公楼工程	试样编号	2014-0127
委托单位	××项目部	试验委托人	×××
产品名称	高效减水剂（标准型）	生产厂	××建材有限公司	生产日期	××年××月××日
代表数量	2t	来样日期	××年××月××日	试验日期	××年××月××日
试验项目	pH值、密度、减水率			

试验结果	试 验 项 目	试验结果
	1. pH值	7.0
	2. 密度	550 g/L
	3. 减水率	28%

结论：
依据《混凝土外加剂》(GB 8076—2008)标准，高效减水剂（标准型）所检项目符合规定要求。

批　准	×××	审　核	×××	试 验	×××
试验单位	××工程检测试验有限公司				
报告日期	××年××月××日				

本表由检测机构提供。

"外加剂试验报告"填写说明与依据

钢筋混凝土结构所使用的外加剂应有有害物含量检测报告。当含有氯化物时，应做混凝土氯化物总含量检测，其总含量应符合国家现行标准要求。

一、表格解析

1. 责任部门

外加剂试验报告由试验单位提供，项目试验员负责收集，交项目资料员汇总整理。

2. 提交时限

检测报告随物资的进场提交，复试报告在正式使用前提交，复试时间3～28d。

二、填写依据

1. 规范名称

(1)《混凝土外加剂》(GB 8076—2008)；

(2)《砂浆、混凝土防水剂》(JC 474—2008)；

(3)《混凝土防冻剂》(JC 475—2004)；

(4)《混凝土膨胀剂》(GB 23439—2009)；

(5)《喷射混凝土用速凝剂》(JC 477—2005)。

2. 进场复验项目、组批原则及取样

(1)普通减水剂、高效减水剂

1)进场复验项目：pH值、密度(或细度)、减水率。

2)组批原则及取样：

①掺量大于1%(含1%)同品种的外加剂，每100t为一验收批，不足100t也按一批计。掺量小于1%的同品种、同一编号的外加剂，每50t为一验收批，不足50t也按一批计。

②从不少于三个点取等量样品混匀。

③取样数量，不少于0.2t水泥所需量。

(2)早强减水剂

1)进场复验项目：密度(或)细度、钢筋锈蚀、1d和3d抗压强度、减水率。

2)组批原则及取样同(1)。

(3)缓凝减水剂

1)进场复验项目：pH值、密度(或细度)、混凝土凝结时间、减水率。

2)组批原则及取样同(1)。

(4)引气减水剂

1)进场复验项目：pH值、密度(或细度)、减水率、含气量。

2)组批原则及取样同(1)。

(5)缓凝高效减水剂

1)进场复验项目：pH值、密度(或细度)、混凝土凝结时间、减水率。

2)组批原则及取样同(1)。

(6)缓凝剂

1)进场复验项目：pH值、密度(或细度)、混凝土凝结时间。

2)组批原则及取样同(1)。

(7)引气剂

1)进场复验项目:pH值、密度(或细度)、含气量。
2)组批原则及取样同(1)。
(8)早强剂
1)进场复验项目:密度(或细度)、钢筋锈蚀、1d和3d抗压强度。
2)组批原则及取样同(1)。
(9)泵送剂
1)进场复验项目:pH值、密度(或细度)、坍落度增加值、坍落度损失。
2)组批原则及取样:
①以同一生产厂、同品种、同一编号的泵送剂每50t为一验收批,不足50t也按一批计。
②从不少于三个点取等量样品混匀。
③取样数量,不少于0.2t水泥所需量。
(10)防水剂
1)进场复验项目:pH值、密度(或细度)、钢筋锈蚀。
2)组批原则及取样:
①年产500t以上的防水剂每50t为一验收批,500t以下的防水剂每30t为一验收批,不足50t或30t也按一批计。
②从不少于三个点取等量样品混匀。
③取样数量,不少于0.2t水泥所需量。
(11)防冻剂
1)进场复验项目:密度(或细度)、钢筋锈蚀、R_{-7}和R_{+28}抗压强度比。
2)组批原则及取样:
①同品种的防冻剂,每50t为一验收批,不足50t也按一批计。
②取样应具有代表性,可连续取,也可以从20个以上的不同部位取等量样品。液体防冻剂取样应注意从容器的上、中、下三层分别取样。每批取样数量不少于0.15t水泥所需量。
(12)膨胀剂
1)进场复验项目:限制膨胀率。
2)组批原则及取样:
①以同一生产厂、同品种、同一编号的膨胀剂每200t为一验收批,不足200t也按一批计。
②取样应具有代表性,可连续取,也可从20个以上部位取等量样品,总量不小于10kg。
(13)喷射用速凝剂
1)进场复验项目:密度(或细度)、钢筋锈蚀、混凝土凝结时间、1d抗压强度。
2)组批原则及取样:
①同一生产厂、同品种、同一编号,每20t为一验收批,不足20t也按一批计。
②从16个不同点取等量试样混匀。取样数量不少于4kg。

3. 技术要求

(1)各品种外加剂的技术要求应符合相应材料标准的规定。
(2)掺加外加剂的混凝土性能要求应符合《混凝土外加剂》(GB 8076—2008)的规定。

3.2.11 《掺合料试验报告》监理单位审核

掺合料试验报告 表 C4-11
(2014)量认(京)字(U0375)号

资料编号	01-02-C4-×××
试验编号	××-0015
委托编号	××-01480

工程名称	××大厦工程	试样编号	002
委托单位	××建设集团有限公司 ××项目部	试验委托人	×××
掺合料种类	粉煤灰	等级	Ⅱ级	产地	××
代表数量	60t	来样日期	××年××月××日	试验日期	××年××月××日

试验结果	一、细度	1.0.045mm 方孔筛筛余(%)	21
		2.80μm 方孔筛筛余(%)	/
	二、需水量比		99
	三、吸铵值(%)		/
	四、28天水泥胶砂抗压强度比		/
	五、烧失量(%)		7.5
	六、其他(含碱量)(%)		1.29

结论：
依据《用于水泥和混凝土中的粉煤灰》(GB/T 1596-2005)标准，符合Ⅱ级粉煤灰要求。

批 准	×××	审 核	×××		×××
试验单位	××工程检测试验有限公司				
报告日期	××年××月××日				

（试验专用章）

本表由检测机构提供。

"掺合料试验报告"填写说明与依据

一、表格解析

1. 责任部门

供应单位应提供质量证明书和检验报告,进场检验合格后按照规定进行复试,复试报告由试验单位提供。

2. 提交时限

正式使用前提交,复试时间为3d左右。

二、填写依据

1. 规范名称

《用于水泥和混凝土中的粉煤灰》(GB/T 1596—2005);

《用于水泥和混凝土中的粒化高炉矿渣粉》(GB/T 18046—2008);

《混凝土和砂浆用天然沸石粉》(JG/T 3048—1998);

《砂浆和混凝土用硅灰》(GB/T 27690—2011)。

2. 进场复验项目、组批原则及取样

(1)粉煤灰

1)进场复验项目:细度、烧失量、安定性。

2)组批原则及取样规定:

①以连续供应相同等级、相同种类的不超过200t为一验收批。

②取样应有代表性,从10个以上不同部位取等量样品,总量至少3kg。

(2)粒化高炉矿渣粉

1)出厂复验项目:密度、比表面积、活性指数、流动度比、含水量、三氧化硫。进场检验项目可依据实际工程确定。

2)组批原则及取样规定:

①以连续供应相同等级、相同种类的不超过200t为一验收批。

②取样应有代表性,可连续取样,也可从20个以上不同部位取等量样品,总量至少20kg。

(3)沸石粉

1)进场检验项目可依据实际工程确定。

2)组批原则及取样规定:

①以每120t相同等级的沸石粉为一批,不足120t也按一批计。

②散装沸石粉的取样:应从不同部位取10份试样,每份不少于1.0kg,混合均匀,按四分法缩取。袋装沸石粉的取样:应从每批中随机抽取10袋,并从每袋中各取不少于1.0kg的试样,混合均匀,按四分法缩取。

(4)硅灰

1)每一批号硅灰出厂检验项目包括SiO_2含量、含水率(固含量)、需水量比、烧失量。进场检验项目可依据实际工程确定。

2)组批原则及取样规定。

组批原则可依据实际工程确定。取样应有代表性,可连续取,也可以从10个以上不同部位取等量样品,总量至少5kg。

3. 技术要求（仅以粉煤灰为例）

（1）拌制混凝土和砂浆用粉煤灰应符合表 3-22 中的技术要求。

表 3-22 拌制混凝土和砂浆用粉煤灰技术要求

项　目		技　术　要　求		
		Ⅰ级	Ⅱ级	Ⅲ级
细度（45μm 方孔筛筛余），不大于（%）	F 类粉煤灰	12.0	25.0	45.0
	C 类粉煤灰			
需水量比，不大于（%）	F 类粉煤灰	95	105	115
	C 类粉煤灰			
烧失量，不大于（%）	F 类粉煤灰	5.0	8.0	15.0
	C 类粉煤灰			
含水量，不大于（%）	F 类粉煤灰	1.0		
	C 类粉煤灰			
三氧化硫，不大于（%）	F 类粉煤灰	3.0		
	C 类粉煤灰			
游离氧化钙，不大于（%）	F 类粉煤灰	1.0		
	C 类粉煤灰	4.0		
安定性 雷氏夹沸煮后增加距离，不大于（mm）	C 类粉煤灰	5.0		

（2）水泥活性混合材料用粉煤灰技术要求应符合表 3-23。

表 3-23 水泥活性混合材料用粉煤灰技术要求

项　目		技　术　要　求
烧失量，不大于（%）	F 类粉煤灰	8.0
	C 类粉煤灰	
含水量，不大于（%）	F 类粉煤灰	1.0
	C 类粉煤灰	
三氧化硫，不大于（%）	F 类粉煤灰	3.5
	C 类粉煤灰	
游离氧化钙，不大于（%）	F 类粉煤灰	1.0
	C 类粉煤灰	4.0
安定性 雷氏夹沸煮后增加距离，不大于（mm）	C 类粉煤灰	5.0
强度活性指数，不大于（%）	F 类粉煤灰	70.0
	C 类粉煤灰	

（3）粉煤灰的放射性必须合格。碱含量、均匀性由买卖双方协商确定。

3.2.12 《防水涂料试验报告》监理单位审核

防水涂料试验报告 表 C4-12 (2014)量认(京)字(U0375)号			资料编号	03—01—C4—×××
			试验编号	FST14—0044
			委托编号	2014—00817
工程名称及部位	××办公楼工程 地下一层～五层卫生间地面、墙面		试件编号	办—007
委托单位	××建设集团有限公司××项目部		试验委托人	×××
种类、型号	聚氨酯防水涂料(单组分) Ⅱ类		生产厂家	××防水材料厂
代表数量	5t	来样日期 ××年××月××日	试验日期	××年××月××日
试验结果	一、延伸性(mm)	/		
	二、拉伸强度(MPa)	2.77		
	三、断裂伸长率(%)	556		
	四、粘结性(MPa)	/		
	五、耐热度	温度(℃) /	评定	/
	六、不透水性	合格		
	七、柔韧性(低温)	温度(℃) —40	评定	合格
	八、固体含量(%)	/		
	九、其他	/		

结论：
依据《聚氨酯防水涂料》(GB/T 19250—2013)标准，所检项目符合Ⅱ类聚氨酯防水涂料(单组分)的要求。

（××工程检测试验有限公司 试验专用章）

批 准	×××	审 核	×××	试 验	×××
试验单位	××工程检测试验有限公司				
报告日期	××年××月××日				

本表由检测机构提供。

"防水涂料试验报告"填写说明与依据

一、表格解析

1. 责任部门
试验报告由试验单位提供,项目试验员收集,项目资料员汇总整理。

2. 提交时限
质量证明文件随物资进场提交,复试报告在正式使用前提交,复试时间为7d左右。

二、填写依据

1. 规范名称
(1)《溶剂型橡胶沥青防水涂料》(JC/T 852—1999);
(2)《水乳型沥青防水涂料》(JC/T 408—2005);
(3)《聚氨酯防水涂料》(GB/T 19250—2013);
(4)《聚合物乳液建筑防水涂料》(JC/T 864—2008);
(5)《聚合物水泥防水涂料》(GB/T 23445—2009)。

2. 进场复验项目、组批原则及取样
(1)溶剂型橡胶沥青防水涂料、水乳型沥青防水涂料
1)进场复验项目:固体含量、不透水性、低温柔度、耐热度、延伸率。
2)组批原则及取样规定:
①同一生产厂每5t产品为一验收批,不足5t也按一批计。
②随机抽取,抽样数应不低于$(n/2)^{1/2}$(n是产品的桶数)。
③从已检的桶内不同部位,取相同量的样品,混合均匀后取两份样品,分别装入样品容器中,样品容器应留有约5%的空隙,盖严,并将样品容器外部擦干净立即做好标志。一份试验用,一份备用。

(2)聚氨酯防水涂料
1)进场复验项目:固体含量、断裂伸长率、拉伸强度、低温柔性、不透水性。
2)组批原则及取样规定:
①同一生产厂,以甲组分每5t为一验收批,不足5t也按一批计。乙组分按产品重量配比相应增加。
②每一验收批按产品的配比分别取样,甲、乙组分样品总重为2kg。
③搅拌均匀后的样品,分别装入干燥的样品容器中,样品容器内应留有5%的空隙,密封并做好标志。

(3)聚合物乳液建筑防水涂料
1)进场复验项目:断裂延伸率、拉伸强度、低温柔性、不透水性、固体含量。
2)组批原则及取样规定:
①同原料、配方、连续审查的产品,出厂检验以每5t为一验收批,不足5t也按一批计。
②抽样按《色漆、清漆和色漆与清漆用原材料取样》(GB/T 3186—2006)进行。
③取4kg样品用于检验。

(4)聚合物水泥防水涂料
1)进场复验项目:断裂伸长率、拉伸强度、低温柔性、不透水性、抗渗性。
2)组批原则及取样规定:

①以同一类型10t产品为一验收批,不足10t也按一批计。

②产品的液体组分取样按《色漆、清漆和色漆与清漆用原材料取样》(GB/T 3186—2006)的规定进行。

③配套固体组分的抽样按《水泥取样方法》(GB/T 12573—2008)中的袋装水泥的规定进行,两组分共取5kg样品。

3. 技术要求

各材料的技术要求应符合相关材料标准的规定。

3.2.13 《防水卷材试验报告》监理单位审核

防水卷材试验报告

表 C4-13

(2014)量认(京)字(U0375)号

资料编号	01-07-C4-×××
试验编号	2014-0267
委托编号	2014-09394

工程名称及部位	××办公楼工程 地下一层外墙、顶板	试件编号	办-002
委托单位	××建设集团有限公司××项目部	试验委托人	×××
种类、等级、牌号	弹性体改性沥青防水卷材(聚酯胎) Ⅰ型 3mm ××牌	生产厂	××防水材料有限责任公司
代表数量	1000卷	来样日期 ××年××月××日	试验日期 ××年××月××日

试验结果	一、拉力试验	1.拉力(N)	纵	577	横	522
		2.拉伸强度(MPa)	纵	/	横	/
	二、断裂伸长率(延伸率)(%)		纵	39	横	40
	三、耐热度	温度(℃)	90	评定	合格	
	四、不透水性	合格				
	五、柔韧性(低温柔性、低温弯折性)	温度(℃)	-15	评定	合格	
	六、其他	/				

结论：
依据《弹性体改性沥青防水卷材》(GB 18242-2008)标准，符合弹性体改性沥青防水卷材(聚酯胎)Ⅰ型要求。

批 准	×××	审 核	×××		×××
试验单位	××工程检测试验有限公司				
报告日期	××年××月××日				

本表由检测机构提供。

"防水卷材试验报告"填写说明与依据

一、表格解析

1. 责任部门

试验报告由试验单位提供,项目试验员收集,项目资料员汇总整理。

2. 提交时限

质量证明文件随物资进场提交,试验报告在正式使用前提交,复试时间为7d左右。

二、填写依据

1. 规范名称

(1)《铝箔面石油沥青防水卷材》(JC/T 504—2007);
(2)《改性沥青聚乙烯胎防水卷材》(GB 18967—2009);
(3)《弹性体改性沥青防水卷材》(GB 18242—2008);
(4)《塑性体改性沥青防水卷材》(GB 18243—2008);
(5)《自粘聚合物改性沥青防水卷材》(GB 23441—2009);
(6)《高分子防水材料 第1部分:片材》(GB 18173.1—2012);
(7)《聚氯乙烯(PVC)防水卷材》(GB 12952—2011);
(8)《氯化聚乙烯防水卷材》(GB 12953—2003);
(9)《氯化聚乙烯—橡胶共混防水卷材》(JC/T 684—1997);
(10)《玻纤胎沥青瓦》(GB/T 20474—2006)。

2. 进场复验项目、组批原则及取样

(1)铝箔面石油沥青防水卷材

1)进场复验项目:

纵向拉力、耐热度、柔度、不透水性。

2)组批原则及取样:

①以同一生产厂的同一品种、同一等级的产品,大于1000卷抽5卷,500～1000卷抽4卷,100～499卷抽3卷,100卷以下抽2卷,进行规格尺寸和外观质量检验。在外观质量检验合格的卷材中,任取一卷作物理性能检验。

②将试样卷材切除距外层卷头2500mm顺纵向截取600mm的2块全幅卷材送检。

(2)改性沥青聚乙烯胎防水卷材、弹性体改性沥青防水卷材、塑性体改性沥青防水卷材、自粘聚合物改性沥青防水卷材

1)进场复验项目:

拉力、最大拉力时延伸率(或断裂延伸率)、不透水性、低温柔度(或柔度)、耐热度。

2)组批原则及取样规定:

①以同一类型、同一规格10000m^2的产品为一批,不足10000m^2按一批计。

②在每批产品中随机抽取5卷进行单位面积质量、面积、厚度及外观检查。

③从单位面积质量、面积、厚度及外观检查合格的卷材中任取一卷进行材料性能检验。将试样卷材切除距外层卷头2500mm后,取1m长的卷材进行材料性能检验。

(3)高分子防水片材、聚氯乙烯(PVC)防水卷材、氯化聚乙烯防水卷材、氯化聚乙烯—橡胶共混防水卷材

1)进场复验项目:

断裂拉伸强度、扯断伸长率、不透水性、低温弯折性。

2）组批原则及取样规定：

①以同一生产厂的同一品种、同一等级的产品，大于 1000 卷抽 5 卷，500～1000 卷抽 4 卷，100～499 卷抽 3 卷，100 卷以下抽 2 卷，进行规格尺寸和外观质量检验。在外观质量检验合格的卷材中，任取一卷作物理性能检验。

②将试样卷材切除距外层卷头 300mm 后顺纵向切取 1500mm 的全幅卷材 2 块，一块作物理性能检验用，另一块备用。

(4) 玻纤胎沥青瓦

1）进场复验项目：

可溶物含量、拉力、耐热度、柔度。

2）组批原则及取样规定：

①以同一生产厂、同一等级的产品，每 20000m² 为一验收批，不足 20000m² 也按一批计。

②从外观、重量、规格、尺寸、允许偏差合格的油毡中，任取 4 片试件进行物理性能试验。

3. 技术要求

仅以弹性体改性沥青防水卷材和塑性体改性沥青防水卷材为例，其他卷材请参见相关材料标准的规定。

(1) 弹性体改性沥青防水卷材材料性能见表 3-24。

表 3-24 弹性体改性沥青防水卷材材料性能

序号	项 目		指　标				
			I		II		
			PY	G	PY	G	PYG
1	可溶物含量(g/m³) ≥	3mm	2100				
		4mm	2900				
		5mm	3500				
		试验现象	—	胎基不燃	—	胎基不燃	
2	耐热性	℃	90		105		
		≤mm	2				
		试验现象	无流淌、滴落				
3	低温柔性(℃)		−20		−25		
			无裂缝				
4	不透水性 30min		0.3MPa	0.2MPa	0.3MPa		
5	拉力	最大峰拉力(N/50mm) ≥	500	350	800	500	900
		次高峰拉力(N/50mm) ≥	—	—	—	—	800
		试验现象	拉伸过程中，试件中部无沥青涂盖层开裂或与胎基分离现象				
6	延伸率	最大峰时延伸率(%) ≥	30	—	40	—	—
		第二峰时延伸率(%) ≥	—	—	—	—	15

续表

序号	项目		指标				
			I		II		
			PY	G	PY	G	PYG
7	浸水后质量增加(%) ≤	PE、S	1.0				
		M	2.0				
8	热老化	拉力保持率(%) ≥	90				
		延伸率保持率(%) ≥	80				
		低温柔性(℃)	−15		−20		
			无裂缝				
		尺寸变化率(%) ≤	0.7	—	0.7	—	0.8
		质量损失(%) ≤	1.0				
9	渗油性	张数 ≤	2				
10	接缝剥离强度(N/mm) ≥		1.5				
11	钉杆撕裂强度[a](N) ≥		—				300
12	矿物粒料黏附性[b](g) ≤		2.0				
13	卷材下表面沥青涂盖层厚度[c](mm) ≥		1.0				
14	人工气候加速老化	外观	无滑动、流淌、滴落				
		拉力保持率(%) ≥	80				
		低温柔性(℃)	−15		−20		
			无裂缝				

a 仅适用于单层机械固定施工方式卷材;
b 仅适用于矿物粒料表面的卷材;
c 仅适用于热熔施工的卷材。

(2)塑性体改性沥青防水卷材材料性能见表 3-25。

表 3-25 塑性体改性沥青防水卷材材料性能

序号	项目		指标				
			I		II		
			PY	G	PY	G	PYG
1	可溶物含量(g/m²) ≥	3mm	2100				—
		4mm	2900				—
		5mm	3500				
		试验现象	—	胎基不燃	—		胎基不燃
2	耐热性	℃	110		130		
		≤mm	2				
		试验现象	无流淌、滴落				

续表

序号	项目		指标				
			I		II		
			PY	G	PY	G	PYG
3	低温柔性(℃)		−7		−15		
			无裂缝				
4	不透水性 30min		0.3MPa	0.2MPa	0.3MPa		
5	拉力	最大峰拉力(N/50mm) ≥	500	350	800	500	900
		次高峰拉力(N/50mm) ≥	—	—	—	—	800
		试验现象	拉伸过程中,试件中部无沥青涂盖层开裂或与胎基分离现象				
6	延伸率	最大峰时延伸率(%) ≥	25		40		—
		第二峰时延伸率(%) ≥	—		—		15
7	浸水后质量增加(%) ≤	PE、S	1.0				
		M	2.0				
8	热老化	拉力保持率(%) ≥	90				
		延伸率保持率(%) ≥	80				
		低温柔性(℃)	−2		−10		
			无裂缝				
		尺寸变化率(%) ≤	0.7	—	0.7	—	0.8
		质量损失(%) ≤	1.0				
9	接缝剥离强度(N/mm) ≥		1.0				
10	钉杆撕裂强度[a](N) ≥		—				300
11	矿物粒料黏附性[b](g) ≤		2.0				
12	卷材下表面沥青涂盖层厚度[c](mm) ≥		1.0				
13	人工气候加速老化	外观	无滑动、流淌、滴落				
		拉力保持率(%) ≥	80				
		低温柔性(℃)	−2		−10		
			无裂缝				

a 仅适用于单层机械固定施工方式卷材;
b 仅适用于矿物粒料表面的卷材;
c 仅适用于热熔施工的卷材。

3.2.14 《砖(砌块)试验报告》监理单位审核

砖(砌块)试验报告
表 C4-14

(2014)量认(京)字(U0375)号

资料编号	02-02-C4-×××
试验编号	QZ14-0040
委托编号	2014-08393

工程名称	××办公楼工程 地下砌体结构	试样编号	砌块-001
委托单位	××建设集团有限公司××项目部	试验委托人	×××
种 类	轻集料混凝土小型空心砌块 390×140×190mm	生产厂	××建材有限公司
强度等级	MU2.5	密度等级	800	代表数量	1万块
试件处理日期	××年××月××日	来样日期	××年××月××日	试验日期	××年××月××日

<table>
<tr><td rowspan="11">试验结果</td><td colspan="5">烧结普通砖</td></tr>
<tr><td rowspan="2">抗压强度平均值 f
(MPa)</td><td colspan="2">变异系数 $\delta \leqslant 0.21$</td><td colspan="2">变异系数 $\delta > 0.21$</td></tr>
<tr><td colspan="2">强度标准值 f_k
(MPa)</td><td colspan="2">单块最小强度值 f_k
(MPa)</td></tr>
<tr><td></td><td colspan="2"></td><td colspan="2"></td></tr>
<tr><td colspan="5">轻集料混凝土小型空心砌块</td></tr>
<tr><td colspan="3">砌块抗压强度(MPa)</td><td colspan="2" rowspan="2">砌块干燥表观密度(kg/m³)</td></tr>
<tr><td colspan="2">平均值</td><td>最小值</td></tr>
<tr><td colspan="2">2.9</td><td>2.7</td><td colspan="2">/</td></tr>
<tr><td colspan="5">其他种类</td></tr>
<tr><td colspan="3">抗压强度(MPa)</td><td colspan="2">抗折强度(MPa)</td></tr>
<tr><td rowspan="2">平均值</td><td rowspan="2">最小值</td><td>大面</td><td>条面</td><td rowspan="2">平均值</td><td rowspan="2">最小值</td></tr>
</table>

平均值	最小值	平均值	最小值

结论：
依据《轻集料混凝土小型空心砌块》(GB/T 15229-2011)标准，符合 MU2.5 级轻集料混凝土小型空心砌块要求。

批 准	×××	审 核	×××	试 验	×××
试验单位	××工程检测试验有限公司				
报告日期	××年××月××日				

（盖章：××工程检测试验有限公司 试验专用章）

本表由检测机构提供。

"砖(砌块)试验报告"填写说明与依据

砖、砌块进入施工现场应进行外观、尺寸检查验收,验收合格用于承重结构或出厂检验项目不齐全的砖、砌块应做取样复试,有复试报告。用于承重墙的砖和混凝土小型砌块应100%实行见证取样和送检。

一、表格解析

1. 责任部门

供应单位必须提供出厂合格证、物理化学性能和有害物含量检测报告。出厂合格证、检测报告应由施工单位的项目材料员负责收集,项目资料员汇总整理;试验报告由试验单位提供,项目试验员负责收集,项目资料员汇总整理。

2. 提交时限

质量证明文件应随物资进场提交,试验报告应在正式使用前提交,复试时间为7d左右。

二、填写依据

1. 规范名称

(1)《烧结普通砖》(GB 5101—2003);

(2)《烧结多孔砖和多孔砌块》(GB 13544—2011);

(3)《烧结空心砖和空心砌块》(GB 13545—2003);

(4)《非烧结垃圾尾矿砖》(JC/T 422—2007);

(5)《粉煤灰砖》(JC 239—2001);

(6)《粉煤灰砌块》[JC 238—1991(1996)];

(7)《蒸压灰砂砖》(GB 11945—1999);

(8)《蒸压灰砂多孔砖》(JC/T 637—2009);

(9)《普通混凝土小型空心砌块》(GB 8239—1997);

(10)《轻集料混凝土小型空心砌块》(GB/T 15229—2011);

(11)《蒸压加气混凝土砌块》(GB 11968—2006)。

2. 进场复验项目、组批原则及取样

(1)烧结普通砖、烧结空心砖(空心砌块)

1)进场复验项目:抗压强度。

2)组批原则及取样规定:

①3.5~15万块为一验收批,不足3.5万块也按一批计。

②每批从尺寸偏差和外观质量检验合格的砖中,随机抽取抗压强度试验试样一组(10块)。

(2)烧结多孔砖、非烧结垃圾尾矿砖

1)进场复验项目:抗压强度、抗折强度(烧结多孔砖可不检测此项目)。

2)组批原则及取样规定:

①每5万块为一验收批,不足5万块也按一批计。

②每批从尺寸偏差和外观质量检验合格的砖中,随机抽取强度试验试样一组(10块)。

(3)粉煤灰砖、蒸压灰砂砖

1)进场复验项目:抗压强度、抗折强度。

2)组批原则及取样规定:

①每 10 万块为一验收批,不足 10 万块也按一批计。

②每一验收批随机抽取试样一组 10 块(粉煤灰砖取 20 块)。

(4)粉煤灰砌块

1)进场复验项目:抗压强度。

2)组批原则及取样规定:

①每 200m³ 为一验收批,不足 200m³ 也按一批计。

②每批从尺寸偏差和外观质量检验合格的砌块中,随机抽取试样一组(3 块),将其切割成边长 200mm 的立方体试件进行抗压强度试验。

(5)蒸压灰砂多孔砖

1)进场复验项目:抗压强度、抗冻性。

2)组批原则及取样规定:

①每 10 万块砖为一验收批,不足 10 万块也按一批计。

②从外观合格的砖样中,用随机抽取法抽取 2 组 10 块(NF 砖为 2 组 20 块)进行抗压强度试验和抗冻性试验。

(6)普通混凝土空心砌块、轻集料混凝土小型空心砌块

1)进场复验项目:抗压强度。

2)组批原则及取样规定:

①每 1 万块为一验收批,不足 1 万块也按一批计。

②每批从尺寸偏差和外观质量检验合格的砌块中,随机抽取抗压强度试验试样一组(5 块)。

(7)蒸压加气混凝土砌块

1)进场复验项目:立方体抗压强度、干密度。

2)组批原则及取样规定:

①同品种、同规格、同等级的砌块,以 1 万块为一验收批,不足 1 万块也按一批计。

②从尺寸偏差与外观检验合格的砌块中,随机抽取砌块,制作 3 组试件进行立方体抗压强度试验,制作 3 组试件做干密度检验。

3. 技术要求

各种砖(砌块)的技术要求应符合相关材料标准的规定。

3.2.15 《轻集料试验报告》监理单位审核

单位编号:00423

	轻集料试验报告 表 C4-15 (2014)量认(京)字(U0375)号			资料编号	04-01-C4-001
				试验编号	QJL14-0017
				委托编号	2014-14325
工程名称	××办公楼工程 十层平屋面			试样编号	陶粒-001
委托单位	××建设集团有限公司××项目部			试验委托人	×××
种 类	黏土陶粒	密度等级	400	产 地	××陶粒厂
代表数量	200m³	来样日期	××年××月××日	试验日期	××年××月××日
试验结果	一、筛分析	1.细度模数(细集料)		/	
		2.最大粒径(粗集料)(mm)		16.0	
		3.级配情况		□连续粒径 ☑单粒径	
	二、表观密度(kg/m³)			640	
	三、堆积密度(kg/m³)			360	
	四、筒压强度(MPa)			1.2	
	五、吸水率(1h)(%)			10.4	
	六、粒型系数			/	
	七、其他				
结论: 　　上述结果符合要求(粗集料)。级配符合10～16单粒径。					
批 准	×××	审 核	×××		×××
试验单位	××工程检测试验有限公司				
报告日期	××年××月××日				

本表由检测机构提供。

"轻集料试验报告"填写说明与依据

一、表格解析

1. 责任部门

试验单位。

2. 提交时限

正式使用前提交,复试时间7d左右。

二、填写依据

1. 规范名称

《轻集料及其试验方法 第1部分:轻集料》(GB/T 17431.1—2010)。

2. 进场复验项目、组批原则及取样

(1)轻粗集料

1)进场复验项目:筛分析、堆积密度、吸水率、筒压强度、粒型系数。

2)组批原则及取样规定:

①以同一品种、同一密度等级每200m³为一验收批,不足200m³也按一批计。

②试样可以从料堆自上到下不同部位、不同方向任选10点(袋装料应从10袋中抽取)应避免取离析的及面层的材料。

③初次抽取的试样量应不少于10份,其总料应多于试验用料量的1倍。拌合均匀后,按四分法缩分到试验所需的用料量;轻粗集料为50L,轻细集料为10L。

(2)轻细集料

1)进场复验项目:筛分析、堆积密度。

2)组批原则及取样规定:

同轻粗集料。

3. 技术要求

(1)颗粒级配

1)各种轻粗集料和轻细集料颗粒级配应符合表3-26的要求,但人造轻粗集料的最大粒径不宜大于19.0mm。

2)轻细集料的细度模数应在2.3～4.0范围内。

表3-26 颗粒级配

轻集料	级配类别	公称粒级(mm)	各号筛的累计筛余(按质量计)(%)											
			方孔筛孔径											
			37.5mm	31.5mm	26.5mm	19.0mm	16.0mm	9.50mm	4.75mm	2.36mm	1.18mm	600μm	300μm	150μm
轻集料	—	0～5	—	—	—	—	—	0	0～10	0～35	20～60	30～80	65～90	75～100
粗集料	连续粒级	5～40	0～10	—	—	40～60	—	50～85	80～100	95～100	—	—	—	—
		5～31.5	0～5	0～10	—	—	40～75	—	90～100	95～100	—	—	—	—
		5～25	0	0～5	0～10	—	—	40～80	90～100	95～100	—	—	—	—
		5～20	—	0	0～5	—	0～10	40～80	90～100	95～100	—	—	—	—
		5～16	—	—	0	0～5	0～10	20～60	85～100	95～100	—	—	—	—
		5～10	—	—	—	—	0	0～15	80～100	95～100	—	—	—	—
	单粒级	10～16	—	—	—	0	0～15	85～100	90～100	—	—	—	—	—

3)各种粗细混合轻集料,宜满足下列要求：

①2.36mm 筛上累计筛余为(60±2)%；

②筛除 2.36mm 以下颗粒后,2.36mm 筛上的颗粒级配满足表 3-26 中公称粒级 5～10mm 的颗粒级配的要求。

(2)密度等级

轻集料密度等级按堆积密度划分,并应符合表 3-27 的要求。

表 3-27 密度等级

轻集种类	密 度 等 级		堆积密度范围 (kg/m³)
	轻粗集料	轻细集料	
人造轻集料 天然轻集料 工业废渣轻集料	200	—	>100,≤200
	300	—	>200,≤300
	400	—	>300,≤400
	500	500	>400,≤500
	600	600	>500,≤600
	700	700	>600,≤700
	800	800	>700,≤800
	900	900	>800,≤900
	1000	1000	>900,≤1000
	1100	1100	>1000,≤1100
	1200	1200	>1100,≤1200

(3)轻粗集料的筒压强度与强度标号

1)不同密度等级的轻粗集料的筒压强度不低于表 3-28 的规定。

表 3-28 轻粗集料的筒压强度

轻粗集料种类	密度等级	筒压密度(MPa)
人造轻集料	200	0.2
	300	0.5
	400	1.0
	500	1.5
	600	2.0
	700	3.0
	800	4.0
	900	5.0
天然轻集料	600	0.8
	700	1.0
	800	1.2
	900	1.5
	1000	1.5
工业废渣轻集料中的自然煤矸石	900	3.0
	1000	3.5
	1100～1200	4.0

2)不同密度等级高强轻粗集料的筒压强度和强度标号应不低于表 3-29 的规定。

表 3-29 高强轻粗集料的筒压强度与强度标号

轻粗集料种类	密度等级	筒压强度(MPa)	强度标号
人造轻集料	600	4.0	25
	700	5.0	30
	800	6.0	35
	900	6.5	40

(4)吸水率与软化系数

1)不同密度等级粗集料的吸水率应不大于表 3-30 的规定。

表 3-30 轻粗集料的吸水率

轻粗集料种类	密度等级	1h 吸水率(%)
人造轻集料 工业废渣轻集料	200	30
	300	25
	400	20
	500	15
	600~1200	10
人造轻集料中的粉煤灰陶粒[a]	600~900	20
天然轻集料	600~1200	—

[a] 系指采用烧焙工艺生产的粉煤灰陶粒。

2)人造轻粗集料和工业废料轻粗集料的软化系数应不小于 0.8;天然轻粗集料的软化系数应不小于 0.7。

3)轻细集料的吸水率和软化系数不作规定,报告实测试样结果。

(5)轻粗集料的粒型系数

不同粒型轻粗集料的粒型系数应符合表 3-31 的规定。

表 3-31 轻粗集料的粒型系数

轻粗集料种类	平均粒型系数
人造轻集料	≤2.0
天然轻集料 工业废渣轻集料	不作规定

(6)有害物质规定

轻集料中有害物质应符合表 3-32 的规定。

表 3-32 有害物质规定

项目名称	技术指标
含泥量(%)	≤3.0
	结构混凝土用轻集料≤2.0
泥块含量(%)	≤1.0
	结构混凝土用轻集料≤0.5
煮沸质量损失(%)	≤5.0
烧失量(%)	≤5.0
	天然轻集料不作规定,用于无筋混凝土的煤渣允许≤18
硫化物料硫酸盐含量(按 SO_3 计)(%)	≤1.0
	用于无筋混凝土的自然煤矸石允许含量≤1.5
有机物含量	不深于标准色;如深于标准色,按 GB/T 17431.2—2010 中 18.6.3 中的规定操作,且试验结果不低于 95%
氯化物(以氯离子含量计)含量(%)	≤0.02
放射性	符合 GB 6566 的规定

3.2.16 《材料试验报告(通用)》监理单位审核

材料试验报告(通用) 表 C4-16 (2014)量认(京)字(U0375)号		资料编号	01—07—C4—003
		试验编号	CL14—0013
		委托编号	2014—07671
工程名称及使用部位	××办公楼工程 基础结构与车库坡道间沉降缝	试样编号	办—003
委托单位	××建设集团有限公司××项目部	试验委托人	×××
材料名称及规格	BW 止水条 PN—220	产地、厂别	北京××止水材料有限公司
代表数量	100m	来样日期	××年××月××日	试验日期	××年××月××日

要求试验项目及说明：

1. 体积膨胀倍率(采用试验方法Ⅰ)　　标准指标：≥220%
2. 高温流淌性(80℃,5h)　　　　　　　标准指标：无流淌
3. 低温试验(-20℃,2h)　　　　　　　标准指标：无脆裂

试验结果：

1. 体积膨胀倍率(采用试验方法Ⅰ)　　检测结果：331%
2. 高温流淌性(80℃,5h)　　　　　　　检测结果：无流淌
3. 低温试验(-20℃,2h)　　　　　　　检测结果：无脆裂

结论：
依据 GB 18173.3—2002 标准,符合 PN—220 BW 止水条指标要求。

批　准	×××	审　核	×××	试　验	×××
试验单位	××工程检测试验有限公司				
报告日期	××年××月××日				

本表由检测机构提供。

3.2.17 《材料、构配件进场检验记录》监理单位审核

材料、构配件进场检验记录 表 C4-17						资料编号	02—01—C4—×××
工程名称			××综合楼工程			检验日期	××年××月××日
序号	名称	规格型号	进场数量	生产厂家 质量证明书编号	外观检验项目 检验结果	试件编号 复验结果	备注
1	热轧带肋钢筋	HRB 335 14	9.438t	××钢铁有限公司 8—3221	裂纹、油污、锈蚀、质量证明文件 合格	钢筋007 合格	
2	热轧带肋钢筋	HRB 335 18	12.88t	××钢铁有限公司 4841472	裂纹、油污、锈蚀、质量证明文件 合格	钢筋008 合格	
3	热轧带肋钢筋	HRB 335 25	15.544t	××钢铁有限公司 4220789	裂纹、油污、锈蚀、质量证明文件 合格	钢筋009 合格	
4	热轧带肋钢筋	HRB 335 28	15.649t	××钢铁有限公司 12—323	裂纹、油污、锈蚀、质量证明文件 合格	钢筋010 合格	
检验结论: 以上钢筋材质、规格型号、数量经复检均符合设计及规范要求,外观质量检查合格,质量证明文件齐全、有效,钢筋进场复验合格。							
签字栏	施工单位	××建设集团有限公司		专业质检员 ×××	专业工长 ×××	检验员 ×××	
	监理(建设)单位	××工程建设监理有限公司			专业工程师	×××	

本表由施工单位填写。

3.3 施工记录资料

3.3.1 《隐蔽工程验收记录》监理单位审核

隐蔽工程验收记录 表 C5-1		资料编号	01－03－C5－×××
工程名称	××工程		
隐检项目	土钉成孔	隐检日期	××年××月××日
隐检部位	①/Ⓐ～Ⓗ轴　①～⑦/Ⓐ轴　第一步土钉,标高－0.70～－2.20m		

隐检依据:施工图图号　　　基坑挖槽平面图－结0及土钉墙施工方案　　　,
设计变更/洽商(编号　　　/　　　)及有关国家现行标准等。
主要材料名称及规格/型号:　　　止水钢板　$\sigma=3mm$　　　

隐检内容:
1.H—H 剖面(①/Ⓐ～Ⓗ轴线)开挖深度到－2.70m,成孔标高－2.20m;土钉成孔水平间距 1.4m,孔距偏差均在±100mm 以内;土钉成孔深度为 7m,偏差均在±50mm 以内;成孔直径为 110mm,偏差均在±5mm以内;成孔倾角为 8°,成孔倾角偏差均在±5%以内。

2.A—A 剖面(①～⑦/Ⓐ轴线)开挖深度到－2.60m,成孔标高－2.10m;土钉成孔水平间距 1.4m,孔距偏差均在±100mm 以内;土钉成孔深度为 6m,偏差均在±50mm 以内;成孔直径为 110mm,偏差均在±5mm以内;成孔倾角为 8°,成孔倾角偏差均在±5%以内。

影像资料的部位、数量:××

申报人:×××

检查意见:
　　经检查,现场情况与隐检内容相符,符合规定,满足设计要求,检查通过,允许进入下一道工序施工。
检查结论:　☑同意隐蔽　　□不同意,修改后进行复查

复查结论:
复查人:×××　　　　　　　复查日期:××年××月××日

签字栏	施工单位	××地基基础工程公司	专业技术负责人	专业质检员	专业工长
			×××	×××	×××
	监理(建设)单位	××工程建设监理有限公司	专业工程师		×××

本表由施工单位填写,并附影像资料。

隐蔽工程验收记录
表 C5-1

资料编号	01－03－C5－×××

工程名称	××工程
隐检项目	喷射混凝土面层	隐检日期	××年××月××日
隐检部位	①/Ⓐ～Ⓗ轴　①～⑦/Ⓐ轴第一步土钉墙喷射混凝土面层,标高－0.70～－2.20m

隐检依据:施工图图号　__基坑挖槽平面图及土钉墙施工方案__ ,设计变更/洽商(编号 __／__
____)及有关国家现行标准等。
主要材料名称及规格/型号：__普通硅酸盐水泥 P·O 32.5、砂、碎石__

隐检内容：
　　1. H—H剖面(①/Ⓐ～Ⓗ轴线)土钉墙坡面平整度偏差均在±20mm以内,坡面虚土全部清除干净；喷射混凝土厚度控制标志埋设完毕；喷射混凝土强度等级为C20(水泥∶砂∶石配比1∶2∶2),喷射厚度为100mm；土钉墙墙面坡度1∶0.1。
　　2. A—A剖面(①～⑦/Ⓐ轴线)土钉墙坡面平整度偏差均在±20mm以内,坡面虚土全部清除干净；喷射混凝土厚度控制标志埋设完毕；喷射混凝土强度等级为C20(水泥∶砂∶石配比1∶2∶2),喷射厚度为100mm；土钉墙墙面坡度1∶0.1。

影像资料的部位、数量：××

申报人：×××

检查意见：
　　经检查,现场情况与隐检内容相符,符合规范规定并满足设计要求,检查通过,允许进入下一道工序施工。

检查结论：　☑同意隐蔽　　□不同意,修改后进行复查

复查结论：

复查人：×××　　　　　　　　　　复查日期：××年××月××日

签字栏	施工单位	××地基基础工程公司	专业技术负责人	专业质检员	专业工长
			×××	×××	×××
	监理(建设)单位	××工程建设监理有限公司	专业工程师	×××	

本表由施工单位填写,并附影像资料。

隐蔽工程验收记录
表 C5-1

资料编号	01-07-C5-×××

工程名称	××办公楼工程		
隐检项目	第一层卷材防水	隐检日期	××年××月××日
隐检部位	基础底板Ⅰ段 ①~⑧/Ⓑ~Ⓗ 轴线　-8.750~-6.200m 标高		

隐检依据：施工图图号_____结施-1、结施-3_____，设计变更/洽商（编号_____/_____）及有关国家现行标准等。

主要材料名称及规格/型号：_____弹性体改性沥青防水卷材(聚酯胎)Ⅰ型　3mm　××牌_____

隐检内容：

基础底板Ⅰ段①~⑧/Ⓑ~Ⓗ轴卷材防水第一层做法及搭接密封处理：

1. 防水卷材有出厂合格证、检测报告、产品性能和使用说明书、复试报告(试验编号：××)，合格。所选用的胶粘剂、密封材料等配套材料，与铺贴的卷材材性相容。
2. 采用热熔法铺贴卷材，卷材铺贴方向从西向东。
3. 在阴角、阳角处做卷材附加层，长度500mm(平面与立面各250mm)，在距离⑦轴以东2000mm处后浇带(800mm宽)增加长度为2800mm卷材防水层、两边各1000mm。
4. 卷材搭接长度：两幅卷材长、短边搭接长度100mm，相邻幅卷材接缝错开距离≥1500mm，在立面与平面的转角处，卷材的接缝留在平面上，距立面不小于600mm。
5. 防水收头：防水卷材与永久性保护墙之间采用空铺法施工，卷材铺好后，顶部临时固定留出卷材接茬的搭接长度(500mm)。

影像资料的部位、数量：××　　　　　　　　　　　　　　　　　　申报人：×××

检查意见：

经检查：防水卷材规格、厚度符合设计要求；卷材第一层铺设方式、搭接密封处理等符合施工质量验收规范规定，铺贴后的卷材平整顺直，搭接尺寸正确，无扭曲、空鼓、皱折损伤。

检查结论：　　☑同意隐蔽　　　　□不同意，修改后进行复查

复查结论：

复查人：×××　　　　　　　复查日期：××年××月××日

签字栏	施工单位	××建设集团有限公司	专业技术负责人	专业质检员	专业工长
			×××	×××	×××
	监理(建设)单位	××工程建设监理有限公司	专业工程师	×××	

本表由施工单位填写，并附影像资料。

隐蔽工程验收记录

表 C5-1

资料编号	01－07－C5－×××

工程名称	××办公楼工程		
隐检项目	施工缝	隐检日期	××年××月××日
隐检部位	地下一层Ⅰ段 ⑰~③/Ⓑ~Ⓗ轴线 外墙及顶板		

隐检依据：施工图图号 _____结施－4、结施－7_____，
设计变更/洽商（编号 ___/___）及有关国家现行标准等。
主要材料名称及规格/型号：_____50mm×100mm 木方、BW 止水条_____

隐检内容：
1. 外墙与顶板交接处水平施工缝留置在板底 50mm 处，设置时采用预埋 50mm×100mm 木方扁放，留置凹槽，后钉 BW 止水条，竖向施工缝留置在××轴处，用钢板网拦住后再用木方挤紧，木方做成齿口卡住钢筋。
2. 施工缝的处理：水平施工缝剔掉混凝土软弱层，使其显露石子，并清理干净。

影像资料的部位、数量：××

申报人：×××

检查意见：
经检查，施工缝的留置方法、位置以及接槎的处理均符合要求。

检查结论： ☑同意隐蔽 □不同意，修改后进行复查

复查结论：

复查人：××× 复查日期：××年××月××日

签字栏	施工单位	××建设集团有限公司	专业技术负责人	专业质检员	专业工长
			×××	×××	×××
	监理(建设)单位	××工程建设监理有限公司	专业工程师	×××	

本表由施工单位填写，并附影像资料。

隐蔽工程验收记录
表 C5-1

| 资料编号 | 03－02－C5－××× |

工程名称	××办公楼工程
隐检项目	抹灰工程	隐检日期	××年××月××日
隐检部位	二层墙体抹灰 ①～⑬/Ⓐ～Ⓖ 轴线 3.600～6.650m 标高

隐检依据:施工图图号___建施－1、建施－6___,设计变更/洽商(编号___/___)及有关国家现行标准等。

主要材料名称及规格/型号:___水泥砂浆、钢板网___

隐检内容:
1. P·O 42.5 普通水泥、中砂质量证明文件齐全,水泥复试报告编号为 2010－××,其品种、强度等级均符合要求。
2. 当底灰抹平后,立即把暖气、电气设备的箱、槽、孔洞口周边修抹平齐、方正、光滑,抹灰时比墙面底灰高出一个罩面灰的厚度。
3. 在①轴与Ⓐ～Ⓑ轴间墙面抹灰厚度为 40mm,中间加一道钢丝网加强。
4. 混凝土墙体和陶粒砌块墙体交接处附加加强钢板网,钢板网与两边墙体搭接长度为 150mm。

影像资料的部位、数量: ××

申报人:×××

检查意见:
经检查,抹灰基层清理干净,易产生裂缝处有加强措施,以上项目符合施工质量验收规范及设计要求,同意进行下道工序。

检查结论: ☑同意隐蔽　　□不同意,修改后进行复查

复查结论:

复查人: ×××　　　　　　**复查日期:** ××年××月××日

签字栏	施工单位	××建设集团有限公司	专业技术负责人	专业质检员	专业工长
			×××	×××	×××
	监理(建设)单位	××工程建设监理有限公司	专业工程师		×××

本表由施工单位填写,并附影像资料。

隐蔽工程验收记录
表 C5-1

资料编号	03－01－C5－×××

工程名称	××办公楼工程		
隐检项目	地面工程(防水隔离层)	隐检日期	××年××月××日
隐检部位	三层卫生间、开水间、空调机房楼面防水隔离层		

隐检依据:施工图图号　　　　　　建施－1、建施－7　　　　　　,设计变更/洽商(编号＿＿
＿／＿)及有关国家现行标准等。
主要材料名称及规格/型号:　　　单组分聚氨酯防水涂料　Ⅱ类　　　

隐检内容:
1. 单组分聚氨酯防水涂料有出厂合格证、检测报告、使用说明书、进场复试报告,合格。
2. 涂膜防水层施工前,基层干燥,含水率小于9%。
3. 涂刷底胶,涂刷量为0.3kg/m²,涂刷后干燥3h以上。
4. 细部附加层处理。对管根、阴阳角等细部节点处,做一布二油防水附加层。其宽度和上返高度大于300mm。
5. 涂膜防水层施工分三道涂层铺设,其施工方法、铺设厚度、间隔时间等均符合要求。

影像资料的部位、数量:××

申报人:×××

检查意见:
经检查,符合设计要求和质量验收规范的规定。可进行下道工序施工。

检查结论:　　☑同意隐蔽　　　　□不同意,修改后进行复查

复查结论:

复查人:×××　　　　　复查日期:××年××月××日

签字栏	施工单位	××建设集团有限公司	专业技术负责人	专业质检员	专业工长
			×××	×××	×××
	监理(建设)单位	××工程建设监理有限公司	专业工程师	×××	

本表由施工单位填写,并附影像资料。

隐蔽工程验收记录
表 C5-1

资料编号 03－04－C5－×××

工程名称	××办公楼工程		
隐检项目	铝合金窗安装	隐检日期	××年××月××日
隐检部位	F09～F08层铝合金窗钢副框连接件		

隐检依据：施工图图号　　　　　建施－1、建施－12、建施－13　　　　　　，设计变更/洽商（编号　　/　　）及有关国家现行标准等。

　　主要材料名称及规格/型号：　镀锌钢管：60mm×60mm×4mm、50mm×25mm×3mm；膨胀螺栓：M10×100；镀锌角钢角码：70mm×70mm×6mm；连接角码：50mm×5mm；不锈钢螺栓：M8×110；垫片：50mm×50mm×4mm

隐检内容：

1. 铝合金窗副框采用镀锌钢管焊接而成，镀锌钢管规格为50mm×25mm×3mm、60mm×60mm×4mm。
2. 钢副框与主体结构采用M10×100膨胀螺栓及连接角码进行连接，连接角码为∟70mm×70mm×6mm的镀锌角钢角码，ϕ10膨胀螺栓的拉拔力试验合格（检测报告编号：××），符合设计及施工规范要求。
3. 窗钢副框之间、窗钢副框与角码之间采用焊接连接，焊缝高度为5mm，焊缝长度不小于50mm，符合设计及施工规范要求。焊缝自检合格后表面涂刷防锈漆两遍。
4. 与主体结构连接的连接件、紧固件安装牢固，其数量、规格、位置、连接方法和防腐处理符合设计及施工规范要求。

影像资料的部位、数量：××　　　　　　　　　　　　　　　　　　　申报人：×××

检查意见：

经检查，材料规格、数量等符合设计要求，各项施工工艺、安装等均符合设计与质量验收规范的规定，同意进行下道工序。

检查结论：　　☑同意隐蔽　　　　□不同意，修改后进行复查

复查结论：

复查人：×××　　　　　　　　复查日期：××年××月××日

签字栏	施工单位	××建设集团有限公司	专业技术负责人	专业质检员	专业工长
			×××	×××	×××
	监理（建设）单位	××工程建设监理有限公司	专业工程师	×××	

本表由施工单位填写，并附影像资料。

隐蔽工程验收记录
表 C5-1

资料编号	03－04－C5－×××

工程名称	××办公楼工程		
隐检项目	特种门安装(全玻门)	隐检日期	××年××月××日
隐检部位	F01层　⑤～⑨/Ⓓ轴　全玻门埋件		

隐检依据:施工图图号　　建施－1、建施－5　　,设计变更/洽商(编号　　／　　)及有关国家现行标准等。

主要材料名称及规格/型号:　地弹簧、铝合金门夹、1.5厚不锈钢包边、不锈钢拉手

隐检内容:
1. 门安装所需各种材料的质量、数量、规格符合设计及施工规范要求。
2. 将地弹簧固定在土建地面结构上,固定牢固,地弹簧标高与设计图纸相符。
3. 将铝合金门夹安装在玻璃上,然后通过地弹簧固定在门上,门玻璃对缝均匀,符合设计及施工规范要求。
4. 将1.5厚不锈钢片固定在门夹上,不锈钢拉手通过螺栓固定在地弹簧上下门夹上。
5. 与主体结构连接的连接件、紧固件安装牢固,其数量、规格、位置、连接方法和防腐处理符合设计及施工规范要求。

影像资料的部位、数量:××

申报人:×××

检查意见:
　　经检查,材料规格、数量等符合设计要求,各项施工安装、焊接等均符合有关施工质量验收规范规定,同意进行下一道工序。

检查结论:　☑同意隐蔽　　□不同意,修改后进行复查

复查结论:

复查人:×××　　　　　复查日期:××年××月××日

签字栏	施工单位	××建设集团有限公司	专业技术负责人	专业质检员	专业工长
			×××	×××	×××
	监理(建设)单位	××工程建设监理有限公司	专业工程师		×××

本表由施工单位填写,并附影像资料。

隐蔽工程验收记录
表 C5-1

资料编号　03－05－C5－×××

工程名称	××办公楼工程		
隐检项目	吊顶工程（暗龙骨吊顶安装）	隐检日期	××年××月××日
隐检部位	九层　①～⑬/Ⓓ～Ⓕ轴　室内吊顶暗龙骨		

隐检依据：施工图图号　装施－1，装施－12　，设计变更/洽商（编号　　／　　）及有关国家现行标准等。
主要材料名称及规格/型号：　U38×1.0 主龙骨；U50×0.6 副龙骨；M8 镀锌金属吊杆；M8 内膨胀管

隐检内容：
1. M8 内膨胀管吊点间距 900～1200mm，吊杆与内膨胀管连接坚固，吊杆垂直。
2. M8 镀锌金属吊杆长度符合设计要求。
3. 主龙骨两端头距离墙 150～200mm，间距 900～1200mm，主龙骨的悬臂端不大于 300mm。
4. 副龙骨间距为 400mm，与主龙骨连接牢固。
5. 吊顶起拱高度为短跨度的 1/200。
6. 边龙骨由 12mm×50mm 木方沿吊顶标高在四周固定。木方做防腐处理，采用气钉固定，将 50mm 龙骨背扣固定在木方上。

影像资料的部位、数量：××

申报人：×××

检查意见：
　经检查，材料的规格、材质、安装间距及连接固定方式符合设计要求。龙骨平直稳定，方格尺寸准确，吊杆、龙骨表面已进行处理，符合有关规范规定。同意进行下道工序。

检查结论：　☑同意隐蔽　　　□不同意，修改后进行复查

复查结论：

复查人：×××　　　　　　　　复查日期：××年××月××日

签字栏	施工单位	××建设集团有限公司	专业技术负责人	专业质检员	专业工长
			×××	×××	×××
	监理（建设）单位	××工程建设监理有限公司	专业工程师	×××	

本表由施工单位填写，并附影像资料。

隐蔽工程验收记录
表 C5-1

资料编号	03-06-C5-×××

工程名称	××办公楼工程
隐检项目	轻质隔墙(骨架隔墙龙骨安装)
隐检日期	××年××月××日
隐检部位	六层房间轻质隔墙轻钢龙骨

隐检依据:施工图图号　　　　装施-1、装施-9　　　　,设计变更/洽商(编号　　　／　　　)及有关国家现行标准等。
　主要材料名称规格/型号:　　　膨胀螺栓:M10×100;镀锌角钢:40mm×40mm×4mm、30mm×30mm×4mm;镀锌方钢:60mm×60mm×4mm

隐检内容:
1. 使用 M10×100 的膨胀螺栓将 60mm×60mm×4mm 的竖向镀锌方钢、30mm×30mm×4mm 的竖向镀锌角钢固定在主体结构上,胀栓加设平垫、弹垫紧固牢靠。
2. 竖向镀锌角钢(30mm×30mm×4mm 的镀锌角钢,通常布置)及竖向镀锌方钢(60mm×60mm×4mm 的竖向镀锌方钢,通常布置)与 40mm×40mm×4mm 的水平镀锌角钢及 30mm×30mm×4mm 的水平镀锌角钢 90°对接或搭接连接,40mm×40mm×4mm 的水平镀锌角钢设置在埃特板水平分缝处,30mm×30mm×4mm 的水平镀锌角钢均匀布置在 40mm×40mm×4mm 的水平镀锌角钢之间,间距小于 550mm。龙骨间的连接方式均为焊接。
3. 焊接焊缝长度不小于 50mm,高度为 5mm。焊接后进行清理,完毕后涂刷防锈漆两遍,涂银粉漆进行防腐处理。
4. 膨胀螺栓的拉拔力试验合格(检验报告编号:×××),符合设计及施工规范要求。
5. 各种连接件、紧固件有防松动措施,焊接连接符合设计及焊接规范要求。

影像资料的部位、数量:×× 　　　　　　　　　　　　　　申报人:×××

检查意见:

经检查,材料规格、数量等符合设计要求,各项施工工艺、安装等均符合有关施工质量验收规范规定,可进行下道工序。

检查结论:　　☑同意隐蔽　　　　□不同意,修改后进行复查

复查意见:

复查人:×××　　　　　　　复查日期:××年××月××日

签字栏	施工单位	××建设集团有限公司	专业技术负责人	专业质检员	专业工长
			×××	×××	×××
	监理(建设)单位	××工程建设监理有限公司	专业工程师		×××

本表由施工单位填写,并附影像资料。

隐蔽工程验收记录
表 C5-1

资料编号	03－12－C5－×××

工程名称	××办公楼工程		
隐检项目	细部工程(窗帘盒制作与安装)	隐检日期	××年××月××日
隐检部位	F07～F06层房间窗帘盒埋件		

隐检依据：施工图图号　　　　装施－1、装施－8、装施－9　　　　，设计变更/洽商(编号　　　／　　)及有关国家现行标准等。

主要材料名称规格/型号：　1220mm×2440mm×17mm 细木工板、$\phi 8$ 膨胀螺栓、$\phi 8$ 全丝吊杆、防腐防火涂料　

隐检内容：
窗帘盒制作与安装隐检内容主要为检查埋件及其连接方法：
1. 所用 1220mm×2440mm×17mm 细木工板经复试检测合格，检验报告编号：××。各种材料的质控资料完整。
2. 连接件安装：用 70mm 宽的细木工板条做连接件，用自攻螺丝将其固定在幕墙横向钢结构上。
3. 顶板安装：把窗帘盒 200mm 宽底板用枪钉固定在细木工板连接件上。
4. 侧板连接：在混凝土上打入 $\phi 8$ 膨胀螺栓，通过大吊连接件与 $\phi 8$ 全丝吊杆连接，吊杆间距为 1000mm，在大吊上用 30mm 长木螺丝固定侧板。
5. 侧板与顶板连接：用枪钉将侧板与顶板连接。
6. 五金件做防锈防腐处理，细木工板满涂防腐防火涂料。

影像资料的部位、数量：××

　　　　　　　　　　　　　　　　　　　　　　　　　　　　　　申报人：×××

检查意见：

经检查，所用材料品种、材质、规格符合设计要求，安装牢固，符合设计要求及质量验收规范的规定，同意进行下道工序施工。

检查结论：　☑同意隐蔽　　　□不同意，修改后进行复查

复查意见：

复查人：×××　　　　　　　　复查日期：××年××月××日

签字栏	施工单位	××建设集团有限公司	专业技术负责人	专业质检员	专业工长
			×××	×××	×××
	监理(建设)单位	××工程建设监理有限公司	专业工程师	×××	

本表由施工单位填写，并附影像资料。

隐蔽工程验收记录
表 C5-1

资料编号	04－03－C5－×××

工程名称	××办公楼工程		
隐检项目	卷材防水层	隐检日期	××年××月××日
隐检部位	屋面(十层顶板)⑨～⑬/Ⓐ～Ⓓ轴、①～⑬/Ⓔ～Ⓕ轴		

隐检依据：施工图图号　　　　建施－1、建施－16　　　　，设计变更/洽商(编号　　／　　)
及有关国家现行标准等。
　　主要材料名称及规格/型号：　　弹性体改性沥青防水卷材(聚酯胎)Ⅰ型　3mm　××牌　　

隐检内容：
1. 防水卷材有出厂合格证、检测报告、产品性能和使用说明书、复试报告(试验编号：××)，合格。所选用的胶粘剂、密封材料等配套材料，与铺贴的卷材材性相容。
2. 基层清理干净，阴、阳角及管根部位细部处理，均匀涂刷冷底子油一道。
3. SBS改性沥青卷材两层，基层与一层满粘，一层与二层满粘。
4. 卷材与卷材长边搭接缝宽100mm，短边搭接缝宽150mm，阴、阳角及管根部附加层宽500mm。
5. 上、下两层卷材长向搭接缝错开330～500mm，短边接头相互错开大于500mm。
6. 平面与立面的转角处，卷材的接缝留在平面距转角600mm以外。

影像资料的部位、数量：××

申报人：×××

检查意见：
　　经检查，防水卷材质量证明文件、复试报告齐全，合格；铺贴平整、顺直，搭接尺寸准确，无扭曲、皱折、空鼓；屋面细部的附加层施工符合设计及质量验收规范的规定。

检查结论：　☑同意隐蔽　　　□不同意，修改后进行复查

复查结论：

复查人：×××　　　　　复查日期：××年××月××日

签字栏	施工单位	××建设集团有限公司	专业技术负责人	专业质检员	专业工长
			×××	×××	×××
	监理(建设)单位	××工程建设监理有限公司	专业工程师		×××

本表由施工单位填写，并附影像资料。

隐蔽工程验收记录
表 C5-1

资料编号：03－09－C5－×××

工程名称	××办公楼工程		
隐检项目	玻璃幕墙（立柱、横梁安装）	隐检日期	××年××月××日
隐检部位	F09层 ①～⑬/Ⓕ轴		

隐检依据：施工图图号 ___装施－1、装施－22___ ，设计变更/洽商（编号 ___／___ ）及有关国家现行标准等。

主要材料名称及规格/型号： 120铝合金立柱、隐框铝合金横梁H3393、转换型材H3395、镀锌角钢JG－01、不锈钢螺栓（M12×120、M6×120）、钢插芯JG－02、橡胶垫块、后置埋件MJ－01/02、化学锚栓M12×160、膨胀螺栓M12×100、横梁连接角码

隐检内容：

1. 后置埋件（MJ01、MJ02）使用M12×160的化学锚栓及M12×100的膨胀螺栓固定在主体结构上，化学锚栓与膨胀螺栓对角布置。

2. 连接件与后置埋件连接固定，上方连接件（镀锌角钢JG－01）使用M12×120不锈钢螺栓与幕墙铝合金立柱可靠连接，下方连接件（钢插芯JG－02）插在幕墙立柱中固定立柱，连接件与幕墙铝合金立柱之间加设橡胶垫块做绝缘处理，螺栓加设平弹垫片，以防止松脱，连接件、绝缘片及紧固件的规格、数量符合设计要求。焊缝长度为50mm，高度为5mm。

3. 铝横梁与铝立柱之间垫防噪胶垫并用2支M6×120不锈钢螺栓进行固定。

4. 连接件、后置埋件表面防腐完整，焊缝进行防腐处理（防锈漆二遍），符合设计及施工规范要求。

5. 膨胀螺栓的拉拔力试验合格（检测报告编号：××），化学锚栓的抗拉拔力试验合格（检测报告编号：××），符合要求。

影像资料的部位、数量：×× 　　　　　　　　　　　　　　申报人：×××

检查意见：
　　经检查，材料规格、厚度符合设计要求，各项施工安装、焊接等均符合有关施工质量验收规范规定。

检查结论： ☑同意隐蔽　　　　□不同意，修改后进行复查

复查结论：

复查人：×××　　　　　　　　复查日期：××年××月××日

签字栏	施工单位	××建设集团有限公司	专业技术负责人	专业质检员	专业工长
			×××	×××	×××
	监理(建设)单位	××工程建设监理有限公司	专业工程师	×××	

本表由施工单位填写，并附影像资料。

隐蔽工程验收记录
表 C5-1

资料编号	09－01－C5－×××
工程名称	××办公楼工程
隐检项目	铝塑板、保温板安装
隐检日期	××年××月××日
隐检部位	F11层东立面

隐检依据：施工图图号　　装施－1、装施－26　　，设计变更/洽商(编号　　／　　)及有关国家现行标准等。

主要材料名称及规格/型号：铝塑板(黑色):1220mm×2440mm×4mm、挤塑保温板:1.8mm×0.6mm×0.03mm、自攻自钻钉:4.2mm×22mm、密封胶:500mL/支

隐检内容：

1. 铝塑板背面距边缘60mm，满贴30mm挤塑保温板，钢龙骨位置在钢龙骨与结构之间也满贴30mm挤塑保温板，使其与铝塑板背面挤塑保温板形成一个整体，从而达到保温作用。

2. 铝塑板与钢龙骨之间垫7mm×18mmPVC胶条(大面)、7mm×50mmPVC胶条(挂点处)。

3. 铝塑板采用4mm厚氟碳喷涂，铝塑板与钢龙骨之间采用ST4.2×22自攻自钻钉连接固定，自攻钉横向间距不大于600mm，竖向间距不大于350mm，符合设计要求及施工规范要求。

4. 铝塑板折边为10mm，相邻两张铝塑板之间宽度为6mm、厚度为4mm胶缝，并贴有5mm×5mm单面贴，深浅一致、宽窄均匀、光滑顺直，符合设计及施工规范要求。

影像资料的部位、数量：××

申报人：×××

检查意见：
经检查，符合设计要求和质量验收规范的规定。

检查结论： ☑同意隐蔽　　□不同意，修改后进行复查

复查结论：

复查人：×××　　　　　复查日期：××年××月××日

签字栏	施工单位	××建设集团有限公司	**专业技术负责人** ×××	**专业质检员** ×××	**专业工长** ×××
	监理(建设)单位	××工程建设监理有限公司	**专业工程师**	×××	

本表由施工单位填写，并附影像资料。

隐蔽工程验收记录

表 C5-1

资料编号 03－09－C5－×××

工程名称	××办公楼工程		
隐检项目	石材背板与保温板安装	隐检日期	××年××月××日
隐检部位	F01层西立面		

隐检依据：施工图图号　　　装施－1、装施－26　　　，设计变更/洽商（编号　　／　　）及有关国家现行标准等。

主要材料名称及规格/型号：14号工字钢、连接件、30mm×80mm不锈钢螺栓、1438mm×523mm×1.5mm镀锌背板、M12×57/M8×80等镀锌螺栓、玻璃岩棉、镀锌钢框架、791硅酮密封胶、聚氨酯光泽漆、聚氨酯防锈漆、铝合金型材

隐检内容：

1. 根据施工图纸分格尺寸及标高线，将连接件焊于埋件上，焊缝涂刷防锈漆。
2. 14号工字钢与连接件之间用30mm×80mm不锈钢螺栓连接固定，工字钢与挂件用M12×57镀锌螺栓连接、调整高度，三面焊接。
3. 镀锌背板与工字钢用M5×15镀锌螺栓连接，间距为40mm，并调节平整度。
4. 镀锌背板内侧安装玻璃岩棉，交接缝处用铝箔胶纸粘贴，以400mm间距粘贴棉钉；镀锌背板外侧接缝填塞泡沫棒，并用791硅酮密封胶注胶处理。
5. 镀锌背板喷涂红色防锈漆一道，12h后喷涂黑色光泽漆一道，再过12h后喷涂黑色光泽漆一道。
6. 钢框架上口2个耳片与挂件2个角的切口紧靠嵌接，4个角用M8×80镀锌螺栓定位并安装牢固。
7. 铝合金型材用M6×16不锈钢螺栓安装固定于钢框架上。

影像资料的部位、数量：×× 　　　　　　　　　　　　申报人：×××

检查意见：

经检查，石材幕墙骨架材料品种、规格、数量、构造，防锈处理，安装牢固性等均符合设计及质量验收规范的规定。

检查结论：　☑同意隐蔽　　□不同意，修改后进行复查

复查结论：

复查人：×××　　　　　　　　　　　复查日期：××年××月××日

签字栏	施工单位	××建设集团有限公司	专业技术负责人	专业质检员	专业工长
			×××	×××	×××
	监理（建设）单位	××工程建设监理有限公司	专业工程师		×××

本表由施工单位填写，并附影像资料。

"隐蔽工程验收记录"[①]填写说明与依据

隐蔽工程验收记录,是指上道工序被下道工序所掩盖,其自身的质量无法再进行检查的工程,即"隐蔽工程"进行验收,并通过表格的形式将工程隐检项目的隐检内容、质量情况、检查意见、复查意见等记录下来,作为以后建筑工程的维护、改造、扩建等重要的技术资料。隐检合格后方可进行下道工序施工。

一、表格解析

1. 责任部门

项目工程部、项目技术部、项目监理部。

2. 提交时限

检查合格后 1d 内完成,检验批验收前提交。

3. 填写要点

(1)工程名称:与施工图纸图签中名称一致。

(2)编号:按北京市地方标准《建筑工程资料管理规程》(DB11/T 695—2009)编号要求填写。

(3)隐蔽项目:应按实际检查项目填写,具体写明(子)分部工程名称和施工工序主要检查内容。隐蔽项目栏填写举例:桩基工程钢筋笼安装、支护工程锚杆安装、门窗工程(预埋件、锚固件或螺栓安装)、吊顶工程(龙骨、吊件、填充材料安装)。

(4)隐蔽部位:对于结构工程隐蔽部位应体现层、轴线、标高和主要构件名称(墙、柱、板、梁等);对于装饰装修工程隐蔽部位应体现楼层、轴线(或建筑功能房间/区域名称,如楼梯间、公共走廊、会议室、餐厅等)。

(5)隐检日期:按实际检查日期填写。

(6)隐检依据:施工图纸、设计变更、工程洽商及相关的施工质量验收规范、标准、规程;本工程的施工组织设计、施工方案、技术交底等。特殊的隐检项目如新材料、新工艺、新设备等要标注具体的执行标准文号或企业标准文号。

(7)主要材料名称及规格/型号:按实际发生材料、设备填写,将各主要材料名称及对应的规格/型号表述清楚。

(8)隐检内容:结合设计、规范要求,将隐蔽部位关联的隐检项目和涉及的各检查点描述具体详细。应严格反映施工图的设计要求;按照施工质量验收规范的自检情况(如原材料复验、连接件试验、主要施工工艺做法等)。若文字不能表达清楚的,可用详图或大样图表示。

(9)检查结论:按照监理单位检查意见填写。所有隐检内容是否全部符合要求应明确。隐检中第一次验收未通过的,应注明质量问题和复查要求。

(10)复查结论:应由监理单位填写,主要是针对第一次检查存在的问题进行复查,描述对质量问题的整改情况。

(11)签字栏:应本着"谁施工、谁签认"的原则。对于专业分包工程应体现专业分包单位名称,分包单位的各级责任人签认后再报请总包签认,总包签认后再报请监理签认。各方签字后生效。

二、填写依据

1. 隐蔽工程验收的程序和组织

施工过程中,隐蔽工程在隐蔽前,施工单位应按照有关标准、规范和设计图纸的要求自检合

[①] 因本书篇幅所限"隐蔽工程验收记录"只选了具有代表性的例子,更多的填写范例及说明请参考"北京土木建筑学会"主编的《隐蔽工程检查记录填写说明及范例》一书。

格后,填写好隐蔽工程验收记录和隐蔽验收申请通知、相应的检验批质量验收记录等表格,向监理单位(建设单位)进行验收申请,由项目监理工程师(建设单位项目技术负责人)组织施工单位项目专业质量(技术)负责人等严格按设计图纸和有关标准、规范进行验收,并在"隐蔽工程验收记录"上签认后,方可隐蔽。

2. 主要隐检项目及内容

(1)土方工程

1)检查内容:依据施工图纸、地质勘探报告、有关施工验收规范要求,检查基底清理情况,基底标高,基底轮廓尺寸等情况。

2)填写要点:土方工程隐检记录中要注明施工图纸编号,地质勘测报告编号,将检查内容描述清楚。

(2)支护工程

1)检查内容:依据施工图纸、有关施工验收规范要求和基坑支护方案、技术交底,检查锚杆、土钉的品种规格、数量、插入长度、钻孔直径、深度和角度;检查地下连续墙成槽宽度、深度、倾斜度,钢筋笼规格、位置、槽底清理、沉渣厚度情况。

2)填写要点:支护工程隐检记录中要注明施工图纸编号,地质勘测报告编号,锚杆、土钉的品种规格、数量、插入长度、钻孔直径等主要数据描述清楚。

(3)桩基工程

1)检查内容:依据施工图纸、有关施工验收规范要求和桩基施工方案、技术交底,检查钢筋笼规格、尺寸、沉渣厚度、清孔等情况。

2)填写要点:桩基工程隐检记录中要注明施工图纸编号,地质勘测报告编号,将检查的钢筋笼规格、尺寸、沉渣厚度、清孔等情况描述清楚。

(4)地下防水工程

1)检查内容:依据施工图纸、有关施工验收规范要求和防水施工方案、技术交底,检查混凝土的变形缝、施工缝、后浇带、穿墙套管、预埋件等设置的形式和构造等情况;检查防水层的基层处理,防水材料的规格、厚度、铺设方式、阴阳角处理、搭接密封处理等情况。

2)填写要点:地下防水工程隐检记录中要注明施工图纸编号,刚性防水混凝土的强度等级、抗渗等级,柔性防水材料的型号、规格、防水材料的复试报告编号、施工铺设方法、搭接长度、宽度尺寸等情况,还应将阴阳角处理、附加层情况等描述清楚,必要时可附简图加以说明。

(5)预应力工程

1)检查内容:依据施工图纸、有关施工验收规范要求和预应力施工方案、技术交底,检查预应力筋的品种、规格、数量、位置,预留孔道的规格、数量、位置、形状及灌浆孔、排气兼泌水管的情况等,预应力筋的下料长度、切断方法、竖向位置偏差、固定、护套的完整性,锚具、夹具和连接器的组装等情况,锚固区局部加强构造情况。

2)填写要点:预应力工程隐检记录中要注明施工图纸编号,预应力的种类(有粘接或无粘接),预应力的方法(先张法、后张法),锚具的规格型号,预应力筋的长度尺寸,预埋垫板的尺寸等,将检查内容描述清楚。

(6)钢结构(网架)工程

1)检查内容:依据施工图纸、有关施工验收规范要求和施工方案、技术交底,检查地脚螺栓规格、位置、埋设方法、紧固情况等;防火涂料涂装基层的涂料遍数及涂层厚度;网架焊接球节点的连接方式、质量情况;网架支座锚栓的位置、支撑垫块的种类及锚栓的紧固情况等。

2)填写要点:钢结构(网架)工程隐检记录中要注明施工图纸编号,主要材料的型号规格,主要原材料的复试报告编号,将检查内容描述清楚。

(7)建筑装饰装修工程

1)地面工程

①地面工程的基层(包括垫层、找平层、隔离层、填充层、地龙骨)和面层的铺设,均应待其下一层检验(隐蔽工程检查)合格后方可施工上一层。

②各构造层用材料品种、规格、厚度、强度、密实度等必须符合设计要求及有关规范、标准的规定。所用材料的质量合格证明文件,重要材料的复验报告是否齐全。

③各构造层工艺做法、铺设厚度、坡度、标高、表面情况、防水、防潮、防火、防腐处理、密封粘结处理等必须符合设计要求及有关规范、标准的规定。有防水要求的立管、套管、地漏与地面、楼板节点之间的密封处理应符合相关标准规定,排水坡度应符合设计要求。

④建筑地面下的沟槽、暗管等工程完工后,经检验位置、标高符合设计要求后,方可进行建筑地面工程的施工。

⑤建筑物地面的变形缝(沉降缝、伸缩缝和防震缝)是否按设计要求设置。

a. 建筑地面的变形缝应与结构相应缝位置一致,且应贯通建筑地面的各构造层。

b. 沉降缝和防震缝的宽度应符合设计要求,缝内清理干净;以柔性密封材料填嵌后用板封盖并应与面层齐平。

⑥防静电地板的接地处理应符合设计要求。对隔热、隔声、超净、屏蔽、绝缘、防射线、防腐蚀等特殊要求的建筑地面各构造层做法应严格检查,符合设计要求及有关规范、标准规定。

2)抹灰工程

①抹灰工程应分层进行,抹灰总厚度大于或等于35mm时,应采取加强措施。

②不同材料基体交接处及线槽、插座处表面的抹灰,应采取防止开裂的加强措施,加强网与各基体的搭接宽度不应小于100mm。

③外墙和顶棚抹灰层与基层之间,各抹灰层之间必须粘结牢固,无脱层、空鼓和裂缝。

3)门窗工程

①预埋件和锚固件的埋设:数量、位置、间距、防腐处理(如预埋木砖、铁件)、埋设方式、与框和墙体的连接方式必须符合设计要求和规范、规程规定。强制条文规定,在砌体上安装门窗严禁用射钉固定。

②门窗安装:安装位置、与墙体连接方式、缝隙防腐、填嵌及密封处理,应符合设计要求和规范、规程规定。

③固定玻璃的钉子或钢丝卡的数量、规格、位置及玻璃垫块的设置、数量、规格、位置、安装方法以及橡胶垫的设置应符合有关标准的规定。

④木门窗与砖石砌体、混凝土或抹灰层接触处应进行防腐处理并应设防潮层;埋入砌体或混凝土中的木砖应进行防腐处理。

⑤金属门窗防雷装置的设置应符合设计和有关标准的规定。特种门窗安装除应符合设计要求和规范规定外,还应符合有关专业标准和主管部门的规定。

4)吊顶工程

①房间净高和基底处理。安装龙骨前应对房间净高和洞口标高进行检查,结果应符合设计要求,基层缺陷应处理完善。

②预埋件和拉结筋设置:数量、位置、间距、防腐及防火处理、埋设方式、连接方式等应符合设计及规范要求。预埋件应进行防锈处理。

③吊杆及龙骨安装:龙骨、吊杆、连接件的材质、规格、安装间距、连接方式,安装必须牢固并

符合设计要求、规范规定及产品组合要求。吊杆距主龙骨端部距离不得大于300mm,当吊杆长度大于1.5m时,应设置反支撑。金属吊杆、龙骨表面的防腐(锈)处理以及木龙骨、木吊杆防火、防腐处理应符合设计要求和相关规范的规定。

④填充材料的设置:品种、规格、铺设厚度、固定情况等应符合设计要求,并应有防散落措施。

⑤吊顶内管道、设备安装及水管试压:管道、设备及其支架安装位置、标高、固定应符合设计要求,管道试压和设备调试应在安装饰面板前完成并应验收合格,符合设计要求及有关规范、规程规定。

⑥吊顶内可能形成结露的暖卫、消防、空调等管道的防结露措施应符合设计要求及有关规范、规程规定。

⑦重型灯具、电扇及其他重型设备严禁安装在吊顶工程的龙骨上。

5)轻质隔墙工程

①预埋件、连接件、拉结筋埋设:数量、位置、间距、与周边墙体(基体结构)的连接方法及牢固性、铁件防锈防腐处理必须符合设计要求。

②龙骨安装:龙骨材质、规格、安装间距、连接方式,门窗洞口等部位加强龙骨安装必须符合设计要求及现行规范规定;边框龙骨安装与基体结构连接必须位置正确、牢固平直、无松动;木龙骨防火、防腐处理应符合设计要求和相关规范的规定。

③填充材料的铺置:品种、规格、铺设厚度、固定情况等应符合设计要求,材料应干燥,填充密实、均匀、牢固,接头无空隙、下坠。

④设备管线安装及水管试压情况:设备及其支架安装位置、标高、固定应符合设计要求,管道和设备调试应在安装饰面板前完成并应验收合格,符合设计要求及有关规范、规程规定。

⑤轻质隔墙与顶棚和其他墙体交接处的防开裂措施。

6)饰面板安装

①连接节点:连接件之间的连接、连接件与墙体的连接、连接件与饰面板的连接、防腐处理等应符合设计要求及相关规范、规程规定。

②预埋件(后置埋件)、连接件:品种、规格、数量、位置、连接方法和防腐、防锈、防火处理等应符合设计要求,后置埋件的现场拉拔强度必须符合设计要求。

③找平、防水层铺置:材料品种、规格、铺设方法及厚度等应符合设计要求及现行规范、标准规定。

④抗震缝、伸缩缝、沉降缝等部位的处理应符合设计要求。

⑤湿贴石材的背涂处理:石材板与基层之间的灌注材料应饱满、密实。施工前宜对石材板底部及边缘涂刷防碱防护剂。

7)裱糊、软包工程

①裱糊饰面工程用的腻子、基底封闭底漆:基层含水率应符合不同基层的要求,混凝土或抹灰基层含水率不得大于8%;木材基层的含水率不得大于12%。新建建筑物的混凝土或抹灰层基层墙面在刮腻子前应涂刷抗碱封闭底漆。旧墙面在裱糊前应清除疏松的旧装修层,并涂刷界面剂。基层表面平整度、立面垂直度及阴阳角应符合规范要求。裱糊前应用封闭底胶涂刷基层。

②软包工程的龙骨、底板、边框或压条应安装牢固、无翘曲、拼缝平直。内衬、填充构造、防火处理应符合设计要求及有关规范、规程规定。

8)细部工程

细部工程包括细木制品、木制固定家具、花饰、栏杆、栏板、扶手等,需要进行隐蔽工程项目验收的内容有:

①木制品的防潮、防腐、防火处理应符合设计要求。

②预埋件(后置埋件)埋设及节点的连接,橱柜、护栏和护手预埋件或后置埋件的数量、规格、位置、防锈处理以及护栏与预埋件的连接节点应符合设计要求。

③橱柜内管道隔热、隔冷、防结露措施应符合设计要求。

(8)建筑屋面工程

1)屋面细部

检查内容:依据施工图纸、有关施工验收规范要求和施工方案、技术交底,检查屋面基层、找平层、保温层的情况,材料的品种、规格、厚度、铺贴方式、附加层、天沟、泛水和变形缝处细部做法、密封部位的处理等情况。

2)屋面防水

检查内容:依据施工图纸、有关施工验收规范要求和施工方案、技术交底,检查基层含水率,防水层的材料品种、规格、厚度、铺贴方式等情况。

(9)建筑节能工程

1)墙体节能工程

《建筑节能工程施工质量验收规范》(GB 50411—2007)中 4.1.4 规定:墙体节能工程应对下列部位或内容进行隐蔽工程验收,并应有详细的文字记录和必要的图像资料:

①保温层附着的基层及其表面处理。

②保温板粘结或固定。

③锚固件。

④增强网铺设。

⑤墙体热桥部位处理。

⑥预置保温板或预制保温墙板的板缝及构造节点。

⑦现场喷涂或浇注有机类保温材料的界面。

⑧被封闭的保温材料厚度。

⑨保温隔热砌块填充墙体。

2)门窗节能工程

《建筑节能工程施工质量验收规范》(GB 50411—2007)中 6.1.3 规定:建筑外门窗工程施工中,应对门窗框与墙体接缝处的保温填充做法进行隐蔽工程验收,并应有隐蔽工程验收记录和必要的图像资料。

3)屋面节能工程

《建筑节能工程施工质量验收规范》(GB 50411—2007)中 7.1.3 规定:屋面保温隔热工程应对下列部位进行隐蔽工程验收,并应有详细的文字记录和必要的图像资料。

①基层。

②保温层的敷设方式,厚度,板材缝隙填充质量。

③屋面热桥部位。

④隔气层。

4)地面节能工程

《建筑节能工程施工质量验收规范》(GB 50411—2007)中 8.1.3 规定:地面节能工程应对下列部位进行隐蔽工程验收,并应有详细的文字记录和必要的图像资料。

①基层。

②被封闭的保温材料厚度。

③保温材料粘结。

④隔断热桥部位。

3.3.2 《交接检查记录》监理单位审核

交接检查记录 表 C5-2		资料编号	03-00-C5-×××
工程名称	××综合楼工程		
移交单位名称	××建设集团有限公司	接收单位名称	××装饰装修有限公司
交接部位	一～十一层初装修	检查日期	××年××月××日
交接内容： 　　检查××建设集团有限公司施工的结构标高、轴线偏差；结构构件尺寸偏差；填充墙体、抹灰工程质量；相邻楼地面标高差；门窗洞口尺寸及偏差；机电安装专业预留预埋、管线和相关设备是否符合设计和规范要求等项目。			
检查结果： 　　经双方检查，结构及门窗洞口偏差、砌体、抹灰质量、楼地面标高差、机电安装专业预留预埋、管线和相关设备均符合设计和规范要求，具备进行精装修工程施工的条件。			
复查意见： 复查人：×××　　　　　复查日期：××年××月××日			
签字栏	移交单位		接收单位
	×××		×××

本表由移交单位填写。

"交接检查记录"填写说明与依据

本表用于某工序完成后,移交下道工序时;某分项(分部)工程完成后,由一个施工单位向另一施工单位进行移交;工程施工未完,施工单位变换,应办理交接检查时责任部门检查用表。

一、表格解析

1. 责任部门

移交单位,接收单位。

2. 提交时限

交接完毕后1d内提交。

3. 填写要点

(1)"交接检查记录"由移交单位形成,其中表头和"交接内容"由移交单位填写,"检查结果"由接收单位填写,"复查意见"由接收单位填写。

(2)移交、接收单位应根据实际检查情况,对质量情况、遗留问题、工序要求、注意事项、成品保护等进行记录。

(3)由移交、接收单位共同签认的"交接检查记录"方可生效。

二、填写依据

1. 建筑与结构工程

(1)建筑与结构工程应做交接检查的项目

1)支护与桩基工程完工移交给结构工程。

2)初装修完工移交给精装修工程。

3)设备基础完工移交给机电设备安装。

4)结构工程完工移交给幕墙工程等。

(2)交接内容

1)桩(地)基工程与混凝土结构工程之间的交接。主要检查桩(地)基是否完成、桩(地)基检验检测、桩位偏移和桩顶标高、桩头处理、缺陷桩的处理、竣工图与现场的对应关系、场地平整夯实,是否完全具备进行混凝土结构工程施工的条件等。

2)混凝土结构工程与钢结构工程之间的交接。主要检查:结构的标高、轴线偏差;结构构件的实际偏差及外观质量情况;钢结构预埋件规格、数量、位置;混凝土的实际强度是否满足钢结构施工对相关混凝土强度的要求;是否具备进行钢结构工程施工的条件等。如钢结构工程移交给混凝土结构施工重点检查内容:构件轴线位置、标高的复查;构件外观质量;焊缝探伤检测;与混凝土构件对应关系(如钢筋穿孔位置等)、混凝土构件的外观完好等情况。

3)初装修工程与精装修工程之间的交接。主要检查:结构标高、轴线偏差;结构构件尺寸偏差;填充墙体、抹灰工程质量;相邻楼地面标高;门窗洞口尺寸及偏差;水、暖、电等预埋或管线是否到位;是否具备进行精装修工程施工的条件等。

①建筑地面工程施工前,应有承接方与完成方进行交接检查,检查垫层下沟槽、暗管等是否已通过隐蔽工程验收,基层标高是否符合设计要求。防水施工人员应有有效岗位证书。

②吊顶工程施工前,应由承接方与完成方对房间净高、洞口标高和吊顶内的管道、设备及其支架的标高进行交接检查。

③轻质隔墙施工前,应由承接方与完成方进行交接检查,检查顶棚和墙体抹灰是否完成,基底含水率是否达到装饰要求。

④饰面板(砖)工程施工前,应由承接方与完成方进行交接检查,检查顶棚和墙体抹灰是否完成,基底含水率是否达到装饰要求,水电及设备、墙上预留埋件是否安装完毕。

⑤涂饰工程施工前,应由承接方与完成方对墙面的干燥度(含水率)、各种穿墙管洞抹灰处理进行交接检查。

⑥裱糊与软包工程施工前,应由承接方与完成方对墙面的干燥度(含水率)、管线和埋件等预留预埋、吊顶和地面工程是否完成等进行交接检查。

⑦细部工程施工前,应由承接方与完成方对门窗洞口长宽尺寸、垂直度、平整度、连接件位置、墙面及地面抹灰等进行交接检查。

⑧幕墙工程施工前,主体结构分部工程应通过质量验收。可能对幕墙造成严重污染的分项工程应完成;土建已移交控制线和基准线。

2. 建筑给水排水及采暖和通风与空调工程

建筑给水排水及采暖工程和通风与空调工程应做交接检查的项目有[依据《建筑给水排水及采暖工程施工质量验收规范》(GB 50242—2002)中第4.4.1条、第13.2.1条等规定及《通风与空调工程施工质量验收规范》(GB 50243—2002)中第7.1.4条规定]:

(1)设备基础交接检查

设备就位前应对其基础进行验收,合格后方能安装。而设备基础通常都由土建专业施工、验收,并填写相应检查、验收表格。对设备基础的混凝土强度、坐标、标高、尺寸和螺栓孔位置等按设计规定进行复核。

(2)给排水管道交接检查

给水管道、排水管道由一方施工单位施工,卫生器具及给水配件由另一方施工,在卫生器具安装之前应对给水、排水管道的预留口的坐标、位置以及管口尺寸大小、排水系统是否畅通等进行交接检查,以确定前者的施工是否正确。

(3)隐蔽管道交接检查

交接检查还会发生在吊顶施工时,各管道系统已安装完毕,并且已进行过灌水或强度严密性试验,有合格记录,防腐、保温施工完毕,在土建进行装饰施工时,需要对水暖成品进行保护。在这种情况下,也需要与装饰单位办理交接验收,以防止管道成品被破坏时分不清责任。

3. 建筑电气工程

建筑电气工程根据《建筑电气工程施工质量验收规范》(GB 50303—2002,2012年版)中第3.3节的规定,需做交接确认的工序有:架空线路及杆上电气设备安装;变压器、箱式变电所安装;成套配电柜、控制柜(屏、台)和动力、照明配电箱(盘)安装;低压电动机、电加热器及电动执行机构安装;柴油发电机组安装;不间断电源安装;低压电气动力设备试验和试运行;裸母线、封闭母线、插接母线安装;电缆桥架安装和桥架内电缆敷线;电缆在沟内、竖井内支架上敷设;电线、电缆导管和线槽敷设;电线、电缆穿管及线槽敷设;钢索配管;电缆头制作和接线;照明灯具安装;照明开关、插座、风扇安装;照明系统的测试和通电试运行;接地装置安装;避雷引下线安装;等电位联结;接闪器安装;防雷接地系统测试。

3.3.3 《地基验槽记录》监理单位审核

地基验槽记录 表 C5-3		资料编号	00—00—C5—×××
工程名称	××大厦工程	验槽日期	××年××月××日
验槽部位	⑧~⑬/Ⓐ~Ⓗ轴内基槽		

依据:施工图纸(施工图纸号_____结施—1、结施—4、地质勘察报告(编号:××)_____)、设计变更/洽商(编号_____/_____)及有关规范、规程

验槽内容:
  1. 基槽开挖至勘探报告第___③、④___层,持力层为___③、④___层。
  2. 基底绝对高程和相对标高___43.400/-6.300、40.850/-8.850、42.300/-7.400、44.350/-5.350___。
  3. 土质情况___第③层黏质粉土、砂质粉土;第③₁层重粉质黏土、粉质黏土;第④层细砂、粉砂___。
(附:☑钎探记录及钎探点平面布置图)
  4. 桩位置_____/_____、桩类型_____/_____、数量_____/_____,承载力满足设计要求。(附:□施工记录、□桩检测记录)

注:若建筑工程无桩基或人工支护,则相应在第4条填写处划"/"　　　　申报人:×××

检查意见:
    经检查,槽底土质为第四纪沉积之黏质粉土、砂质粉土,局部粉砂、粉质黏土。Ⓑ~Ⓒ/⑨~⑫轴为原建筑的肥槽,下挖1.5m后(见硬土层),采用级配砂石或3∶7灰土分层回填夯实。设计需加强基础及结构刚度,坡道部分的人工堆积层至少下挖1.0m,用3∶7灰土分层回填夯实。

检查结论:☑无异常,可进行下道工序　　　□需要地基处理

签字公章栏	建设单位（盖章）	监理单位（盖章）	设计单位（盖章）	勘察单位（盖章）	施工单位（盖章）

本表由施工单位填写。

"地基验槽记录"填写说明与依据

"地基验槽记录"是土方挖至槽底设计标高,钎探完成之后进行的对建筑物持力层情况的验收。

一、表格解析

1. 责任部门

项目工程部。

2. 提交时限

地基验槽通过当日完成。

3. 检查要点

建筑物应进行施工验槽,检查内容包括基坑位置、平面尺寸、持力层核查、基底绝对高程和相对标高、基坑土质及地下水位等,有桩支护或桩基的工程还应进行桩的检查。地基验槽检查记录应由建设、勘察、设计、监理、施工单位共同验收签认。如地基验槽未通过,需要进行地基处理,应由勘察、设计单位提出处理意见并填写"地基处理记录"。

二、填写依据

1. 规范名称

《建筑地基基础工程施工质量验收规范》(GB 50202—2002)。

2. 相关要求

(1)"地基验槽记录"关系到地基承载力、建筑物下沉倾斜等一系列结构安全问题,是保证建筑物整体安全的重要环节。地基验槽是所有新建工程必不可少的一项重要工作,应按有关规定要求(如北京市执行《关于加强建设工程地基与基础质量验收管理的若干规定》)执行。

(2)基坑的验收内容包括:

1)依据地质勘探报告验收地基土质是否与报告相符,核对基坑的土质和地下水情况,是否与勘察报告一致。

2)依据图纸核查基坑的位置、平面尺寸、基槽底标高等是否符合设计文件。

3)若地基土与报告不相符,则需办理地基土处理洽商。对人工处理的地基,应按有关范围和设计文件的要求进行验收。

4)审查钎探报告:包括钎探点布置图及钎探记录。检查基坑底面以下有无空穴、古墓、古井、防空掩体、地下埋设物及其他变异。

5)对深基础,还应检查基坑对附近建筑物、道路、管线是否存在不利影响。

3.3.4 《地基处理记录》监理单位审核

地基处理记录 表 C5-4		资料编号	01—01—C5—×××
工程名称	××大厦工程	日 期	××年××月××日

处理依据及方式：

处理依据：1.《建筑地基基础工程施工质量验收规范》(GB 50202—2002)。2.《建筑地基处理技术规范》(JGJ 79—2012)。3. 本工程《地基基础施工方案》。4. 勘察单位地基验槽时提出的处理意见。

方式：Ⓑ～Ⓒ/⑨～⑫轴原建筑的肥槽已下挖1.5m仍未见老土，采用3∶7灰土分层回填夯实，坡道部分的人工堆积层下挖1.0m，采用灰土分层回填夯实。

处理部位及深度(或用简图表示)

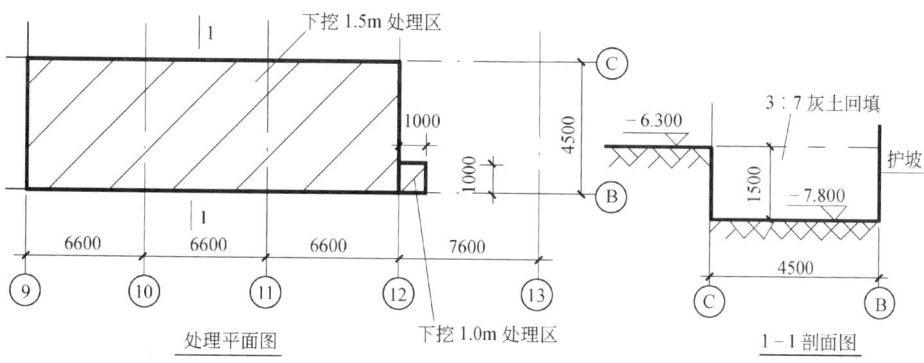

□有 / ☑无 附页(图)

处理结果：

地基处理满足设计图纸及《建筑地基基础工程施工质量验收规范》(GB 50202—2002)的规定。

检查意见：

经检查，地基处理结果符合勘察和设计单位要求，同意验槽。

检查日期：××年××月××日

签字栏	监理单位	设计单位	勘察单位	施工单位	××建设集团有限公司		
					专业技术负责人	专业质检员	专业工长
	×××	×××	×××		×××	×××	×××

本表由施工单位填写。

"地基处理记录"填写说明与依据

地基处理完成后,由监理单位组织勘察、施工单位进行复查,合格后形成"地基处理记录"。

一、表格解析

1. 责任部门

项目工程部。

2. 提交时限

地基处理检查通过的当日完成。

3. 填写要点

(1)地基处理记录内容包括:地基处理依据及方式、处理部位及深度、处理结果和检查意见等。

(2)"处理依据及方式"栏中的"依据":施工图纸(纸号)、设计变更/洽商(编号)、有关国家现行标准、规范。方式:地基处理的技术要求内容。

(3)当地基处理范围较大,内容较多,用文字描述较困难时,应附简图示意。地基处理完成,应由勘察、设计单位复查(填写在"检查意见"栏),如勘察、设计单位委托监理单位进行复查,应有书面的委托记录。

二、填写依据

1. 规范名称

(1)《建筑地基处理技术规范》(JGJ 79—2012);

(2)《建筑地基基础工程施工质量验收规范》(GB 50202—2002)。

2. 相关要求

(1)地基处理方法主要有换填垫层法、预压法、强夯法和强夯置换法、振冲法、砂石桩法、水泥粉煤灰碎石桩法、水泥土搅拌法、高压喷射注浆法、石灰桩法、灰土挤密桩法和土挤密桩法、柱锤冲扩桩法、单液硅化法和碱液法等方法,其他地基处理方法有注浆法、锚杆静压桩法和坑式静压桩法等,详细地基处理方法过程和施工见《建筑地基处理技术规范》(JGJ 79—2012)相关规定。

(2)地基处理应满足《建筑地基基础工程施工质量验收规范》(GB 50202—2002)的规定。

(3)地基处理技术资料一般包括地基处理方案、地基处理的施工试验记录、地基处理检查记录。处理结果应符合加固的原理、技术要求、质量标准等。

3. 地基处理方案

基槽挖至设计标高,经勘察、设计、建设(监理)、施工单位共同验槽,对实际地基与地质勘探报告不相符或不符合设计要求的基槽,拟定处理方案并办理全过程洽商。处理方案中应有工程名称、验槽时间、钎探记录分析。标注清楚需要处理的部位,写明需要处理的实际情况、具体方法及是否达到设计、规范要求。最后必须经设计、勘察人员签认。

4. 地基处理的施工试验记录

(1)灰土、砂、砂石三合土地基应有土质量干密度或贯入度试验记录,并应做击实试验,提出最大干密度、最佳含水率及根据密实度的要求提供最小干密度的控制指标。混凝土地基应按规定取试样,并做好强度试验记录。

(2)重锤夯实地基应有试夯报告及最后下沉量和总下沉量记录。试夯后,分别测定和比较坑底以下 2.5m 以内,每隔 0.25m 深度处,夯实土与原状土的密实度,其试夯密实度必须达到设计要求;施工前,应在现场进行试夯,选定夯锤重量(2~3t)、锤底直径和落距(2.5~4.5m),锤重与底面积的关系应符合锤重在底面上的单位静压力为 $1.5\sim2.0\text{N/cm}^2$。试夯结束后应做试夯报告及试夯记录,同时在夯实过程中,应做好重锤夯实施工记录。

(3)强夯地基应对锤重(常用:10~25t;最大:40t)、间距(5~9m)、夯基点布置及夯击次数做好记录。

3.3.5 《地基钎探记录》监理单位审核

地基钎探记录 表 C5-5						资料编号		00－00－C5－×××
工程名称		××办公楼工程				钎探日期		××年××月××日
套锤重		10kg	自由落距		500mm	钎径		25mm
顺序号	各 步 锤 击 数							备注
	0～30（cm）	30～60（cm）	60～90（cm）	90～120（cm）	120～150（cm）	150～180（cm）	180～210（cm）	
27	29	51	72	126	176			
28	31	48	65	138	188			
29	26	49	37	68	96	156		
30	30	57	85	137	218			
31	23	31	65	168				
32	26	56	89	236				
33	22	49	92	168				
34	9	23	42	68	174			
35	25	31	33	150				
36	18	43	51	135	178			
37	20	36	35	118	191			
38	27	42	58	121	172			
39	28	45	71	175	198			
40	21	38	66	116	168			
41	30	72	128	176				
42	31	58	63	108	162			
43	34	61	66	112	178			
44	36	56	67	85	91	192		
45	29	110	165	172	176			
46	29	48	61	86	160			
47	32	55	65	120	155			
48	29	36	63	110	150			
49	28	37	67	108	172			
50	32	40	72	123	194			
51	27	50	77	121	186			
52	30	49	83	132	198			
施工单位			××建设集团有限公司					
专业技术负责人			专业工长			记录人		
×××			×××			×××		

本表由施工单位填写,并附钎探点布置图。

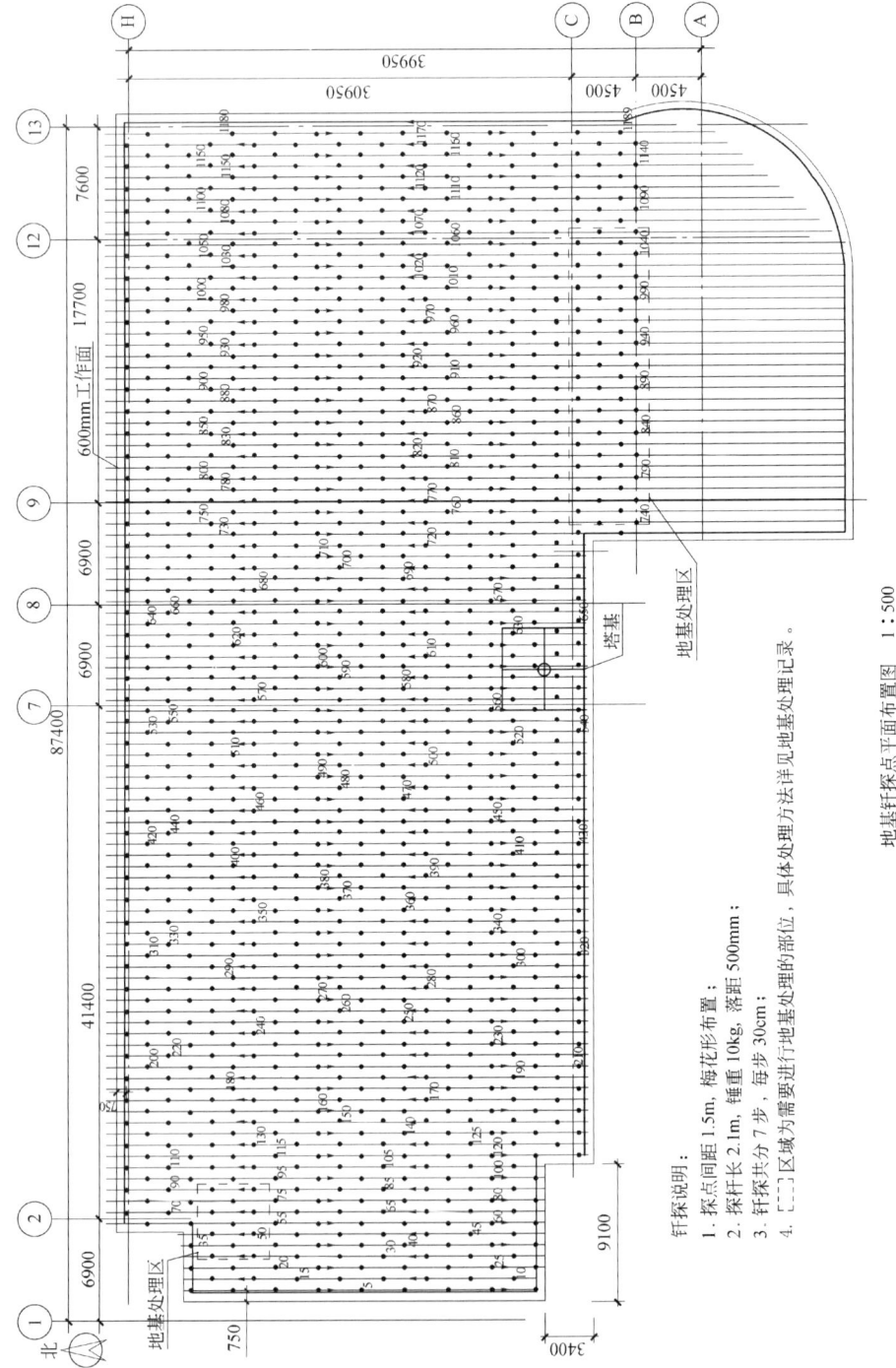

地基钎探点平面布置图 1:500

"地基钎探记录"填写说明与依据

地基钎探可用于基槽（坑）开挖后检验槽底浅层土土质的均匀性和发现回填坑穴，以便于基槽处理。有时也可用于对比试验，确定地基的容许承载力及检验填土的质量。

地基钎探记录主要包括钎探点平面布置图和钎探记录。

一、表格解析

1. 责任部门

项目工程部。

2. 提交时限

地基验槽前3d提交。

二、填写依据

1. 规范名称

(1)《岩土工程勘察规范》(GB 50021—2001,2009年版)；

(2)《建筑地基基础工程施工质量验收规范》(GB 50202—2002)。

2. 相关要求

(1) 轻型圆锥动力触探试验适用于浅部的填土、砂土、粉土、黏性土等岩土施工。

(2) 轻型圆锥动力触探：落锤质量：10kg；落距：50cm；探头直径：40mm；探头锥角：60°；探杆直径：25mm。

(3) 圆锤动力触探试验中触探最大偏斜度不应超过2%，锤击贯入应连续进行；锤击时防止锤击偏心、探杆偏斜和侧向晃动，保持探杆垂直度；锤击速率每分钟宜为15～30击。

(4) 钎探前应依据基础平面图绘制钎探点平面布置图[应与实际基槽(坑)一致]，确定钎探点布置及顺序编号，标出方向及重要控制轴线。按照钎探图及有关规定进行钎探并记录。钎探中如发现异常情况，应在地基钎探记录表的备注栏注明。需地基处理时，应将处理范围(平面、竖向)标注在钎探点平面布置图上，并注明处理依据；形式、方法(或方案)以"洽商"记录下来，处理过程及取样报告等一同汇总进入工程档案。

(5) 以下情况可停止钎探：

1) 若 N_{10}(贯入30cm的锤击数)超过100或贯入10cm锤击数超过50，可停止贯入。

2) 如基坑不深处有承压水层(钎探可造成冒水涌砂)，或持力层为砾石层或卵石层，且厚度符合设计要求时，可不进行钎探。如需对下卧层继续试验，可用钻具钻穿坚实土层后再做试验(根据《建筑地基基础工程施工质量验收规范》中附录A的规定)。

3) 专业工长负责钎探的实施，并做好原始记录。钎探日期要根据现场情况填写，钎探步数应根据槽宽确定。

(6) 钎探点的布置依据设计要求，当设计无要求时，应按规范规定执行，参见表3-33。

表3-33 轻型动力触探检验深度及间距表　　　　　　　　　　（单位：m）

排列方式	基槽宽度	检验深度	检验间距
中心一排	<0.8	1.2	
两排错开	0.8～2.0	1.5	1.0～1.5m视地基复杂情况定
梅花形	>2.0	2.1	

3.3.6 《混凝土浇灌申请书》监理单位审核

混凝土浇灌申请书
表 C5-6

| 资料编号 | 01－07－C5－016 |

工程名称	××办公楼工程	申请浇灌日期	××年××月××日
申请浇灌部位	地下一层③~⑧/⑧~⑪轴外墙	申请方量(m^3)	46
技术要求	坍落度(160±20)mm	强度等级	C35P8
搅拌方式 (搅拌站名称)	××预拌混凝土供应中心	申请人	×××

依据：施工图纸(施工图纸号_____结施－4、结施－5_____)、
　　　设计变更/洽商(编号_____/_____)和有关规范、规程。

施工准备检查	专业工长 (质量员)签字	备注
1.隐检情况：☑已　□未完成隐检。	×××	
2.模板检验批：☑已　□未完成验收。	×××	
3.水电预埋情况：☑已　□未完成并未经检查。	×××	
4.施工组织情况：☑已　□未完备。	×××	
5.机械设备准备情况：☑已　□未准备。	×××	
6.保温及有关准备：☑已　□未准备。	×××	

审批意见：
　　原材料、机械设备及施工人员已就位。
　　施工方案及技术交底工作已落实。
　　计量设备已准备完毕。
　　各种隐检、水电预埋工作已完成。

审批结论：　☑同意浇筑　　□整改后自行浇筑　　□不同意,整改后重新申请
审批人：　×××　　　　　　　　　　　　　　审批日期：××年××月××日
施工单位名称：××建设集团有限公司

1.本表由施工单位填写；
2."技术要求"栏应依据混凝土合同的具体要求填写。

"混凝土浇灌申请书"填写说明与依据

项目应在各项准备工作(如钢筋、模板工程检查;水电预埋检查;材料、设备及其他准备等)逐条完成并核实后,根据现场浇筑混凝土计划量、施工条件、施工气温、浇筑部位等填报混凝土浇灌申请,由施工单位技术负责人和监理签认批准,形成"混凝土浇灌申请书"。浇灌申请通过后方可正式浇筑混凝土。

1. 责任部门

项目工程部。

2. 提交时限

每次混凝土浇筑前提交。

3. 填写要点

(1)申请浇灌部位:应尽可能准确,注明层、轴线和构件名称(梁、柱、板、墙等)。

(2)技术要求:应根据混凝土合同的具体技术要求填写,如混凝土初、终凝时间要求,抗渗设计要求等。

(3)施工准备检查:

1)隐检情况:主要指钢筋工程的隐蔽工程验收记录。

2)模板检验批:应进行模板工程检验批质量验收,目视通过验收。

3)水电预埋情况:查看水、电施工图纸,穿线、套管、穿墙布线等各种水、电预埋应预埋好。

4)施工组织情况:应根据混凝土工程施工方案,对施工现场的场地安排、人员组织、检测设备(坍落筒)等情况进行检查。

5)机械设备准备情况:对机械设备如混凝土泵车、振捣器等进行检查。

6)保温及有关情况:根据混凝土施工方案及季节性施工方案的要求对混凝土养护材料等进行检查。

7)以上六项由专业工长签字后,方可报送项目监理机构。

3.3.7 《混凝土拆模申请单》监理单位审核

混凝土拆模申请单 表 C5-7				资料编号		02—01—C5—010	
工程名称			××办公楼工程				
申请拆模部位			首层⑨～⑬/Ⓐ～Ⓖ轴顶板、梁、挑檐				
混凝土强度等级	C30	混凝土浇筑完成时间	××年××月××日		申请拆模日期		××年××月××日
构件类型 （注：在所选择构件类型的□内划"√"）							
□ 墙		□ 柱	板 □跨度≤2m ☑2m＜跨度≤8m □跨度＞8m	梁 ☑跨度≤8m □跨度＞8m		☑ 悬臂构件	
拆模时混凝土强度要求			龄期 (d)	同条件混凝土抗压强度 (MPa)		达到设计强度等级 (％)	强度报告编号
应达到设计强度 100 ％ （或 ____ MPa）			25	31.1、30.6、31.1		104％、102％、104％	106、107、108
审批意见： 　　混凝土达到设计要求的拆模强度（附同条件混凝土强度报告），同意拆模。支撑回顶，保证三层连续支撑。 　　　　　　　　　　　　　　　　　　　批准拆模日期：××年××月××日							
施工单位			××建设集团有限公司				
专业技术负责人			专业质检员			申请人	
×××			×××			×××	

本表由施工单位填写。

"混凝土拆模申请单"填写说明与依据

在拆除现浇混凝土结构板、梁、悬臂构件等底模和柱墙侧模前,项目模板责任工长应进行拆模申请,报项目专业技术负责人审批,通过后方可拆模,形成"混凝土拆模申请单"(水平结构构件模板拆除应附同条件混凝土强度报告)。

一、表格解析

1. 责任部门

项目工程部、质量部。

2. 提交时限

每次拆模前完成,模板拆除检验批验收前提交。

3. 填写要点

(1)"构件类型":在所选择构件类型的□内划"√";

(2)"拆模时混凝土强度要求,龄期,同条件混凝土抗压强度,达到设计强度等级,强度报告编号"按同条件混凝土强度报告试验结果填写。

(3)如结构型式复杂(结构跨度变化较大)或平面不规则,应附拆模平面示意图。

二、填写依据

1. 规范名称

《混凝土结构工程施工质量验收规范》(GB 50204—2002,2010年版)

2. 相关要求

(1)按照《混凝土结构工程施工质量验收规范》(GB 50204—2002,2010年版)的规定,施工单位与监理单位应及时在拆模后共同对现浇混凝土的外观质量和尺寸偏差进行全数检查。

(2)梁、板模板拆除应具备的条件。底模及其支架拆除时的混凝土强度应符合设计要求;当设计无具体要求时,混凝土强度应符合表3-34的规定。

表3-34 底模拆除时的混凝土强度要求

构件类型	构件跨度(m)	达到设计的混凝土立方体抗压强度标准值的百分率(%)
板	≤2	≥50
	>2,≤8	≥75
	>8	≥100
梁、拱、壳	≤8	≥75
	>8	≥100
悬臂构件	—	≥100

(3)墙、柱模板拆除应具备的条件。

1)在常温下,墙、柱侧模应保证结构不变形、棱角完整的情况下拆除。

2)冬施侧模拆除,要求混凝土强度达到1MPa可松动螺栓,待混凝土强度达到4MPa方可拆模;或者拆除模板后立即覆盖,待混凝土强度达到4MPa时拆除保温,严防低温下模板拆除过早,出现混凝土粘连。

(4)对后张法预应力混凝土结构构件,侧模宜在预应力张拉前拆除;底模支架的拆除应按施工技术方案执行,当无具体要求时,不应在结构构件建立预应力前拆除。

(5)后浇带模板拆除应具备的条件。后浇带处混凝土不连续,较易出现安全和质量问题,故此部分模板拆除和支顶应在施工技术方案中明确规定。

3.3.8 《混凝土搅拌测温记录》监理单位审核

混凝土搅拌测温记录 表C5-8										资料编号		01-07-C5-025
工程名称				××办公楼工程 地下一层⑰~③/Ⓑ~Ⓗ轴外墙及水池顶板								
混凝土强度等级				C35P8				坍落度			(160±20)mm	
水泥品种及强度等级				P·O 42.5				搅拌方式			机械	
测温时间				大气温度(℃)	原材料温度(℃)				出罐温度(℃)	入模温度(℃)	备注	
年	月	日	时		水泥	砂	石	水				
2014	1	24	11:45	-3					+14	+14	预拌混凝土	
2014	1	24	13:45	-2					+14	+14	预拌混凝土	
2014	1	24	15:45	-2					+14	+13	预拌混凝土	
2014	1	24	17:45	-3					+14	+14	预拌混凝土	

施工单位	××建设集团有限公司	
专业技术负责人	专业质检员	记录人
×××	×××	×××

本表由施工单位填写。

"混凝土搅拌测温记录"填写说明与依据

冬期混凝土施工时,应进行搅拌测温(包括现场搅拌、预拌混凝土)并记录。混凝土冬施搅拌测温记录包括大气温度、原材料温度、出罐温度、入模温度等。测温的具体要求应有书面技术交底,执行人必须按照规定操作。

一、表格解析

1. 责任部门

项目工程部。

2. 提交时限

冬期施工期间按周或月提交。

二、填写依据

1. 规范名称

(1)《混凝土结构工程施工质量验收规范》(GB 50204—2002,2010年版);

(2)《建筑工程冬期施工规程》(JGJ 104—2011)。

2. 相关要求

(1)混凝土冬期施工质量检查除应符合现行国家标准《混凝土结构工程施工质量验收规范》(GB 50204—2002,2010年版)以及国家现行有关标准规定外,尚应符合下列规定:

1)应检查外加剂质量及掺量;外加剂进入施工现场后应进行抽样检验,合格方准使用;

2)应根据施工方案确定的参数检查水、集料、外加剂溶液和混凝土出机、浇筑、起始养护时的温度;

3)应检查混凝土从入模到拆除保温层或保温模板期间的温度;

4)采用预拌混凝土时,原材料、搅拌、运输过程中的温度检查及混凝土质量检查应由预拌混凝土生产企业进行,并应将记录资料提供给施工单位。

(2)施工期间的测温项目与频次应符合表3-35的规定。

表3-35 施工期间的测温项目与频次

测温项目	频次
室外气温	测量最高、最低气温
环境温度	每昼夜不少于4次
搅拌机棚温度	每一工作班不少于4次
水、水泥、矿物掺合料、砂、石及外加剂溶液温度	每一工作班不少于4次
混凝土出机、浇筑、入模温度	每一工作班不少于4次

3.3.9 《混凝土养护测温记录》监理单位审核

混凝土养护测温记录 表C5-9																	资料编号		02—01—C5—×××	
工程名称						××综合楼工程														
部位			首层⑨~⑬/Ⓐ~Ⓖ轴墙、柱					养护方法				综合蓄热法				测温方式			温度计	
测温时间			大气温度(℃)	各测孔温度(℃)												平均温度(℃)	间隔时间(h)	成熟度(℃·h)		
月	日	时		1#	2#	3#	4#	5#	6#	7#	8#	9#	10#	11#	12#			本次	累计
3	10	18	7	14	13	13	14									13.5			
3	10	22	5	12	12	11	11	12	11	12	13	13	11	13		11.9	4	87.6	87.6
3	11	2	2	10	11	10	10	10	10	11	11	11	9	11		10.4	4	81.6	169.2
3	11	6	3	9	9	8	9	9	9	9	10	9	7	10		8.9	4	75.6	244.8
3	11	10	5	6	8	7	8	8	7	8	8	8	6	8		7.6	4	70.4	315.2
3	11	14	9	6	6	6	6	7	7	6	7	6	6	6		6.3	4	65.2	380.4
3	11	18	6	8	5	8	6	6	6	6	7	8	6			6.4	4	65.6	446
3	11	22	4	10	7	8	8	7	5	8	8	8	9	8		7.8	4	71.2	517.2
3	12	2	−4	9	9	9	10	9	7	9	9	10	8	9		8.9	4	75.6	542.8
3	12	6	−3	7	9	9	9	9	9	9	9	6	9			8.5	4	74	666.8
3	12	10	−3	7	8	8	8	10	8	8	8	6	8			7.9	4	71.6	738.4

施工单位	××建设集团有限公司	
专业技术负责人	专业工长	测温员
×××	×××	×××

本表由施工单位填写。

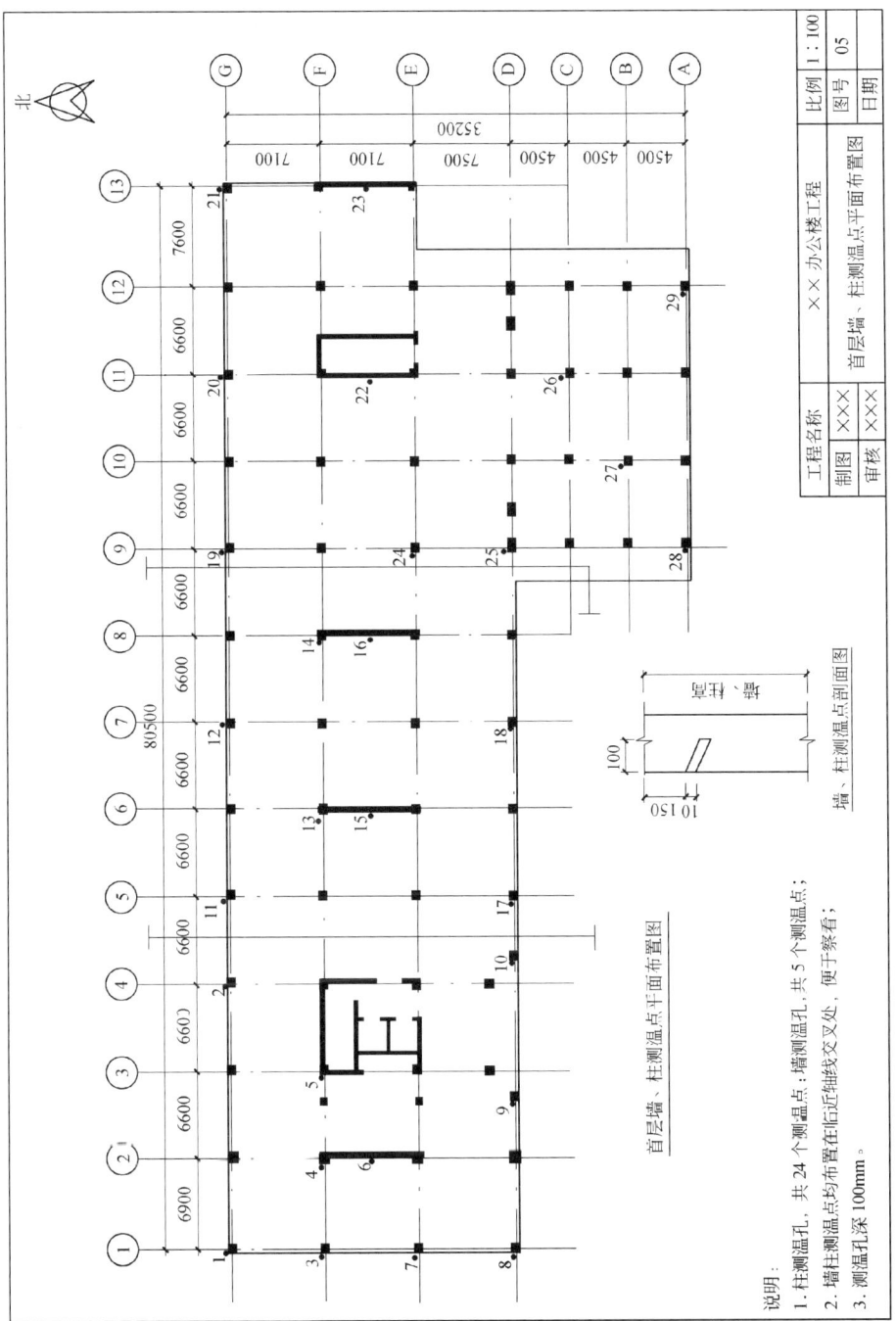

测温点的平面布置图

"混凝土养护测温记录"填写说明与依据

冬季混凝土施工时应进行温度测定并填写测温记录。冬施混凝土养护测温应绘制测温点布置图,确定测温点的部位和深度等。

一、表格解析

1. 责任部门

项目工程部。

2. 提交时限

冬期施工期间按周或月填写。

二、填写依据

1. 规范名称

(1)《混凝土结构工程施工质量验收规范》(GB 50204—2002,2010 年版);

(2)《建筑工程冬期施工规程》(JGJ/T 104—2011)。

2. 相关要求

(1)一般规定

1)冬期浇筑的混凝土,其受冻临界强度应符合下列规定:

①采用蓄热法、暖棚法、加热法等施工的普通混凝土,采用硅酸盐水泥、普通硅酸盐水泥配制时,其受冻临界强度不应小于设计混凝土强度等级值的 30%;采用矿渣硅酸盐水泥、粉煤灰硅酸盐水泥、火山灰质硅酸盐水泥、复合硅酸盐水泥时,不应小于设计混凝土强度等级值的 40%;

②当室外最低气温不低于-15℃时,采用综合蓄热法、负温养护法施工的混凝土受冻临界强度不应小于 4.0MPa;当室外最低气温不低于-30℃时,采用负温养护法施工的混凝土受冻临界强度不应小于 5.0MPa;

③对强度等级等于或高于 C50 的混凝土,不宜小于设计混凝土强度等级值的 30%;

④对有抗渗要求的混凝土,不宜小于设计混凝土强度等级值的 60%;

⑤对有抗冻耐久性要求的混凝土,不宜小于设计混凝土强度等级值的 70%;

⑥当采用暖棚法施工的混凝土中掺入早强剂时,可按综合蓄热法受冻临界强度取值;

⑦当施工需要提高混凝土强度等级时,应按提高后的强度等级确定受冻临界强度。

2)混凝土工程冬期施工应按《建筑工程冬期施工规程》(JGJ/T 104—2011)附录 A 进行混凝土热工计算。

3)混凝土的配制宜选用硅酸盐水泥或普通硅酸盐水泥,并应符合下列规定:

①当采用蒸汽养护时,宜选用矿渣硅酸盐水泥;

②混凝土最小水泥用量不宜低于 280kg/m^3,水胶比不应大于 0.55;

③大体积混凝土的最小水泥用量,可根据实际情况决定;

④强度等级不大于 C15 的混凝土,其水胶比和最小水泥用量可不受以上限制。

4)拌制混凝土所用集料应清洁,不得含有冰、雪、冻块及其他易冻裂物质,掺加含有钾、钠离子的防冻剂混凝土,不得采用活性集料或在集料中混有此类物质的材料。

5)冬期施工混凝土选用外加剂应符合现行国家标准《混凝土外加剂应用技术规范》(GB 50119—2013)的相关规定。非加热养护法混凝土施工,所选用的外加剂应含有引气组分或掺入引气剂,含气量宜控制在 3.0%~5.0%。

6)钢筋混凝土掺用氯盐类防冻剂时,氯盐掺量不得大于水泥质量的 1.0%。掺用氯盐的混凝土应振捣密实,且不宜采用蒸汽养护。

7)在下列情况下,不得在钢筋混凝土结构中掺用氯盐:

①排出大量蒸汽的车间、浴池、游泳馆、洗衣房和经常处于空气相对湿度大于80%的房间以及有顶盖的钢筋混凝土蓄水池等在高湿度空气环境中使用的结构;

②处于水位升降部位的结构;

③露天结构或经常受雨、水淋的结构;

④有镀锌钢材或铝铁相接触部位的结构,和有外露钢筋、预埋件而无防护措施的结构;

⑤与含有酸、碱或硫酸盐等侵蚀介质相接触的结构;

⑥使用过程中经常处于环境温度为60℃以上的结构;

⑦使用冷拉钢筋或冷拔低碳钢丝的结构;

⑧薄壁结构,中级和重级工作制吊车梁、屋架、落锤或锻锤基础结构;

⑨电解车间和直接靠近直流电源的结构;

⑩直接靠近高压电源(发电站、变电所)的结构;

⑪预应力混凝土结构。

8)模板外和混凝土表面覆盖的保温层,不应采用潮湿态的材料,也不应将保温材料直接铺盖在潮湿的混凝土表面,新浇混凝土表面应铺一层塑料薄膜。

9)采用加热养护的整体结构,浇筑程序和施工缝位置的设置,应采取能防止产生较大温度应力的措施。当加热温度超过45℃时,应进行温度应力核算。

10)型钢混凝土组合结构,浇筑混凝土前应对型钢进行预热,预热温度宜大于混凝土入模温度,预热方法可按《建筑工程冬期施工规程》(JGJ/T 104—2011)6.5节相关规定进行。

(2)混凝土原材料加热、搅拌、运输和浇筑

1)混凝土原材料加热宜采用加热水的方法。当加热水仍不能满足要求时,可对集料进行加热。水、集料加热的最高温度应符合表3-36的规定。

当水和集料的温度仍不能满足热工计算要求时,可提高水温到100℃,但水泥不得与80℃以上的水直接接触。

表3-36 拌合水及集料加热最高温度

水泥强度等级	拌合水(℃)	集料(℃)
小于42.5	80	60
42.5、42.5R及以上	60	40

2)水加热宜采用蒸汽加热、电加热、汽水热交换罐或其他加热方法。水箱或水池容积及水温应能满足连续施工的要求。

3)砂加热应在开盘前进行,加热应均匀。当采用保温加热料斗时,宜配备两个,交替加热使用。每个料斗容积可根据机械安装高度和侧壁厚度等要求进行设计,每个斗的容量不宜小于$3.5m^3$。

预拌混凝土用砂,应提前备足料,运至有加热设施的保温封闭储料棚(室)或仓内备用。

4)水泥不得直接加热,袋装水泥使用前宜运入暖棚内存放。

5)混凝土搅拌的最短时间应符合表3-37的规定。

表 3-37　混凝土搅拌的最短时间

混凝土坍落度(mm)	搅拌机容积(L)	混凝土搅拌最短时间(s)
≤80	<250	90
≤80	250～500	135
≤80	>500	180
>80	<250	90
>80	250～500	135
>80	>500	135

注：采用自落式搅拌机时，应较上表搅拌时间延长 30～60s；采用预拌混凝土时，应较常温下预拌混凝土搅拌时间延长 15～30s。

6)混凝土在运输、浇筑过程中的温度和覆盖的保温材料，应按《建筑工程冬期施工规程》(JGJ/T 104—2011)附录 A 进行热工计算后确定，且入模温度不应低于 5℃。当不符合要求时，应采取措施进行调整。

7)混凝土运输与输送机具应进行保温或具有加热装置。泵送混凝土在浇筑前应对泵管进行保障，并应采用与施工混凝土同配比砂浆进行预热。

8)混凝土浇筑前，应清除模板和钢筋上的冰雪和污垢。

9)冬期不得在强冻胀性地基土上浇筑混凝土；在弱冻胀性地基土上浇筑混凝土时，基土不得受冻。在非冻胀性地基土上浇筑混凝土时，混凝土受冻临界强度应符合《建筑工程冬期施工规程》(JGJ/T 104—2011)6.1.1 的规定。

10)大体积混凝土分层浇筑时，已浇筑层的混凝土在未被上一层混凝土覆盖前，温度不应低于 2℃。采用加热法养护混凝土时，养护前的混凝土温度也不得低于 2℃。

(3)混凝土蓄热法和综合蓄热法养护

1)当室外最低温度不低于−15℃时，地面以上的工程，或表面系数不大于 $5m^{-1}$ 的结构，宜采用蓄热法养护。对结构易受冻的部位，应加强保温措施。

2)当室外最低气温不低于−15℃时，对于表面系数为 $5\sim15m^{-1}$ 的结构，宜采用综合蓄热法养护，围护层数散热系数宜控制在 $50\sim200kJ/(m^3 \cdot h \cdot K)$ 之间。

3)综合蓄热法施工的混凝土中应掺入早强剂或早强型复合外加剂，并应具有减水、引气作用。

4)混凝土浇筑后应采用塑料布等防水材料对裸露表面覆盖并保温。对边、棱角部位的保温层厚度应增大到面部位的 2～3 倍。混凝土在养护期间应防风、防失水。

(4)混凝土蒸汽养护法

1)混凝土蒸汽养护法可采用棚罩法、蒸汽套法、热模法、内部通汽法等方式进行，其适用范围应符合下列规定：

①棚罩法适用于预制梁、板、地下基础、沟道等；

②蒸汽套法适用于现浇梁、板、框架结构，墙、柱等；

③热模法适用于墙、柱及框架架构；

④内部通汽法适用于预制梁、柱、桁架，现浇梁、柱、框架单梁。

2)蒸汽养护法应采用低压饱和蒸汽，当工地有高压蒸汽时，应通过减压阀或过水装置后方可使用。

3)蒸汽养护的混凝土,采用普通硅酸盐水泥时最高养护温度不得超过80℃,采用矿渣硅酸盐水泥时可提高到85℃,但采用内部通汽法时,最高加热温度不应超过60℃。

4)整体浇筑的结构,采用蒸汽加热养护时,升温和降温速度不得超过表3-38的规定。

表3-38 蒸汽加热养护混凝土升温和降温速度

结构表面系数(m^{-1})	升温速度(℃/h)	降温速度(℃/h)
≥6	15	10
<6	10	5

5)蒸汽养护应包括升温—恒温—降温三个阶段,各阶段加热延续时间可根据养护结束时要求的强度确定。

6)采用蒸汽养护的混凝土,可掺入早强剂或非引气型减水剂。

7)蒸汽加热养护混凝土时,应排除冷凝水,并应防止渗入地基土中。当有蒸汽喷出口时,喷嘴与混凝土外露面的距离不得小于300mm。

(5)电加热法养护混凝土

1)电加热法养护混凝土的温度应符合表3-39的规定。

表3-39 电加热法养护混凝土的温度 (单位:℃)

水泥强度等级	结构表面系数(m^{-1})		
	<10	10~15	>15
32.5	70	50	45
42.5	40	40	35

注:采用红外线辐射加热时,其辐射表面温度可采用70~90℃。

2)电极加热法养护混凝土的适用范围宜符合表3-40的规定。

表3-40 电极加热法养护混凝土的适用范围

分类		常用电极规格	设置方法	适用范围
内部电极	棒形电极	φ6~12的钢筋短棒	混凝土浇筑后,将电极穿过模板或在混凝土表面插入混凝土体内	梁、柱,厚度大于150mm的板、墙及设备基础
	弦形电极	φ6~12的钢筋,长为2.0~2.5m	在浇筑混凝土前将电极装入,与结构纵向平行。电极两端弯成直角,由模板孔引出	含筋较少的墙、柱、梁、大型柱基础以及厚度大于200mm单侧配筋的板
表面电极		φ6钢筋或厚1~2mm,宽30~60mm的扁钢	电极固定在模板内侧,或装在混凝土的外表面	条形基础、墙及保护层大于50mm的大体积结构和地面等

3)混凝土采用电极加热法养护应符合下列规定:

①电路接好应经检查合格后方可合闸送电。当结构工程量较大,需边浇筑边通电时,应将钢筋接地线。电加热现场应设安全围栏。

②棒形和弦形电极应固定牢固,并不得与钢筋直接接触,电极与钢筋之间的距离应符合表

3-41 的规定;当因钢筋密度大而不能保证钢筋与电极之间的距离满足表 3-41 的规定时,应采取绝缘措施。

表 3-41　电极与钢筋之间的距离

工作电压(V)	最小距离(mm)
65.0	50～70
87.0	80～100
106.0	120～150

③电极加热法应采用交流电。电极的形式、尺寸、数量及配置应能保证混凝土各部位加热均匀,且应加热到设计的混凝土强度标准值的 50%。在电极附近的辐射半径方向每隔 10mm 距离的温度差不得超过 1℃。

④电极加热应在混凝土浇筑后立即送电,送电前混凝土表面应保温覆盖。混凝土在加热养护过程中,洒水应在断电后进行。

4)混凝土采用电热毯法养护应符合下列规定:

①电热毯宜由四层玻璃纤维布中间夹以电阻丝制成。其几何尺寸应根据混凝土表面或模板外侧与龙骨组成的区格大小确定。电热毯的电压宜为 60～80V,功率宜为 75～100W。

②布置电热毯时,在模板周边的各区格应连接布毯,中间区格可间隔布毯,并应与对面模板错开。电热毯外侧应设置岩棉板等性质的耐热保温材料。

③电热毯养护的通电持续时间应根据气温及养护温度确定,可采取分段、间断或连续通电养护工序。

5)混凝土采用工频涡流法养护应符合下列规定:

①工频涡流法养护的涡流管应采用钢管,其直径宜为 12.5mm,壁厚宜为 3mm。钢管内穿铝芯绝缘导线,其截面宜为 25～35mm^2,技术参数宜符合表 3-42 的规定。

表 3-42　工频涡流管技术参数

项　目	取　值
饱和电压降值(V/m)	1.05
饱和电流值(A)	200
钢管极限功率(W/m)	195
涡流管间距(mm)	150～250

②各种构件涡流模板的配置应通过热工计算确定,也可按下列规定配置:

a. 柱:四面配置;

b. 梁:当高宽比大于 2.5 时,侧模宜采用涡流模板,底模宜采用普通模板;当高宽比小于等于 2.5 时,侧模和底模皆宜采用涡流模板;

c. 墙板:距墙板底部 600mm 范围内,应在两侧对称拼装涡流板;600mm 以上部位,应在两侧采用涡流和普通钢模交错拼装,并应使涡流模板对应面为普通模板;

d. 梁、柱节点:可将涡流钢管插入节点内,钢管总长度应根据混凝土量按 6.0kW/m^3 功率计算;节点外围应保温养护。

③当采用工频涡流法养护时,各阶段送电功率应使预养与恒温阶段功率相同,升温阶段功率应大于预养阶段功率的2.2倍。预养、恒温阶段的变压器一次接线为Y形,升温阶段接线应为△形。

6)线圈感应加热法养护宜用于梁、柱结构,以及各种装配式钢筋混凝土结构的接头混凝土的加热养护;亦可用于型钢混凝土组合结构的钢体、密筋结构的钢筋和模板预热,以及受冻混凝土结构构件的解冻。

7)混凝土采用线圈感应加热养护应符合下列规定:

①变压器宜选择50kVA或100kVA低压加热变压器,电压宜在36~110V间调整。当混凝土量较少时,也可采用交流电焊机。变压器的容量宜比计算结果增加20%~30%。

②感应线圈宜选用截面面积为35mm²铝质或铜质电缆,加热主电缆的截面面积宜为150mm²,电流不宜超过400A。

③当缠绕感应线圈时,宜靠近钢模板。构件两端线圈导线的间距应比中间加密一倍,加密范围宜由端部开始向内至一个线圈直径的长度为止。端头应密缠5圈。

④最高电压值宜为80V,新电缆电压值可采用100V,但应确保接头绝缘。养护期间电流不得中断,并应防止混凝土受冻。

⑤通电后应采用钳形电流表和万能表随时检查测定电流,并应根据具体情况随时调整参数。

8)采用电热红外线加热器对混凝土进行辐射加热养护,宜用于薄壁钢筋混凝土结构和装配式钢筋混凝土结构接头处混凝土加热,加热温度应符合《建筑工程冬期施工规程》(JGJ/T 104—2011)第6.5.1条的规定。

(6)暖棚法施工

1)暖棚法施工适用于地下结构工程和混凝土构件比较集中的工程。

2)暖棚法施工应符合下列规定:

①应设专人监测混凝土及暖棚内温度,暖棚内各测点温度不得低于5℃。测温点应选择具有代表性位置进行布置,在离地面500mm高度处应设点,每昼夜测温不应少于4次。

②养护期间应监测暖棚内的相对湿度,混凝土不得有失水现象,否则应及时采取增湿措施或在混凝土表面洒水养护。

③暖棚的出入口应设专人管理,并应采取防止棚内温度下降或引起风口处混凝土受冻的措施。

④在混凝土养护期间应将烟或燃烧气体排至棚外,并应采取防止烟气中毒和防火的措施。

(7)负温养护法

1)混凝土负温养护法适用于不易加热保温,且对强度增长要求不高的一般混凝土结构工程。

2)负温养护法施工的混凝土,应以浇筑后5d内的预计日最低气温来选用防冻剂,起始养护温度不应低于5℃。

3)混凝土浇筑后,裸露表面应采取保湿措施;同时,应根据需要采取必要的保温覆盖措施。

4)负温养护法施工应按《建筑工程冬期施工规程》(JGJ/T 104—2011)第6.9.3条的规定加强测温;混凝土内部温度降到防冻剂规定温度之前,混凝土的抗压强度应符合《建筑工程冬期施工规程》(JGJ/T 104—2011)第6.1.1条的规定。

3.3.10 《大体积混凝土养护测温记录》监理单位审核

大体积混凝土养护测温记录 表 C5-10								资料编号			01—07—C5—×××	
工程名称			××大厦工程					施工单位			××建设集团有限公司	
测温部位			基础底板Ⓐ~Ⓔ/①~⑩轴			测温方式		玻璃温度计			养护方法	综合蓄热法
测温时间			大气温度(℃)	入模温度(℃)	孔号	各测温孔温度(℃)		$t_中 - t_上$ (℃)	$t_中 - t_下$ (℃)	$t_气 - t_上$ (℃)	内外最大温差记录(℃)	裂缝宽度(mm)
月	日	时										
3	18	20	9	13	25	上	18	0	2	9	9	
						中	18					
						下	16					
3	18	22	7	11	25	上	20	2	0	13	13	
						中	18					
						下	18					
3	18	22	7	11	14	上	16	2	0	9	11	
						中	18					
						下	18					
3	18	22	7	11	13	上	17	2	1	10	12	
						中	19					
						下	18					
3	18	22	7	11	24	上	16	2	2	9	15	无肉眼可见的异常裂缝
						中	18					
						下	22					
3	18	24	5	10	25	上	22	8	10	17	17	
						中	10					
						下	17					
3	18	24	5	10	14	上	18	1	1	13	15	
						中	19					
						下	20					
3	18	24	5	10	13	上	17	3	1	12	15	
						中	20					
						下	19					
3	18	24	5	10	1	上	16	2	0	11	13	
						中	18					
						下	18					
3	18	24	5	10	24	上	16	3	0	11	14	
						中	19					
						下	19					

审核意见:
混凝土测温点布置正确,测温措施控制严格,经测温计算各项数据符合设计及规范要求。

施工单位	××建设集团有限公司	
专业技术负责人	专业工长	测温员
×××	×××	×××

本表由施工单位填写。

"大体积混凝土养护测温记录"填写说明与依据

大体积混凝土施工时应进行测温,填写大体积混凝土养护测温记录,并附测温孔布置图。

一、表格解析

1. 责任部门
项目工程部。

2. 提交时限
按周或月提交。

二、填写依据

1. 规范名称
(1)《大体积混凝土施工规范》(GB 50496—2009);
(2)《混凝土结构工程施工质量验收规范》(GB 50204—2002,2010年版)。

2. 相关要求
(1)大体积混凝土浇筑体里表温差、降温速率及环境温度计温度应变的测试,在混凝土浇筑后,每昼夜不应少于4次;入模温度的测量,每台班不少于2次。

(2)温控指标宜符合下列规定:

1)混凝土浇筑体在入模温度基础上的温升值不宜大于50℃;

2)混凝土浇筑体的里表温差(不含混凝土收缩的当量温度)不宜大于25℃;

3)混凝土浇筑体的降温速率不宜大于2.0℃/d;

4)混凝土浇筑体表面与大气温差不宜大于20℃。

(3)大体积混凝土浇筑体内监测点的布置,应真实地反映出混凝土浇筑体内最高温升、里表温差、降温速率及环境温度,可按下列方式布置:

1)监测点的布置范围应以所选混凝土浇筑体平面图对称轴线的半条轴线为测试区,在测试区内监测点按平面分层布置;

2)在测试区内,监测点的位置与数量可根据混凝土浇筑体内温度场的分布情况及温控的要求确定;

3)在每条测试轴线上,监测点位不宜少于4处,应根据结构的几何尺寸布置;

4)沿混凝土浇筑体厚度方向,必须布置外表、底面和中心温度测点,其余测点宜按测点间距不大于600mm布置;

5)保温养护效果及环境温度监测点数量应根据具体需要确定;

6)混凝土浇筑体的外表温度,宜为混凝土外表以内50mm处的温度;

7)混凝土浇筑体底面的温度,宜为混凝土浇筑体底面上50mm处的温度。

3.3.11 《构件吊装记录》监理单位审核

构件吊装记录
表 C5-11

| 资料编号 | 02－01－C5－××× |

工程名称	××大厦工程		
使用部位	一层大厅	吊装日期	××年××月××日

序号	构件名称及编号	安装位置	安装检查				备注
			搁置与搭接尺寸	接头(点)处理	固定方法	标高检查	
1	钢梁 GL2c	Ⓔ～Ⓕ/④～⑤轴	合格	喷砂	高强度螺栓	合格	
2	钢梁 GL2b	Ⓖ～Ⓗ/④～⑤轴	合格	喷砂	高强度螺栓	合格	
3	钢梁 GL2	Ⓖ～Ⓗ/④～⑤轴	合格	喷砂	高强度螺栓	合格	
4	钢梁 GL2a	Ⓖ～Ⓗ/④～⑤轴	合格	喷砂	高强度螺栓	合格	

结论：
合格

施工单位	××钢结构工程有限公司	
专业技术负责人	专业质检员	记录人
×××	×××	×××

本表由施工单位填写。

"构件吊装记录"填写说明与依据

"构件吊装记录"适用于大型预制混凝土构件、钢构件、木构件的安装。吊装记录内容包括构件名称、安装位置、搁置与搭接长度、接头处理、固定方法、标高等。

一、表格解析

1. 责任部门

项目工程部。

2. 提交时限

吊装期间按周或月提交。

3. 填写要点

(1)"安装位置"栏:用轴线号表示。

(2)"搁置与搭接尺寸"栏:构件在支座上的搭接尺寸。

(3)"接头(点)处理"栏:吊装节点的具体处理方式。

(4)"固定方法"栏:应填写与结构的连接方法。

(5)"标高检查"栏:构件底部标高的检查。

(6)"备注"栏:可注明安装过程出现的问题、如何处理以及质量情况等。质量情况包括构件外观质量及吊装节点处理的质量情况。

二、填写依据

1. 规范名称

(1)《钢结构工程施工质量验收规范》(GB 50205—2001);

(2)《混凝土结构工程施工质量验收规范》(GB 50204—2002,2010年版)。

2. 相关要求

(1)混凝土构件安装。

1)预制构件吊装前,应按设计要求在构件和相应的支承结构上标志中心线、标高等控制尺寸,按标准图或设计文件校核预埋件及连接钢筋等,并作出标志。

2)预制构件应按标准图或设计的要求吊装。起吊时绳索与构件水平面的夹角不宜小于45°,否则应采用吊架或经验算确定。

3)预制构件安装就位后,应采取保证构件稳定的临时固定措施,并应根据水准点和轴线校正位置。

4)装配式结构中的接头和拼缝应符合设计要求;当设计无具体要求时,应符合下列规定:

①对承受内力的接头和拼缝应采用混凝土浇筑,其强度等级应比构件混凝土强度等级提高一级。

②对不承受内力的接头和拼缝应采用混凝土或砂浆浇筑,其强度等级不应低于C15或M15。

③用于接头和拼缝的混凝土或砂浆,宜采取微膨胀措施和快硬措施,在浇筑过程中应振捣密实,并应采取必要的养护措施。

(2)钢构件安装见《钢结构工程施工质量验收规范》(GB 50205—2001)相关规定。

3.3.12 《焊接材料烘焙记录》监理单位审核

焊接材料烘焙记录 表 C5-12							资料编号		02－03－C5－×××	
工程名称				××大厦工程						
焊材牌号	J426 E4316		规格(mm)	φ4.0		焊材厂家			××材料厂	
钢材材质	××		烘焙方法	电炉烘干法		烘焙日期			××年××月××日	
序号	施焊部位	烘焙数量(kg)	烘焙要求		实际烘焙			保温要求		备注
			烘干温度(℃)	烘干时间(h)	烘焙日期	从时分	至时分	降至恒温(℃)	保温时间(h)	
1	④~⑦/ⓒ~ⓕ轴 84.500~88.200m	30	350	0.5	××年××月××日	6:00	6:30	110	2	
2	④~⑦/ⓒ~ⓕ轴 84.500~88.200m	30	350	0.5	××年××月××日	6:30	7:00	110	2	
3	④~⑦/ⓒ~ⓕ轴 84.500~88.200m	30	350	0.5	××年××月××日	7:00	7:30	110	2	
4	④~⑦/ⓒ~ⓕ轴 84.500~88.200m	30	350	0.5	××年××月××日	7:30	8:00	110	2	
5	④~⑦/ⓒ~ⓕ轴 84.500~88.200m	30	350	0.5	××年××月××日	8:00	8:30	110	2	
6	④~⑦/ⓒ~ⓕ轴 84.500~88.200m	30	350	0.5	××年××月××日	8:30	9:00	110	2	
说明： 1. 焊接、焊条等在使用前,应按产品说明书及有关工艺文件规定的技术要求进行烘干。 2. 焊接材料烘干后应存放在保温箱内,随用随取,焊条由保温箱(筒)取出到施焊的时间不得超过 2h,酸性焊条不宜超过 4h。低氢型焊条烘干温度应为 350～380℃。										
施工单位			××建设集团有限公司							
专业技术负责人			专业质检员				记录人			
×××			×××				×××			

本表由施工单位填写。

"焊接材料烘焙记录"填写说明与依据

焊条、熔嘴、焊剂和药芯焊丝等在使用前,必须按产品使用说明书及有关工艺文件的规定进行烘干,对其烘焙过程进行记录。烘焙记录内容包括:烘焙方法、烘干温度、烘干时间、实际烘焙时间和保温要求等。

一、表格解析

1. 责任部门

项目工程部。

2. 提交时限

焊材使用前填写完成。

二、填写依据

1. 规范名称

《钢结构工程施工质量验收规范》(GB 50205—2001)。

2. 相关要求

(1)低氢型焊条烘干温度应为 350~380℃,保温时间应为 1.5~2h,烘干后应缓冷放置于 110~120℃ 的保温箱中存放、待用;使用时应放置于保温筒中;烘干后的低氢型焊条在大气中放置时间超过 4h 应重新烘干;焊条重复烘干次数不宜超过 2 次;受潮的焊条不应使用。

(2)对于酸性焊条,在焊接规程中没有明确规定。一般对于未受潮的酸性焊条可以不烘焙,但现场施工条件有限,焊条存放容易受潮,对受潮的酸性焊条应进行烘干,烘干温度 150℃ 左右,烘干时间 1.5~2h。含有纤维素型焊条(如 J 425)的烘干温度应控制在 100~120℃ 左右。

(3)烘焙记录应由现场焊接操作人员进行记录。

3.3.13 《地下工程防水效果检查记录》监理单位审核

地下工程防水效果检查记录 表 C5-13		资料编号	01-07-C5-×××
工程名称	××大厦		
检查部位	地下室结构背水面	检查日期	××年××月××日
检查方法及内容： 4月8日9:00在混凝土接槎处及背水墙面等部位粘贴报纸,经过48h后,于4月10日9:00检查人员用干手触摸粘贴报纸处混凝土墙面,无水分湿润感觉,报纸无潮湿。地下室混凝土结构背水面,无明显色泽变化和潮湿现象。			
检查结果： 经检查,地下室结构背水面无湿渍及渗水现象,观感质量合格,符合设计要求和《地下防水工程质量验收规范》(GB 50208—2011)规定。			
复查意见： 复查人：　　　　　　　复查日期：			

签字栏	施工单位	××建设集团有限公司	专业技术负责人	专业质检员	专业工长
			×××	×××	×××
	监理(建设)单位	××工程建设监理有限公司	专业工程师	×××	

本表由施工单位填写。

"地下工程防水效果检查记录"填写说明与依据

地下工程验收时,应对地下工程有无渗漏现象进行检查,填写地下工程防水效果检查记录表,检查内容包括:裂缝、渗漏部位、大小,渗漏情况和处理意见等。

一、表格解析

1. 责任部门

项目工程部。

2. 提交时限

检查通过当日内完成地下防水工程验收前提交。

二、填写依据

1. 规范名称

《地下防水工程质量验收规范》(GB 50208—2011)。

2. 相关要求

(1)检查地下防水工程渗漏水量,应符合地下工程防水等级标准的规定,见表3-43。

表3-43 地下工程防水等级标准

防水等级	防 水 标 准
一级	不允许渗水,结构表面无湿渍
二级	不允许漏水,结构表面可有少量湿渍; 房屋建筑地下工程:总湿渍面积不应大于总防水面积(包括顶板、墙面、地面)的1/1000;任意100m² 防水面积上的湿渍不超过两处,单个湿渍的最大面积不大于0.1m²; 其他地下工程:总湿渍面积不应大于总防水面积的2/1000;任意100m² 防水面积上的湿渍不超过3处,单个湿渍的最大面积不大于0.2m²;其中,隧道工程平均渗水量不大于0.05L/(m²·d),任意100m² 防水面积上的渗水量不大于0.15L/(m²·d)
三级	有少量漏水点,不得有线流和漏泥砂; 任意100m² 防水面积上的漏水或湿渍点数不超过7处,单个漏水点的最大漏水量不大于2.5L/d,单个湿渍的最大面积不大于0.3m²
四级	有漏水点,不得有线流和漏泥砂; 整个工程平均漏水量不大于2L/(m²·d),任意100m² 防水面积的平均漏水量不大于4L/(m²·d)

(2)地下工程渗漏水调查与检测。

1)渗漏水调查

①明挖法地下工程应在混凝土结构和防水层验收合格以及回填土完成后,即可停止降水;待地下水位恢复至自然水位且趋向稳定时,方可进行地下工程渗漏水调查。

②地下防水工程质量验收时,施工单位必须提供"结构内表面的渗漏水展开图"。

③房屋建筑地下工程应调查混凝土结构内表面的侧墙和底板。地下商场、地铁车站、军事地下库等单建式地下工程,应调查混凝土结构内表面的侧墙、底板和顶板。

④施工单位应在"结构内表面的渗漏水展开图"上标示下列内容:

a. 发现的裂缝位置、宽度、长度和渗漏水现象;

b. 经堵漏及补强的原渗漏水部位;

c. 符合防水等级标准的渗漏水位置。

⑤渗漏水现象的定义和标识符号，可按表 3-44 选用。

表 3-44　渗漏水现象的定义和标识符号

渗漏水现象	定　义	标识符号
湿渍	地下混凝土结构背水面，呈现明显色泽变化的潮湿斑	♯
渗水	地下混凝土结构背水面有水渗出，墙壁上可观察到明显的流挂水迹	○
水珠	地下混凝土结构背水面的顶板或拱顶，可观察到悬垂的水珠，其滴落间隔时间超过 1min	◇
滴漏	地下混凝土结构背水面的顶板（拱顶），渗漏水的滴落速度至少为 1 滴/min	▽
线漏	地下混凝土结构背水面，呈渗漏成线或喷水状态	↓

⑥"结构内表面的渗漏水展开图"应经检查、核对后，施工单位归入竣工验收资料。

2）渗漏水检测

①当被验收的地下工程有结露现象时，不宜进行渗漏水检测。

②渗漏水检测工具宜按表 3-45 使用。

表 3-45　渗漏水检测工具

名称	用途
0.5～1m 钢直尺	量测混凝土湿渍、渗水范围
精度为 0.1mm 的钢尺	量测混凝土裂缝宽度
放大镜	观测混凝土裂缝
有刻度的塑料量筒	量测滴水量
秒表	量测渗漏水滴落速度
吸墨纸或报纸	检验湿渍与渗水
粉笔	在混凝土上用粉笔勾画湿渍、渗水范围
工作登高扶梯	顶板渗漏水，混凝土裂缝检查
带有密封缘口的规定尺寸方框	量测明显滴漏和连续渗流，根据工程需要可自行设计

③房屋建筑地下工程渗漏水检测应符合下列规定：

a. 湿渍检测时，检查人员用干手触摸湿斑，无水分浸润感觉。用吸墨纸或报纸贴附，纸不变颜色。要用粉笔勾画出湿渍范围，然后用钢尺测量并计算面积，标示在"结构内表面的渗漏水展开图"上。

b. 渗水检测时，检查人员用干手触摸可感觉到水分浸润，手上会沾有水分。用吸墨纸或报纸贴附，纸会浸润变颜色。要用粉笔勾画出渗水范围，然后用钢尺测量并计算面积，标示在"结构内表面的渗漏水展开图"上。

c. 通过集水井积水，检测在设定时间内的水位上升数值，计算渗漏水量。

④隧道工程渗漏水检测应符合下列规定：

a.隧道工程的湿渍和渗水应按房屋建筑地下工程渗漏水检测。

b.隧道上半部的明显滴漏和连续渗流,可直接用有刻度的容器收集量测,或用带有密封缘口的规定尺寸方框,安装在规定量测的隧道内表面,将渗漏水导入量测容器内,然后计算24h的渗漏水量,标示在"结构内表面的渗漏水展开图"上。

c.若检测器具或登高有困难时,允许通过目测计取每分钟或数分钟内的滴落数目,计算出该点的渗漏量。通常,当滴落速度3～4滴/min时,24h的渗水量就是1L。当滴落速度大于300滴/min,则形成连续线流。

d.为使不同施工方法、不同长度和断面尺寸隧道的渗漏水状况能够相互加以比较,必须确定一个具有代表性的标准单位。渗漏水量的单位通常使用"$L/(m^2 \cdot d)$"。

e.未实施机电设备安装的区间隧道验收,隧道内表面的计算应为横断面的内径周长乘以隧道长度,对盾构法隧道不计取管片嵌缝槽、螺栓孔盒子凹进部位等实际面积。完成了机电设备安装的隧道系统验收,隧道内表面积的计算应为横断面的内径周长乘以隧道长度,不计取凹槽、道床、排水沟等实际面积。

f.隧道渗漏水量的计算可通过集水井积水,检测在设定时间内的水位上升数值,计算渗漏水量;或通过隧道最低处积水,检测在设定时间内的水位上升数值,计算渗漏水量;或通过隧道内设量水堰,检测在设定时间内的水流量,计算渗漏水量;或者通过隧道专用排水泵运转,检测在设定时间内的排水量,计算渗漏水量。

3.3.14 《防水工程试水检查记录》监理单位审核

防水工程试水检查记录 表 C5-14		资料编号	03－01－C5－012
工程名称	××办公楼工程		
检查部位	首层卫生间地面	检查日期	××年××月××日
检查方式	☑第一次蓄水　　□第二次蓄水	蓄水时间	从 ××年××月××日 ××时 至 ××年××月××日 ××时
	□淋水　　□雨期观察		
检查方法及内容： 　　首层卫生间地面第一次蓄水试验：在门口处用水泥砂浆做挡水墙，地漏周围挡高5cm，用球塞（或棉丝）把地漏堵严密且不影响试水，然后进行蓄水，蓄水最浅水位为20mm，蓄水时间为24h。 　　检查方法：在地下一层查看管根、墙体砖面、顶板是否有渗漏水现象。			
检查结果： 　　经检查，卫生间第一次蓄水试验无渗漏现象，检查合格，符合规范要求。			
复查意见： 　　　　　　　　　　　复查人：　　　　　　　　　　　　复查日期：			
签字栏	施工单位	××建设集团 有限公司	专业技术负责人	专业质检员	专业工长
			×××	×××	×××
	监理（建设）单位	××工程建设监理有限公司	专业工程师		×××

本表由施工单位填写。

防水工程试水检查记录
表 C5-14

资料编号	04－03－C5－002

工程名称	××办公楼工程		
检查部位	屋面(十一层顶板) ⑨～⑬/Ⓐ～Ⓓ轴、④～⑪/Ⓔ～Ⓕ轴	检查日期	××年××月××日
检查方式	□第一次蓄水　　□第二次蓄水	蓄水时间	从 ×× 年 ×× 月 ×× 日 ×× 时 至 ×× 年 ×× 月 ×× 日 ×× 时
	☑淋水　　□雨期观察		

检查方法及内容：
1. 沿屋脊方向布置与屋脊同长度的花管(钢管直径 38mm 左右,管上部钻 3～5mm 的孔,布置两排,孔距 80～100mm),用有压力的自来水管接通进行淋水(呈人工降水状)。
2. 高出屋面的烟道、风道、出气管、女儿墙、出入孔等突出屋面的部分泛水,防水层上口布设淋水管。
3. 淋水时间为 2h15min。

检查结果：
对所有顶层房间进行逐间检查,无渗漏现象。符合设计要求及规范规定,合格。

复查意见：

复查人：　　　　　　　　　复查日期：

签字栏	施工单位	××建设集团 有限公司	专业技术负责人	专业质检员	专业工长
			×××	×××	×××
	监理(建设) 单位	××工程建设监理有限公司	**专业工程师**		×××

本表由施工单位填写。

"防水工程试水检查记录"填写说明与依据

一、表格解析

1. 责任部门

项目工程部。

2. 提交时限

检查通过当日内完成。

二、填写依据

1. 规范名称

(1)《建筑装饰装修工程质量验收规范》(GB 50210—2001);

(2)《屋面工程质量验收规范》(GB 50207—2012)。

2. 相关要求

(1)蓄水试验记录。

1)厕浴间蓄水试验方法及要求

凡厕浴间等有防水要求的房间必须有防水层及安装后蓄水检验记录,卫生器具安装完后应做100%的二次蓄水试验。蓄水时间不少于24h,蓄水最浅水位不应低于20mm。

2)屋面蓄水试验方法及要求

有女儿墙的屋面防水工程,能做蓄水试验的宜做蓄水检验。蓄水试验应在防水层施工完成并验收后进行。将水落口用球塞堵严密,且不影响试水。蓄水深度最浅处不应小于20mm,蓄水时间为24h。

(2)淋水试验记录

1)外墙淋水试验方法及要求

预制外墙板板缝,应有2h的淋水无渗漏试验记录。

预制外墙板板缝淋水数量为每道墙面不少于10%~20%的缝,且不少于一条缝。试验时在屋檐下竖缝处1.0m宽范围内淋水,应形成水幕。淋水时间为2h,试验时气温在+5℃以上。

2)屋面淋水试验方法及要求

高出屋面的烟、风道、出气管、女儿墙、出入孔根部防水层上口应做淋水试验。屋面防水层应进行持续2h淋水试验。沿屋脊方向布置与屋脊同长度的花管(钢管直径38cm左右,管上部钻3~5mm的孔,布置两排,孔距80~100mm左右),用有压力的自来水管接通进行淋水(呈人工降水状)。风道、出气管、女儿墙、出入孔根部防水层上口应做淋水试验,并做好记录。

(3)雨季观察记录。

冬季施工的工程,应在来年雨季之前补作淋水、蓄水试验,或做好雨季观察记录。

记录主要包括:降雨级数、次数、降雨时间、检查结果、检查日期及检查人。

(4)不具备蓄水和淋水试验条件的要求。

对于不具备全部屋面进行蓄水和淋水试验条件的屋面防水工程,除做好雨季观察记录外,对屋面细部、节点的防水应进行局部蓄水和淋水试验。

(5)水落口应做蓄水检验,时间不少于2h。

(6)女儿墙、出屋面管道、烟(风)道防水卷材上卷部位等应做淋水试验,时间不少于2h。

3.3.15 《通风(烟)道检查记录》监理单位审核

通风(烟)道检查记录
表 C5-15

工程名称	××办公楼工程		检查日期		××年××月××日	
检查部位和检查结果					检查人	复检人
检查部位	主烟(风)道		副烟(风)道			
	烟道	风道	烟道	风道		
××××轴	√	√	—	—	×××	
××××轴	√	√	—	—	×××	
××××轴	×(√)	√	—	—	×××	×××
××××轴	√	√	—	—	×××	
××××轴	√	√	—	—	×××	
施工单位	××建设集团有限公司					
专业技术负责人		专业质检员			专业工长	
×××		×××			×××	

资料编号: 00-00-C5-002

注:1. 主烟(风)道可先检查,检查部位按轴线记录;副烟(风)道可按户门编号记录。
2. 检查合格记(√),不合格记(×)。
3. 第一次检查不合格记(×),复查合格后在(×)后面记录(√)。

本表由施工单位填写。

"通风(烟)道检查记录"填写说明与依据

建筑通风道(烟道)应全数做通(抽)风和漏风、串风试验,并填写通风(烟)道检查记录表。

1. 责任部门

项目工程部。

2. 提交时限

检查通过当日内完成。

3. 填写要点

(1)主烟(风)道可先检查,检查部位按轴线记录;副烟(风)道可按户门编号记录。

(2)检查合格记(√),不合格记(×)。

(3)第一次检查不合格记录(×),复查合格后在(×)后面记录(√)。

3.3.16 《预应力筋张拉记录》监理单位审核

预应力筋张拉记录(一) 表 C5-16		资料编号	02—01—C5—×××
工程名称	××大厦工程	张拉日期	××年××月××日
施工部位	地上二层预应力板筋⑤~⑥轴	预应力筋规格及抗拉强度	φ15.24mm 1860MPa
预应力张拉程序及平面示意图： 1. 清理张拉端、巢穴混凝土→安装锚具→安装千斤顶→锚具自锁； 2. 平面示意图(略)。 □有 ☑无附页			
张拉端锚具类型	YM15-1J 单孔锚具	固定端锚具类型	DZM15-1P 挤压锚具
设计控制应力	1395MPa	实际张拉力	201.2kN
千斤顶编号	3#	压力表编号	051007 读数:43.3MPa
	—		—
混凝土设计强度	C40	张拉时混凝土实际强度	30.0MPa
预应力筋计算伸长值： ⑦:4.4cm ⑫:5.5cm ⑬:5.6cm ⑭:7.7cm			
预应力筋伸长值范围： ⑦:(4.1~4.6)cm ⑫:(5.2~5.8)cm ⑬:(5.3~5.9)cm ⑭:(7.2~8.2)cm			
施工单位	××预应力工程有限公司		
专业技术负责人	专业质检员		记录人
×××	×××		×××

本表由施工单位填写。

预应力筋张拉记录(二)

表 C5-16

资料编号	02-01-C5-×××

工程名称	××大厦工程	张拉日期	××年××月××日
施工部位	地上二层预应力板筋⑤~⑥轴		

张拉顺序编号	计算值	预应力筋张拉伸长实测值(cm)						总伸长	备注
		一端张拉			另一端张拉				
		原长 L_1	实长 L_2	伸长 ΔL	原长 L_1'	实长 L_2'	伸长 $\Delta L'$		
T1	/	1325	1587	262	1325	1678	353	600	回缩15
T2	/	1325	1612	287	1325	1656	331	603	回缩15
T3	/	1325	1663	338	1325	1602	277	600	回缩15

☑有 □无见证	见证单位	××工程建设监理有限公司	见证人	×××
施工单位		××建设集团有限公司		
专业技术负责人		专业质检员	记录人	
×××		×××	×××	

本表由施工单位填写。

"预应力筋张拉记录"填写说明与依据

预应力工程施加预应力时应填写预应力筋张拉记录表。

一、表格解析

1. 责任部门
专业分包单位。

2. 提交时限
张拉结束后的 2d 内完成,预应力张拉检验批验收前 1d 提交。

二、填写依据

1. 规范名称
(1)《混凝土结构工程施工质量验收规程》(DBJ 01—82—2005);
(2)《混凝土结构工程施工质量验收规范》(GB 50204—2002,2010 年版)。

2. 相关要求
(1)一般规定

1)后张法预应力工程的施工应由具有相应资质等级的预应力专业施工单位承担。张拉操作人员必须经过培训考核,并具备张拉施工操作人员资格。

2)预应力筋张拉机具设备及仪表,应定期维护和校验。张拉设备应配套标定,并配套使用。张拉设备的标定期限不应超过半年。当在使用过程中出现反常现象时或在千斤顶检修后,应重新标定。

注:1. 张拉设备标定时,千斤顶活塞的运行方向应与实际张拉工作状态一致;
  2. 压力表的精度不应低于 1.5 级,标定张拉设备用的试验机或测力计精度不应低于 ±2%。

(2)张拉与放张

1)预应力筋张拉或放张时,混凝土强度应符合设计要求;当设计无具体要求时,不应低于设计的混凝土立方体抗压强度标准值的 75%。

2)张拉设备应经校验、千斤顶和油压计量检定合格。

3)预应力筋的张拉力、张拉或放张顺序及张拉工艺应符合设计及施工技术方案规定的操作程序要求,严格控制张拉操作质量,并有张拉记录,且应符合下列规定:

①当施工需要超张拉时,最大张拉应力不应大于国家现行标准《混凝土结构设计规范》(GB 50010—2010)的规定。

②张拉工艺应能保证同一束中各根预应力筋的应力均匀一致。

③后张法施工中,当预应力筋是逐根或逐束张拉时,应保证各阶段不出现对结构不利的应力状态;同时宜考虑后批张拉预应力筋所产生的结构构件的弹性压缩对先批张拉预应力筋的影响,确定张拉力。

④先张法预应力筋放张时,宜缓慢放松锚固装置,使各根预应力筋同时缓慢放松。

⑤当采用应力控制方法张拉时,应校核预应力筋的伸长值。实际伸长值与设计计算理论伸长值的相对允许偏差为 ±6%。

4)预应力筋张拉锚固后实际建立的预应力值与工程设计规定检验值的相对允许偏差为 ±5%。

5)张拉过程中应避免预应力筋断裂或滑脱;当发生断裂或滑脱时,必须符合下列规定:

①对后张法预应力结构构件,断裂或滑脱的数量严禁超过同一截面预应力筋总根数的 3%,

且每束钢丝不得超过一根;对多跨双向连续板其同一截面应按每跨计算。

②对先张法预应力构件,在浇筑混凝土前发生断裂或滑脱的预应力筋必须予以更换。

6)锚固阶段张拉端预应力筋的内缩量应符合设计要求;当设计无具体要求时,应符合表3-46的规定。

表3-46 张拉端预应力筋的内缩量限值

锚具类别		内缩量限值(mm)
支承式锚具(镦头锚具等)	螺帽缝隙	1
	每块后加垫板的缝隙	1
锥塞式锚具		5
夹片式锚具	有顶压	6
	无顶压	6~8

7)先张法预应力筋张拉后与设计位置的偏差不得大于5mm,且不得大于构件截面短边边长的4%。

3.3.17 《有粘结预应力结构灌浆记录》监理单位审核

有粘结预应力结构灌浆记录 表 C5-17			资料编号	02-01-C5-×××
工程名称	××综合楼工程		灌浆日期	××年××月××日
施工部位	首层①-①~①-⑪/①-Ⓐ~①-Ⓕ轴预应力框架梁			
灌浆配合比	0.35		灌浆要求压力值	0.4~0.6MPa
水泥强度等级	P·O 42.5	进厂日期 ××年××月××日	复试报告编号	2014-0208

灌浆点简图及需说明的事项：
1. 灌浆点编号由梁号、预应力筋编号和每道梁中对应的孔道顺序号组成；
2. 灌浆点简图：

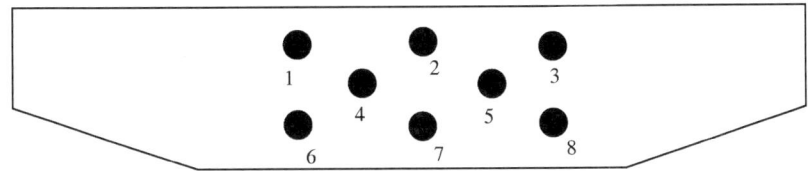

灌浆点编号	灌浆压力值（MPa）	灌浆量（升）	灌浆点编号	灌浆压力值（MPa）	灌浆量（升）
YKL-2-1①	0.44	93.6			
YKL-2-2②	0.46	93.5			
YKL-2-3③	0.40	91.9			
YKL-2-3④	0.44	71.1			
YKL-2-4⑤	0.46	72.3			
YKL-2-4⑥	0.42	91.0			
YKL-2-5⑦	0.44	93.7			
YKL-2-6⑧	0.40	90.5			

备注：

施工单位	××预应力工程有限公司	
专业技术负责人	专业质检员	记录人
×××	×××	×××

本表由施工单位填写。

"有粘结预应力结构灌浆记录"填写说明与依据

预应力筋张拉后,孔道应及时灌浆,孔道灌浆时应填写有粘结预应力结构灌浆记录。

一、表格解析

1. 责任部门

专业分包单位。

2. 提交时限

灌浆结束后的 2d 内完成,预应力灌浆检验批验收前提交。

二、填写依据

1. 规范名称

《混凝土结构工程施工质量验收规范》(GB 50204—2002,2010 年版)。

2. 相关要求

(1)后张法有粘结预应力筋张拉后应尽早进行孔道灌浆,孔道内水泥浆应饱满、密实。

(2)锚具的封闭保护应符合设计要求。当设计无具体要求时,应符合下列规定:

1)应采取防止锚具腐蚀和遭受机械损伤的有效措施;

2)凸出式锚固端锚具的保护层厚度不应小于 50mm;

3)外露预应力筋的保护层厚度:处于正常环境时,不应小于 20mm;处于易受腐蚀的环境时,不应小于 50mm。

(3)后张法预应力筋锚固后的外露部分宜采用机械方法切割,其外露长度不宜小于预应力筋直径的 1.5 倍,且不宜小于 30mm。

(4)灌浆用水泥浆的水灰比不应大于 0.45,搅拌后 3h 泌水率不宜大于 2%,且不应大于 3%。泌水应能在 24h 内全部重新被水泥浆吸收。

(5)灌浆用水泥浆的抗压强度不应小于 $30N/mm^2$。

(6)一组试件由 6 个试件组成。试件应标准养护 28d;抗压强度为一组试件的平均值,当一组试件中抗压强度最大值或最小值与平均值相差超过 20% 时,应取中间 4 个试件强度的平均值。

3.3.18 《施工检查记录》监理单位审核

施工检查记录(通用)
表 C5-19

资料编号	02—02—C5—002

工程名称	××办公楼工程	检查项目	砌筑
检查部位	二层①~⑬/Ⓐ~Ⓖ轴砌体	检查日期	××年×月×日

检查依据：
1. 施工图纸：建施—1、建施—7。
2. 《砌体结构工程施工质量验收规范》(GB 50203—2011)。
3. 《混凝土小型空心砌块建筑技术规程》(JGJ/T 14—2011)。

检查内容：
1. 轻集料混凝土小型空心砌块有合格证、检验报告、复试报告，合格；其品种、强度等级符合设计要求，规格为 390mm×140mm×190mm、390mm×190mm×190mm、390mm×240mm×190mm 等。
2. 砂浆的品种符合设计要求，强度等级达到 M5。
3. 底部采用 150mm 高 C20 混凝土，拉结筋每 500mm 设置一道，2φ6，通长设置；构造柱、圈梁、板带的设置均符合设计要求。
4. 砌体水平、竖向灰缝的砂浆饱满，水平灰缝为 8mm~12mm，竖向灰缝为 20mm，上下砌块错缝，没有瞎缝、透明缝。有构造柱的地方留马牙槎。
5. 预埋木砖、预埋件符合要求。
6. 砌块墙表面平整度、垂直度、轴线、位置、门窗洞口大小符合设计和规范要求。

检查结论：
经检查，符合设计要求和《砌体结构工程施工质量验收规范》(GB 50203—2011)的规定。

复查意见：

	复查人：	复查日期：	
施工单位	××建设集团有限公司		
专业技术负责人	专业质检员		专业工长
×××	×××		×××

本表由施工单位填写。

施工检查记录(通用) 表 C5-19		资料编号	03-01-C5-001
工程名称	××办公楼工程	检查项目	地面工程（实木复合地板面层）
检查部位	首层接待室地面⑥~⑦/Ⓔ~Ⓕ轴	检查日期	××年××月××日

检查依据：
1. 施工图纸：装施－1、装施－3。
2. 《建筑地面工程施工质量验收规范》(GB 50209－2010)。

检查内容：
1. 实木复合地板、胶有合格证、检验报告，合格；其品种、规格、性能指标符合设计要求。木材的材质和铺设时的含水率符合《木结构工程施工质量验收规范》(GB 50206－2012)的有关规定。
2. 木板面层铺钉牢固，无松动。
3. 木板和拼花木板面层刨平磨光，无刨痕戗茬和毛刺等现象，图案清晰美观，清油面层颜色均匀一致。
4. 条形木板面层，接缝严密，接头位置错开，表面洁净，拼缝平直方正。
5. 拼花木板面层，接缝严密，粘钉牢固，表面洁净，粘结无溢胶，板块排列合理、美观，镶边宽度周边一致。
6. 踢脚线的铺设，接缝严密，表面平整光滑，高度、出墙厚度一致，接缝排列合理美观，上口平直，割角准确。
7. 木地板烫硬蜡、擦软蜡，蜡洒布均匀不露底，光滑明亮，色泽一致，厚薄均匀，木纹清晰，表面洁净。

检查结论：
经检查：符合设计要求和《建筑地面工程施工质量验收规范》(GB 50209－2010)的规定。

复查意见：

复查人：	复查日期：	
施工单位	××建设集团有限公司	
专业技术负责人	专业质检员	专业工长
×××	×××	×××

本表由施工单位填写。

"施工检查记录"填写说明与依据

按照现行规范要求应进行施工检查的重要工序,且无相应施工记录表格的,应填写本表,本表适用于各专业。

一、表格解析

1. 责任部门

项目工程部、项目技术部。

2. 提交时限

检查合格后1d内完成,检验批验收前提交。

二、填写依据

1. 规范名称

《建筑工程资料管理规程》(DB11/T 695—2009)。

2. 相关要求

(1)《建筑工程资料管理规程》(DB11/T 695—2009)中取消了"预检记录"这张表格,以前工程管理中需要填写"预检记录"的项目,现在填写"施工通用记录"表,应检查内容不变。

(2)对于施工过程中影响质量、观感、安装、人身安全的工序,尤其是建筑与结构工程中的砌筑工程、装饰装修工程等应在过程中做好过程控制检查并填写本表。

以下是以装饰装修为例,讲解此表的填写内容。

1)地面工程施工检查内容

检查基层标高、坡度、厚度是否符合设计要求,表面是否平整、坚硬、密实、洁净、干燥,是否有起砂、空鼓、裂缝等缺陷。

①厕浴间、厨房和有排水(或其他液体)要求的建筑地面面层与相连接各类面层的标高差应符合设计要求。

②楼梯踏步的宽度、高度应符合设计要求。楼梯阶段相邻踏步高度差不应大于10mm,每踏步两端宽度差不应大于10mm。

2)抹灰工程施工检查内容

检查抹灰基层表面尘土、污垢、油渍等是否清除干净,并洒水湿润;抹灰层是否有脱层、空鼓,面层是否有爆灰和裂缝;抹灰层总厚度是否符合设计要求。

3)门窗工程施工检查内容

检查门窗洞口位置、尺寸;窗扇应开关灵活、关闭严密、位置正确,功能应满足使用要求。

4)吊顶工程施工检查内容

检查标高、尺寸、起拱和造型等是否符合设计要求。龙骨架构排列是否整齐顺直、表面是否平整。

5)轻质隔墙工程施工检查内容

检查安装应垂直、平整、位置正确,表面平整光滑、色泽一致、洁净,接缝均匀、顺直。

6)饰面板(砖)工程施工检查内容

检查基层表面是否坚实、平整、干净;抹灰层是否有脱层、空鼓。以涂料为饰面的金属板基层表面不得有油污、锈斑、鱼鳞皮、焊渣和毛刺,并应进行除锈、防锈处理;以清漆为饰面的木质基层表面应平整光滑、颜色协调一致,表面无污染、裂缝、残缺等缺陷。接缝、嵌缝做法符合设计要求。

7)涂饰工程施工检查内容

涂饰前基层处理应符合以下要求：
①新建筑物的混凝土或抹灰基层在涂饰涂料前应涂刷抗碱封闭底漆。
②旧墙面在涂饰涂料前应清除疏松的旧装修层，并涂刷界面剂。
③混凝土或抹灰基层涂刷溶剂型涂料时，含水率不得大于8%；涂刷乳液型涂料时，含水率不得大于10%。木材基层的含水率不得大于12%。
④基层腻子应平整、坚实、牢固，无粉化、起皮和裂缝；内墙腻子的粘结强度应符合《建筑室内用腻子》(JG/T 298—2010)的规定。
⑤厨房卫生间墙面必须使用耐水腻子。

8) 裱糊工程施工检查内容

裱糊前基层处理质量应达到下列要求：
①新建筑物的混凝土或抹灰基层墙面在刮腻子前应涂刷抗碱封闭底漆。
②旧墙面在裱糊前应清除疏松的旧装修层，并涂刷界面剂。
③混凝土或抹灰基层含水率不得大于8%；木材基层的含水率不得大于12%。
④基层腻子应平整、坚实、牢固，无粉化、起皮和裂缝；腻子的粘结强度应符合《建筑室内用腻子》(JG/T 298—2010)中N型的规定。
⑤基层表面平整度、立面垂直度及阴阳角方正应达到《建筑装饰装修工程施工质量验收规范》(GB 50210—2001)第4.2.11条的要求。
⑥基层表面颜色应一致。
⑦裱糊前应用封闭底胶涂刷基层。

3.4 施工试验资料

3.4.1 《土工击实试验报告》监理单位审核

	土工击实试验报告 表 C6-1 (2014)量认(京)字(U0375)号		资料编号	01—01—C6—×××
			试验编号	××—0010
			委托编号	××—01460
工程名称部位	××综合楼工程　外围基槽回填		试样编号	008
委托单位	××项目部		试验委托人	×××
结构类型	全现浇剪力墙		填土部位	基槽①~⑦/Ⓑ~Ⓖ轴
要求压实系数(λ_C)	0.97		土样种类	2:8灰土
来样日期	××年××月××日		试验日期	××年××月××日
试验结果	最优含水率(w_{op}) ＝ 18.2% 最大干密度(ρ_{dmax}) ＝ 1.72g/cm³ 控制指标(控制干密度) 最大干密度×要求压实系数＝1.67g/cm³			
结论: 依据《土工试验方法标准》(GB/T 50123—1999,2007版)标准,最优含水率为18.2%,最大干密度为1.72g/cm³,控制干密度为1.67g/cm³。				
批　准	×××	审核	试验	×××
试验单位				
报告日期				

本表由检测机构提供。

"土工击实试验报告"填写说明与依据

土方回填工程应进行土工击实试验,测定回填土质的最大干密度和最优含水率,按规范要求分段、分层(步)回填,并取样对回填质量进行检验。

一、表格解析

1. 责任部门

有资质检测单位提供,试验员收集。

2. 提交时限

回填施工前完成,击实试验3～7d。

3. 检查要点

(1)工程名称:应与施工图签和施工组织设计一致;填土部位明确(如柱基、基槽等)。

(2)要求压实系数:按设计要求、施工规范和经试验计算确定数据。

二、填写依据

1. 规范名称

《土工试验方法标准》(GB/T 50123－1999,2007版)

2. 相关要求

土工击实应由项目试验员负责委托,达到试验周期并在回填施工前领取试验报告,检查内容齐全无误后提交项目技术员或资料员汇总整理。

(1)设计有压实系数要求的,应先取土样进行击实试验,确定最大干密度和最优含水率,并根据设计提出的压实系数计算出填料的控制干密度。

(2)设计无压实系数要求且无干密度要求的,依据表3-47选择压实系数,再取土样进行击实试验,确定填料的控制干密度。

表3-47 压实填土的质量控制

结构类型	填土部位	压实系数 λ_c	控制含水量(%)
砌体承重结构和框架结构	在地基主要受力层范围内	≥0.97	$W_{op}\pm2$
	在地基主要受力层范围以下	≥0.95	
排架结构	在地基主要受力层范围内	≥0.96	
	在地基主要受力层范围以下	≥0.94	

注:1. λ_c为回填土控制干密度与最大干密度的比值;

2. 地坪垫层以下及基础底面标高以上的压实填土,压实系数不应小于0.94;

3. W_{op}为最佳含水率。

(3)对于一般的小型工程无击实试验条件的单位,最大干密度可按现行规范提供的经验公式计算。

(4)做标准击实试验的土样取样数量应满足:素土或灰土不少于25kg,砂或级配砂石不少于45kg。

3.4.2 《回填土试验报告》监理单位审核

回填土试验报告 表 C6-2

(2014) 量认(京)字(U0375)号

	资料编号	01-01-C6-×××
	试验编号	CL14-0059
	委托编号	×××-03180

工程名称部位	××办公楼工程基础肥槽(-2.830～-1.330m)		
委托单位	××建设集团有限公司××项目部	试验委托人	×××
要求压实系数(λ_c)	0.97	回填土种类	2:8灰土
控制干密度(ρ_d)	1.67g/cm³	试验日期	××年××月××日

步数	点号 项目	1	2	…
		实测干密度(g/cm³)		
		实测压实系数		
27		1.69	1.67	
		0.98	0.97	
28		1.67	1.70	
		0.97	0.99	
29		1.69	1.70	
		0.98	0.99	
30		1.67	1.69	
		0.97	0.98	
31		1.67	1.67	
		0.97	0.97	
32		1.70	1.69	
		0.99	0.98	
33		1.70	1.69	
		0.99	0.98	
34		1.67	1.70	
		0.97	0.99	
35		1.69	1.70	
		0.98	0.99	
36		1.67	1.69	
		0.97	0.98	

取样位置简图:(附)						
见附图						
结论	该2:8灰土符合设计要求。					
批 准	×××	审 核	×××	试 验	×××	
试验单位	××工程检测试验有限公司					
报告日期	××年××月××日					

本表由检测机构提供。

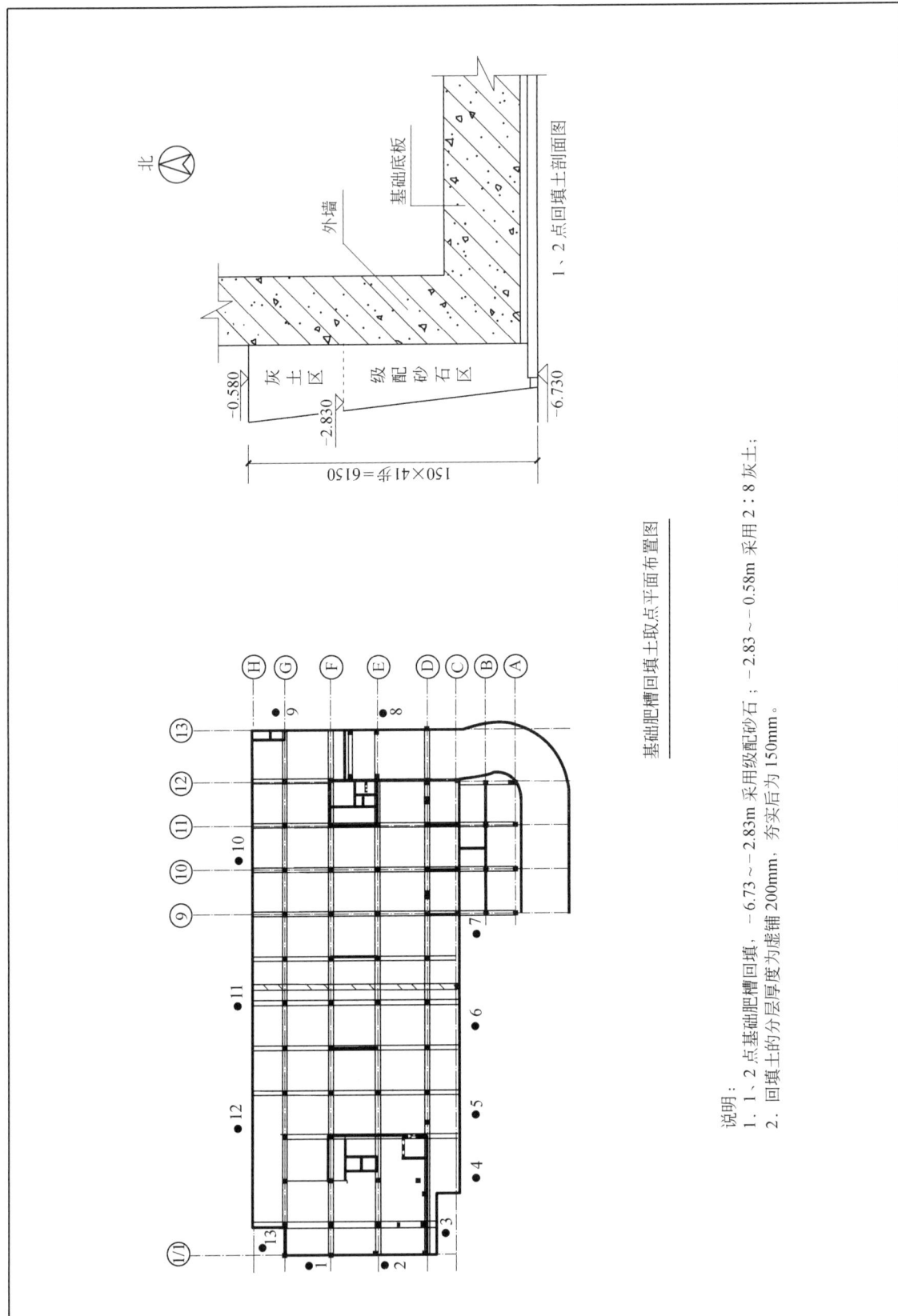

基础肥槽回填土取点平面布置图

说明：
1. 1、2点基础肥槽回填，−6.73～−2.83m采用级配砂石；−2.83～−0.58m采用2∶8灰土；
2. 回填土的分层厚度均为虚铺200mm，夯实后为150mm。

"回填土试验报告"填写说明与依据

土方回填工程按规范要求分段、分层(步)回填,并取样对回填质量进行检验,并绘制回填土取点平面示意图。

一、表格解析

1. 责任部门

有资质检测单位提供,试验员收集。

2. 提交时限

随回填施工进度完成,干密度试验3d左右。

3. 检查要点

(1)试验报告应填写齐全,步数、点号、取样位置简图(平面、剖面)需标注完整、清晰准确,符合要求。

(2)工程名称:应与施工图签和施工组织设计一致;部位明确(如柱基、基槽等)。

(3)回填土种类:按照实际回填情况填写,可填素土、灰土、砂或级配砂石等。

(4)要求压实系数、控制干密度:按设计要求、施工规范和经试验计算确定的数据为准。

(5)其中点号与步数的确定(基槽):

基槽点号=周长÷(10~20)

基槽步数=(底标高-顶标高)÷(夯实厚度)

(6)取样位置简图:应按规范要求绘制回填土取点平面、剖面示意图,标明重要控制轴线、尺寸数字;分段、分层(步)取样及指北针方向等。现场取样步数、点数须与试验报告各步、点一一对应,并注明回填土的起止标高。

(7)回填土种类、取样(注:按现场施工部位、工序、时间不同分别进行)、试验时间应与其他资料交圈吻合,相关资料有:地质勘探报告、地基验槽及隐检记录、施工记录、设计变更/洽商、检验批质量验收记录等。

二、填写依据

1. 规范名称

(1)《土工试验方法标准》(GB/T 50123—1999,2007版);

(2)《建筑地基基础工程施工质量验收规范》(GB 50202—2002)。

2. 相关要求

(1)取样原则及方法

1)取样原则:

①基坑、室内回填每50~100m^2不少于一个检验点。

②基槽、管沟每10~20m不少于一个检验点。

③每一独立基础至少有一个检验点。

④对灰土、砂和砂石地基、土工合成材料、粉煤灰地基、强夯地基,每单位工程不少于3点;对1000m^2以上工程,每100m^2至少应有一点;对3000m^2以上工程,每300m^2至少应有一点。

⑤场地平整,每100~400m^2取1点,但不应少于10点;长度、宽度和边坡按每20m^2取1点,每边不应少于1点。

2)取样方法:

①环刀法:每段每层进行检验,应在夯实层下半部(至每层表面以下2/3处)用环刀取样。此

试验方法适用于黏性土。

②罐砂法:用于级配砂再回填或不宜用环刀法取样的土质。采用罐砂法取样时,取样数量可较环刀法适当减少,取样部位应为每层压实的全部深度。此方法适用于现场测定原状砂和砾质土的密度。

(2)试验参考数据

1)素土、灰土、砂或级配砂石回填应按设计要求办理,当设计无要求时,控制干密度 ρ_d(g/cm³)应符合下列标准:

素土:一般应≥1.65,黏土可降低10%;灰土、粉土≥1.55,粉质黏土≥1.50,黏土≥1.45;砂不小于在中密状态时的干密度,中砂1.55~1.60;级配砂石2.1~2.2。

步数:夯实后素土每步厚度为15cm;灰土每步厚度为20cm;冬期施工夯实厚度宜为10~15cm。

2)填土压实后的干密度,应有90%以上符合设计要求,其余10%的最低值与设计值的差不得大于0.08g/cm³,且不得集中。

(3)其他要求

1)回填土分层压实取样,做现场干密度试验,得出该层的现场干密度值,如该层的现场干密度数值均大于或等于控制干密度,则说明该层压实质量合格。否则,应重新施工压实,重新取样试验直至合格方可进行下层填土施工。

2)回填土试验报告的简图应按规定要求绘制,包括回填土取点平面、剖面示意图,标明重要控制轴线、尺寸数字。剖面图应标明分层厚度、回填土起止标高。

3.4.3 《钢筋连接试验报告》监理单位审核

钢筋连接试验报告
表 C6-3

(2014)量认(京)字(U0375)号

资料编号	02—01—C6—×××
试验编号	2014—3266
委托编号	011

工程名称及部位	××办公楼工程 四层构造柱⑥～⑩/Ⓐ～Ⓕ轴	试件编号	002
委托单位	××建设集团有限公司××项目部	试验委托人	×××
接头类型	电渣压力焊	检验形式	现场检验
设计要求 接头性能等级	/	代表数量	290个
连接钢筋种类 及牌号	热轧带肋 HRB 335	公称直径	20mm	原材试验编号	2014—4279
操作人	×××	来样日期	××年××月××日	试验日期	××年××月××日

接头试件			母材试件		弯曲试件			备注
公称面积 (mm²)	抗拉强度 (MPa)	断裂特征及位置	实测面积 (mm²)	抗拉强度 (MPa)	弯心直径	角度	结果	
314.2	635	塑性断裂 53mm						
314.2	630	塑性断裂 40mm						
314.2	630	塑性断裂 45mm						

结论：

依据《钢筋焊接及验收规程》(JGJ 18—2012)标准,现场检验符合电渣压力焊接头要求。

批　准	×××	审　核	×××	试　验	×××
试验单位	××工程检测试验有限公司 试验专用章				
报告日期	××年××月××日				

本表由检测机构提供。

钢筋连接试验报告

表 C6-3
(2014) 量认(京)字(U0375)号

资料编号	01－07－C6－×××
试验编号	2014－5632
委托编号	2014－08182

工程名称及部位	××办公楼工程　地下一层柱、墙	试件编号	007
委托单位	××建设集团有限公司××项目部	试验委托人	×××
接头类型	直螺纹接头	检验形式	现场检验
设计要求接头性能等级	Ⅱ级	代表数量	272个
连接钢筋种类及牌号	热轧带肋 HRB 335	公称直径 22mm	原材试验编号 2014－4290
操作人	×××	来样日期 ××年××月××日	试验日期 ××年××月××日

接头试件			母材试件		弯曲试件			备注
公称面积(mm²)	抗拉强度(MPa)	断裂特征及位置	实测面积(mm²)	抗拉强度(MPa)	弯心直径	角度	结果	
380.1	565	母材拉断 140mm						
380.1	560	母材拉断 65mm						
380.1	570	母材拉断 170mm						

结论：

依据《钢筋机械连接技术规程》(JGJ 107－2010)标准，现场检验符合机械连接Ⅱ级接头要求。

批　准	×××	审　核	×××	试　验	×××
试验单位		××工程检测试验有限公司			
报告日期		××年××月××日			

本表由检测机构提供。

"钢筋连接试验报告"填写说明与依据

钢筋连接应有满足钢筋焊接、机械连接相关技术规程要求的力学性能试验报告。机械连接工程开始前及施工过程中,应对每批进场钢筋在现场条件下进行工艺检验,工艺检验合格后方可进行机械连接的施工。每台班钢筋焊接前宜先制作班前焊试件,确定焊接工艺参数。

一、表格解析

1. 责任部门

承重结构工程中的钢筋连接接头应按规定实行见证取样和送检的管理。项目试验员应确认试验报告内容完整无误后移交给项目资料管理人员。

2. 提交时限

钢筋隐蔽验收前提交。

3. 检查要点

(1)工程名称及部位:工程名称与施工图图签、施工方案一致;部位应明确楼层、轴线及梁、柱等。

(2)接头类型:按设计的接头类型填写,如:电渣压力焊、滚轧直螺纹连接。

(3)试件编号:同一单位工程应按取样时间先后连续编号。

(4)检验形式:焊接连接注明可焊性检验或现场检验;机械连接注明工艺检验或现场检验。

(5)代表数量:按照实际的数量填写,不得超过规范验收批的最大批量。

(6)报告中的部位、规格、数量、试验日期等应与施工图、隐蔽工程验收记录、检验批质量验收记录等相关内容相符。

(7)核对使用日期和试验日期,不允许先使用后试验。

二、填写依据

1. 规范名称

(1)《钢筋焊接及验收规程》(JGJ 18—2012);

(2)《钢筋机械连接技术规程》(JGJ 107—2010)。

2. 相关要求

(1)钢筋焊接连接组批原则

1)闪光对焊接头的质量检验,应按下列规定分批进行外观检查和力学性能试验。

①在同一台班内,由同一焊工完成的300个同牌号、同直径钢筋焊接接头应作为一批。当同一台班内焊接的接头数量较少,可在一周内累计计算;累计仍不足300个接头时,应按一批计算。

②力学性能检验时,应从每批接头中随机切取6个接头,其中3个做拉伸试验,3个做弯曲试验。

③封闭环式箍筋闪光对焊接头,以600个同牌号、同规格的接头作为一批,只做拉伸试验。

2)钢筋电弧焊、电渣压力焊的质量检验,应按下列规定分批进行外观检查和力学性能试验:

在现浇混凝土结构中,应以300个同牌号钢筋、同形式接头作为一批;在房屋结构中,应在不超过二层楼中300个同牌号钢筋、同形式接头作为一批。每批随机切取3个接头,做拉伸试验。在同一批中,若有几种不同直径的钢筋焊接接头,应在最大直径钢筋接头中切取3个试件。

(2)钢筋机械连接

1)接头应根据抗拉强度、残余变形以及高应力和大变形条件下反复拉压性能的差异,分为下列三个性能等级。

① I级。接头抗拉强度等于被连接钢筋的实际拉断强度或不小于1.10倍钢筋抗拉强度标准值,残余变形小并具有高延性及反复拉压性能。

② II级。接头抗拉强度不小于被连接钢筋抗拉强度标准值,残余变形较小并具有高延性及反复拉压性能。

③ III级。接头抗拉强度不小于被连接钢筋屈服强度标准值的1.25倍,残余变形较小并具有一定的延性及反复拉压性能。

2) I级、II级、III级接头的抗拉强度必须符合表3-48的规定。

表3-48 接头的抗拉强度

接应等级	I级		II级	III级
抗拉强度	$f_\mathrm{mst}^0 \geqslant f_\mathrm{stk}$ 或 $f_\mathrm{mst}^0 \geqslant 1.10 f_\mathrm{stk}$	断于钢筋 断于接头	$f_\mathrm{mst}^0 \geqslant f_\mathrm{stk}$	$f_\mathrm{mst}^0 \geqslant 1.25 f_\mathrm{yk}$

注:1. f_yk——钢筋屈服强度标准值;

2. f_stk——钢筋抗拉强度标准值;

3. f_mst^0——钢筋接头试件实测抗拉强度。

3) 接头的形式检验。

在下列情况应进行型式检验:

a. 确定接头性能等级时;

b. 材料、工艺、规格进行改动时;

c. 型式检验报告超过4年时。

4) 施工现场接头的检验与验收。

① 工程中应用钢筋机械接头时,应由该技术提供单位提交有效的型式检验报告。

② 钢筋连接工程开始前,应对不同钢筋生产厂的进场钢筋进行接头工艺检验;施工过程中,更换钢筋生产厂时,应补充进行工艺检验。工艺检验应符合下列规定:

a. 每种规格钢筋的接头试件不应少于3根。

b. 每根试件的抗拉强度和3根接头试件的残余变形的平均值均应符合《钢筋机械连接技术规程》(JGJ 107—2010)表3.0.5和表3.0.7的规定;

c. 接头试件在测量残余变形后可再进行抗拉强度试验,并宜按《钢筋机械连接技术规程》(JGJ 107—2010)附录A表A.1.3中的单向拉伸加载制度进行试验;

d. 第一次工艺检验中1根试件抗拉强度或3根试件的残余变形平均值不合格时,允许再抽3根试件进行复检,复检仍不合格时判为工艺检验不合格。

③ 接头安装前应检查连接件产品合格证及套筒表面生产批号标识;产品合格证应包括适用钢筋直径和接头性能等级、套筒类型、生产单位、生产日期以及可追溯产品原材料力学性能和加工质量的生产批号。

④ 现场检验应按《钢筋机械连接技术规程》(JGJ 107—2010)进行接头的抗拉强度试验,加工和安装质量检验;对接头有特殊要求的结构,应在设计图纸中另行注明相应的检验项目。

⑤ 接头的现场检验应按验收批进行。同一施工条件下采用同一批材料的同等级、同型式、同规格接头,应以500个为一个验收批进行检验与验收,不足500个也应作为一个验收批。

⑥ 螺纹接头安装后应按《钢筋机械连接技术规程》(JGJ 107—2010)第7.0.5条的验收批,抽取其中10%的接头进行拧紧扭矩校核,拧紧扭矩校核,拧紧扭矩值不合格数超过被校核接头数

的 5% 时，应重新拧紧全部接头，直到合格为止。

⑦对接头的每一验收批，必须在工程结构中随机截取 3 个接头试件作抗拉强度试验，按设计要求的接头等级进行评定。当 3 个接头试件的抗拉强度均符合《钢筋机械连接技术规程》(JGJ 107—2010)表 3.0.5 中相应等级的强度要求时，该验收批应评为合格。如有 1 个试件的抗拉强度不符合要求，应再取 6 个试件进行复检。复检中如仍有 1 个试件的抗拉强度不符合要求，则该验收批应评为不合格。

⑧现场检验连续 10 个验收批抽样试件抗拉强度试验一次合格率为 100% 时，验收批接头数量可扩大 1 倍。

⑨现场截取抽样试件后，原接头位置的钢筋可采用同等规格的钢筋进行搭接连接，或采用焊接及机械连接方法补接。

⑩对抽检不合格的接头验收批，应由建设方会同设计等有关方面研究后提出处理方案。

3.4.4 《砂浆配合比申请单、通知单》监理单位审核

砂浆配合比申请单 表 C6-4			资料编号	02-02-C6-×××
			委托编号	××-08595
工程名称	××办公楼工程 一～五层砌体			
委托单位	××建设发展有限公司		试验委托人	×××
砂浆种类	水泥混合砂浆		强度等级	M5.0
水泥品种	P·O 42.5		厂　别	××水泥厂
水泥进场日期	××年××月××日		试验编号	SN14-0070
砂产地	××砂石厂	粗细级别 中砂	试验编号	SZ14-0055
掺合料种类	粉煤灰		外加剂种类	/
申请日期	××年××月××日		要求使用日期	××年××月××日

砂浆配合比通知单 表 C6-4 (2014)量认(京)字(U0375)号			配合比编号	SP14-0044
			试配编号	2014-0028
强度等级	M5.0		试验日期	××年××月××日
配 合 比				
材料名称	水泥	砂	白灰膏	掺合料	外加剂
每立方米用量 (kg/m³)	190	1450	/	155	
比例	1	7.63	/	0.82	

注：砂浆稠度为70～100mm，白灰膏稠度为(120±5)mm。

批　准	×××	审　核		试　验	×××
试验单位		××工程检测试验有限公司			
报告日期		××年××月××日			

本表由检测机构提供。

"砂浆配合比申请单、通知单"填写说明与依据

一、表格解析

1. 责任部门

有资质检测单位提供,试验员收集。

2. 提交时限

砂浆砌筑开始前提交。

二、填写依据

1. 规范名称

《砌筑砂浆配合比设计规程》(JGJ/T 98—2010)。

2. 相关要求

(1)水泥砂浆及预拌砌筑砂浆的强度等级可分为 M5、M7.5、M10、M15、M20、M25、M30;水泥混合砂浆的强度等级可分为 M5、M7.5、M10、M15。

(2)砌筑砂浆拌合物的表观密度宜符合表 3-49 的规定。

表 3-49　砌筑砂浆拌合物的表观密度　　　　　　　　　　（单位:kg/m³）

砂浆种类	表观密度
水泥砂浆	≥1900
水泥混合砂浆	≥1800
预拌砌筑砂浆	≥1800

(3)砌筑砂浆的稠度、保水率、试配抗压强度应同时满足要求。

(4)砌筑砂浆施工时的稠度宜按表 3-50 选用。

表 3-50　砌筑砂浆的施工稠度　　　　　　　　　　（单位:mm）

砌体种类	施工稠度
烧结普通砖砌体、粉煤灰砖砌体	70~90
混凝土砖砌体、普通混凝土小型空心砌块砌体、灰砂砖砌体	50~70
烧结多孔砖砌体、烧结空心砖砌体、轻集料混凝土小型空心砌块砌体,蒸压加气混凝土砌块砌体	60~80
石砌体	30~50

(5)砌筑砂浆的保水率应符合表 3-51 的规定。

表 3-51　砌筑砂浆的保水率　　　　　　　　　　（单位:%）

砂浆种类	保水率
水泥砂浆	≥80
水泥混合砂浆	≥84
预拌砌筑砂浆	≥88

(6)有抗冻性要求的砌体工程,砌筑砂浆应进行冻融试验。砌筑砂浆的抗冻性应符合表 3-52 的规定,且当设计对抗冻性有明确要求时,尚应符合设计规定。

表 3-52 砌筑砂浆的抗冻性

使用条件	抗冻指标	质量损失率(%)	强度损失率(%)
夏热冬暖地区	F15	≤5	≤25
夏热冬冷地区	F25		
寒冷地区	F35		
严寒地区	F50		

(7)砌筑砂浆中的水泥和石灰膏、电石膏等材料的用量可按表 3-53 选用。

表 3-53 砌筑砂浆的材料用量　　　　　　　　　　　(单位:kg/m³)

砂浆种类	材料用量
水泥砂浆	≥200
水泥混合砂浆	≥350
预拌砌筑砂浆	≥200

注:1. 水泥砂浆中的材料用量是指水泥用量;
　　2. 水泥混合砂浆中的材料用量是指水泥和石灰膏、电石膏的材料总量;
　　3. 预拌砌筑砂浆中的材料用量是指胶凝材料用量,包括水泥和替代水泥的粉煤灰等活性矿物掺合料。

(8)砌筑砂浆中可掺入保水增稠材料、外加剂等,掺量应经试配后确定。
(9)砌筑砂浆试配时应采用机械搅拌。搅拌时间应自开始加水算起,并应符合下列规定:
①对水泥砂浆和水泥混合砂浆,搅拌时间不得少于120s。
②对预拌砌筑砂浆和掺有粉煤灰、外加剂、保水增稠材料等的砂浆,搅拌时间不得少于180s。

3.4.5 《砂浆抗压强度试验报告》监理单位审核

砂浆抗压强度试验报告 表 C6-5

(2014)量认(京)字(U0375)号

有见证试验

资料编号	02－02－C6－×××
试验编号	SJ14－0135
委托编号	2014－08761
试件编号	001

工程名称及部位	××工程 首层①～⑬/Ⓐ～Ⓖ轴砌体	试件编号	001
委托单位	××建设集团有限公司××项目部	试验委托人	×××
砂浆种类	水泥混合砂浆	强度等级	M5.0	稠 度	75mm
水泥品种及强度等级	P·O 42.5	试验编号	SN14－0070
砂产地及种类	中砂	试验编号	SZ14－0055
掺合料种类	粉煤灰	外加剂种类	/
配合比编号	SP14－0044		
试件成型日期	××年××月××日	要求龄期(d)	28	要求试验日期	××年××月××日
养护方法	标准养护	试件收到日期	××年××月××日	试件制作人	×××

	试压日期	实际龄期(d)	试件边长(mm)	受压面积(mm²)	荷载(kN) 单块	荷载(kN) 平均	抗压强度(MPa)	达到设计强度等级(%)
试验结果	2014年6月15日	28	70.7	5000	25.0	25.0	6.75	135
					24.0			
					26.0			

结论：
试验方法依据《建筑砂浆基本性能试验方法标准》(JGJ/T 70－2009)标准抗压强度符合设计要求。

批 准	×××	审 核		试 验	×××
试验单位	××工程检测试验有限公司				
报告日期	××年××月××日				

本表由建设单位、施工单位各保存一份。

"砂浆抗压强度试验报告"填写说明与依据

根据砂浆试块的龄期,项目试验员向检测单位查询其结果是否符合要求;在达到砂浆试样的试验周期后,凭试验委托合同单到检测单位领取完整的砂浆抗压强度试验报告。

一、表格解析

1. 责任部门

承重结构的砌筑砂浆试块,应按规定进行有见证取样和送检。由有资质的试验室试验并出具试验报告,但不参加基础分部砂浆强度统计评定。砂浆试块试压报告单上半部分项目由施工单位试验人员填写,项目试验员应确认报告内容完整无误后,把试验报告移交项目资料员。

2. 提交时限

标养30d内提交,同条件视龄期而定。

二、填写依据

1. 规范名称

(1)《砌体结构工程施工质量验收规范》(GB 50203—2011);

(2)《建筑砂浆基本性能试验方法标准》(JGJ/T 70—2009)。

2. 相关要求

(1)组批原则

1)每一检验批且不超过250m^3砌体的各类、各强度等级的普通砌筑砂浆,每台搅拌机应至少抽检一次。验收批的预拌砂浆、蒸压加气混凝土砌块专用砂浆,抽检可为3组。

2)冬期施工砂浆试块的留置,除应按常温规定要求外,尚应增加1组与砌体同条件养护的试块,用于检验转入常温28d的强度。如有特殊需要,可另外增加相应龄期的同条件养护的试块。

3)干拌砂浆:同强度等级每400t为一验收批,不足400t也按一批计。每批从20个以上的不同部位取等量样品。总质量不少于15kg,分成两份,一份送试,一份备用。

4)建筑地面用水泥砂浆,以每一层或1000m^2为一检验批,不足1000m^2也按一批计。每批砂浆至少取样一组。当改变配合比时也应相应地留置试块。

(2)试验要求

1)立方体抗压强度试验应使用下列仪器设备:

①试模:尺寸为70.7mm×70.7mm×70.7mm的带底试模,材质规定参照《混凝土试模》(JG 237—2008)第4.1.3及4.2.1条,应具有足够的刚度并拆装方便。试模的内表面应机械加工,其不平度应为每100mm不超过0.05mm,组装后各相邻面的不垂直度不应超过±0.5°。

②钢制捣棒:直径为10mm,长度为350mm,端部磨圆。

③压力试验机:精度应为1%,试件破坏荷载应不小于压力机量程的20%,且不应大于全量程的80%。

④垫板:试验机上、下压板及试件之间可垫以钢垫板,垫板的尺寸应大于试件的承压面,其不平度应为每100mm不超过0.02mm。

⑤振动台:空载中台面的垂直振幅应为(0.5±0.05)mm,空载频率应为(50±3)Hz,空载台面振幅均匀度不大于10%,一次试验应至少能固定(或用磁力吸盘)三个试模。

2)立方体抗压强度试件的制作及养护应按下列步骤进行:

①采用立方体试件,每组试件3个。

②应采用黄油等密封材料涂抹试模的外接缝,试模内应涂刷薄层机油或脱模剂,将拌制好的砂浆一次性装满砂浆试模,成型方法根据稠度而定。当稠度≥50mm时采用人工振捣成型。当

稠度小于 50mm 时,宜采用振动台振实成型。

a. 人工插捣:用捣棒均匀地由边缘向中心按螺旋方式插捣 25 次,插捣过程中如砂浆沉落低于试模口时,应随时添加砂浆,可用油灰刀插捣数次,并用手将试模一边抬高 5～10mm 各振动 5 次,砂浆应高出试模顶面 6～8mm。

b. 机械振动:将砂浆一次装满试模,放置到振动台上,振动时试模不得跳动,振动 5～10s 或持续到表面泛浆为止,不得过振;

③应待表面水分稍干后,再将高出试模部分的砂浆沿试模顶面刮去并抹平。

④试件制作后应在室温为(20±5)℃的环境下静置(24±2)h,当气温较低时,可适当延长时间,但不应超过两昼夜,然后对试件进行编号、拆模。试件拆模后应立即放入温度为(20±2)℃,相对湿度为 90% 以上的标准养护室中养护。养护期间,试件彼此间隔不小于 10mm,混合砂浆试件上面应覆盖以防有水滴在试件上。

⑤从搅拌加水开始计时,标准养护龄期应为 28d,也可根据相关标准要求增加 7d 或 14d。

3)立方体试件抗压强度试验应按下列步骤进行:

①试件从养护地点取出后应及时进行试验。试验前将试件表面擦拭干净,测量尺寸,并检查其外观。并应计算试件的承压面积。当实测尺寸与公称尺寸之差不超过 1mm 时,可按照公称尺寸进行计算。

②将试件安放在试验机的下压板(或下垫板)上,试件的承压面应与成型时的顶面垂直,试件中心应与试验机下压板(或下垫板)中心对准。开动试验机,当上压板与试件(或上垫板)接近时,调整球座,使接触面均衡受压。承压试验应连续而均匀地加荷,加荷速度应为每秒钟 0.25～1.5kN(砂浆强度不大于 5MPa 时,宜取下限,砂浆强度大于 5MPa 时,宜取上限),当试件接近破坏而开始迅速变形时,停止调整试验机油门,直至试件破坏,然后记录破坏荷载。

4)砂浆立方体抗压强度应按式(3-2)计算:

$$f_{m,cu} = K \frac{N_\mu}{A} \qquad (3-2)$$

式中 $f_{m,cu}$——砂浆立方体试件抗压强度(MPa),应精确至 0.1MPa;

N_μ——试件破坏荷载(N);

A——试件承压面积(mm^2);

K——换算系数,取 1.35。

5)立方体抗压强度试验的试验结果应按下列要求确定:

①应以三个试件测值的算术平均值作为该组试件的砂浆立方体抗压强度平均值(f_2),精确至 0.1MPa;

②当三个测值的最大值或最小值中有一个与中间值的差值超过中间值的 15% 时,应把最大值及最小值一并舍去,取中间值作为该组试件的抗压强度值;

③当两个测值与中间值的差值均超过中间值的 15% 时,该组试验结果应为无效。

3.4.6 《砌筑砂浆试块强度统计、评定记录》监理单位审核

砌筑砂浆试块强度统计、评定记录 表 C6-6							资料编号	02－02－C6－×××
工程名称	××综合楼工程						强度等级	M5.0
施工单位	××建设集团有限公司						养护方法	标准养护
统计期	××年××月××日至××年××月××日						结构部位	六～十一层砌体
试块组数 n	强度标准值 $f_{cu,k}$ (MPa)			平均值 $m_{f_{cu}}$ (MPa)			最小值 $f_{cu,min}$ (MPa)	$0.85 f_{cu,k}$
6	5			9.15			7.3	4.25
每组强度值 (MPa)	9.7	10.2	9.5	9.4	8.8	7.3		
判定式	$m_{f_{cu}} \geqslant 1.10 f_{cu,k}$				$f_{cu,min} \geqslant 85\% f_{cu,k}$			
结果	9.15＞5.5				7.3＞4.25			
结论： 依据《砌体结构工程施工质量验收规范》(GB 50203－2011)第 4.0.12 条，评定合格。								
批准	×××				审核 ×××				统计 ×××
报告日期	××年××月××日							

本表由施工单位填写。

"砌筑砂浆试块强度统计、评定记录"填写说明与依据

结构验收(基础或主体结构完成后)前,按单位工程同一类型、强度等级的砂浆为同一验收批,工程中所用各品种、各强度等级的砂浆强度都应分别进行统计评定。

一、表格解析

1. 责任部门

项目质量部。

2. 提交时限

同一验收批强度报告齐全后评定,分项质量验收前1d提交。

二、填写依据

1. 规范名称

《砌体结构工程施工质量验收规范》(GB 50203—2011)。

2. 相关要求

砌筑砂浆试块强度验收时其强度合格标准应符合下列规定:

(1)同一验收批砂浆试块强度平均值应大于或等于设计强度等级值的1.10倍;

(2)同一验收批砂浆试块抗压强度的最小一组平均值应大于或等于设计强度等级值的85%。

注:1.砌筑砂浆的验收批,同一类型、强度等级的砂浆试块不应少于3组;同一验收批砂浆只有1组或2组试块时,每组试块抗压强度平均值应大于或等于设计强度等级值的1.10倍;对于建筑结构的安全等级为一级或设计使用年限为50年及以上的房屋,同一验收批砂浆试块的数量不得少于3组;
  2.砂浆强度应以标准养护,28d龄期的试块抗压强度为准;
  3.制作砂浆试块的砂浆稠度应与配合比设计一致。

抽检数量:每一检验批且不超过250m³砌体的各类、各强度等级的普通砌筑砂浆,每台搅拌机应至少抽检一次。验收批的预拌砂浆、蒸压加气混凝土砌块专用砂浆,抽检可为3组。

检验方法:在砂浆搅拌机出料口或在湿拌砂浆的储存容器出料口随机取样制作砂浆试块(现场拌制的砂浆,同盘砂浆只应作1组试块),试块标养28d后作强度试验。预拌砂浆中的湿拌砂浆稠度应在进场时取样检验。

3.4.7 《混凝土配合比申请单、通知单》监理单位审核

混凝土配合比申请单 表 C6-7					资料编号	01-07-C6-016
					委托编号	2014-5287
工程名称及部位	××办公楼工程 地下一层③~⑧/Ⓑ~Ⓗ轴外墙					
委托单位	××建设集团有限公司××项目部			试验委托人		×××
设计强度等级	C35 P8			要求坍落度		(160±20)mm
其他技术要求	/					
搅拌方法	机械	浇捣方法	机械	养护方法		标准养护
水泥品种及强度等级	P·O 42.5	厂别牌号	××	试验编号		2014-00113
砂产地及种类	×× 中砂			试验编号		2014-0056
石产地及种类	×× 碎石	最大粒径	25mm	试验编号		2014-0079
外加剂名称	JSP-Ⅳ/UEA			试验编号		2014Y-032 2014-0010
掺合料名称	Ⅰ级粉煤灰			试验编号		2014-0098
申请日期	××年××月××日	使用日期	××年××月××日	联系电话		××××××××

混凝土配合比通知单 表 C6-7							配合比编号	2014-5287
(2014)量认(京)字(U0375)号							试验编号	2014-00065
强度等级	C35 P8	水胶比	0.4	水灰比	0.41		砂率	40%
材料名称 项目	水泥	水	砂	石	外加剂 JSP-Ⅳ	掺合料 粉煤灰		其他 UEA
每 m³ 用量(kg/m³)	363	180	706	1060	13.62	64		27
每盘用量(kg)	363	180	706	1060	13.62	64		27
混凝土碱含量(kg/m³)	1.89 注:此栏只有遇Ⅱ类工程(按京建科[1999]230号规定分类)时填写							
说明:本配合比所使用材料均为干材料,使用单位应根据材料的实际情况随时调整								
批 准		审 核					试 验	
×××		×××					×××	
试验单位	××预拌混凝土供应中心							
报告日期	××年××月××日							

本表由检测机构提供。

"混凝土配合比申请单、通知单"填写说明与依据

现场搅拌混凝土应有配合比申请单和配合比通知单。预拌混凝土应有试验室签发的配合比通知单。委托单位应依据设计强度等级、技术要求、施工部位、原材料情况等向试验部门提出配合比申请单,试验部门依据配合比申请单签发配合比通知单。

一、表格解析

1. 责任部门

有资质检测单位提供,试验员收集。

2. 提交时限

混凝土浇筑开始前提交。

二、填写依据

1. 规范名称

(1)《普通混凝土配合比设计规程》(JGJ 55—2011);

(2)《混凝土结构工程施工质量验收规范》(GB 50204—2002,2010年版)。

2. 相关要求

(1)取样:应从现场取样,一般水泥20kg,砂80kg,石子150kg。

(2)一般要求:

1)混凝土应采用质量配合比,施工中应严格按配合比计量施工,不得随意变更;

2)混凝土拌制前,应测定砂石含水率,根据测试结果调整材料用量,提出施工配合比;

3)如混凝土的组成材料(水泥、集料、外加剂等)有变化,其配合比应重新试配选定。不同品种水泥不得混用;

4)试配混凝土的各组成材料应经检验符合有关规定的要求;

5)现场施工时的混凝土配合比,应根据砂、石的含水率做相应调整并做好记录。

(3)混凝土配制强度的确定。

1)混凝土配制强度应按式(3-3)计算:

$$f_{cu,0} \geqslant f_{cu,k} + 1.645\sigma \tag{3-3}$$

式中 $f_{cu,0}$——混凝土配制强度(MPa);

$f_{cu,k}$——混凝土立方体抗压强度标准值(MPa);

σ——混凝土强度标准差(MPa)。

2)遇有下列情况时应提高混凝土配制强度:

①现场条件与试验室条件有显著差异时;

②C30级及其以上强度等级的混凝土,采用非统计方法评定时。

3)混凝土强度标准差宜根据同类混凝土统计资料计算确定,并应符合下列规定:

①计算时,强度试件组数不应少于25组。

②当混凝土强度等级为C20和C25级,其强度标准差计算值小于2.5MPa时,计算配制强度用的标准差应取不小于2.5MPa;当混凝土强度等级等于或大于C30级,其强度标准差计算值小于3.0MPa时,计算配制强度用的标准差应取不小于3.0MPa。

③当无统计资料计算混凝土强度标准差时,其值应按现行国家标准《混凝土结构工程施工质量验收规范》(GB 50204—2002,2010年版)的规定取用。

3.4.8 《混凝土抗压强度试验报告》监理单位审核

混凝土抗压强度试验报告
表 C6-8
(2014) 量认(京)字(U0375)号

资料编号	01－07－C6－×××
试验编号	HN14－04220
委托编号	2014－15948

工程名称及部位	××办公楼工程 ⑰～④/Ⓑ～Ⓔ轴基础底板	试件编号	010
委托单位	××建设集团有限公司××项目部	试验委托人	×××
设计强度等级	C30 P8	实测坍落度扩展度	175mm
水泥品种及强度等级	P·O 42.5	试验编号	2014－00108
砂种类	中砂	试验编号	2014－053
石种类、公称直径	碎石 25mm	试验编号	2014－076
外加剂名称	JSF－Ⅳ/UEA	试验编号	2014Y－030 2014－0009
掺合料名称	粉煤灰	试验编号	2014－092
配合比编号	××－0082	混凝土生产企业名称	××公司
成型日期	××年××月××日	要求龄期(d)	28	要求试验日期	××年××月××日
养护方法	标准养护	收到日期	××年××月××日	试块制作人	×××

试验结果	试验日期	实际龄期(d)	试件边长(mm)	受压面积(mm²)	荷载(kN) 单块值	荷载(kN) 平均值	平均抗压强度(MPa)	折合150mm立方体抗压强度(MPa)	达到设计强度等级(%)
	××年××月××日	28	100	10000	393 396 387	392	39.2	37.2	124

备注：
1. 商品混凝土。
2. 试验方法依据《普通混凝土力学性能试验方法标准》(GB/T 50081－2002)要求。

批 准	×××	审 核		试 验	×××
试验单位	××工程检测试验有限公司					
报告日期	××年××月××日					

本表由检测机构提供。

"混凝土抗压强度试验报告"填写说明与依据

一、表格解析

1. 责任部门

有资质检测单位提供,试验员收集。

2. 提交时限

标养 30d 内提交;同条件视龄期而定。

二、填写依据

1. 规范名称

(1)《普通混凝土配合比设计规程》(JGJ 55—2011);

(2)《混凝土强度检验评定标准》(GB/T 50107—2010);

(3)《混凝土结构工程施工质量验收规范》(GB 50204—2002,2010 年版)。

2. 相关要求

(1)一般规定

1)混凝土的强度等级应按立方体抗压强度标准值划分。混凝土强度等级应采用符号 C 与立方体抗压强度标准值(以 N/mm^2 计)表示。

2)立方体抗压强度标准值应为按标准方法制作和养护的边长为 150mm 的立方体试件,用标准试验方法在 28d 龄期测得的混凝土抗压强度总体分布中的一个值,强度低于该值的概率应为 5%。

(2)混凝土的取样与试验

1)混凝土的取样

①混凝土的取样,宜根据标准规定的检验评定方法要求制定检验批的划分方案和相应的取样计划。

②混凝土强度试样应在混凝土的浇筑地点随机抽取。

③试件的取样频率和数量应符合下列规定:

a. 每 100 盘,但不超过 $100m^3$ 的同配合比混凝土,取样次数不应少于一次;

b. 每一工作班拌制的同配合比混凝土,不足 100 盘和 $100m^3$ 时其取样次数不应少于一次;

c. 当一次连续浇筑的同配合比混凝土超过 $1000m^3$ 时,每 $200m^3$ 取样不应少于一次;

d. 对房屋建筑,每一楼层、同一配合比的混凝土,取样不应少于一次。

④每批混凝土试样应制作的试件总组数,除满足 GB/T 50107—2010 标准第 5 章规定的混凝土强度评定所必需的组数外,还应留置为检验结构或构件施工阶段混凝土强度所必需的试件。

2)混凝土试件的制作与养护

①每次取样应至少制作一组标准养护试件。

②每组 3 个试件应由同一盘或同一车的混凝土中取样制作。

③检验评定混凝土强度用的混凝土试件,其成型方法及标准养护条件应符合现行国家标准《普通混凝土力学性能试验方法标准》(GB/T 50081—2002)的规定。

④采用蒸汽养护的构件,其试件应先随构件同条件养护,然后应置入标准养护条件下继续养护,两段养护时间的总和应为设计规定龄期。

3)混凝土试件的试验

①混凝土试件的立方体抗压强度试验应根据现行国家标准《普通混凝土力学性能试验方

标准》(GB/T 50081—2002)的规定执行。每组混凝土试件强度代表值的确定,应符合下列规定:

a. 取 3 个试件强度的算术平均值作为每组试件的强度代表值;

b. 当一组试件中强度的最大值或最小值与中间值之差超过中间值的 15% 时,取中间值作为该组试件的强度代表值;

c. 当一组试件中强度的最大值和最小值与中间值之差均超过中间值的 15% 时,该组试件的强度不应作为评定的依据。

注:对掺矿物掺合料的混凝土进行强度评定时,可根据设计规定,可采用大于 28d 龄期的混凝土强度。

②当采用非标准尺寸试件时,应将其抗压强度乘以尺寸折算系数,折算成边长为 150mm 的标准尺寸试件抗压强度。尺寸折算系数按下列规定采用:

a. 当混凝土强度等级低于 C60 时,对边长为 100mm 的立方体试件取 0.95,对边长为 200mm 的立方体试件取 1.05;

b. 当混凝土强度等级不低于 C60 时,宜采用标准尺寸试件;使用非标准尺寸试件时,尺寸折算系数应由试验确定,其试件数量不应少于 30 组。

(3)结构实体检验用同条件养护试件的留置规定

1)留置实体试件的结构部位为涉及混凝土结构安全的重要部位,这些结构部位应由监理(建设)、施工等方共同选定。一般仅限于涉及混凝土结构安全的柱、墙、梁等结构构件。通常选择同类构件中跨度较大、负荷较大的构件。而底板和顶板混凝土一般不考虑,因为在施工中养护条件(温度和湿度)容易保证。

2)重要部位的每一强度等级的混凝土,均应留置结构实体同条件混凝土试件。同一强度等级留置数量依据混凝土量和结构重要性确定,但不宜少于 10 组,且最少不应少于 3 组。

3)实体试件在浇筑地点制作,并做到完全与结构实体同条件养护,即要求放置在相应结构构件或结构部位的适当位置,要求试压前的养护条件始终与结构一致。

4)其他要求。

①同条件养护试件应在达到等效养护龄期时进行强度试验。

②同条件自然养护试件的等效养护龄期及相应的试件强度代表值,宜根据当地的气温和养护条件,按下列规定确定:

a. 等效养护龄期可取按日平均温度逐日累计达到 600℃·d 时所对应的龄期,0℃ 及以下的龄期不计入;等效养护龄期不应小于 14d,也不宜大于 60d。

b. 同条件养护试件的强度代表值应根据强度试验结果,按《混凝土强度检验评定标准》(GB/T 50107—2010)的规定确定后,乘折算系数取用;折算系数宜取为 1.10,也可根据当地的试验统计结果作适当调整。

3.4.9 《混凝土试块强度统计、评定记录》监理单位审核

混凝土试块强度统计、评定记录 表 C6-9										资料编号	02－01－C6－×××
工程名称		××综合楼工程								强度等级	C35
施工单位		××建设集团有限公司××项目部								养护方法	标准养护
统计期		××年××月××日至××年××月××日								结构部位	一~五层柱、墙、顶板后浇带
试块组 n	强度标准值 $f_{cu,k}$ (MPa)		平均值 $m_{f_{cu}}$ (MPa)		标准差 $S_{f_{cu}}$ (MPa)			最小值 $f_{cu,min}$ (MPa)		合格判定系数	
										λ_1	λ_2
21	35		41.88		3.01			35.9		0.95	0.85
每组强度值 MPa	40.1	43.5	42.8	42.1	41.7	42.9	38.1	43.8	48.4	35.9	
	42.2	38.8	42.6	43.2	45.4	37.2	38.8	42.8	42.9	40.2	
	46										
评定界限	☑ 统计方法						口 非统计方法				
	$f_{cu,k}$		$f_{cu,k}+\lambda_1 \cdot S_{f_{cu}}$		$\lambda_2 \cdot f_{cu,k}$			$\lambda_3 \cdot f_{cu,k}$		$\lambda_4 \cdot f_{cu,k}$	
	35		37.86		29.75						
判定式	$m_{f_{cu}} \geqslant f_{cu,k}+\lambda_1 \cdot S_{f_{cu}}$				$f_{cu,min} \geqslant \lambda_2 \cdot f_{cu,k}$			$m_{f_{cu}} \geqslant \lambda_3 \cdot f_{cu,k}$		$f_{cu,min} \geqslant \lambda_4 \cdot f_{cu,k}$	
结果	41.88＞37.86				35.9＞29.75						
结论：依据《混凝土强度检验评定标准》(GB/T 50107－2010)要求,该批混凝土强度评定为合格。											
批 准			审 核				统 计				
×××			×××				×××				
报告日期			××年××月××日								

本表由施工单位填写。

"混凝土试块强度统计、评定记录"填写说明与依据

混凝土强度应分批进行检验评定。一个检验批的混凝土应由强度等级相同、试验龄期相同、生产工艺条件和配合比基本相同的混凝土组成。

一、表格解析

1. 责任部门

项目质量部。

2. 提交时限

同一验收批报告齐全后评定,混凝土分项质量验收前1d提交。

3. 检查要点

(1)确定单位工程中需统计评定的混凝土验收批,找出所有同一强度等级的各组试件强度值,分别填入表中。

(2)填写所有已知项目。

(3)分别计算出该批混凝土试件的强度平均值、标准差,找出合格评定系数和混凝土试件强度最小值填入表中。

(4)计算出各评定数据并对混凝土试件强度进行评定,结论填入表中。

(5)凡按《混凝土强度检验评定标准》(GB/T 50107—2010)进行强度统计达不到要求的,应有结构处理措施,需要检测的,应经法定检测单位检测并应征得设计部门认可。检测、处理资料应存档。

二、填写依据

1. 规范名称

(1)《混凝土强度检验评定标准》(GB/T 50107—2010);

(2)《混凝土结构工程施工质量验收规范》(GB 50204—2002,2010年版)。

2. 相关要求

(1)统计方法评定

1)采用统计方法评定时,应按下列规定进行:

①当连续生产的混凝土,生产条件在较长时间内保持一致,且同一品种、同一强度等级混凝土的强度变异性保持稳定时,应按本项"2)"的规定进行评定。

②其他情况应按本项"3)"的规定进行评定。

2)一个检验批的样本容量应为连续的3组试件,其强度应同时符合式(3-4)、式(3-5)规定:

$$m_{f_{cu}} \geqslant f_{cu,k} + 0.7\sigma_0 \tag{3-4}$$

$$f_{cu,min} \geqslant f_{cu,k} - 0.7\sigma_0 \tag{3-5}$$

检验批混凝土立方体抗压强度的标准差应按式(3-6)计算:

$$\sigma_0 = \sqrt{\dfrac{\sum_{i=1}^{n} f_{cu,i}^2 - n m_{f_{cu}}^2}{n-1}} \tag{3-6}$$

当混凝土强度等级不高于C20时,其强度的最小值尚应满足式(3-7)要求:

$$f_{cu,min} \geqslant 0.85 f_{cu,k} \tag{3-7}$$

当混凝土强度等级高于C20时,其强度的最小值尚应满足式(3-8)要求:

$$f_{cu,min} \geqslant 0.90 f_{cu,k} \tag{3-8}$$

式中 $m_{f_{cu}}$——同一检验批混凝土立方体抗压强度的平均值(N/mm²),精确到 0.1(N/mm²);
  $f_{cu,k}$——混凝土立方体抗压强度标准值(N/mm²),精确到 0.1(N/mm²);
  σ_0——检验批混凝土立方体抗压强度的标准差(N/mm²),精确到 0.01(N/mm²);当检验批混凝土强度标准差 σ_0 计算值小于 2.5N/mm² 时,应取 2.5N/mm²;
  $f_{cu,i}$——前一个检验期内同一品种、同一强度等级的第 i 组混凝土试件的立方体抗压强度代表值(N/mm²),精确到 0.1(N/mm²);该检验期不应少于 60d,也不得大于 90d;
  n——前一检验期内的样本容量,在该期间内样本容量不应小于 45;
  $f_{cu,min}$——同一检验批混凝土立方体抗压强度的最小值(N/mm²),精确到 0.1(N/mm²)。

3)当样本容量不少于 10 组时,其强度应同时满足式(3-9)、式(3-10)要求:

$$m_{f_{cu}} \geqslant f_{cu,k} + \lambda_1 \cdot S_{f_{cu}} \quad (3-9)$$

$$f_{cu,min} \geqslant \lambda_2 \cdot f_{cu,k} \quad (3-10)$$

同一检验批混凝土立方体抗压强度的标准差应按式(3-11)计算:

$$S_{f_{cu}} = \sqrt{\frac{\sum_{i=1}^{n} f_{cu,i}^2 - n m_{f_{cu}}^2}{n-1}} \quad (3-11)$$

式中 $S_{f_{cu}}$——同一检验批混凝土立方体抗压强度的标准差(N/mm²),精确到 0.01(N/mm²);当检验批混凝土强度标准差 $S_{f_{cu}}$ 计算值小于 2.5N/mm² 时,应取 2.5N/mm²;
  λ_1, λ_2——合格评定系数,按表 3-54 取用;
  n——本检验期内的样本容量。

表 3-54 混凝土强度的合格评定系数

试件组数	10～14	15～19	≥20
λ_1	1.15	1.05	0.95
λ_2	0.90	0.85	

(2)非统计方法评定
1)当用于评定的样本容量小于 10 组时,应采用非统计方法评定混凝土强度。
2)按非统计方法评定混凝土强度时,其强度应同时符合式(3-12)、式(3-13)规定:

$$m_{f_{cu}} \geqslant \lambda_3 \cdot f_{cu,k} \quad (3-12)$$

$$f_{cu,min} \geqslant \lambda_4 \cdot f_{cu,k} \quad (3-13)$$

式中 λ_3, λ_4——合格评定系数。
  混凝土强度等级<C60 时:$\lambda_3 = 1.15, \lambda_4 = 0.95$;
  混凝土强度等级≥C60 时:$\lambda_3 = 1.10, \lambda_4 = 0.95$。

(3)混凝土强度的合格性评定
1)当检验结果满足上述(1)或(2)项的规定时,则该批混凝土强度应评定为合格;当不能满足上述规定时,该批混凝土强度应评定为不合格。
2)对评定为不合格批的混凝土,可按国家现行的有关标准进行处理。

3.4.10 《混凝土抗渗试验报告》监理单位审核

混凝土抗渗试验报告

表 C6-10

(2014)量认(京)字(U0375)号

资料编号	01-07-C6-×××
试验编号	KS14-0141
委托编号	2014-17827

工程名称及部位	××办公楼工程 地下一层⑧~⑫/Ⓑ~Ⓒ轴外墙			试件编号	035
委托单位	××建设集团有限公司××项目部			试验委托人	×××
抗渗等级	P8			配合比编号	2014-5484
强度等级	C35	养护条件	标准养护	收样日期	××年××月××日
成型日期	××年××月××日	龄期(d)	80	试验日期	××年××月××日

试验情况

　　由 0.1MPa 顺序加压至 0.9MPa,保持 8h,六个试件均无透水现象。
　　试验结果:抗渗等级＞P8。

结论:

　　依据《普通混凝土长期性能和耐久性能试验方法标准》(GB/T 50082-2009)试验方法,符合 P8 抗渗等级要求。

批　准	×××	审　核	×××	试　验	×××
试验单位	××工程检测试验有限公司				
报告日期	××年××月××日				

本表由检测机构提供。

"混凝土抗渗试验报告"填写说明与依据

一、表格解析

1. 责任部门

有资质检测单位提供,试验员收集。

2. 提交时限

混凝土分项工程质量验收前提交,抗渗试验 30～90d。

二、填写依据

1. 规范名称

(1)《普通混凝土长期性能和耐久性能试验方法标准》(GB/T 50082—2009);

(2)《地下防水工程质量验收规范》(GB 50208—2011);

(3)《混凝土结构工程施工质量验收规范》(GB 50204—2002,2010 年版)。

2. 相关要求

(1)防水混凝土和有特殊要求的混凝土,应有配合比申请单和配合比通知单及抗渗试验报告和其他专项试验报告,应符合《地下防水工程质量验收规范》(GB 50208—2011)中的有关规定。防水混凝土要进行稠度、强度和抗渗性能三项试验。稠度和强度试验同普通混凝土;防水混凝土抗渗性能,应采用标准条件下养护的防水混凝土抗渗试块的试验结果评定。

(2)抗渗混凝土试块留置

1)连续浇筑抗渗混凝土每 500m³ 应留置一组抗渗试件(一组为 6 个抗渗试件),且每项工程不得少于两组。采用预拌混凝土的抗渗试件,留置组数应视结构的规模和要求而定。混凝土的抗渗性能,应采用标准条件下养护混凝土抗渗试件的试验结果评定。

2)冬季施工检验掺用防冻剂的混凝土抗渗性能,应增加留置与工程同条件养护 28d,再标准养护 28d 后进行抗渗试验的试件。

3)留置抗渗试件的同时需留置抗压强度试件并应取自同一盘混凝土拌合物中。取样方法同普通混凝土,试块应在浇筑地点制作。

(3)抗渗性能试验应符合《普通混凝土长期性能和耐久性能试验方法标准》(GB/T 50082—2009)的有关规定。

3.4.11 《饰面砖粘结强度试验报告》监理单位审核

饰面砖粘结强度试验报告 表 C6-11				资料编号	03－08－C6－01	
(2014)量认(京)字(U0375)号				试验编号	SMZ14－0014	
				委托编号	2014－00397	
工程名称	××办公楼工程			试件编号	001	
委托单位	××建设集团有限公司××项目部			试验委托人	×××	
饰面砖品种及牌号	条形砖　××牌			粘贴层次	1层	
饰面砖生产厂及规格	××陶瓷有限公司　60mm×240mm			粘贴面积(mm^2)	$300×10^6$	
基体材料	外墙外保温	粘结材料	水泥砂浆	粘结剂	HY－914	
抽样部位	2#楼梯间外墙	龄期(d)	50	施工日期	××年××月××日	
检验类型	批量检验	环境温度(℃)	28	试验日期	××年××月××日	
仪器及编号	数显示粘接强度检测仪　0238					

序号	试件尺寸(mm)		受力面积(mm^2)	拉力(kN)	粘结强度(MPa)	破坏状态	平均强度(MPa)
	长	宽					
1	96.5	46.5	4487.25	2.57	0.57	3	
2	97.0	45.5	4413.50	3.18	0.72	3	0.6
3	97.0	46.0	4462.00	2.26	0.51	3	

结论：

依据《建筑工程饰面砖粘结强度检验标准》(JGJ 110－2008)标准,粘结强度符合要求。

批　准	×××	审　核	×××	试　验	×××
试验单位	××工程检测试验有限公司				
报告日期	××年××月××日				

本表由检测机构提供。

"饰面砖粘结强度试验报告"填写说明与依据

一、表格解析

1. 责任部门

由资质检测单位提供,试验员收集。

2. 提交时限

饰面砖粘贴检验批验收前1d提交,粘贴强度试验28d左右。

二、填写依据

1. 规范名称

《建筑工程饰面砖粘结强度检验标准》(JGJ 110—2008)。

2. 相关要求

(1)基本规定

1)粘结强度检测仪每年至少检定一次,发现异常时应随时维修、检定。

2)带饰面砖的预制墙板进入施工现场后,应对饰面砖粘结强度进行复验。

3)带饰面砖的预制墙板应符合下列要求:

①生产厂应提供含饰面砖粘结强度检测结果的型式检验报告,饰面砖粘结强度检测结果应符合《建筑工程饰面砖粘结强度检验标准》的规定。

②复验应以每1000m^2同类带饰面砖的预制墙板为一个检验批,不足1000m^2应按1000m^2计,每批应取一组,每组应为3块板,每块板应制取1个试样对饰面砖粘结强度进行检验。

③应按饰面砖样板件粘结强度合格后的粘结料配合比和施工工艺严格控制施工过程。

4)现场粘贴的外墙饰面砖工程完工后,应对饰面砖粘结强度进行检验。

5)现场粘贴饰面砖粘结强度检验应以每1000m^2同类墙体饰面砖为一个检验批,不足1000m^2应按1000m^2计,每批应取一组3个试样,每相邻的三个楼层应至少取一组试样,试样应随机抽取,取样间距不得小于500mm。

6)采用水泥基胶粘剂粘贴外墙饰面砖时,可按胶粘剂使用说明书的规定时间或在粘贴外墙饰面砖14d及以后进行饰面砖粘结强度检验。粘贴后28d以内达不到标准或有争议时,应以28~60d内约定时间检验的粘结强度为准。

(2)粘结强度检验评定

1)现场粘贴的同类饰面砖,当一组试样均符合下列两项指标要求时,其粘结强度应定为合格;当一组试样均不符合下列指标要求时,其粘结强度应定为不合格;当一组试样只符合下列两项指标的一项要求时,应在该组试样原取样区域内重新抽取两组试样检验,若检验结果仍有一项不符合下列指标要求时,则该组饰面砖粘结强度应定为不合格:

①每组试样平均粘结强度不应小于0.4MPa。

②每组可有一个试样的粘结强度小于0.4MPa,但不应小于0.3MPa。

2)带饰面砖的预制墙板,当一组试样均符合下列两项指标要求时,其粘结强度应定为合格;当一组试样均不符合下列两项指标要求时,其粘结强度应定为不合格;当一组试样只符合下列两项指标的一项要求时,应在该组试样原取样区域内重新抽取两组试样检验,若检验结果仍有一项不符合下列指标要求时,则该组饰面砖粘结强度应定为不合格:

①每组试样平均粘结强度不应小于0.6MPa。

②每组可有一个试样的粘结强度小于0.6MPa,但不应小于0.4MPa。

3.4.12 《超声波探伤报告》监理单位审核

超声波探伤报告　表 C6-12
(2014)量认(京)字(U0375)号

资料编号	02-03-C6-×××
试验编号	2014-00285
委托编号	2014-00732

工程名称及施工部位	××办公楼工程　二层柱、梁		
委托单位	××建设集团有限公司　××项目部	试验委托人	×××
构件名称	钢柱/钢梁	检测部位	梁柱对接焊缝
材质	Q345B	板厚(mm)	10、12、14
仪器型号	UFD-308	试块	RB-1
耦合剂	CMC	表面补偿	4Db
表面状况	打磨	执行依据	GB/T 11345
探头型号	5P10×10　70°	探伤日期	××年××月××日

探伤结果及说明：

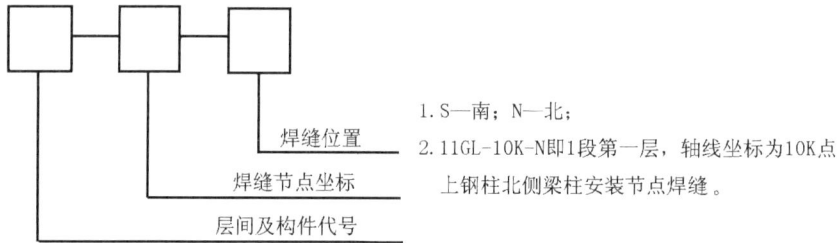

1. S—南；N—北；
2. 11GL-10K-N即1段第一层，轴线坐标为10K点上钢柱北侧梁柱安装节点焊缝。

　　钢结构现场安装焊缝，经超声波检测未发现超标缺陷，符合《焊缝无损检测　超声检测　技术、检测等级和评定》(GB/T 11345—2013)表6中规定的B-11级验收要求。

　　焊缝评定合格。

批　准	×××	审　核	×××	试　验	×××
试验单位	××工程检测试验有限公司				
报告日期	××年××月××日				

本表由检测机构提供。

3.4.13 《超声波探伤记录》监理单位审核

超声波探伤记录
表 C6-13

资料编号	02-05-C6-×××
工程名称	××办公楼工程
报告编号	×××
施工单位	××建设集团有限公司 ××项目部
检测单位	×××

焊缝编号 (两侧)	板厚 (mm)	折射角 (°)	回波 高度	X (mm)	D (mm)	Z (mm)	L (mm)	级别	评定 结果	备注
11GL-1K-N	10	70	/	/	/	/	/	Ⅰ	合格	
11GL-1J2-S	10	70	/	/	/	/	/	Ⅰ	合格	
N	10	70	/	/	/	/	/	Ⅰ	合格	
11GL-1J1-S	10	70	/	/	/	/	/	Ⅰ	合格	
11GL-1H2-N	10	70	/	/	/	/	/	Ⅰ	合格	
11GL-1H1-S	10	70	/	/	/	/	/	Ⅰ	合格	
N	10	70	/	/	/	/	/	Ⅰ	合格	
11GL-1H-S	10	70	/	/	/	/	/	Ⅰ	合格	
N	12	70	/	/	/	/	/	Ⅰ	合格	
11GL-1G-S	12	70	/	/	/	/	/	Ⅰ	合格	
11GL-4K-N	10	70	/	/	/	/	/	Ⅰ	合格	
11GL-4J2-S	10	70	/	/	/	/	/	Ⅰ	合格	
N	10	70	/	/	/	/	/	Ⅰ	合格	
11GL-4J1-S	10	70	/	/	/	/	/	Ⅰ	合格	
N	14	70	/	/	/	/	/	Ⅰ	合格	
11GL-4J-S	14	70	/	/	/	/	/	Ⅰ	合格	
N	14	70	/	/	/	/	/	Ⅰ	合格	
11GL-4H2-S	14	70	/	/	/	/	/	Ⅰ	合格	
N	10	70	/	/	/	/	/	Ⅰ	合格	
11GL-5K-N	10	70	/	/	/	/	/	Ⅰ	合格	
11GL-5J2-S	10	70	/	/	/	/	/	Ⅰ	合格	
N	10	70	/	/	/	/	/	Ⅰ	合格	

批准	审核	检测
×××	×××	×××

报告日期	××年××月××日

本表由检测机构提供。

"超声波探伤记录"填写说明与依据

一、表格解析

1. 责任部门

有资质检测单位提供,试验员收集。

2. 提交时限

焊接完成24h后进行,钢结构分部工程验收前提交。

二、填写依据

1. 规范名称

(1)《焊缝无损检测 超声检测 技术、检测等级和评定》(GB 11345—2013);

(2)《钢结构工程施工质量验收规范》(GB 50205—2001)。

2. 相关要求

(1)焊接球节点网架焊缝、螺栓球节点网架焊缝及圆管T、K、Y形节点相贯线焊缝,其内部缺陷分级及探伤方法分别符合国家现行标准《钢结构超声波探伤及质量分级法》(JG/T 203—2007)、《钢结构焊接规范》(GB 50661—2011)的规定。

(2)最大反射波幅位于Ⅰ区的缺陷,根据缺陷指示长度按表3-55的规定予以评级。

表3-55 缺陷的等级分类

评定等级 \ 检验等级 \ 板厚(mm)	A 8~50	B 8~300	C 8~300
Ⅰ	$\frac{2}{3}\delta$ 最小12	$\frac{1}{3}\delta$ 最小10,最大30	$\frac{1}{3}\delta$ 最小10,最大20
Ⅱ	$\frac{3}{4}\delta$ 最小12	$\frac{2}{3}\delta$ 最小12,最大50	$\frac{1}{2}\delta$ 最小10,最大30
Ⅲ	$<\delta$ 最小20	$\frac{3}{4}\delta$ 最小16,最大75	$\frac{2}{3}\delta$ 最小12,最大50
Ⅳ	超过三级者		

注:1. δ 为坡口加工侧母材板厚,母材板厚不同时,以较薄侧板厚为准;

2. 管座角焊缝 δ 为焊缝截面中心线高度。

(3)最大反射波幅不超过评定线的缺陷,均评为Ⅰ级。

(4)最大反射波幅超过评定线的缺陷,检验者判定为裂纹等危害性缺陷时,无论其波幅和尺寸如何,均评定为Ⅳ级。

(5)反射波幅位于Ⅰ区的非裂纹性缺陷,均评为Ⅰ级。

(6)反射波幅位于Ⅱ区的缺陷,无论其指示长度如何,均评定为Ⅳ级。

(7)不合格的缺陷,应予返修,返修区域修补后,返修部位及补焊受影响的区域,应按原探伤条件进行复验,复探部位的缺陷亦应按相关标准评定。

3.4.14 《钢构件射线探伤报告》监理单位审核

钢构件射线探伤报告
表 C6-14
(2014)量认(京)字(U0375)号

资料编号	02-05-C6-×××
试验编号	2014-00721
委托编号	2014-00792

工程名称	××办公楼工程		
委托单位	××建设集团有限公司　××项目部	试验委托人	×××
检测单位	××检测中心	检测部位	球体环缝
构件名称	球体	构件编号	×××
材质	Q235	焊缝型式	V型坡口	板厚(mm)	8、6
仪器型号	XY-2515	增感方式	铝箔	象质计型号	10/16
胶片型号	××	象质指数	1#、2#、3#	黑度	$D_{min} \geqslant 1.2$ $D_{max} \leqslant 3.5$
评定标准	GB 3323-2005	焊缝全长(mm)	4000	探伤比例与长度	25% 1354mm

探伤结果：

　　按《金属熔化焊焊接接头射线照相》(GB 3323-2005)的规定执行，检测合格。

底片编号	黑度	灵敏度	主要缺陷	评级
01			无	Ⅰ
02			无	Ⅱ
03			无	Ⅱ
04			无	Ⅲ
05			无	Ⅱ
06			无	Ⅲ
07			无	Ⅱ
08			无	Ⅱ
09			无	Ⅲ
10			无	Ⅰ
11			无	Ⅱ
12			无	Ⅱ

示意图：

备注：

批　准	×××	审　核	×××		×××
试验单位	××工程检测试验有限公司				
报告日期	××年××月××日				

本表由检测机构提供。

"钢构件射线探伤报告"填写说明与依据

一、表格解析

1. 责任部门

有资质检测单位提供,试验员收集。

2. 提交时限

焊接完成24h后进行,钢结构分部工程验收前提交。

二、填写依据

1. 规范名称

(1)《金属熔化焊焊接接头射线照相》(GB/T 3323—2005);

(2)《钢结构工程施工质量验收规范》(GB 50205—2001)。

2. 相关要求

(1)依据《钢结构工程施工质量验收规范》(GB 50205—2001)要求,设计要求全焊头的一、二级焊缝应做缺陷检验,由有相应资质等级检测单位出具射线探伤检验报告。

(2)钢结构工程质量验收采用常规无损检测方法进行。常规无损检测方法射线检验主要检测金属焊缝接头内部缺陷。

(3)超声波探伤不能对缺陷作出判断时,应采用射线探伤,其内部缺陷分级及探伤方法应符合现行国家标准《焊缝无损检测 超声检测 技术、检测等级和评定》(GB/T 11345—2013)或《金属熔化焊焊接接头射线照相》(GB/T 3323—2005)的规定。

(4)根据缺陷的性质和数量,焊接接头质量分为四个等级。

Ⅰ级焊接接头:应无裂纹、未熔合和未焊透和条形缺陷。

Ⅱ级焊接接头:应无裂纹、未熔合和未焊透。

Ⅲ级焊接接头:应无裂纹、未熔合以及双面焊和加垫板的单面焊中的未焊透。

Ⅳ级焊接接头:焊接接头中缺陷超过Ⅲ级者。

3.4.15 《锚杆、土钉锁定力(抗拔力)试验报告》监理单位审核

No.L0230

(2014)量认(京)字(U0333)号

(2014)国认监认字(077)号

检 验 报 告
TEST REPORT

BETC-DJ1-××-7A

工程/产品名称　　　××大厦工程　护坡桩工程锚杆试验
Name of Engineering/Product

委托单位　　　××建设集团有限公司
Client

检验类别　　　委托检验
Test Category

国家建筑工程质量监督检验中心
NATIONAL CENTER FOR QUALITY SUPERVISION
AND TEST OF BUILDING ENGINEERING

续表

检测报告 有见证试验

报告编号:BETC－DJ1－××－7A

委托单位	××建设集团有限公司 ××项目部	委托编号	××
工程名称及部位	工建标大厦 B 栋 工程基坑支护 $\Phi 18$:⑭-⑮/Ⓐ轴(标高－2.10～－3.50m) $\Phi 22$:⑨-⑩/Ⓗ轴,第二步(标高－2.20～－3.70m)	试件编号	056-002
见证人	×××	委托人	×××
检验类型	土钉拉拔	检验形式	工作件
型号、牌号	HRB 335	公称直径	$\phi 18 \times 3$ $\phi 22 \times 1$
粘结剂类型、产地	水泥净浆	基材强度等级	/
代表数量(个)	540	委托日期 ××年××月××日	试验日期 ××年××月××日
要求试验项目及说明	现场检测拉拔至 60kN($\Phi 18$)、110kN($\Phi 22$)		

公称直径/面积	龄期(d)	试验荷载(kN)	强度(MPa)	位移(mm)	破坏形式
$\Phi 18$	9	60.0	/	/	未破坏
	9	65.0	/	/	未破坏
	/	/	/	/	/
$\Phi 22$	9	110.3	/	/	未破坏
	9	115.2	/	/	未破坏
	/	/	/	/	/

结论：
以上检测在达到规定拉力时均未破坏。

批准	×××	审核	×××		×××
检测单位	××工程检测试验有限公司				
报告日期	××年××月××日				

"锚杆、土钉锁定力(抗拔力)试验报告"填写说明与依据

一、表格解析

1. 责任部门
有资质检测单位提供,专业分包单位负责汇总。

2. 提交时限
支护、桩(地)基工程验收前10d提交。

二、填写依据

1. 规范名称
(1)《建筑基坑支护技术规程》(JGJ 120—2012);
(2)《建筑地基基础工程施工质量验收规范》(GB 50202—2002)。

2. 相关要求
试验土钉位置事先与监理沟通,当土钉养护并达到设计强度后进行拉拔试验。

(1)试验数量

每一典型土层试验数量不宜少于土体总数的1%,且不应少于3根专门用于测试的非工作钉。

(2)试验准备

锚杆灌浆不小于7d,且锚固体强度达到15MPa(或达到设计强度的75%)后进行拉拔试验。其检测试验方法应符合《建筑基坑支护技术规程》(JGJ 120—2012)规定。

试验数量:锚杆抗拔试验数量,应取锚杆总数的5%且不少于3根。

(3)锚杆破坏标准

1)后一级荷载产生的锚头位移增量达到或超过前一级荷载产生位移增量的2倍。

2)锚头位移不稳定。

3)锚杆杆体拉断。

(4)锚杆验收标准

在最大试验荷载下,锚头位移相对稳定;锚杆弹性变形不应小于自由段长度变形计算值的80%,且不应大于自由段长度与1/2锚固段长度和弹性变形计算值。

3.4.16 《地基承载力检验报告》监理单位审核

地基承载力检验报告

(2014)量认(京)字(U0121)号

工程名称	××综合楼工程	报告编号	××××
委托单位	××建设集团有限公司××项目部	委托编号	××××
施工单位	××建设集团开发有限公司	委托日期	××年××月××日
分包单位	/	见证人	×××
见证单位	××工程建设监理有限公司	见证号	××××
地基处理工艺方法	夯实水泥土桩	试验方法	平板静力载荷试验
地基承载力设计值(kPa)	180	载荷板尺寸(mm)	10^6(圆形)	加荷方法	钢梁下设地锚，油压千斤顶加载

点(桩)号	加荷级数	最大试验荷载(kN)	最大试验荷载下载荷板沉降(mm)	残余变形(mm)	地基承载力特征值(kPa)	检测日期	备注
123	8	360	11.90	/	≥180	××年××月××日	
263	8	360	13.47	/	≥180	××年××月××日	
376	8	360	10.44	/	≥180	××年××月××日	
503	8	360	13.56	/	≥180	××年××月××日	

检测依据	《建筑地基处理技术规范》(JGJ 79—2012) 《建筑地基基础工程施工质量验收规范》(GB 50202—2002)
检测结论	本工程单桩复合地基承载力特征值≥180kPa。
备 注	

试验：	校核：	审核：	检测单位：××基础工程试验检测中心 (盖章) 负责人：××× ××年××月××日

"地基承载力检验报告"填写说明与依据

地基处理后的结果,如设计要求或协议有规定时,应按要求进行承载力检验,有承载力检验报告。承担承载力检验的单位应有相应资质。

一、表格解析

1. 责任部门

有资质检测单位提供,专业分包单位负责汇总。

2. 提交时限

支护、桩(地)基工程验收前10d提交。

二、填写依据

1. 规范名称

(1)《建筑地基基础工程施工质量验收规范》(GB 50202—2002);
(2)《建筑地基基础设计规范》(GB 50007—2011);
(3)《岩土工程勘察规范》(GB 50021—2001,2009年版);
(4)《建筑地基处理技术规范》(JGJ 79—2012)。

2. 相关要求

(1)复合地基载荷试验用于测定承压板下应力主要影响范围内复合土层的承载力和变形参数。复合地基载荷试验承压板应具有足够刚度。单桩复合地基载荷试验的承压板可用圆形或方形,面积为一根桩承担的处理面积;多桩复合地基载荷试验的承压板可用方形或矩形,其尺寸按实际桩数所承担的处理面积确定。桩的中心(或形心)应与承压板中心保持一致,并与荷载作用点相重合。

(2)承压板底面标高应与桩顶设计标高相适应。承压板底面下宜铺设粗砂或中砂垫层,垫层厚度取50~150mm,桩身强度高时宜取大值。试验标高处的试坑长度和宽度,应不小于承压板尺寸的3倍。基准梁的支点应设在试坑之外。

(3)试验前应采取措施,防止试验场地地基土含水量变化或地基土扰动,以免影响试验结果。

(4)加载等级可分为8~12级。最大加载压力不应小于设计要求压力值的2倍。

(5)每加一级荷载前后均应各读记承压板沉降量一次,以后每0.5h读记一次。当1h内沉降量小于0.1mm时,即可加下一级荷载。

(6)当出现下列现象之一时可终止试验:

1)沉降急剧增大,土被挤出或承压板周围出现明显的隆起;
2)承压板的累计沉降量已大于其宽度或直径的6%;
3)当达不到极限荷载,而最大加载压力已大于设计要求压力值的2倍。

(7)卸载级数可为加载级数的一半,等量进行,每卸一级,间隔0.5h,读记回弹量,待卸完全部荷载后间隔3h读记总回弹量。

(8)复合地基承载力特征值的确定:

1)当压力-沉降曲线上极限荷载能确定,而其值不小于对应比例界限的2倍时,可取比例界限;当其值小于对应比例界限的2倍时,可取极限荷载的一半;

2)当压力-沉降曲线是平缓的光滑曲线时,可按相对变形值确定:

①对砂石桩、振冲桩复合地基或强夯置换墩:当以黏性土为主的地基,可取 s/b 或 s/d 等于0.015所对应的压力(s 为载荷试验承压板的沉降量;b 和 d 分别为承压板宽度和直径,当其值大

于 2m 时,按 2m 计算);当以粉土或砂土为主的地基,可取 s/b 或 s/d 等于 0.01 所对应的压力。

②对土挤密桩,石灰桩或柱锤冲扩桩复合地基,可取 s/b 或 s/d 等于 0.012 所对应的压力。对灰土挤密桩复合地基,可取 s/b 或 s/d 等于 0.008 所对应的压力。

③对水泥粉煤灰碎石桩或夯实水泥土桩复合地基,当以卵石、圆砾、密实粗中砂为主的地基,可取 s/b 或 s/d 等于 0.008 所对应的压力;当以黏性土、粉土为主的地基,可取 s/b 或 s/d 等于 0.01 所对应的压力。

④对水泥土搅拌桩或旋喷桩复合地基,可取 s/b 或 s/d 等于 0.006 所对应的压力。

⑤对有经验的地区,也可按当地经验确定相对变形值。

按相对变形值确定的承载力特征值不应大于最大加载压力的一半。

(9)试验点的数量不应少于 3 点,当满足其极差不超过平均值的 30% 时可取其平均值为复合地基承载力特征值。

3.4.17 《桩基检测报告》监理单位审核

单桩竖向抗压静载检测报告

(2014)量认(京)字(U0375)号

共1页 第1页

工程名称	××大厦工程	工程地点	××市××区××路
合同编号	××-×××	检测编号	检××-××××
委托单位	××建设集团有限公司××项目部	建设单位	××集团开发有限公司
设计单位	××建筑设计研究院	勘测单位	××勘察设计院
施工单位	××建设集团有限公司	检测单位	××检测试验有限公司
监理单位	××工程建设监理有限公司	结构型式	框架
桩　型	预应力管桩	设计桩端持力层	强风化花岗岩
总桩数	100	设计单桩竖向抗压承载力特征值(kN)	2500
见证人	×××	见证号	××××××

桩号	桩长(m)	桩径(mm)	扩大头直径(mm)	最大试验荷载(kN)	最大荷载下桩顶沉降(mm)	残余变形(mm)	单桩竖向抗压极限承载力(kN)	实测单桩竖向抗压承载力特征值(kN)	施工日期	检测日期
1－A	25	500	—	5000	30.18	25	5000	2500	××年××月××日	××年××月××日
2－A	25	500	—	5000	32.44	26	5000	2500	××年××月××日	××年××月××日
3－A	25	500	—	5000	32.04	24	5000	2500	××年××月××日	××年××月××日
4－A	25	500	—	5000	30.26	25	5000	2500	××年××月××日	××年××月××日
5－A	25	500	—	5000	29.58	24	5000	2500	××年××月××日	××年××月××日

备注	检测依据:《建筑基桩检测技术规范》(JGJ 106—2014)				
项目负责人	×××	校对	×××	检测人员	×××

3.4.18 《钢筋机械连接型式检验报告》监理单位审核

滚轧直螺纹钢筋接头型式检验报告

检 验 报 告
TEST REPORT

BETC-CL1-××-1445

工程/产品名称　　滚轧直螺纹钢筋接头（型式检验）
Name of Engineering/Product

委托单位　　××机械集团有限公司
Client

检验类别　　委托检验
Test Category

国家建筑工程质量监督检验中心
NATIONAL CENTER FOR QUALITY SUPERVISION
AND TEST OF BUILDING ENGINEERING

续表

国家建筑工程质量监督检验中心检验报告
TEST REPORT OF CHINA NATIONAL CENTER FOR QUALITY SUPERVISION AND TEST OF CONSTRUCTION ENGINEERING

报告编号(No. of Report):BETC－CL1－××－1445　　　　　共3页　第1页(Page 1 of 3)

委托单位(Client)		××机械集团有限公司		
地址(ADD)		××市××区××路	电话(Tel)	××××
样品 (SaMPle)	名称(Name)	热轧带肋钢筋(母材) 滚轧直螺纹钢筋接头	状态 (State)	正常
	规格型号 (Type/Model)	28	商标 (Brand)	—
生产单位(Manufacturer)		××机械集团有限公司		
送样/抽样日期 (Date of delivery/SaMPling)		××年××月××日	地点 (Place)	—
工程名称 (Name of engineering)		××大厦		
检验 (Test)	项目 (Item)	1. σ_s、σ_b 2. 单向拉伸性能 3. 高应力反复拉压性能 4. 大变形反复拉压性能	数量 (Quantity)	1. 3根 2. 3根 3. 3根 4. 3根
	地点 (Place)	试验室	日期 (Date)	××年××月××日
	依据 (Reference documents)	《钢筋混凝土用钢　第2部分:热轧带肋钢筋》(GB 1499.2－2007)、 《钢筋机械连接技术规程》(JGJ 107－2010)		
	设备 (Equipment)	1MN试验机及JBK测试系统、INSTRON 500kN试验机		
检验结论(Conclusion)				
1. 母材试验所检验的项目符合《钢筋混凝土用钢　第2部分:热轧带肋钢筋》(GB 1499.2－2007)中规定的强度要求; 2. 单向拉伸试验、高应力反复拉压试验、大变形反复拉压试验所检验的项目均符合《钢筋机械连接技术规程》(JGJ 107－2010)中规定的"Ⅰ"级性能要求。				
备注	各项检验数据见本报告的第2页,附表见本报告的第3页。 钢筋牌号 HRB 400,钢筋螺纹采用剥肋滚轧工艺。(Ⅰ级型检)			

批准(Approval):×××　　审核(Verification):×××　　主检(Chief tester):×××

报告日期(Date):××年××月××日

续表

国家建筑工程质量监督检验中心检验报告
TEST REPORT OF CHINA NATIONAL CENTER FOR QUALITY SUPERVISION AND TEST OF CONSTRUCTION ENGINEERING

共 3 页　第 2 页(Page 2 of 3)

母材检验数据					
母材试件编号	CL1-××-1445-1	CL1-××-1445-2	CL1-××-1445-3	平均值	标准值
钢筋直径(mm)	28	28	28	—	—
屈服强度 σ_s(N/mm²)	480	480	485	—	≥400
抗拉强度 σ_b(N/mm²)	665	670	685	—	≥570
破坏情况	—	—	—	—	—
单向拉伸性能检验数据					
单向拉伸试件编号	CL1-××-1445-4	CL1-××-1445-5	CL1-××-1445-6	平均值	标准值
抗拉强度 f_{mst}^0 (N/mm²)	665	670	670	—	$f_{mst}^0 \geq f_{st}^0$ 或 $\geq 1.10 f_{uk}$
非弹性变形 u(mm)	0.105	0.095	0.045	0.082	$u \leq 0.10$
总伸长率 δ_{sgt}(%)	7.0	7.5	7.5	7.3	$\delta_{sgt} \geq 4.0$
破坏情况	断母材	断母材	断母材	—	—
高应力反复拉压性能检验数据					
高应力反复拉压试件编号	CL1-××-1445-7	CL1-××-1445-8	CL1-××-1445-9	平均值	标准值
抗拉强度 f_{mst}^0 (N/mm²)	665	670	670	—	$f_{mst}^0 \geq f_{st}^0$ 或 $\geq 1.10 f_{uk}$
残余变形 u_{20}(mm)	0.13	0.08	0.15	0.12	$u_{20} \leq 0.3$
破坏情况	断母材	断母材	断母材	—	—
大变形反复拉压性能检验数据					
大变形反复拉压试件编号	CL1-××-1445-10	CL1-××-1445-11	CL1-××-1445-12	平均值	标准值
抗拉强度 f_{mst}^0 (N/mm²)	685	685	685	—	$f_{mst}^0 \geq f_{st}^0$ 或 $\geq 1.10 f_{uk}$
残余变形 u_4(mm)	0.14	0.14	0.26	0.18	$u_4 \leq 0.3$
残余变形 u_8(mm)	0.28	0.21	0.42	0.30	$u_8 \leq 0.6$
破坏情况	断母材	断母材	断母材	—	—

续表

附录：

共 3 页　第 3 页(Page 3 of 3)

委托单位	××机械集团有限公司		
产品名称	滚轧直螺纹钢筋接头	公称直径/mm	28
设计接头等级	Ⅰ级	送检日期	××年××月××日
连接件基本参数			
连接件各部位尺寸	长度(mm)	70.0	连接件原材料	45#钢
	外径(mm)	44.0	螺　距	3.0
	内径(mm)	23.75	牙型角状态	60°

连接件示意图：

国家建筑工程质量监督检验中心
××年××月××日

"钢筋机械连接型式检验报告"填写说明与依据

一、表格解析

核查型式检验报告的接头等级、规格、工艺参数、执行标准等是否符合工程设计及施工要求；核查型式检验报告是否由法定检测机构出具(法定检测机构应是国家、省部级主管部门认可的检测机构)。

二、填写依据

型式检验的基本要求应符合《钢筋机械连接技术规程》(JGJ 107－2010)中"第 5　接头的型式检验"的规定；型式检验的试验方法按《钢筋机械连接技术规程》(JGJ 107－2010)附录 A 中的规定进行；检验报告和评定结论按附录 B 的格式出具。

3.4.19 《后置埋件拉拔试验报告》监理单位审核

后置埋件拉拔试验报告
(2014)量认(京)字(U0375)号

试验编号	JC××LB0039
委托编号	××力53658

工程名称及部位	××大厦工程 外墙东立面	试样名称	膨胀螺栓M8
委托单位	××幕墙装饰工程有限公司	产地	××市
委托人	×××	混凝土强度等级	C35
检验项目	拉拔力	锚固深度	—
依据标准	《建筑装饰装修工程质量验收规范》(GB 50210—2001)	委托日期	××年××月××日
检验设备	SHJ-40	试验日期	××年××月××日

试验结果			
试件编号	设计荷载(kN)	实际拉拔力(kN)	锚固端状态	备注(部位)
1	8.00	11.1	拔出	—
2	8.00	14.3	拔出	—
3	8.00	14.5	拔出	—

结论:
现场实际拉拔力超过设计荷载、符合设计要求。

负责人	审核	
×××	×××	
试验单位	××工程检测试验有限公司	
报告日期	××年××月××日	

3.4.20 《高强螺栓抗滑移系数检测报告》监理单位审核

高强度螺栓连接副连接摩擦面抗滑移系数检验报告

(2014)量认(京)字(U0375)号

工程名称	××大厦工程	委托编号	××
委托单位	××幕墙装饰工程有限公司	检验日期	××年××月××日
见证单位	××工程检测试验有限公司	见证人	×××
样品名称	高强螺栓	检验项目	抗滑移系数检验
检验依据	《钢结构工程施工质量验收规范》(GB 50205－2001) 《钢结构高强度螺栓连接技术规程》(JGJ 82－2011)		
检验仪器名称	高强度螺栓智能检测仪	检定证书编号	×××

高强度螺栓连接副连接摩擦面抗滑移系数检验结果

型号规格	样品编号	螺栓平均预拉力(kN)	摩擦面数(面)	单侧螺栓数量(个)	实测滑移荷载(kN)	抗滑移系数
Q235B M20×75	1	165.5	1	1	278	0.378
	2	155.8	1	1	265	0.341
	3	169.5	1	1	283	0.358
检验结论	该试样所检测项目符合《钢结构高强度螺栓连接技术规程》(JGJ 82－2011)、《钢结构工程施工质量验收规范》(GB 50205－2001)标准及钢结构设计总说明要求。					
备注						

试验:	校核:	审核:	检测单位:
×××	×××	×××	(盖章) 负责人:××× ××年××月××日

"高强螺栓抗滑移系数检测报告"填写说明与依据

一、表格解析

1. 责任部门
有资质检测单位提供,试验员收集。

2. 提交时限
正式使用前提交,高强螺栓连接检验批验收前1d提交。

二、填写依据

1. 规范名称
(1)《钢结构高强度螺栓连接技术规程》(JGJ 82—2011);
(2)《钢结构工程施工质量验收规范》(GB 50205—2001)。

2. 相关要求
钢结构的连接采用高强度螺栓连接时,应对连接面进行喷砂、喷丸等方法的技术处理,使其连接面的抗滑移系数达到设计规定的数值,经过技术处理的摩擦面是否达到设计规定的抗滑移系数值,因此制造厂和安装单位应分别以钢结构制造批为单位进行抗滑移系数试验,并按规定实行有见证取样送检,由有资质的检测单位出具试验报告。

(1)组批原则及取样

制造批可按分部(子分部)工程划分规定的工程量每2000t为一批,不足2000t的可视为一批。选用两种及两种以上表面处理工艺时,每种处理工艺应单独检验每批三组试件。

(2)样品的制作

抗滑移系数试验应采用双摩擦面的二栓拼接的拉力试件(图3-1)。

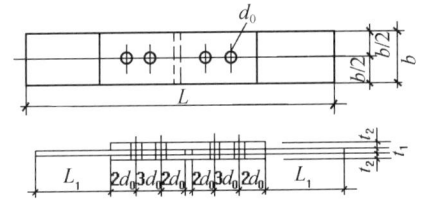

图3-1 抗滑移系数拼接试件的形式和尺寸

抗滑移系数试验用的试件应由制造厂加工,试件与所代表的钢结构构件应为同一材质、同批制作、采用同一摩擦面处理工艺和具有相同的表面状态,并应用同批同一性能等级的高强度螺栓连接副,在同一环境条件下存放。

试件钢板的厚度t_1、t_2应根据钢结构工程中有代表性的板材厚度来确定,同时应考虑在摩擦面滑移之前,试件钢板的净截面始终处于弹性状态;宽度b可参照表3-56规定取值,L_1应根据试验机夹具的要求确定。

表3-56 试件板的宽度 (单位:mm)

螺栓直径d	16	20	22	24	27	30
板宽b	100	100	105	110	120	120

试件板面应平整、无油污,孔和板的边缘无飞边、毛刺。

3.4.21 《钢结构焊接工艺评定报告》监理单位审核

建筑钢结构焊接工艺评定报告

编　　号：　　　JHP××-23　　　

编　　制：　　　　×××　　　　

焊接责任：　　　　×××　　　　

技术人员：　　　　×××　　　　

批　　准：　　　　×××　　　　

单　　位：　　××钢结构工程有限公司　　

日　　期：　　××年××月××日

焊接工艺评定报告目录

序号	报告名称	报告编号	页数
1	首页		1
2	目录		1
3	焊接工艺评定报告	JHP××-23	1
4	焊接工艺评定指导书	HZ××-23	1
5	焊接工艺评定记录表	HZ××-23	1
6	焊接工艺评定检验结果表		1
7	超声波探伤报告	×××	2（略）
8	试验报告单	×××	2（略）
9	试验材料材质单	×××	1（略）

焊接工艺评定报告

工程(产品)名称	××大厦工程	评定报告编号	JHP××-23
委托单位	××公司制造厂	工艺指导书编号	HZ××-23
项目负责人	×××	依据标准	《钢结构焊接规范》(GB 50661－2011)
试样焊接单位	××公司	施焊日期	××年××月××日

焊工	×××	资格代号	××××	级别	/
母材钢号	Q345C	规格	－70	供货状态	热轧	生产厂	××

化学分析和力学性能

	C(%)	Mn(%)	Si(%)	S(%)	P(%)	σ_s MPa	σ_b MPa	δ_5(%)	A_{kv}(J)	180° 弯曲试验
标准	≤0.20	1.00～1.60	≤0.55	≤0.035	≤0.035	≥275	470～630	≥22	≥34	$d=3a$
合格证	0.13	1.45	0.33	0.005	0.015	375	550	28	178、199、182	合格
复验										

碳当量	0.37	公式	$CE\% = (C + \dfrac{Mn}{6} + \dfrac{Cr+Mo+V}{5} + \dfrac{Cu+Ni}{15})\%$

焊接材料	生产厂	牌号	类型	直径(mm)	烘干温度(℃×h)	备注
焊条	/	/	/	/	/	/
焊丝	××焊接材料厂	H08MnA	/	φ4.0	/	/
焊剂或气体	××焊接材料厂	HJ 431	熔炼型	/	350℃×2h	/

焊接方法	埋弧自动焊	焊接位置	平焊	接头形式	板对接
焊接工艺参数	见焊接工艺指导书	清根工艺	碳弧气刨清根、磨光机打磨		
焊接设备型号	MZ－1000	电源及极性	直流、反接		
预热温度(℃)	100	层间温度(℃)	150	后热温度(℃)及时间(min)	/
焊后热处理	/				

评定结论：

本评定按《钢结构焊接规范》(GB 50661－2011)规定,根据工程情况编制工艺评定指导书、焊接试件、制取并检验试样、测定性能,确认试验记录正确,评定结果为:合格。焊接条件及工艺参数适用范围按本评定指导书规定执行。

评　定	×××	××年××月××日	评定单位:
审　核	×××	××年××月××日	(签章)
技术负责	×××	××年××月××日	××年××月××日

焊接工艺评定指导书

工程名称	××大厦工程		指导书编号		HZ××-23	
母材钢号	Q345C	规格	-70	供货状态	/	生产厂	××
焊接材料	生产厂	牌号	类型	烘干温度(℃×h)		备注
焊条	/	/	/	/		/
焊丝	××焊接材料有限公司	H08MnA	φ4.0	/		/
焊剂或气体	××焊接材料有限公司	HJ 431	熔炼型	(300～350)℃×2h		/
焊接方法	埋弧自动焊		焊接位置		平焊	
焊接设备型号	MZ-100		电源及极性		直流、反接	
预热温度(℃)	100～120	层间温度(℃)	150±15	后热温度(℃)及时间(min)		/

接头及坡口尺寸图	焊接顺序图

焊接工艺参数	道次	焊接方法	焊条或焊剂 牌号	焊条或焊剂 φ(mm)	焊剂或保护气	保护气体流量(1/min)	电流(A)	电压(V)	焊接速度(cm/min)	热输入(kJ/cm)	备注
	底层	埋弧自动焊	H08MnA	φ4.0	HJ431	/	500～550	31～33	30～34	27～36	
	中层	埋弧自动焊	H08MnA	φ4.0	HJ431	/	550～600	32～36	33～36	29～39	
	面层	埋弧自动焊	H08MnA	φ4.0	HJ431	/	550～600	32～36	24～26	40～54	

技术措施	焊前清理	除锈、打磨	层间清理	清渣、除飞溅、磨光
	背面清根	碳弧气刨清根		
	其他:	/		

编制	×××	日期	××年××月××日	审核	×××	日期	××年××月××日

焊接工艺评定记录表

工程名称	××大厦		指导书编号		HZ××-23	
焊接方法	埋弧自动焊	焊接位置 平焊	设备型号	MZ-1000	电源及极性	直流、反接
母材钢号	Q345C	类别 Ⅱ	生产厂		××	
母材规格	-70	供货状态 热轧				

接头尺寸及施焊道次顺序	图示：坡口50°/55°，板厚70，长500，尺寸25/45，分面层/中层/底层	焊接材料				
		焊条	牌号	/	类型	/
			生产厂	/	批号	/
			烘干温度(℃)	/	时间(min)	/
		焊丝	牌号	H08MnA	规格(mm)	φ4.0
			生产厂	××	批号	9091481
		焊剂或气体	牌号	HJ431	规格(目)	8～40
			生产厂	××焊接材料有限公司		
			烘干温度(℃)	350	时间(min)	120

施焊工艺参数记录

焊接工艺参数	首次	焊接方法	焊条(焊丝)直径(mm)	保护气体流量(1/min)	电流(A)	电压(V)	焊接速度(cm/min)	热输入(kJ/cm)	备注
	底层	埋弧自动焊	φ4.0	/	520	33	33	31	
	中层	埋弧自动焊	φ4.0	/	580	34	35	34	
	面层	埋弧自动焊	φ4.0	/	600	35	35	50	

施焊环境	室内	环境温度(℃)	27	相对湿度	52%
预热温度(℃)	100	层间温度(℃) 150	后热温度(℃) /	时间(min)	/
后热处理	/				

技术措施	焊前清理	除锈打磨	层间清理	清渣、除飞溅、磨光
	背面清根	碳弧所刨清根		
	其他	/		

焊工姓名	×××	资格代号	×××-×	级别	/	施焊日期	××年××月××日
记录	×××	日期	××年××月××日	审核	×××	日期	××年××月××日

焊接工艺评定检验结果表

非 破 坏 检 验				
试验项目	合格标准	评定结果	报告编号	备注
外观				
X光	/	/	/	/
超声波	Ⅰ级	合格	HP－023	/
磁粉	/	/	/	/

拉伸试验	报告编号		××	弯曲试验		报告编号		××
试样编号	σ_s (MPa)	σ_b (MPa)	断口位置	评定结果	试样编号	试验类型	弯心直径 D(mm)	弯曲角度	评定结果
23		480	拉断,母材	合格	23	侧弯	30	180°	侧弯合格
23		485	拉断,母材	合格	23	侧弯	30	180°	侧弯合格
					23	侧弯	30	180°	侧弯合格
					23	侧弯	30	180°	侧弯合格
					23	侧弯	30	180°	侧弯合格
					23	侧弯	30	180°	侧弯合格
					23	侧弯	30	180°	侧弯合格
					23	侧弯	30	180°	侧弯合格

注：拉伸试验表格列数与原表一致（试样编号 | σ_s | σ_b | 断口位置 | 评定结果）

冲击试验	报告编号		××	宏观金相	报告编号	/
试样编号	缺口位置	试验温度(℃)	冲击功 A_{kv}(J)			
23区－1	热影响区	0	110	评定结果： /		
23区－2	热影响区	0	130			
23区－3	热影响区	0	140	硬度试验	报告编号	/
23心－1	焊缝区	0	58			
23心－2	焊缝区	0	68	评定结果： /		
23心－3	焊缝区	0	70			

其他检验：

/

检验	×××、×××	日期	××年××月××日	审核	×××	日期	××年××月××日

"钢结构焊接工艺评定报告"填写说明与依据

一、表格解析

1. 责任部门

有资质检测单位提供,试验员收集。

2. 提交时限

正式焊接施工前完成,第一次钢结构焊接工程检验批验收前提交。

二、填写依据

1. 规范名称

《钢结构焊接规范》(GB 50661—2011)。

2. 相关要求

(1)为了保证工程焊接质量,凡符合以下情况之一者,应在构件加工制作和结构安装施工焊接前进行焊接工艺评定,并根据焊接工艺评定的结果制定相应的施工焊接工艺。

1)国内首次应用于钢结构工程的钢材(包括钢材牌号与标准相符,但微合金强化元素的类别不同和供应状态不同,或国外钢号国内生产)。

2)国内首次应用于钢结构工程的焊接材料。

3)设计规定的钢材类别、焊接材料、焊接方法、接头形式、焊接位置、焊后热处理制度以及施工单位所采用焊接工艺参数、预热后热措施等各种参数的组合条件为施工企业首次使用。

(2)钢结构焊接工艺评定应由具有国家技术质量监督部门认证资质的检测单位进行检测并提供。焊接工艺评定应由结构制作、安装企业根据所承担钢结构的设计节点形式、钢材类型、规格、采用的焊接方法、焊接位置等,制定焊接工艺评定方案,拟定相应的焊接工艺评定指导书,按《钢结构焊接规范》(GB 50661—2011)规定的施焊试件、切取试样。

(3)焊接工艺评定的施焊参数,包括热输入、预热、后热制度等应根据被焊材料的焊接性制订。

(4)焊接工艺评定所用设备、仪表的性能应与实际工程施工焊接相一致并处于正常工作状态。焊接工艺评定所用的钢材、焊钉、焊接材料必须与实际工程所用材料一致并符合相应标准要求,具有生产厂出具的质量证明文件。

(5)焊接工艺评定试件应由该工程施工企业中技能熟练的焊接人员施焊。

(6)焊接工艺评定检验完成后,应由检测评定单位根据检测结果提出焊接工艺评定报告,连同焊接工艺评定指导书、焊接评定记录表、评定试样检验结果(包括超声波探伤报告、焊接件力学性能试验报告、钢材出厂质量证明、焊接材料出厂质量证明、低倍组织检验报告)一起报质量监督验收部门和有关单位审查备案。

3.4.22 《网架节点承载力试验报告》监理单位审核

网架节点承载力试验报告

委托日期：××年××月××日　　　试验编号：××-××
发出日期：××年××月××日　　　建设单位：××集团开发有限公司
委托单位：××钢结构工程有限公司　　工程名称：××工程
主要使用部位：××　　　　　　　　牌号、质量等级：××
产地或厂名：××有限公司　　　　　钢材名称、规格：Q235
进场数量(t)：××　　　　　　　　出厂合格证：×××
送样人：×××　　　　　　　　　监理工程师：×××

试件编号	网架种类	规格		试验拉(压力)(kN)	破坏形态	设计承载力(kN)
		螺栓(钢管)直径	螺栓(焊接)球直径(mm)			
××	螺栓球网架	M30(10.9s)	240	638	未发现明显破坏痕迹	600
××	螺栓球网架	M30(10.9s)	240	652	未发现明显破坏痕迹	600
××	螺栓球网架	M30(10.9s)	240	642	未发现明显破坏痕迹	600
××	螺栓球网架	M30(10.9s)	240	630	未发现明显破坏痕迹	600
××	螺栓球网架	M30(10.9s)	240	651	未发现明显破坏痕迹	600
××	螺栓球网架	M30(10.9s)	240	657	未发现明显破坏痕迹	600

结论：
依据《钢网架螺栓球节点》(JG/T 10-2009)，以上所检项目符合标准要求，评定合格。

试验单位：××建设工程质量检测中心(单位章)　负责人：×××　审核人：×××　试验人：×××

单位工程技术负责人意见：
该试样所检项目符合《钢网架螺栓球节点》(JG/T 10-2009)要求。
　　　　　　　　　　　　　　　　　　　　　　　　　　　　签章：×××

"网架节点承载力试验报告"填写说明与依据

(1)《钢结构工程施工质量验收规范》(GB 50205-2001)。

对建筑结构安全等级为一级，跨度40m及以上的公共建筑钢网架结构，且设计有要求时，应按下列项目进行节点承载力试验，其结果应符合以下规定：

1)焊接球节点应按设计指定规格的球及其匹配的钢管焊接成试件，进行轴心拉、压承载力试验，其试验破坏荷载值大于或等于1.6倍设计承载力为合格；

2)螺栓球节点应按设计指定规格的球最大螺栓孔螺纹进行抗拉强度保证荷载试验，当达到螺栓的设计承载力时，螺孔、螺纹及封板仍完好无损为合格。

检查数量：每项试验做3个试件。

检验方法：在万能试验机上进行检验，检查试验报告。

(2)《钢网架螺栓球节点》(JG/T 10-2009)中第5节的相关规定。

(3)《钢网架焊接空心球节点》(JG/T 11-2009)中第5节的相关规定。

(4)《钢网架螺栓球节点用高强度螺栓》(GB/T 16939-1997)中第6节的相关规定。

3.4.23 《钢结构涂料厚度检测报告》监理单位审核

京市质监认字006号

(2014)量认(京)字(R0110)号

No.××-2829

检 验 报 告

受检单位　××建材有限公司

产品名称　室内超薄型钢结构防火涂料

检验类型　型式认可发证检验

国家固定灭火系统和耐火构件质量监督检验中心

国家固定灭火系统和耐火构件质量监督检验中心

检 验 报 告

No. ××-2829

产品名称	室内超薄型钢结构防火涂料
型号规格	NCB(GXC-601)
商 标	七环
委托单位	公安部消防产品合格评定中心
生产单位	××防火材料有限责任公司
受检单位	××建材有限公司
抽样者	×××、×××
抽样地点	库房
抽样基数	1t
抽样日期	××年××月××日
送样者	×××
送样日期	××年××月××日
样品数量	60kg
样品编号	××-2829
检验类别	型式认可发证检验
检验依据	《钢结构防火涂料》(GB 14907—2002)
样品等级	空白
检验项目	全项
检验日期	××年××月××日至××年××月××日
检验地点	本中心内
检验结论	××防火材料有限责任公司送检的NCB(GXC-601)室内超薄型钢结构防火涂料(涂层厚度:2.19mm;耐火极限:大于120min),经按《钢结构防火涂料》(GB 14907—2002)检验,合格。 签发日期:××年××月××日
备注	

批准:×××　　　　　审核:×××　　　　　编制:×××

检 验 结 果 汇 总

No.××-2829

序号	检验项目名称	标准要求及标准条款号	实测结果	本项结论	备注
1	在容器中的状态	经搅拌后呈均匀细腻状态,无结块(5.2.1)	经搅拌后呈均匀细腻状态,无结块	合格	
2	干燥时间,表干	≤8h(5.2.1)	3h	合格	
3	外观与颜色	涂层干燥后,外观与颜色同样品相比应无明显差别(5.2.1)	涂层干燥后,同样品相比无明显差别	合格	
4	初期干燥抗裂性	不应出现裂纹(5.2.1)	无裂纹	合格	
5	粘结强度	≥0.20MPa(5.2.1)	0.71MPa	合格	
6	耐水性	≥24h(5.2.1)	浸泡24h,涂层无起层、发泡、脱落	合格	
7	耐冷热循环性	≥15次(5.2.1)	15次循环后,涂层无开裂、剥落、起沟	合格	
8	耐火性能	涂层厚度为(2.00±0.20)mm时,耐火极限不应小于1.0h。(5.2.1) 耐火极限判定: 失去承载能力——钢梁的最大挠度达到$L_0/20$(L_0为钢梁跨度,mm)(6.5.6)	实测涂料层厚度为2.19mm,钢梁跨度5100mm。耐火试验进行120min,钢梁的最大挠度为239mm,未失去承载能力。耐火极限大于2.0h	合格	涂料层含有防锈漆

照 片 页

No. ××-2829

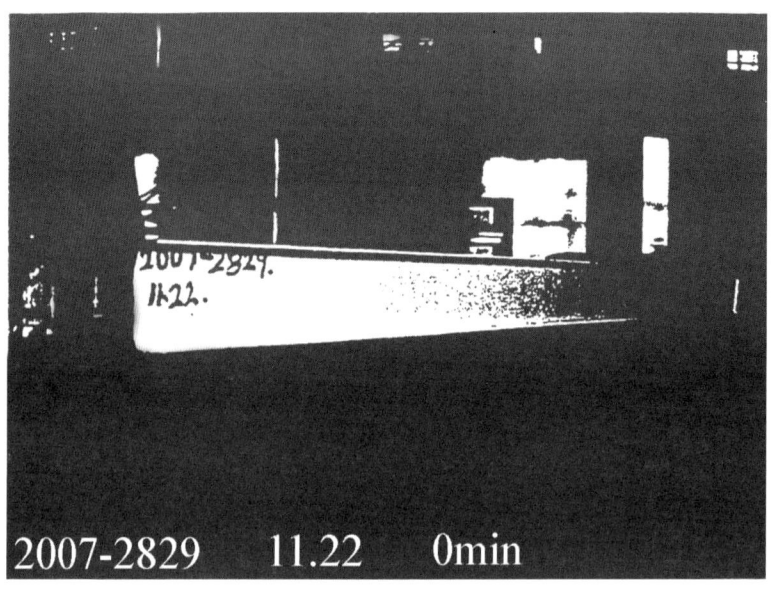

2007-2829　　11.22　　0min

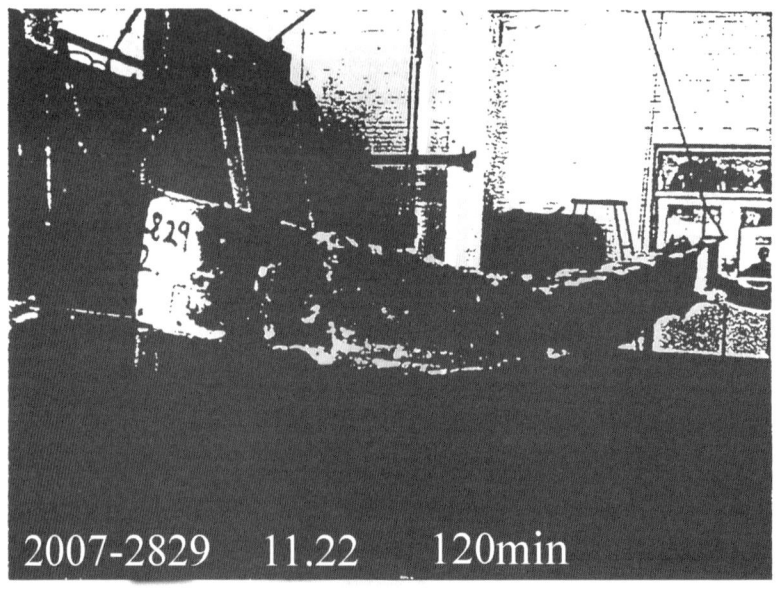

2007-2829　　11.22　　120min

样 品 描 述

No.××-2829

送检单位	××建材有限公司		
通讯地址	××市××区××路××号		
邮政编码	××××××	联系电话	×××××××

(本页以下空白)

共 4 页　第 4 页

"钢结构涂料厚度检测报告"填写说明与依据

(1)《钢结构工程施工质量验收规范》(GB 50205—2001)。

1)涂料、涂装遍数、涂层厚度均应符合设计要求。当设计对涂层厚度无要求时,涂层干漆膜总厚度:室外应为150μm,其允许偏差为$-25\mu m$。每遍涂层干漆膜厚度的允许偏差为$-5\mu m$。检查数量:按构件数抽查10%,且同类构件不应少于3件。

2)薄涂型防火涂料的涂层厚度应符合有关耐火极限的设计要求。厚涂型防火涂料涂层的厚度,80%及以上面积应符合有关耐火极限的设计要求,且最薄处厚度不应低于设计要求的85%。检查数量:按同类构件数抽查10%,且均不应少于3件。

3)薄涂型防火涂料涂层表面裂纹宽度不应大于0.5mm;厚涂型防火涂料涂层表面裂纹宽度不应大于1mm。

防火涂料层厚度测定方法详见"附录F　钢结构防火涂料层厚度测定方法"的具体规定。

(2)《钢结构防火涂料》(GB 14907—2002)中第5.2条及第6.5.6条的规定。

(3)《钢结构防火涂料应用技术规范》(CECS 24:90)中第二章、附录三及附录四的规定。

第4章 监理单位审签建筑给水排水及采暖、通风空调工程施工资料

4.1 施工物资资料

4.1.1 《设备开箱检验记录》监理单位审核

设备开箱检验记录 表 C4-18		资料编号	05-01-C4-×××	
工程名称	××大厦	检查日期	××年××月××日	
设备名称	离心式水泵	规格型号	65DL×7	
生产厂家	××机电设备公司	产品合格证编号	××××-××	
总数量	4台	检验数量	4台	
进场检验记录				
包装情况	包装完好、无损坏,标识明确			
随机文件	出厂合格证、安装使用说明书、装箱单、检验报告、保修卡			
备件与附件	法兰4套、单流阀4个			
外观情况	泵体表面无损坏、无锈蚀、漆面完好			
测试情况	良好			
缺、损附备件明细表				
检验结果	序号	名称	规格	单位	数量	备注
检测结论: 经检查,包装、随机文件齐全,外观良好,符合设计及规范要求,同意验收。				
签字栏	建设(监理)单位	施工单位	供应单位	
	×××	×××	×××	

本表由施工单位填写。

"设备开箱检验记录"填写说明与依据

一、表格解析

(1)核查"工程名称"栏的填写是否与施工图名称一致。

(2)"包装情况"栏的填写是否标清设备包装有无损坏,及其包装的方式或采用的包装材料。

(3)"随机文件"栏是否填写清楚设备的质量证明文件(产品说明书、合格证、质量证明文件、进口产品的商检报告、检验报告、合同规定的专用技术文件装箱单等)的类型。

(4)"备件与附件"栏检查设备附带的备件和附件与使用说明书或维修手册中所列备件和附件是否一致,若无备件与附件要求是否已划"/"。

(5)"外观情况"栏是否据实填写设备外观有无破损。

(6)"测试情况"栏填写是否符合国家相关规范要求或设计的要求,是否合格应描述清楚。

(7)"缺、损附备件明细"栏登记的缺、损附备件的规格、数量等是否填写明确。

(8)核查"结论"栏填写的结论是否明确,是否符合设计及规范要求。

二、填写依据

(1)设备开箱时应具备的质量证明文件、相关技术要求。

1)各类设备均应有产品质量合格证,其生产日期、规格型号、生产厂家等内容应与实际进场的设备相符。

2)对于国家及地方所规定的特定设备,应有相应资质等级检测单位的检测报告,如锅炉(压力容器)的焊缝无损探伤检验报告、卫生器具的环保检测报告、水表、热量表的计量检测证书等。

3)主要设备、器具应有安装使用说明书。

4)成品补偿器应有预拉伸证明书。

5)进口设备应有商检证明(国家认证委员会公布的强制性认证[CCC认证]产品除外)和中文版的质量证明文件、性能检测报告以及中文版的安装、使用、维修和试验要求等技术文件。

(2)所有设备进场时包装应完好,表面无划痕及外力冲击破损。应按照相关的标准和采购合同的要求对所有设备的产地、规格、型号、数量、附件等项目进行检测,符合要求方可接收。

(3)水泵、锅炉、热交换器、罐类等设备上应有金属材料印制的铭牌,铭牌的标注内容应准确,字迹应清楚。

(4)对有异议的设备应由相应资质等级检测单位进行抽样检测,并出具检测报告。异议是指:近期该产品因质量低劣而被曝光的;经了解在其他工程使用中发生过质量问题的;进场后经观察与同类产品有明显差异,有可能不符合有关标准的。

4.1.2 《设备及管道附件试验记录》监理单位审核

设备及管道附件试验记录
表 C4-19

						资料编号	08-01-C4-×××
工程名称		××大厦			系统名称		给水系统
设备/管道附件名称		蝶阀			试验日期		××年××月××日

试验要求：

	型号、材质	DN73F-10C	DN73F-10C	DN73F-10C	DN73F-10C	
	规格	DN100	DN80	DN65	DN50	
	总数量	××	××	××	××	
	试验数量	××	××	××	××	
	公称或工作压力(MPa)	1	1	1	1	
强度试验	试验压力(MPa)	1.5	1.5	1.5	1.5	
	试验持续时间(s)	60	60	60	15	
	试验压力降(MPa)	0	0	0	0	
	渗漏情况	无渗漏	无渗漏	无渗漏	无渗漏	
	试验结论	合格	合格	合格	合格	
严密性试验	试验压力(MPa)	1.1	1.1	1.1	1.1	
	试验持续时间(s)	30	30	30	15	
	试验压力降(MPa)	0	0	0	0	
	渗漏情况	无渗漏	无渗漏	无渗漏	无渗漏	
	试验结论	合格	合格	合格	合格	

签字栏	施工单位	××建设集团有限公司	专业技术负责人	专业质检员	专业工长
			×××	×××	×××
	监理(建设)单位	××工程建设监理有限公司	专业工程师		×××

本表由施工单位填写。

"设备及管道附件试验记录"填写说明与依据

(1)对于阀门、密闭水箱(罐)和散热器的强度试验还应填写强度试验记录表,其试验应符合设计、施工质量验收规范或产品说明书的规定。

(2)《建筑给水排水及采暖工程施工质量验收规范》(GB 50242—2002)。

1)阀门安装前,应做强度和严密性试验。试验应在每批(同牌号、同型号、同规格)数量中抽查10%,且不少于1个。对于安装在主干管上起切断作用的闭路阀门,应逐个做强度和严密性试验。

2)阀门的强度和严密性试验,应符合以下规定:阀门的强度试验压力为公称压力的1.5倍;严密性试验压力为公称压力的1.1倍;试验压力在试验持续时间内应保持不变,且壳体填料及阀瓣密封面无渗漏。阀门试压的试验持续时间应不少于表4-1的规定。

表4-1 阀门试验持续时间

公称直径DN (mm)	最短试验持续时间(s)		
	严密性试验		强度试验
	金属密封	非金属密封	
≤50	15	15	15
65~200	30	15	60
250~450	60	30	180

3)热交换器应以最大工作压力的1.5倍做水压试验,蒸气部分应不低于蒸气供气压力加0.3MPa;热水部分应不低于0.4MPa。检验方法是在试验压力下,保持10min压力不降。

4)散热器组对后,以及整组出厂的散热器在安装之前应做水压试验。试验压力如设计无要求时应为工作压力的1.5倍,但不得小于0.6MPa。检验方法是试验压力下2~3min压力不降且不渗不漏。

4.2 施工记录资料

4.2.1 《建筑给水排水及采暖隐蔽工程验收记录》监理单位审核

隐蔽工程验收记录 表 C5-1		资料编号	05—01—C5—001	
工程名称	××办公楼工程			
隐检项目	室内给水系统(冷水主干、立管及出户管道安装)	隐检日期	××年××月××日	
隐检部位	地下一层~十一层 ①~⑬/Ⓐ~Ⓗ 轴线	标高	—1.400~38.025m	
隐检依据:施工图图号(　　　　水施—02~水施—12　　　　),设计变更/洽商(编号　　05—01—C2—006　　)及有关国家现行标准等。				
主要材料名称及规格/型号: 给水衬塑复合钢管 DN100、DN65、DN50、DN32、DN25、DN20、DN15;聚丁烯(PB)管 D_e20 。				
隐检内容: 1. 给水衬塑复合钢管、聚丁烯(PB)管合格证、检验报告、卫生检验报告齐全、有效,其品种、规格符合设计要求。 2. 管道的坐标为①~⑬/Ⓐ~Ⓗ轴,标高为—1.400~38.025m,坡度为2‰,符合设计要求。 3. 衬塑复合管道采用丝扣连接,配件为衬塑镀锌管件;PB管道采用热熔连接,配件采用钢塑转换弯头及PB内牙弯头。 4. 吊卡采用圆钢制作,采用膨胀螺栓或在楼板上穿孔生根,其制作形式、安装位置、数量等均符合设计和施工规范要求。 5. 管道穿结构梁、墙处均使用预留的钢套管,套管的安装和填料符合设计和施工规范规定。管道镀锌层破坏处,刷两遍防锈漆。 6. 阀门 $DN<50$ 采用不锈钢球阀,$DN\geqslant50$ 采用四氟对夹式蝶阀,强度和严密性试验结果均合格,安装位置符合设计要求,启闭灵活。 7. 管道强度严密性试验结果合格,见记录 05—C6—×××。 影像资料的部位、数量:地下一层~十一层①~⑬/Ⓐ~Ⓗ,××隐检内容已做完,请予以检查。 申报人:×××				
检查意见: 经检查,管道安装使用的材质、连接方式、安装位置、坡度、固定方式、阀门安装、管道及支吊架防腐以及水压试验结果等符合设计要求和《建筑给水排水及采暖工程施工质量验收规范》(GB 50242—2002)的规定。 检查结论: ☑同意隐蔽　　　　□不同意,修改后进行复查				
复查结论:　　　　　　复查人:　　　　　　复查日期:				
签字栏	施工单位	××建设集团有限公司 ×××	专业技术负责人 ×××	专业质检员 ×××	专业工长 ×××
	监理(建设)单位	××工程建设监理有限公司	专业工程师	×××	

本表由施工单位填写并附影像资料。

"室内给水系统隐蔽工程验收记录"填写说明与依据

一、表格解析

1. 给水、排水及采暖隐蔽工程检查项目的划分

隐蔽工程检查项目的划分一般按系统、安装部位和时间、工序进行。

(1)检查的项目按系统分为子分部和分项工程,详细划分情况可参考《建筑给水排水及采暖工程施工质量验收规范》(GB 50242—2002)中附录A的要求。

(2)每个子分部、分项工程的检查、记录应按施工部位(分区、层、段或干、支管)和安装时间、工序的先后顺序进行。

(3)一般情况下,不同类型建筑的施工检查项目可按以下情况进行划分:

1)各子分部工程的系统干管应作为一个项目检查一次。

2)多层民用住宅工程可按不同的子分部工程,每一单元的立、支管安装作为一个项目检查一次。

3)高层民用住宅工程可按不同的子分部工程,分系统进行检查,每个系统可将6～7个层的立、支管安装作为一个项目检查一次。

4)多层公用建筑工程可按不同的子分部工程,每个系统的管道安装作为一个项目检查一次。

5)高层公用建筑工程可按不同的子分部工程,分系统进行检查,每个系统可将10～12个层的立、支管安装作为一个项目检查一次。

2. 隐蔽工程验收程序

(1)监理工程师收到报验申请后,首先对质量证明资料进行审查,并在"合同"及"监理规范"规定的时间内到现场检查(检测或核查),承包单位的专职质检员及相关施工人员应随同一起到现场。

(2)经现场检查,如符合质量要求,监理工程师在隐蔽工程报验申请表及隐蔽工程验收记录上签字确认,准予承包单位隐蔽、覆盖。进入下道工序施工。

如现场检查发现不合格,监理工程师签发"不合格项目通知",通知承包单位整改,整改自检合格再报监理工程师复查。

二、填写依据

1. 规范名称

《建筑给水排水及采暖工程施工质量验收规范》(GB 50242—2002)。

2. 相关要求

(1)地下室或地下构筑物外墙有管道穿过的,应采取防水措施。对有严格防水要求的建筑物,必须采用柔性防水套管。

(2)管道穿过墙壁和楼板,应设置金属或塑料套管。安装在楼板内的套管,其顶部应高出装饰地面20mm;安装在卫生间及厨房内的套管,其顶部应高出装饰地面50mm,底部应与楼板底面相平;安装在墙壁内的套管其两端与饰面相平。穿过楼板的套管与管道之间缝隙应用阻燃密实材料和防水油膏填实,端面光滑。穿墙套管与管道之间缝隙宜用阻燃密实材料填实,且端面应光滑。管道的接口不得设在套管内。

(3)管道接口应符合下列规定:

1)管道采用粘接接口,管端插入承口的深度不得小于表4-2的规定;

表 4-2　管端插入承口的深度

公称直径(mm)	20	25	32	40	50	75	100	125	150
插入深度(mm)	16	19	22	26	31	44	61	69	80

2)熔接连接管道的结合面应有一均匀的熔接圈,不得出现局部熔瘤或熔接圈凸凹不匀现象;

3)采用橡胶圈接口的管道,允许沿曲线敷设,每个接口的最大偏转角不得超过 2°;

4)法兰连接时衬垫不得凸入管内,其外边缘接近螺栓孔为宜。不得安放双垫或偏垫;

5)连接法兰的螺栓,直径和长度应符合标准,拧紧后,突出螺母的长度不应大于螺杆直径的 1/2;

6)螺纹连接管道安装后的管螺纹根部应有 2~3 扣的外露螺纹,多余的麻丝应清理干净并做防腐处理;

7)承插口采用水泥捻口时,油麻必须清洁、填塞密实,水泥应捻入并密实饱满,其接口面凹入承口边缘的深度不得大于 2mm;

8)卡箍(套)式连接两管口端应平整、无缝隙,沟槽应均匀,卡紧螺栓后管道应平直,卡箍(套)安装方向应一致。

(4)各种承压管道系统和设备应做水压试验,非承压管道系统和设备应做灌水试验。

(5)管径小于或等于 100mm 的镀锌钢管应采用螺纹连接,套丝扣时破坏的镀锌层表面及外露螺纹部分应做防腐处理;管径大于 100mm 的镀锌钢管应采用法兰或卡套式专用管件连接,镀锌钢管与法兰的焊接处应二次镀锌。

(6)给水塑料管和复合管可以采用橡胶圈接口、粘接接口、热熔连接、专用管件连接及法兰连接等形式。塑料管和复合管与金属管件、阀门等的连接应使用专用管件连接,不得在塑料管上套丝。

(7)给水铸铁管管道应采用水泥捻口或橡胶圈接口方式进行连接。

(8)室内给水管道的水压试验必须符合设计要求。当设计未注明时,各种材质的给水管道系统试验压力均为工作压力的 1.5 倍,但不得小于 0.6MPa。

检验方法:金属及复合管给水管道系统在试验压力下观测 10min,压力降不应大于 0.02MPa,然后降到工作压力进行检查,应不渗不漏;塑料管给水系统应在试验压力下稳压 1h,压力降不得超过 0.05MPa,然后在工作压力的 1.15 倍状态下稳压 2h,压力降不得超过 0.03MPa,同时检查各连接处不得渗漏。

(9)室内直埋给水管道(塑料管道和复合管道除外)应做防腐处理。埋地管道防腐层材质和结构应符合设计要求。

检验方法:观察或局部解剖检查。

(10)给水引入管与排水排出管的水平净距不得小于 1m。室内给水与排水管道平行敷设时,两管间的最小水平净距不得小于 0.5m;交叉敷设时,垂直净距不得小于 0.15m。给水管应铺在排水管上面,若给水管必须铺在排水管的下面时,给水管应加套管,其长度不得小于排水管管径的 3 倍。

检验方法:尺量检查。

(11)管道及管件焊接的焊缝表面质量应符合下列要求:

1)焊缝外形尺寸应符合图纸和工艺文件的规定,焊缝高度不低于母材表面,焊缝与母材应圆滑过渡;

2)焊缝及热影响区表面应无裂纹、未熔合、未焊透、夹渣、弧坑和气孔等缺陷。

检验方法:观察检查。

(12)给水水平管道应有 2‰～5‰的坡度坡向泄水装置。

检验方法:水平尺和尺量检查。

(13)给水管道和阀门安装的允许偏差应符合表 4-3 的规定。

表 4-3 管道和阀门安装的允许偏差和检验方法

项次	项 目			允许偏差(mm)	检验方法
1	水平管道纵横方向弯曲	钢管	每米 全长 25m 以上	1 ≤25	用水平尺、直尺、拉线和尺量检查
		塑料管 复合管	每米 全长 25m 以上	1.5 ≤25	
		铸铁管	每米 全长 25m 以上	2 ≤25	
2	立管垂直度	钢管	每米 5m 以上	3 ≤8	吊线和尺量检查
		塑料管 复合管	每米 5m 以上	2 ≤8	
		铸铁管	每米 5m 以上	3 ≤10	
3	成排管段和成排阀门	在同一平面上间距		3	尺量检查

(14)管道的支、吊架安装应平整牢固,其间距应符合《建筑给水排水及采暖工程施工质量验收规范》(GB 50242—2002)第 3.3.8 条、第 3.3.9 条或第 3.3.10 条的规定。

检验方法:观察、尺量及手扳检查。

(15)水表应安装在便于检修、不受曝晒、污染和冻结的地方。安装螺翼式水表,表前与阀门应有不小于 8 倍水表接口直径的直线管段。表外壳距墙表面净距为 10～30mm;水表进水口中心标高按设计要求,允许偏差为±10mm。

检验方法:观察和尺量检查。

隐蔽工程验收记录
表 C5-1

资料编号	05-02-C5-005

工程名称	××办公楼工程
隐检项目	室内排水系统(排水立、支管安装)
隐检日期	××年××月××日
隐检部位	二层 ①~⑬/Ⓐ~Ⓖ 轴线 标高 3.600~6.900m

隐检依据：施工图图号　　　水施－04　　　，设计变更/洽商(编号　　／　　)及有关国家现行标准等。

主要材料名称及规格/型号：　柔性(A型)铸铁排水管　DN50、DN75、DN100　

隐检内容：
　　柔性(A型)铸铁排水管及管件产品合格证、质量保证书、检验报告齐全、有效，其品种、型号规格符合设计要求。
　　各器具排水口尺寸、安装位置正确，立管采用法兰承口柔性连接，法兰螺栓为镀锌螺栓；立管与横支管连接采用TY三通，立管垂直度不大于2mm/m，支管坡度不小于25‰；地漏水封不小于50mm，立管根部设置地坪卡子；管道及支吊架进行防腐处理；灌水试验结果合格，见记录05－02－C6－×××。

影像资料的部位、数量：
　　二层①~⑬/Ⓐ~Ⓖ轴，××
　　隐检内容已做完，请予以检查。

　　　　　　　　　　　　　　　　　　　　　　　　　　　　　　　　　　　　申报人：×××

检查意见：
　　经检查，排水立、支管安装使用的材质、连接方式、安装位置、坡度、固定方式、管道及支吊架防腐以及灌水试验结果等符合设计要求和《建筑给水排水及采暖工程施工质量验收规范》(GB 50242－2002)的规定。地漏水封均大于50mm，标高正确。

检查结论：　　☑同意隐蔽　　　　□不同意，修改后进行复查

复查结论：

　　　　　　　　复查人：　　　　　　　　　　复查日期：

签字栏	施工单位	××建设集团有限公司	专业技术负责人	专业质检员	专业工长
			×××	×××	×××
	监理(建设)单位	××工程建设监理有限公司	专业工程师	×××	

本表由施工单位填写并附影像资料。

"室内排水系统隐蔽工程验收记录"填写说明与依据

除应符合《建筑给水排水及采暖工程施工质量验收规范》(GB 50242—2002)中第 3.3.3 条、第 3.3.15 条、第 3.3.16 条的规定外,还应符合规范中下列要求:

(1)隐蔽或埋地的排水管道在隐蔽前必须做灌水试验,其灌水高度应不低于底层卫生器具的上边缘或底层地面高度。

检验方法:满水 15min 水面下降后,再灌满观察 5min,液面不降,管道及接口无渗漏为合格。

(2)生活污水铸铁管道的坡度必须符合设计或本规范表 4-4 的规定。

表 4-4 生活污水铸铁管道的坡度

项次	管径(mm)	标准坡度(‰)	最小坡度(‰)
1	50	35	25
2	75	25	15
3	100	20	12
4	125	15	10
5	150	10	7
6	200	8	5

(3)排水主立管及水平干管管道均应做通球试验,通球球径不小于排水管道管径的 2/3,通球率必须达到 100%。

检查方法:通球检查。

(4)金属排水管道上的吊钩或卡箍应固定在承重结构上。固定件间距:横管不大于 2m;立管不大于 3m。楼层高度小于或等于 4m,立管可安装 1 个固定件。立管底部的弯管处应设支墩或采取固定措施。

检验方法:观察和尺量检查。

(5)室内排水管道安装的允许偏差应符合表 4-5 的相关规定。

表 4-5 室内排水和雨水管道安装的允许偏差和检验方法

项次	项 目				允许偏差(mm)	检验方法
1	坐标				15	
2	标高				±15	
3	横管纵横方向弯曲	铸铁管		每 1m	≤1	用水准仪(水平尺)、直尺、拉线和尺量检查
				全长(25m 以上)	≤25	
		钢管	每 1m	管径小于或等于 100mm	1	
				管径大于 100mm	1.5	
			全长(25m 以上)	管径小于或等于 100mm	≤25	
				管径大于 100mm	≤38	
		塑料管		每 1m	1.5	
				全长(25m 以上)	≤38	
		钢筋混凝土管、混凝土管		每 1m	3	
				全长(25m 以上)	≤75	
4	立管垂直度	铸铁管		每 1m	3	吊线和尺量检查
				全长(25m 以上)	≤15	
		钢管		每 1m	3	
				全长(25m 以上)	≤15	
		塑料管		每 1m	3	
				全长(25m 以上)	≤15	

隐蔽工程验收记录
表 C5-1

资料编号	05－05－C5－003

工程名称	××办公楼工程		
隐检项目	采暖管道出户管安装	隐检日期	××年××月××日
隐检部位	地下一层 ⑧～⑨/Ⓐ(东区)、③～④/Ⓒ(西区) 轴线	标高	－1.300m

隐检依据:施工图图号＿＿＿＿暖施－3＿＿＿＿,设计变更/洽商(编号＿＿＿/＿＿＿)及有关国家现行标准等。

主要材料名称及规格/型号:＿＿＿＿焊接钢管 DN100＿＿＿＿

隐检内容:
焊接钢管及管件合格证、质量证明书、检验报告齐全、有效,其品种、规格符合设计要求。

管道坐标为⑧～⑨/Ⓐ轴、③～④/Ⓒ轴,标高为－1.300m,安装位置正确,焊接、焊缝饱满、圆滑,无夹渣、气孔,无错口;管道坡度为3‰;穿墙时设置的套管大管道两号,管道在套管的中心位置,填料、密封严密;固定支架安装位置按图示,距焊口或分支路大于50mm以上;管道及支架除锈后刷防锈漆两道,管道埋地段采用聚氨酯直埋保温;阀门安装位置、方向正确;管道单项水压试验结果合格,见记录05－05－C6－×××。

附图 略

影像资料的部位、数量:
隐检内容已做完,请予以检查。
地下一层 ⑧～⑨/Ⓐ(东区)、③～④/Ⓒ(西区),××

申报人:×××

检查意见:
经检查,采暖管道出户管安装使用的材质、连接方式、安装位置、坡度、固定方式、阀门安装、管道及支吊架防腐以及单项水压试验结果等符合设计要求和《建筑给水排水及采暖工程施工质量验收规范》(GB 50242－2002)的规定。

检查结论: ☑同意隐蔽　　□不同意,修改后进行复查

复查结论:

复查人:　　　　　　　复查日期:

签字栏	施工单位	××建设集团有限公司	专业技术负责人	专业质检员	专业工长
			×××	×××	×××
	监理(建设)单位	××工程建设监理有限公司	专业工程师		×××

本表由施工单位填写,并附影像资料。

"采暖管道隐蔽工程验收记录"填写说明与依据

1. 规范名称

《建筑给水排水及采暖工程施工质量验收规范》(GB 50204—2002)。

2. 相关要求

(1)焊接钢管的连接,管径小于或等于32mm,应采用螺纹连接;管径大于32mm,采用焊接。镀锌钢管的连接见本规范第4.1.3条。

(2)管道支、吊、托架的安装,应符合下列规定:

1)位置正确,埋设应平整牢固;

2)固定支架与管道接触应紧密,固定应牢靠;

3)滑动支架应灵活,滑托与滑槽两侧间应留有3~5mm的间隙,纵向移动量应符合设计要求;

4)无热伸长管道的吊架、吊杆应垂直安装;

5)有热伸长管道的吊架、吊杆应向热膨胀的反方向偏移;

6)固定在建筑结构上的管道支、吊架不得影响结构的安全。

(3)钢管水平安装的支、吊架间距不应大于表4-6的规定。

表4-6 钢管管道支架的最大间距

公称直径(mm)		15	20	25	32	40	50	70	80	100	125	150	200	250	300
支架的最大间距(m)	保温管	2	2.5	2.5	2.5	3	3	4	4	4.5	6	7	7	8	8.5
	不保温管	2.5	3	3.5	4	4.5	5	6	6	6.5	7	8	9.5	11	12

(4)采暖、给水及热水供应系统的塑料管及复合管垂直或水平安装的支架间距应符合表4-7的规定。采用金属制作的管道支架,应在管道与支架间加衬非金属垫或套管。

表4-7 塑料管及复合管管道支架的最大间距

管径(mm)			12	14	16	18	20	25	32	40	50	63	75	90	110
最大间距(m)	立管		0.5	0.6	0.7	0.8	0.9	1.0	1.1	1.3	1.6	1.8	2.0	2.2	2.4
	水平管	冷水管	0.4	0.4	0.5	0.5	0.6	0.7	0.8	0.9	1.0	1.1	1.2	1.35	1.55
		热水管	0.2	0.2	0.25	0.3	0.3	0.35	0.4	0.5	0.6	0.7	0.8		

(5)铜管垂直或水平安装的支架间距应符合表4-8的规定。

表4-8 铜管管道支架的最大间距

公称直径(mm)		15	20	25	32	40	50	65	80	100	125	150	200
支架的最大间距(m)	垂直管	1.8	2.4	2.4	3.0	3.0	3.0	3.5	3.5	3.5	3.5	4.0	4.0
	水平管	1.2	1.8	1.8	2.4	2.4	2.4	3.0	3.0	3.0	3.5	3.5	3.5

(6)采暖、给水及热水供应系统的金属管道立管管卡安装应符合下列规定:

1)楼层高度小于或等于 5m,每层必须安装 1 个;
2)楼层高度大于 5m,每层不得少于 2 个;
3)管卡安装高度,距地面应为 1.5~1.8m,2 个以上管卡应匀称安装,同一房间管卡应安装在同一高度上。

(7)管道穿过墙壁和楼板,应设置金属或塑料套管。安装在楼板内的套管,其顶部应高出装饰地面 20mm;安装在卫生间及厨房内的套管,其顶部应高出装饰地面 50mm,底部应与楼板底面相平;安装在墙壁内的套管其两端与饰面相平。穿过楼板的套管与管道之间缝隙应用阻燃密实材料和防水油膏填实,端面光滑。穿墙套管与管道之间缝隙宜用阻燃密实材料填实,且端面应光滑。管道的接口不得设在套管内。

(8)弯制钢管,弯曲半径应符合下列规定:
1)热弯:应不小于管道外径的 3.5 倍;
2)冷弯:应不小于管道外径的 4 倍;
3)焊接弯头:应不小于管道外径的 1.5 倍;
4)冲压弯头:应不小于管道外径。

(9)管道接口应符合下列规定:
1)管道采用粘接接口,管端插入承口的深度不得小于表 4-9 的规定;

表 4-9 管端插入承口的深度

公称直径(mm)	20	25	32	40	50	75	100	125	150
插入深度(mm)	16	19	22	26	31	44	61	69	80

2)熔接连接管道的结合面应有一均匀的熔接圈,不得出现局部熔瘤或熔接圈凸凹不匀现象;
3)采用橡胶圈接口的管道,允许沿曲线敷设,每个接口的最大偏转角不得超过 2°;
4)法兰连接时衬垫不得凸入管内,其外边缘接近螺栓孔为宜。不得安放双垫或偏垫;
5)连接法兰的螺栓,直径和长度应符合标准,拧紧后,突出螺母的长度不应大于螺杆直径的 1/2;
6)螺纹连接管道安装后的管螺纹根部应有 2~3 扣的外露螺纹,多余的麻丝应清理干净并做防腐处理;
7)承插口采用水泥捻口时,油麻必须清洁、填塞密实,水泥应捻入并密实饱满,其接口面凹入承口边缘的深度不得大于 2mm;
8)卡箍(套)式连接两管口端应平整、无缝隙,沟槽应均匀,卡紧螺栓后管道应平直,卡箍(套)安装方向应一致。

(10)各种承压管道系统和设备应做水压试验,非承压管道系统和设备应做灌水试验。

(11)钢管管道焊口尺寸的允许偏差应符合表 4-10 的规定。

表 4-10 钢管管道焊口允许偏差和检验方法

项次	项目		允许偏差	检验方法
1	焊口平直度	管壁厚 10mm 以内	管壁厚 1/4	焊接检验尺和游标卡尺检查
2	焊缝加强面	高度	+1mm	
		宽度		

续表

项次	项目		允许偏差	检验方法
3	咬边	深度	小于 0.5mm	直尺检查
		长度 连续长度	25mm	
		长度 总长度(两侧)	小于焊缝长度的 10%	

(12)上供下回式系统的热水干管变径应顶平偏心连接,蒸汽干管变径应底平偏心连接。

检验方法:观察检查。

(13)在管道干管上焊接垂直或水平分支管道时,干管开孔所产生的钢渣及管壁等废弃物不得残留管内,且分支管道在焊接时不得插入干管内。

检验方法:观察检查。

(14)管道、金属支架和设备的防腐和涂漆应附着良好,无脱皮、起泡、流淌和漏涂缺陷。

检验方法:现场观察检查。

隐蔽工程验收记录

表 C5-1

资料编号	05－09－C5－003

工程名称	××办公楼工程		
隐检项目	中水立管安装	隐检日期	××年××月××日
隐检部位	B01～F11层 2号卫生间管井内 ⑨～⑬/Ⓔ～Ⓕ 轴线标高 －1.400～38.025m		

隐检依据:施工图图号　　　水施－01、水施－14　　　,设计变更/洽商(编号　　/　　)及有关国家现行标准等。

　　主要材料名称及规格/型号:　　内筋嵌入式衬塑钢管　DN40、DN50　　

隐检内容:
1. B01～F11层高区给水 ZW－2 立管管道的坐标、标高均符合设计要求和施工规范规定。
2. 材质采用内筋嵌入式衬塑钢管,规格:DN40、DN50。
3. 连接方式:法兰或卡环式管件连接。
4. 支架采用角钢、U型卡固定牢靠,其制作形式、安装位置、数量均符合设计和施工规范要求。
5. 支吊架刷防锈漆两道,灰色调合漆两道。
6. 阀门均采用铜质截止阀,强度和严密性试验结果均合格,安装位置符合设计要求,启闭灵活。
7. 管道已做强度和严密性试验,试验结果符合设计及施工规范规定。

影像资料的部位、数量:

申报人:×××

检查意见:
经检查,符合设计要求、《建筑给水排水及采暖工程施工质量验收规范》(GB 50242－2002)的规定。

检查结论:　　☑同意隐蔽　　　□不同意,修改后进行复查

复查结论:

复查人:　　　　　复查日期:

签字栏	施工单位	××建设集团有限公司	专业技术负责人	专业质检员	专业工长
			×××	×××	×××
	监理(建设)单位	××工程建设监理有限公司	专业工程师		×××

本表由施工单位填写,并附影像资料。

"中水立管隐蔽工程验收记录"填写说明与依据

1. 规范名称

《建筑给水排水及采暖工程施工质量验收规范》(GB 50242—2002)。

2. 相关要求

(1)阀门安装前,应作强度和严密性试验。试验应在每批(同牌号、同型号、同规格)数量中抽查10%,且不少于一个。对于安装在主干管上起切断作用的闭路阀门,应逐个作强度和严密性试验。

(2)阀门的强度和严密性试验,应符合以下规定:阀门的强度试验压力为公称压力的1.5倍;严密性试验压力为公称压力的1.1倍;试验压力在试验持续时间内应保持不变,且壳体填料及阀瓣密封面无渗漏。阀门试压的试验持续时间应不少于表4-11的规定。

表4-11 阀门试验持续时间

公称直径 DN (mm)	最短试验持续时间(s)		
	严密性试验		强度试验
	金属密封	非金属密封	
≤50	15	15	15
65~200	30	15	60
250~450	60	30	180

(3)管道上使用冲压弯头时,所使用的冲压弯头外径应与管道外径相同。

(4)管道支、吊、托架的安装,应符合下列规定:

1)位置正确,埋设应平整牢固;

2)固定支架与管道接触应紧密,固定应牢靠;

3)滑动支架应灵活,滑托与滑槽两侧间应留有3~5mm的间隙,纵向移动量应符合设计要求;

4)无热伸长管道的吊架、吊杆应垂直安装;

5)有热伸长管道的吊架、吊杆应向热膨胀的反方向偏移;

6)固定在建筑结构上的管道支、吊架不得影响结构的安全。

(5)管道穿过墙壁和楼板,应设置金属或塑料套管。安装在楼板内的套管,其顶部应高出装饰地面20mm;安装在卫生间及厨房内的套管,其顶部应高出装饰地面50mm,底部应与楼板底面相平;安装在墙壁内的套管其两端与饰面相平。穿过楼板的套管与管道之间缝隙应用阻燃密实材料和防水油膏填实,端面光滑。穿墙套管与管道之间缝隙宜用阻燃密实材料填实,且端面应光滑。管道的接口不得设在套管内。

(6)弯制钢管,弯曲半径应符合下列规定:

1)热弯:应不小于管道外径的3.5倍;

2)冷弯:应不小于管道外径的4倍;

3)焊接弯头:应不小于管道外径的1.5倍;

4)冲压弯头:应不小于管道外径。

(7)管道接口应符合下列规定:

1)管道采用粘接接口,管端插入承口的深度不得小于表4-12的规定;

表 4-12　管端插入承口的深度

公称直径(mm)	20	25	32	40	50	75	100	125	150
插入深度(mm)	16	19	22	26	31	44	61	69	80

2)熔接连接管道的结合面应有一均匀的熔接圈,不得出现局部熔瘤或熔接圈凸凹不匀现象;

3)采用橡胶圈接口的管道,允许沿曲线敷设,每个接口的最大偏转角不得超过 2°;

4)法兰连接时衬垫不得凸入管内,其外边缘接近螺栓孔为宜。不得安放双垫或偏垫;

5)连接法兰的螺栓,直径和长度应符合标准,拧紧后,突出螺母的长度不应大于螺杆直径的 1/2;

6)螺纹连接管道安装后的管螺纹根部应有 2~3 扣的外露螺纹,多余的麻丝应清理干净并做防腐处理;

7)承插口采用水泥捻口时,油麻必须清洁、填塞密实,水泥应捻入并密实饱满,其接口面凹入承口边缘的深度不得大于 2mm;

8)卡箍(套)式连接两管口端应平整、无缝隙,沟槽应均匀,卡紧螺栓后管道应平直,卡箍(套)安装方向应一致。

(8)室内给水管道的水压试验必须符合设计要求。当设计未注明时,各种材质的给水管道系统试验压力均为工作压力的 1.5 倍,但不得小于 0.6MPa。

检验方法:金属及复合管给水管道系统在试验压力下观测 10min,压力降不应大于 0.02MPa,然后降到工作压力进行检查,应不渗不漏;塑料管给水系统应在试验压力下稳压 1h,压力降不得超过 0.05MPa,然后在工作压力的 1.15 倍状态下稳压 2h,压力降不得超过 0.03MPa,同时检查各连接处不得渗漏。

(9)室内直埋给水管道(塑料管道和复合管道除外)应做防腐处理。埋地管道防腐层材质和结构应符合设计要求。

检验方法:观察或局部解剖检查。

隐蔽工程验收记录

表 C5-01

资料编号 05-01-C5-010

工程名称	××办公楼工程		
隐检项目	消火栓系统管道安装	隐检日期	××年××月××日
隐检部位	地下一层～三层 ①～⑬/Ⓐ～Ⓖ 轴线　标高 -4.800～9.400m		

隐检依据：施工图图号　　水施-15～水施-18　　，设计变更/洽商(编号　　/　　)及有关国家现行标准等。

主要材料名称及规格/型号：　　热镀锌焊接钢管 DN100～DN65　　

隐检内容：

1. 管材、管件产品合格证、质量证明书、检测报告齐全、有效、合格；其品种、规格符合设计要求。
2. 管材及管件安装的位置、标高、坡度符合设计要求。消防管道 DN≥100 采用沟槽连接，DN<100 采用丝扣连接，外露丝扣做防锈处理。
3. 管道变径位置、管道支架规格、位置及固定形式符合设计及规范要求。
4. 管道水压试压结果符合设计及规范要求，见试验记录 05-01-C6-×××。

隐检内容已做完，请予以检查。

申报人：×××

检查意见：

经检查，符合设计要求及《建筑给水排水及采暖工程施工质量验收规范》(GB 50242-2002)的规定。

检查结论：　☑同意隐蔽　　　□不同意，修改后进行复查

复查结论：

复查人：　　　　　　　　　　复查日期：

签字栏	施工单位	××消防工程有限公司(专业分包) ××建设集团有限公司(总包)	专业技术负责人	专业质检员	专业工长
			×××	×××	×××
	监理(建设)单位	××工程建设监理有限公司	专业工程师	×××	

本表由施工单位填写。

"消火栓系统隐蔽工程验收记录"填写说明与依据

1. 规范名称

《建筑给水排水及采暖工程施工质量验收规范》(GB 50242—2002)。

2. 相关要求

(1)管道支、吊、托架的安装,应符合下列规定:

1)位置正确,埋设应平整牢固;

2)固定支架与管道接触应紧密,固定应牢靠;

3)滑动支架应灵活,滑托与滑槽两侧间应留有 3～5mm 的间隙,纵向移动量应符合设计要求;

4)无热伸长管道的吊架、吊杆应垂直安装;

5)有热伸长管道的吊架、吊杆应向热膨胀的反方向偏移;

6)固定在建筑结构上的管道支、吊架不得影响结构的安全。

(2)钢管水平安装的支、吊架间距不应大于表 4-13 的规定。

表 4-13 钢管管道支架的最大间距

公称直径(mm)		15	20	25	32	40	50	70	80	100	125	150	200	250	300
支架的最大间距(m)	保温管	2	2.5	2.5	2.5	3	3	4	4	4.5	6	7	7	8	8.5
	不保温管	2.5	3	3.5	4	4.5	5	6	6	6.5	7	8	9.5	11	12

(3)管道接口应符合下列规定:

1)管道采用粘接接口,管端插入承口的深度不得小于表 4-14 的规定;

表 4-14 管端插入承口的深度

公称直径(mm)	20	25	32	40	50	75	100	125	150
插入深度(mm)	16	19	22	26	31	44	61	69	80

2)熔接连接管道的结合面应有一均匀的熔接圈,不得出现局部熔瘤或熔接圈凸凹不匀现象;

3)采用橡胶圈接口的管道,允许沿曲线敷设,每个接口的最大偏转角不得超过 2°;

4)法兰连接时衬垫不得凸入管内,其外边缘接近螺栓孔为宜。不得安放双垫或偏垫;

5)连接法兰的螺栓,直径和长度应符合标准,拧紧后,突出螺母的长度不应大于螺杆直径的 1/2;

6)螺纹连接管道安装后的管螺纹根部应有 2～3 扣的外露螺纹,多余的麻丝应清理干净并做防腐处理;

7)承插口采用水泥捻口时,油麻必须清洁、填塞密实,水泥应捻入并密实饱满,其接口面凹入承口边缘的深度不得大于 2mm;

8)卡箍(套)式连接两管口端应平整、无缝隙,沟槽应均匀,卡紧螺栓后管道应平直,卡箍(套)安装方向应一致。

(4)各种承压管道系统和设备应做水压试验,非承压管道系统和设备应做灌水试验。

4.2.2 《通风与空调隐蔽工程验收记录》监理单位审核

隐蔽工程验收记录
表 C5-1

| 资料编号 | 08-01-C5-014 |

工程名称	××办公楼工程		
隐检项目	排风系统风管安装	隐检日期	××年××月××日
隐检部位	二层 1号、2号、3号、4号卫生间吊顶内	轴线 ①~⑬/Ⓐ~Ⓖ	标高 5.800~6.120m

隐检依据：施工图图号（_____设施-03_____），设计变更/洽商（编号_____/_____）及有关国家现行标准等。

主要材料名称及规格/型号：镀锌钢板（$\delta=0.6mm$、$\delta=0.75mm$）400mm×320mm、400mm×250mm、200mm×200mm

隐检内容：

1. 二层1号、2号、3号、4号卫生间吊顶内卫生间排风风管底相对建筑楼面的相对标高为××m。
2. 吊杆采用φ8mm镀锌通丝杆，吊架间距不大于30m。
3. 每个系统风管共设1个固定支架，采用30mm×3mm的角钢。
4. 风管的横担采用30mm×3mm的角钢。
5. 风管采用无法兰连接形式，在风管连接时采用钢板抱卡连接，抱卡安装为一正一反，间距不大于150mm，法兰四角处螺栓方向一致，突出螺母长度2~3扣。风管密封垫采用××胶条、厚度不小于3mm。
6. 风阀采用单独的支、吊架，吊杆采用φ8mm镀锌通丝杆，采用M8的镀锌螺母、M8的镀锌螺栓固定；安装方向正确，安装后的手动操作装置灵活、可靠，阀板关闭严密；风阀安装距离距墙表面不大于200mm。
7. 风管系统已按照设计要求及施工规范规定完成风管漏光检测，其结果符合设计要求和施工规范规定。

影像资料的部位、数量：

申报人：×××

检查意见：
经检查，符合设计要求及《通风与空调工程施工质量验收规范》（GB 50243-2002）规定。

检查结论：　☑同意隐蔽　　□不同意，修改后进行复查

复查结论：

		复查人：	复查日期：	
签字栏	施工单位	××建设集团有限公司	专业技术负责人	专业质检员	专业工长
			×××	×××	×××
	监理（建设）单位	××工程建设监理有限公司	专业工程师	×××	

本表由施工单位填写，并附影像资料。

"排风系统隐蔽工程验收记录"填写说明与依据

一、表格解析

检查风管的标高、使用材质,风管连接方式、接口严密性是否符合设计及规范要求;风管法兰垫料的材质及使用,支、吊、托架材质、安装间距、固定方式,风道分支、变径处理是否符合要求且合理;风管附件、风阀、消声器等部件的安装方式,风阀活动部件是否安装可靠、是否方向正确,是否已按照设计要求及施工规范规定完成风管的漏光、漏风检测,其结果是否合格。

二、填写依据

1. 规范名称

《通风与空调工程施工质量验收规范》(GB 50243—2002)。

2. 相关要求

(1)风管系统安装后,必须进行严密性检验,合格后方能交付下道工序。风管系统严密性检验以主、干管为主。在加工工艺得到保证的前提下,低压风管系统可采用漏光法检测。

(2)风管系统吊、支架采用膨胀螺栓等胀锚方法固定时,必须符合其相应技术文件的规定。

(3)风管系统安装完毕后,应按系统类别进行严密性检验,漏风量应符合设计与《通风与空调工程施工质量验收规范》(GB 50243—2002)第 4.2.5 条的规定。风管系统的严密性检验,应符合下列规定:

1)低压系统风管的严密性检验应采用抽检,抽检率为 5%,且不得少于 1 个系统。在加工工艺得到保证的前提下,采用漏光法检测。检测不合格时,应按规定的抽检率做漏风量测试。

中压系统风管的严密性检验,应在漏光法检测合格后,对系统漏风量测试进行抽检,抽检率为 20%,且不得少于 1 个系统。

高压系统风管的严密性检验,为全数进行漏风量测试。

系统风管严密性检验的被抽检系统,应全数合格,则视为通过;如有不合格时,则应再加倍抽检,直至全数合格。

2)净化空调系统风管的严密性检验,1~5 级的系统按高压系统风管的规定执行;6~9 级的系统按《通风与空调工程施工质量验收规范》(GB 50243—2002)第 4.2.5 条的规定执行。

检查数量:按条文中的规定。

检查方法:按《通风与空调工程施工质量验收规范》(GB 50243—2002)附录 A 的规定进行严密性测试。

(4)风管的安装应符合下列规定:

1)风管安装前,应清除内、外杂物,并做好清洁和保护工作;

2)风管安装的位置、标高、走向,应符合设计要求。现场风管接口的配置,不得缩小其有效截面;

3)连接法兰的螺栓应均匀拧紧,其螺母宜在同一侧;

4)风管接口的连接应严密、牢固。风管法兰的垫片材质应符合系统功能的要求,厚度不应小于 3mm。垫片不应凸入管内,亦不宜突出法兰外;

5)柔性短管的安装,应松紧适度,无明显扭曲;

6)可伸缩性金属或非金属软风管的长度不宜超过 2m,并不应有死弯或塌凹;

7)风管与砖、混凝土风道的连接接口,应顺着气流方向插入,并应采取密封措施。风管穿出屋面处应设有防雨装置;

8)不锈钢板、铝板风管与碳素钢支架的接触处,应有隔绝或防腐绝缘措施。

检查数量:按数量抽查10%,不得少于1个系统。

检查方法:尺量、观察检查。

(5)无法兰连接风管的安装还应符合下列规定:

1)风管的连接处,应完整无缺损、表面应平整,无明显扭曲;

2)承插式风管的四周缝隙应一致,无明显的弯曲或褶皱;内涂的密封胶应完整,外粘的密封胶带,应粘贴牢固、完整无缺损;

3)薄钢板法兰形式风管的连接,弹性插条、弹簧夹或紧固螺栓的间隔不应大于150mm,且分布均匀,无松动现象;

4)插条连接的矩形风管,连接后的板面应平整、无明显弯曲。

检查数量:按数量抽查10%,不得少于1个系统。

检查方法:尺量、观察检查。

(6)风管支、吊架的安装应符合下列规定:

1)风管水平安装,直径或长边尺寸小于等于400mm,间距不应大于4m;大于400mm,不应大于3m。螺旋风管的支、吊架间距可分别延长至5m和3.75m;对于薄钢板法兰的风管,其支、吊架间距不应大于3m;

2)风管垂直安装,间距不应大于4m,单根直管至少应有2个固定点;

3)风管支、吊架宜按国标图集与规范选用强度和刚度相适应的形式和规格。对于直径或边长大于2500mm的超宽、超重等特殊风管的支、吊架应按设计规定;

4)支、吊架不宜设置在风口、阀门、检查门及自控机构处,离风口或插接管的距离不宜小于200mm;

5)当水平悬吊的主、干风管长度超过20m时,应设置防止摆动的固定点,每个系统不应少于1个;

6)吊架的螺孔应采用机械加工。吊杆应平直,螺纹完整、光洁。安装后各副支、吊架的受力应均匀,无明显变形。

风管或空调设备使用的可调隔振支、吊架的拉伸或压缩量应按设计的要求进行调整;

7)抱箍支架,折角应平直,抱箍应紧贴并箍紧风管。安装在支架上的圆形风管应设托座和抱箍,其圆弧应均匀,且与风管外径相一致。

检查数量:按数量抽查10%,不得少于1个系统。

检查方法:尺量、观察检查。

(7)各类风阀应安装在便于操作及检修的部位,安装后的手动或电动操作装置应灵活、可靠,阀板关闭应保持严密。

防火阀直径或长边尺寸大于等于630mm时,宜设独立支、吊架。

排烟阀(排烟口)及手控装置(包括预埋套管)的位置应符合设计要求。预埋套管不得有死弯及瘪陷。

除尘系统吸入管段的调节阀,宜安装在垂直管段上。

检查数量:按数量抽查10%,不得少于5件。

检查方法:尺量、观察检查。

隐蔽工程验收记录
表 C5-1

资料编号	08－04－C5－017

工程名称	××办公楼工程		
隐检项目	空调通风系统风管安装	隐检日期	××年××月××日
隐检部位	三层　吊顶内　轴线　①～⑬/Ⓐ～Ⓖ　标高　9.100～9.420m		

隐检依据：施工图图号(　　设施－05　　)，设计变更/洽商(编号　　/　　)及有关国家现行标准等。

主要材料名称及规格/型号：镀锌钢板（$\delta=0.75mm$、$\delta=1.0mm$）、1200mm×1200mm、1000mm×1000mm、500mm×500mm、200mm×400mm

隐检内容：

1. 三层××新风系统风管的坐标、标高、材质等均符合设计要求及施工规范规定。

2. 水平风管吊杆采用$\phi 8mm$、$\phi 10mm$镀锌通丝杆，吊架间距不大于3m。水平风管设固定支架，采用40mm×4mm的角钢。风管大边长小于等于1250mm的横担采用30mm×3mm的角钢，风管大边长大于1250mm的横担采用40mm×4mm的角钢。

3. 对于风管大边长小于等于1000mm的风管采用无法兰连接形式，在风管连接时采用钢板抱卡连接，抱卡安装为一正一反，间距不大于150mm；对于风管大边长大于等于1000mm的风管采用法兰连接形式，风管连接件采用M8、M10的镀锌螺母和M8、M10的镀锌螺栓固定，间距不大于150mm，螺栓方向一致，突出螺母长度2～3扣。风管密封垫采用××胶板，厚度3mm。

4. 对于大边长大于1000mm的风管采用角钢法兰连接。风管连接件采用M8、M10的镀锌螺母和M8、M10的镀锌螺栓固定，间距不大于150mm，螺栓方向一致，突出螺母长度2～3扣。风管密封垫采用××胶垫、厚度3mm。

5. 风阀、消声器采用单独的支、吊架，吊杆采用$\phi 8mm$、$\phi 10mm$镀锌通丝杆，采用M8、M10的镀锌螺母和M8、M10的镀锌螺栓固定；安装方向正确。风阀安装后的手动或电动操作装置灵活、可靠，阀板关闭严密；风阀安装距离墙表面不大于200mm。

6. 风管系统已按照设计要求及施工规范规定完成风管漏光检测，其结果符合设计要求和施工规范规定，合格。

影像资料的部位、数量：

申报人：×××

检查意见：
经检查，符合设计要求及《通风与空调工程施工质量验收规范》(GB 50243－2002)规定。

检查结论：　☑同意隐蔽　　　□不同意，修改后进行复查

复查结论：

		复查人：	复查日期：		
签字栏			专业技术负责人	专业质检员	专业工长
	施工单位	××建设集团有限公司	×××	×××	×××
	监理(建设)单位	××工程建设监理有限公司	专业工程师	×××	

本表由施工单位填写，并附影像资料。

隐蔽工程验收记录
表 C5-1

资料编号	08－04－C5－018

工程名称	××办公楼工程		
隐检项目	空调通风系统风管保温安装	隐检日期	××年××月××日
隐检部位	三层 吊顶内 轴线 ①~⑬/Ⓐ~Ⓖ 标高 9.100~9.420m		

隐检依据:施工图图号(　　设施－05　　),设计变更/洽商(编号　　／　　)及有关国家现行标准等。

主要材料名称及规格/型号:　　橡塑保温材料($\delta=30$mm)

隐检内容:

1. 三层××新风系统风管安装已做漏光检测和隐蔽工程检查合格后,其保温安装采用橡塑保温,保温材料厚度$\delta=30$mm,粘结材料均匀地涂在风管的外表面上,橡塑粘贴牢固、铺设平整,橡塑材料与风管表面紧密贴合,无空隙。
2. 橡塑保温材料粘贴后,接缝处采用专用胶带进行包扎,包扎的搭接处均匀、贴紧。
3. 阀门连杆处已预留未包,阀门开关动作灵活。
4. 表面划痕已及时修补,无气泡和漏涂等缺陷。

影像资料的部位、数量:

申报人:×××

检查意见:

经检查,符合设计要求及《通风与空调工程施工质量验收规范》(GB 50243－2002)规定,合格。

检查结论:　☑同意隐蔽　　□不同意,修改后进行复查

复查结论:

复查人:　　　　复查日期:

签字栏	施工单位	××建设集团有限公司	专业技术负责人	专业质检员	专业工长
			×××	×××	×××
	监理(建设)单位	××工程建设监理有限公司	专业工程师	×××	

本表由施工单位填写,并附影像资料。

"风管隐蔽工程验收记录"填写说明与依据

一、表格解析

核查保温材料的材质与规格、保温工艺做法及质量、保温管道与支、吊架之间的防结露措施等是否符合设计要求及规范规定。

二、填写依据

1. 规范名称

《通风与空调工程施工质量验收规范》(GB 50243—2002)。

2. 相关要求

(1)风管与部件及空调设备绝热工程施工应在风管系统严密性检验合格后进行。

(2)风管和管道的绝热,应采用不燃或难燃材料,其材质、密度、规格与厚度应符合设计要求。如采用难燃材料时,应对其难燃性进行检查,合格后方可使用。

检查数量:按批随机抽查1件。

检查方法:观察检查、检查材料合格证,并做点燃试验。

(3)绝热材料层应密实,无裂缝、空隙等缺陷。表面应平整,当采用卷材或板材时,允许偏差为5mm;采用涂抹或其他方式时,允许偏差为10mm。防潮层(包括绝热层的端部)应完整,且封闭良好;其搭接缝应顺水。

检查数量:管道按轴线长度抽查10%;部件、阀门抽查10%,且不得少于2个。

检查方法:观察检查、用钢丝刺入保温层、尺量。

(4)风管绝热层采用粘结方法固定时,施工应符合下列规定:

1)粘结剂的性能应符合使用温度和环境卫生的要求,并与绝热材料相匹配;

2)粘结材料宜均匀地涂在风管、部件或设备的外表面上,绝热材料与风管、部件及设备表面应紧密贴合,无空隙;

3)绝热层纵、横向的接缝,应错开;

4)绝热层粘贴后,如进行包扎或捆扎,包扎的搭接处应均匀、贴紧;捆扎的应松紧适度,不得损坏绝热层。

检查数量:按数量抽查10%。

检查方法:观察检查和检查材料合格证。

(5)风管绝热层采用保温钉连接固定时,应符合下列规定:

1)保温钉与风管、部件及设备表面的连接,可采用粘接或焊接,结合应牢固,不得脱落;焊接后应保持风管的平整,并不应影响镀锌钢板的防腐性能;

2)矩形风管或设备保温钉的分布应均匀,其数量底面每平方米不应少于16个,侧面不应少于10个,顶面不应少于8个。首行保温钉至风管或保温材料边沿的距离应小于120mm;

3)风管法兰部位的绝热层的厚度,不应低于风管绝热层的0.8倍;

4)带有防潮隔气层绝热材料的拼缝处,应用粘胶带封严。粘胶带的宽度不应小于50mm。粘胶带应牢固地粘贴在防潮面层上,不得有胀裂和脱落。

检查数量:按数量抽查10%,且不得少于5处。

检查方法:观察检查。

(6)管道绝热层的施工,应符合下列规定:

1)绝热产品的材质和规格,应符合设计要求,管壳的粘贴应牢固、铺设应平整;绑扎应紧密,无滑动、松弛与断裂现象；

2)硬质或半硬质绝热管壳的拼接缝隙，保温时不应大于 5mm、保冷时不应大于 2mm，并用粘结材料勾缝填满；纵缝应错开，外层的水平接缝应设在侧下方。当绝热层的厚度大于 100mm 时，应分层铺设，层间应压缝；

3)硬质或半硬质绝热管壳应用金属丝或难腐织带捆扎，其间距为 300～350mm，且每节至少捆扎 2 道；

4)松散或软质绝热材料应按规定的密度压缩其体积，疏密应均匀。毡类材料在管道上包扎时，搭接处不应有空隙。

检查数量：按数量抽查 10%，且不得少于 10 段。

检查方法：尺量、观察检查及查阅施工记录。

隐蔽工程验收记录
表 C5-1

资料编号	08-07-C5-017

工程名称	××办公楼工程		
隐检项目	冷凝水系统管道安装	隐检日期	××年××月××日
隐检部位	三层 吊顶内 轴线 ①～⑬/Ⓐ～Ⓖ 标高 7.800～9.020m		

隐检依据：施工图图号（　　设施-05　　），设计变更/洽商（编号　　／　　）及有关国家现行标准等。

主要材料名称及规格/型号：　　热镀锌钢管 DN50、DN40、DN32、DN25、DN20　　

隐检内容：
1. 三层冷凝水管采用热镀锌钢管，坐标为①～⑬/Ⓐ～Ⓖ轴，标高为7.800～9.020m，管道定位准确，丝扣连接，坡度为0.5%，符合设计及规范要求。
2. 支架安装：
（1）管道支吊架距接口距离大于等于50mm，悬吊式管道长度超过15m时，加防摆动固定支架，保温管托架间距4m，采用橡胶垫作为保温管托；
（2）水平管横担架采用10号槽钢做吊耳，吊耳使用10号膨胀螺栓固定于顶板或梁侧下，采用φ10圆钢做吊杆，8号扁钢做抱箍；
（3）水平管固定支架采用5号角钢做门形架，使用10号膨胀螺栓固定于梁侧，支架朝向一致，符合设计及规范要求。
3. 管道安装横平竖直，各种管径水平管固定点间距小于规范要求的最大间距，符合设计及规范要求。
4. 管道支吊架刷防锈漆两道，附着良好，色泽一致，无脱皮、起泡、流淌和漏涂现象，符合设计及规范要求。
5. 管道穿越墙及楼板设大两号套管，套管之间塞油麻，套管两端填充水泥，油麻填堵均匀密实，水泥填堵均匀密实且与套管两端平齐，符合设计及规范要求。
6. 管道已按照设计要求及施工规范规定完成管道的灌水试验，试验结果合格。

影像资料的部位、数量：

申报人：×××

检查意见：
经检查，符合设计要求及施工质量验收规范规定，合格。

检查结论： ☑同意隐蔽　　□不同意，修改后进行复查

复查结论：

复查人：　　　　　　　复查日期：

签字栏		专业技术负责人	专业质检员	专业工长
	施工单位	××建设集团有限公司		
		×××	×××	×××
	监理（建设）单位	××工程建设监理有限公司	专业工程师	×××

本表由施工单位填写，并附影像资料。

"冷凝水系统隐蔽工程验收记录"填写说明与依据

一、表格解析

核查使用的管材的材质、安装位置、标高、管道连接做法及质量、阀部件的使用、支吊架做法及固定方式、防腐处理材料及做法、管道穿墙及楼板的做法等是否符合设计规范要求,灌水试验及结果是否合格且是否描述明确。

二、填写依据

1. 规范名称

《通风与空调工程施工质量验收规范》(GB 50243—2002)。

2. 相关要求

(1)在风管穿过需要封闭的防火、防爆的墙体或楼板时,应设预埋管或防护套管,其钢板厚度不应小于1.6mm。风管与防护套管之间,应用不燃且对人体无危害的柔性材料封堵。

检查数量:按数量抽查20%,不得少于1个系统。

检查方法:尺量、观察检查。

(2)管道安装应符合下列规定:

1)隐蔽管道必须按《通风与空调工程施工质量验收规范》(GB 50243—2002)第3.0.11条的规定执行;

2)焊接钢管、镀锌钢管不得采用热煨弯;

3)管道与设备的连接,应在设备安装完毕后进行,与水泵、制冷机组的接管必须为柔性接口。柔性短管不得强行对口连接,与其连接的管道应设置独立支架;

4)冷热水及冷却水系统应在系统冲洗、排污合格(目测:以排出口的水色和透明度与入水口对比相近,无可见杂物),再循环试运行2h以上,且水质正常后才能与制冷机组、空调设备相贯通;

5)固定在建筑结构上的管道支、吊架,不得影响结构的安全。管道穿越墙体或楼板处应设钢制套管,管道接口不得置于套管内,钢制套管应与墙体饰面或楼板底部平齐,上部应高出楼层地面20~50mm,并不得将套管作为管道支撑。

保温管道与套管四周间隙应使用不燃绝热材料填塞紧密。

检查数量:系统全数检查。每个系统管道、部件数量抽查10%,且不得少于5件。

检查方法:尺量、观察检查,旁站或查阅试验记录、隐蔽工程记录。

(3)钢制管道的安装应符合下列规定:

1)管道和管件在安装前,应将其内、外壁的污物和锈蚀清除干净。当管道安装间断时,应及时封闭敞开的管口;

2)管道弯制弯管的弯曲半径,热弯不应小于管道外径的3.5倍、冷弯不应小于4倍;焊接弯管不应小于1.5倍;冲压弯管不应小于1倍。弯管的最大外径与最小外径的差不应大于管道外径的8/100,管壁减薄率不应大于15%;

3)冷凝水排水管坡度,应符合设计文件的规定。当设计无规定时,其坡度宜大于或等于8‰;软管连接的长度,不宜大于150mm;

4)冷热水管道与支、吊架之间,应有绝热衬垫(承压强度能满足管道质量的不燃、难燃硬质绝热材料或经防腐处理的木衬垫),其厚度不应小于绝热层厚度,宽度应大于支、吊架支承面的宽度。衬垫的表面应平整、衬垫接合面的空隙应填实;

5)管道安装的坐标、标高和纵、横向的弯曲度应符合表4-15的规定。在吊顶内等暗装管道的位置应正确,无明显偏差。

表 4-15 管道安装的允许偏差和检验方法

项 目			允许偏差(mm)	检 查 方 法
坐标	架空及地沟	室外	25	按系统检查管道的起点、终点、分支点和变向点及各点之间的直管
		室内	15	
	埋 地		60	
标高	架空及地沟	室外	±20	用经纬仪、水准仪、液体连通器、水平仪、拉线和尺量检查
		室内	±15	
	埋 地		±25	
水平管道平直度	$DN \leqslant 100mm$		$2L$‰,最大 40	用直尺、拉线和尺量检查
	$DN > 100mm$		$3L$‰,最大 60	
立管垂直度			$5L$‰,最大 25	用直尺、线锤、拉线和尺量检查
成排管段间距			15	用直尺尺量检查
成排管段或成排阀门在同一平面上			3	用直尺、拉线和尺量检查

注:L—管道的有效长度(mm)。

检查数量:按总数抽查 10%,且不得少于 5 处。

检查方法:尺量、观察检查。

(4)金属管道的支、吊架的型式、位置、间距、标高应符合设计或有关技术标准的要求。设计无规定时,应符合下列规定:

1)支、吊架的安装应平整牢固,与管道接触紧密。管道与设备连接处,应设独立支、吊架;

2)冷(热)媒水、冷却水系统管道机房内总、干管的支、吊架,应采用承重防晃管架;与设备连接的管道管架宜有减振措施。当水平支管的管架采用单杆吊架时,应在管道起始点、阀门、三通、弯头及长度每隔 15m 设置承重防晃支、吊架;

3)无热位移的管道吊架,其吊杆应垂直安装;有热位移的,其吊杆应向热膨胀(或冷收缩)的反方向偏移安装,偏移量按计算确定;

4)滑动支架的滑动面应清洁、平整,其安装位置应从支承面中心向位移反方向偏移 1/2 位移值或符合设计文件规定;

5)竖井内的立管,每隔 2~3 层应设导向支架。在建筑结构负重允许的情况下,水平安装管道支、吊架的间距应符合表 4-16 的规定;

表 4-16 钢管道支、吊架的最大间距

公称直径(mm)		15	20	25	32	40	50	70	80	100	125	150	200	250	300
支架的最大间距(mm)	L_1	1.5	2.0	2.5	2.5	3.0	3.5	4.0	5.0	5.0	5.5	6.5	7.5	8.5	9.5
	L_2	2.5	3.0	3.5	4.0	4.5	5.0	6.0	6.5	6.5	7.5	7.5	9.0	9.5	10.5
		对大于 300mm 的管道可参考 300mm 管道													

注:1. 适用于工作压力不大于 2.0MPa,不保温或保温材料密度不大于 200kg/m³ 管道系统;

2. L_1 用于保温管道,L_2 用于不保温管道。

6)管道支、吊架的焊接应由合格持证焊工施焊,并不得有漏焊、欠焊或焊接裂纹等缺陷。支架与管道焊接时,管道侧的咬边量,应小于 0.1 管壁厚。

检查数量:按系统支架数量抽查 5%,且不得少于 5 个。

检查方法:尺量、观察检查。

4.2.3 《交接检查记录》监理单位审核

交接检查记录 表 C5-2		资料编号	00—00—C5—001
工程名称	××办公楼工程		
移交单位名称	××建设集团有限公司	接收单位名称	××装饰装修工程有限公司
交接部位	6～11层卫生间给水、排水管道	检查日期	××年××月××日
交接内容： 检查××建设集团有限公司（移交单位）施工的6～11层卫生间给水、排水管道各甩口坐标、标高是否正确；给水系统的试压情况；排水系统的灌水试验情况；排水系统的临时通水试验情况；各甩口的临时封堵情况；各管道、甩口的完整性等。			
检查结果： 经双方检查，6～11层卫生间给水、排水管道各甩口坐标、标高正确，符合设计要求；给水系统试压合格；排水管道系统畅通，无渗漏，符合施工质量验收规范要求；各甩口齐全无遗漏、封堵良好；地漏位置和标高正确。 双方同意移交。由××装饰装修工程有限公司（接收单位）接收并进行成品保护，可以进行卫生间吊顶等装饰工序的施工。			
复查意见：			
	复查人：	复查日期：	
签字栏	移交单位	接收单位	
	×××	×××	

本表由移交单位填写。

4.3 施工试验记录

4.3.1 《灌(满)水试验记录》监理单位审核

灌(满)水试验记录 表 C6-15		资料编号	05—02—C6—×××
工程名称	××住宅楼工程	试验日期	××年××月××日
试验项目	排水管道及配件安装	试验部位	九层①～⑬/Ⓓ～Ⓖ轴排水立支管
材　质	柔性(A型)铸铁排水管	规　格	DN50 DN75 DN100

试验要求：

灌水高度以本层地面高度为标准。满水15min，液面下降后再灌满延续5min，液面不下降，管道各连接处不渗不漏为合格。

试验记录：

试验部位为九层①～⑬/Ⓓ～Ⓖ轴排水立支管。用橡胶皮球封堵下一层立管至检查口上部，灌水到本层地漏上边沿高度。灌(满)水持续20min，后观察各液面。各液面均无下降且不渗不漏。

试验结论：

经检查，试验方式、过程及结果均符合设计要求和《建筑给水排水及采暖工程施工质量验收规范》(GB 50242—2002)的规定，合格。

签字栏	施工单位	××建设集团有限公司	专业技术负责人	专业质检员	专业工长
			×××	×××	×××
	监理(建设)单位	××工程建设监理有限公司	专业工程师	×××	

本表由施工单位填写。

灌(满)水试验记录
表 C6-15

资料编号	05－02－C6－×××

工程名称	××大厦工程	试验日期	××年××月××日
试验项目	给水设备安装	试验部位	B02层生活泵房
材　　质	不锈钢生活水箱	规　　格	3000mm×2000mm×2000mm

试验要求：

生活水箱满水试验静置24h观察,不渗不漏为合格。

试验记录：

试验部位为B02层生活泵房。××月××日××时,将水箱泄水阀关闭,打开水箱进水阀,向水箱内注水。××时注满水至××月××日××时检查水箱液位无变化。灌(满)水持续时间24h。至××月××日××时水箱及其配管接口处无渗漏。

试验结论：

经检查,试验方式、过程及结果均符合设计要求和《建筑给水排水及采暖工程施工质量验收规范》(GB 50242－2002)的规定,合格。

签字栏	施工单位	××建设集团有限公司	专业技术负责人	专业质检员	专业工长
			×××	×××	×××
	监理(建设)单位	××工程建设监理有限公司	专业工程师	×××	

本表由施工单位填写。

"灌(满)水试验记录"填写说明与依据

灌水、满水试验主要是防止管道本身、管道接口之间、设备本身、设备与各连接件接口之间、管道与设备之间避免出现渗漏。卫生器具做满水试验主要检查其溢流口、溢流管是否通畅。安装在室内的雨水管做灌水试验,主要为保证工程质量,因雨水管有时是满管流,要具备一定的承压能力。水箱做满水试验,主要为避免安装后如出现漏水不易修补。

一、表格解析

1. 责任部门

项目机电部。

2. 提交时限

在系统管道和设备安装完毕后进行,并要在暗装、埋地、有绝热层的室内外排水管道进行隐蔽前完成。

3. 填写要点

(1)试验部位:应体现楼层、轴线、建筑功能房间/区域名称,及进行试验的管道、设备名称。

(2)试验标准及要求:见《建筑给水排水及采暖工程施工质量验收规范》。

(3)试验记录:应按试验要求,对现场的试验过程进行详细描述。

(4)试验结论:应明确灌水、满水试验是否符合设计要求、施工规范规定,是否合格。

(5)签字原则:应本着谁施工谁签认的原则,对于专业分包工程应体现专业分包单位名称。分包单位组织各级责任人进行自检,合格后签字。由分包单位报请总包主管专业责任师签认,总包签认后再报请监理签认。各方签字后生效。

二、填写依据

1. 规范名称

《建筑给水排水及采暖工程施工质量验收规范》(GB 50242-2002)。

2. 相关要求

非承压管道系统和设备,包括开式水箱、卫生器具、安装在室内的雨水管道、中水系统的原水管道、排水管道、泳池排水系统管道等,在系统和设备安装完毕后,以及暗装、埋地、有绝热层的室内外排水管道进行隐蔽前,应进行灌(满)水试验,并做记录。

(1)灌水、满水试验划分原则:灌水、满水试验应按规范和设计要求分系统,并按部位、区、段进行。

灌水、满水试验工序进行时间:

1)隐蔽或埋地的排水管道在隐蔽前必须做灌水试验。

2)安装在室内的雨水管道安装后应做灌水试验。

3)室外排水管道埋设前必须做灌水试验。

4)卫生器具交工前应做满水试验。

5)开式水箱应在管道、附件开口均完成后,将甩口临时封闭,进行满水试验。

(2)灌水、满水试验标准及要求。

1)排水管道灌水试验要求,灌水试验的灌水高度不应低于底层卫生器具的上边缘或底层地面高度。满水 15min 水面下降后,再灌满观察 5min,液面不降,管道及接口无渗漏为合格。

2)雨水管道灌水试验要求。

灌水高度必须到每根立管上部的雨水斗。灌水试验持续 1h,不渗不漏为合格。

3) 室外排水管道灌水试验要求。

试验按排水检查井分段试验,试验水头应以试验段上游管顶加 1m,时间不小于 30min,逐段观察,管接口应无渗漏。

4) 卫生器具满水试验要求。

满水试验水量必须达到器具溢水口处,静置进行观察一段时间后,检查满水后溢流口(管)排水是否顺畅,以及各连接件是否渗漏。满水后各连接件应不渗不漏。

5) 水箱满水试验要求。

满水试验静置 24h 观察,不渗不漏为合格。

4.3.2 《强度严密性试验记录》监理单位审核

<table>
<tr><td colspan="2" align="center">强度严密性试验记录
表 C6-16</td><td>资料编号</td><td>05—01—C6—×××</td></tr>
<tr><td colspan="2">工程名称</td><td>××住宅楼工程</td><td>试验日期</td><td>××年××月××日</td></tr>
<tr><td colspan="2">试验项目</td><td>给水管道及配件安装(支管单向试压)</td><td>试验部位</td><td>五层①～⑬/⑩～Ⓕ轴给水支管</td></tr>
<tr><td colspan="2">材　　质</td><td>PB管</td><td>规　　格</td><td>D_e20</td></tr>
<tr><td colspan="5">试验要求：
　　给水支管工作压力为 0.3MPa，试验压力为 0.6MPa，在试验压力下稳压 1h，压力不降，然后降至工作压力的 1.15 倍 0.35MPa，稳压 2h，各连接处不渗不漏为合格。</td></tr>
<tr><td colspan="5">试验记录：
　　试验介质为自来水，试验压力表设置在本层支管末端。
强度试验：
　　试验压力 0.6MPa；试验持续时间 60min；压力降无下降，无渗漏。
严密性试验：
　　试验压力 0.35MPa；试验持续时间 120min；压力降无下降，无渗漏。</td></tr>
<tr><td colspan="5">试验结论：
　　经检查，试验方式、过程及结果均符合设计要求和《建筑给水排水及采暖工程施工质量验收规范》(GB 50242—2002)的规定，合格。</td></tr>
<tr><td rowspan="2">签字栏</td><td>施工单位</td><td>××建设集团有限公司</td><td>专业技术负责人</td><td>专业质检员</td><td>专业工长</td></tr>
</table>

<table>
<tr><td rowspan="2">签字栏</td><td>施工单位</td><td>××建设集团有限公司</td><td>×××</td><td>×××</td><td>×××</td></tr>
<tr><td>监理(建设)单位</td><td>××工程建设监理有限公司</td><td colspan="2">专业工程师</td><td>×××</td></tr>
</table>

本表由施工单位填写。

强度严密性试验记录
表 C6-16

资料编号	05－01－C6－×××

工程名称	××住宅楼工程	试验日期	××年××月××日～××日
试验项目	给水管道及配件安装 （室内给水系统综合试压）	试验部位	地下一层～十一层
材　质	PB管	规　格	D_e20

试验要求：

　　系统工作压力为0.3MPa，试验压力为0.6MPa，在试验压力下稳压1h，压力降不超过0.05MPa，然后在工作压力的1.15倍（即0.35MPa）状态下稳压2h，压力降不超过0.03MPa，各连接处不渗不漏为合格。

试验记录：

　　试验介质为自来水，试验压力表设置在一层管道末端上。
　　强度试验：
　　试验压力0.6MPa；试验持续时间60min；试验压力降0.02MPa，无渗漏。
　　严密性试验：
　　试验压力0.35MPa；试验持续时间120min；试验压力降0.01MPa，无渗漏。

试验结论：

　　经检查，试验符合设计要求和《建筑给水排水及采暖工程施工质量验收规范》（GB 50242－2002）的规定，合格。

签字栏	施工单位	××建设集团 有限公司	专业技术负责人	专业质检员	专业工长
			×××	×××	×××
	监理（建设）单位	××工程建设监理有限公司	专业工程师	×××	

本表由施工单位填写。

"强度严密性试验记录"填写说明与依据

管道、设备进行强度、严密性试验,主要为了通过试验检验管道、设备等的材质本身及安装质量,防止管道、设备在系统运行时,如果出现损坏漏水,会造成较大的危害。室内外输送各种介质的承压管道、承压设备在安装完毕后、进行隐蔽前,应进行强度严密性试验,由施工单位专业技术员采用此表格式如实填写,报专业监理工程师检查签认。

一、表格解析

1. 责任部门

项目机电部。

2. 提交时限

承压管道、设备在安装完毕后进行,并要在进行隐蔽之前完成。

3. 填写要点

记录内容要写明:试验日期、试验项目、试验部位、材质、规格、试验要求、试验记录(压力表设置位置、试验压力、试压时间、压力降数值、渗漏情况、试验介质)、试验结论等。一般按规范和设计要求分部位、分系统进行。

二、填写依据

1. 规范名称

《建筑给水排水采暖工程施工质量验收规范》(GB 50242—2002)。

2. 相关要求

(1)室内给水、中水管道强度严密性试验:当设计无明确要求时,试验压力应符合《建筑给水排水及采暖工程施工质量验收规范》(GB 50242—2002)要求。各种材质的给水管道系统试验压力应为工作压力的1.5倍,但不得小于0.6MPa。金属及复合管给水管道系统在试验压力下观测10min,压力降不应大于0.02MPa,然后降到工作压力进行检查,应不渗不漏;塑料管给水系统应在试验压力下稳压1h,压力降不得超过0.05MPa,然后在工作压力的1.15倍状态下稳压2h,压力降不得超过0.03MPa,同时检查各连接处不得渗漏。

(2)室内热水管道强度严密性试验:当设计无明确要求时,试验压力应符合《建筑给水排水及采暖工程施工质量验收规范》(GB 50242—2002)要求。热水供应系统水压试验压力应为系统顶点的工作压力加0.1MPa,同时在系统顶点的试验压力不小于0.3MPa。钢管或复合管道系统试验压力下10min内压力降不大于0.02MPa,然后降至工作压力检查,压力应不降,且不渗不漏;塑料管道系统在试验压力下稳压1h,压力降不得超过0.05MPa,然后在工作压力1.15倍状态下稳压2h,压力降不得超过0.03MPa,连接处不得渗漏。

(3)室内采暖管道强度严密性试验:当设计无明确要求时,试验压力应符合《建筑给水排水及采暖工程施工质量验收规范》(GB 50242—2002)要求。

1)蒸汽、热水采暖系统,应以系统顶点工作压力加0.1MPa作水压试验,同时在系统顶点的试验压力不小于0.3MPa。

2)高温热水采暖系统,试验压力应为系统顶点工作压力加0.4MPa。

3)使用塑料管及复合管的热水采暖系统,应以系统顶点工作压力加0.2MPa作水压试验同时在系统顶点的试验压力不小于0.4MPa。

4)检验方法:

①使用钢管及复合管的采暖系统应在试验压力下10min内压力降不大于0.02MPa,降至工作压力后检查,不渗不漏。

②使用塑料管的采暖系统应在试验压力下1h内压力降不大于0.05MPa,然后降至工作压力的1.15倍,稳压2h,压力降不大于0.03MPa,同时各连接处不渗不漏。

③采暖系统低点压力如大于散热器所能承受的最大试验压力,则应分区做水压试验。

(4)低温热水地板辐射采暖管道强度严密性试验规范要求。

试验压力为工作压力的1.5倍,但不小于0.6MPa。稳压1h内压力降不大于0.05MPa,且不渗不漏。

(5)游泳池池水加热系统管道强度严密性试验规范要求。

同采暖系统强度严密性试验要求。

(6)消火栓管道强度严密性试验规范要求。

试验压力为工作压力加0.4MPa,最低不小于1.4MPa,2h无渗漏为合格。如在冬季结冰季节,不能用水进行试验,可采用0.3MPa压缩空气进行试压,其压力应保持24h不降为合格。

(7)压力排水管道强度严密性试验规范要求同给水管道。

(8)室外给水管网管道强度严密性试验规范要求。

试验压力为工作压力的1.5倍,但不得小于0.6MPa。管材为钢管、铸铁管时,试验压力下10min内压力降不应大于0.05MPa,然后降至工作压力进行检查,压力应保持不变,不渗不漏;管材为塑料管时,试验压力下稳压1h压力降不应大于0.05MPa,然后降至工作压力进行检查,压力应保持不变,不渗不漏。

(9)室外供热管网管道强度严密性试验规范要求。

试验压力为工作压力的1.5倍,但不得小于0.6MPa。在试验压力下10min内压力降不应大于0.05MPa,然后降至工作压力进行检查,应不渗不漏。

(10)消防水泵接合器及室外消火栓系统管道强度严密性试验规范要求。

试验压力为工作压力的1.5倍,但不得小于0.6MPa。试验压力下10min内压力降不应大于0.05MPa,然后降至工作压力进行检查,压力应保持不变,不渗不漏。

(11)锅炉的汽、水系统管道强度严密性试验规范要求。

1)水压试验的压力应符合表4-17的规定。

表4-17 水压试验的压力

序号	设备名称	工作压力 P(MPa)	试验压力(MPa)
1	锅炉本体	$P<0.59$	$1.5P$ 但不小于0.2
		$0.59 \leqslant P \leqslant 1.18$	$P+0.3$
		$P>1.18$	$1.25P$
2	可分式省煤器	P	$1.25P+0.5$
3	非承压锅炉	大气压力	0.2

注:1. 工作压力 P 对蒸汽锅炉指锅筒工作压力,对热水锅炉指锅炉额定出水压力;
2. 铸铁锅炉水压试验同热水锅炉;
3. 非承压锅炉水压试验压力为0.2MPa,试验期间压力应保持不变。

2)检验方法:

①在试验压力下10min内压力降不超过0.02MPa,然后降至工作压力进行检查,压力不降,不渗、不漏;

②观察检查,不得有残余变形,受压元件金属壁和焊缝上不得有水珠和水雾。

(12)连接锅炉及辅助设备的工艺管道强度严密性试验规范要求。

试验压力为系统中最大工作压力的1.5倍。在试验压力10min内压力降不超过0.05MPa,然后降至工作压力进行检查,不渗不漏。

4.3.3 《通水试验记录》监理单位审核

通水试验记录 表 C6-17		资料编号	05－01－C6－×××
工程名称	××住宅楼工程	试验日期	××年××月××日
试验项目	给水管道及配件安装（通水试验）	试验部位	1～4层低区供水系统

试验系统简述及试验要求：

　　低区供水系统1～4层由市政自来水直接供给，分两个进户，由地下一层导管供各立管，每户设铜截止阀1只、DN20水表1只。每层16个坐便器、16个洗脸盆水嘴、8个浴缸水嘴、8个淋浴器用水器具、8个洗衣机水嘴、8个洗菜盆水嘴。

　　给水系统的通水试验主要是检查水嘴和阀门开启、关闭是否灵活，其他附件（如减压阀）工作是否正常，水流是否畅通，管路无异常现象，管道接口无渗漏。检查配水点的水压情况是否满足设计要求。

试验记录：

　　通水试验从上午8时30分开始，与排水系统同时进行。开启全部分户截止阀，打开全部给水水嘴，供水流量正常，最高点4层各水嘴出水均畅通，水嘴及阀门启闭灵活。至11时30分结束。

试验结论：

　　经检查，1～4层低区供水系统通水试验符合设计要求和《建筑给水排水及采暖工程施工质量验收规范》(GB 50242－2002)的规定，合格。

签字栏	施工单位	××建设集团有限公司	专业技术负责人 ×××	专业质检员 ×××	专业工长 ×××
	监理（建设）单位	××工程建设监理有限公司	专业工程师	×××	

本表由施工单位填写。

通水试验记录 表 C6-17		资料编号	05－02－C6－×××
工程名称	××大厦工程	试验日期	××年××月××日
试验项目	地漏、排水管道通水试验	试验部位	F03层1～4号卫生间
试验系统简述及试验要求： 　　F03层共4个卫生间、4个淋浴器、16个地漏，排污地漏的污水以重力流方式直排入室外污水管内，淋浴废水地漏的淋浴废水以重力流方式直排入中水处理站。 　　检查地漏的排水能力和功能的情况，是不是在房间地面最低处，排水是否通畅，周边是否有渗漏现象。			
试验记录： 　　上午8时，打开F03层所有淋浴器向地面放水10min，地面所有的水能分别流入地面最低处的地漏内，地面没有积水，排水畅通，地漏排水管道接口无渗漏，污水能及时排到室外污水检查井，废水能及时排到中水处理站，排水管道均通畅无渗漏。9时通水试验结束。			
试验结论： 　　经检查，通水试验符合设计要求及《建筑给水排水及采暖工程施工质量验收规范》(GB 50242－2002)的规定，合格。			

签字栏	施工单位	××建设集团有限公司	专业技术负责人	专业质检员	专业工长
			×××	×××	×××
	监理(建设)单位	××工程建设监理有限公司	专业工程师	×××	

本表由施工单位填写。

"通水试验记录"填写说明与依据

室内外给水(冷、热)、中水及游泳池水系统,卫生器具及其排水管道,地漏、地面清扫口、排水栓及其排水管道,雨水管道及室外排水管道应分系统(区、段)进行通水试验,并做记录。

一、表格解析

1. 责任部门

项目机电部。

2. 提交时限

在各系统管道、卫生器具、地漏及地面清扫口分系统(区、段)施工完成后进行,并要在进行隐蔽之前完成。

3. 填写要点

(1)试验部位:应体现楼层、轴线、建筑功能房间/区域名称,及进行试验的管道设备名称。

(2)试验系统简述:结合专业设计图纸要求填写。

(3)试验要求:各种给水管道通水试验时,应按设计或规范要求开启有关所有阀门、水嘴等,检查是否达到额定流量。检查管路、设备是否畅通无阻塞,是否无渗漏。

(4)试验记录:应按试验要求。对现场的试验过程进行详细描述,完整记录各管段名称(编号)、试验部位的通水时间及试验结果等。

(5)试验结论:应明确通水试验是否符合设计要求、施工质量验收规范规定,是否合格。

(6)签字原则:应本着谁施工谁签认的原则,对于专业分包工程应体现专业分包单位名称。分包单位组织各级责任人进行自检。合格后签字。由分包单位报请总包主管专业责任师签认,总包签认后再报请监理签认。各方签字后生效。

二、填写依据

1. 规范名称

《建筑给水排水及采暖工程施工质量验收规范》(GB 50242—2002)。

2. 相关要求

(1)给水管道系统的通水试验

给水管道系统交付使用前必须进行通水试验,给水管道系统的通水试验主要是检查水嘴和阀门开启、关闭是否灵活,其他附件(如减压阀)工作是否正常,水流是否畅通,管路无异常现象,管道接口无渗漏。检查配水点的水压情况是否满足设计要求。给水管道系统通水试验:多层建筑可以按楼门单元进行,高层建筑可以按不同的区域分别进行。

(2)排水管道系统的通水试验

排水管道系统的通水试验主要是检验排水管道的通水能力以及管道是否畅通,每个卫生间或厨房内都要进行通水,应逐层从下往上进行试验;检查各管道接口不漏水后再按给水系统的1/3配水点同时开放,以检验排水系统的通水能力。如果是初装修,不安装卫生器具,虽然不能具备同时开放1/3配水点由卫生器具放水的条件,排水管道的通水试验应根据实际情况进行,但必须要做通水试验。用什么容器(或临时胶皮管)往排水管道灌水(要达到1/3配水点开放的水量)都要表述清楚,检查管道是否畅通,管道接口是否渗漏。根据系统情况分系统或分层、分区域进行。

(3)室内雨水管道通水试验

试验时往屋面放水,使排水管满流排放,检查雨水管道排水能力是否及时、流畅,屋面不能有积水。按段进行填写。

(4)卫生器具及其排水管道通水试验

卫生器具通水试验如条件限制达不到规定流量时必须进行100%满水排泄试验,满水试验水量必须达到器具溢水口处,静置进行观察一段时间后,检查满水后溢流口(管)排水是否顺畅,以及各连接件是否渗漏。然后将盛水排放,检查排水管道和配件是否畅顺无堵塞,是否无渗漏。管路设备无堵塞及渗漏现象为合格。所以卫生器具的满水试验与卫生器具的通水试验应同时进行。分单元、层、段,应单独进行记录。

(5)地漏、地面清扫口、排水栓及其排水管道通水试验

地漏及地面清扫口、排水栓必须单独做通水试验,检查地漏、地面清扫口及排水栓处是否畅通无阻塞,是否无渗漏。分单元、段、层填写记录。

4.3.4 《冲(吹)洗试验记录》监理单位审核

冲(吹)洗试验记录 表 C6-18		资料编号	05－01－C6－×××
工程名称	××住宅楼工程	试验日期	××年××月××日
试验项目	给水管道及配件安装（冲洗试验）	试验介质	自来水
试验要求： 管道冲洗应采用设计提供的最大流量或不小于1.0m/s的流速连续进行，直至出水口处浊度、色度与入水口处冲洗水浊度、色度相同且无杂质为合格。冲洗时应保证排水管路畅通安全。			
试验记录： 管道进行冲洗，先从室外水表井接入临时冲洗管道和加压水泵，关闭立管阀门，从导管末端（管径 $DN50$）立管泄水口接 $DN40$ 排水管道，引至室外污水井。9:00时用加压泵往管道内加压进行冲洗，流速为1.5m/s，从排放处观察水质情况，目测排水水质与供水水质一样，无杂质。然后拆掉临时排水管道，打开各立管阀门，所有水表位置用一短管代替，用加压泵往系统加压，分别打开各层给水阀门，从支管末端放水，直至无杂质，水色透明。至12:10冲洗结束。			
试验结论： 经检查，管道冲洗试验符合设计要求和《建筑给水排水及采暖工程施工质量验收规范》（GB 50242－2002）的规定，合格。			

签字栏	施工单位	××建设集团有限公司	专业技术负责人	专业质检员	专业工长
			×××	×××	×××
	监理(建设)单位	××工程建设监理有限公司	专业工程师		×××

本表由施工单位填写。

"冲(吹)洗试验记录"填写说明与依据

冲(吹)洗试验主要是为了保证水质及使用安全,强调通过冲洗除去管道中的杂物,保证管道清洁。

一、表格解析

1. 责任部门

项目机电部。

2. 提交时限

各系统管道在分系统(区、段)施工完成后进行试验,并要在进行隐蔽之前完成。

3. 填写要点

(1)试验部位:应体现楼层、轴线、建筑功能房间/区域名称及进行试验的管道名称。

(2)试验要求:按照施工图的设计要求或规范要求填写。

(3)试验记录:应按试验要求,对现场的试验过程进行详细描述。其中采暖管道冲洗前应将管道上安装的流量孔板、过滤网、温度计等阻碍污物通过的设施临时拆除,待冲洗合格后再按原样安装好。

(4)试验结论:应明确冲(吹)洗试验是否符合设计要求、施工质量验收规范规定,是否合格。

(5)签字原则:应本着谁施工谁签认的原则,对于专业分包工程应体现专业分包单位名称。分包单位组织各级责任人进行自检,合格后签字。由分包单位报请总包主管专业责任师签认,总包签认后再报请监理签认。各方签字后生效。

二、填写依据

1. 规范名称

《建筑给水排水及采暖工程施工质量验收规范》(GB 50242—2002)。

2. 相关要求

(1)室内外给水(冷、热)、中水及游泳池水系统、采暖、消火栓系统管道的冲洗

1)水冲洗

管道冲洗应采用设计提供的最大流量或不小于 1.0m/s 的流速连续进行,直至出水口处浊度、色度与入水口处冲洗水浊度、色度相同且无杂质为合格。冲洗时应保证排水管路畅通安全。

2)空气吹扫

①工作介质为气体的管道,一般应用空气吹扫,如用其他气体吹扫时,应采取安全措施。

②吹扫总管用总汽阀来控制空气流量,吹扫支管用管路中各分支处的阀门控制流量。吹扫压力应尽量维持在管道设计工作压力的 75% 左右,最低不应低于工作压力的 25%。

③吹扫流量为管道设计流量的 40%~60%。如煤气管道宜采用压缩空气进行吹扫。吹扫口应设在开阔地段并加固。

④每次吹扫管道的长度,应根据吹扫介质、压力和气量来确定,不宜超过 3km。

⑤调压设施不得与管道同时进行吹扫。

⑥吹扫应反复进行数次,然后在排气口用白布或涂有白漆的靶板检查,并在出口处停放 5min,若其上未发现铁锈、尘土、水分和其他污物,即认为合格。

3)蒸汽吹洗

①蒸汽管道应采用蒸汽吹扫。蒸汽吹洗与蒸汽管道的通汽运行同时进行,即先进行蒸汽吹洗,吹洗后封闭各吹洗排放口,随即正式通汽运行。

②蒸汽吹洗应先进行管道预热。预热时应开小阀门用小量蒸汽缓慢预热管道,同时检查管道的固定支架是否牢固,管道伸缩是否自如,待管道末端与首端温度相等或接近时,预热结束,即可开大阀门增大蒸汽流量进行吹洗。

③蒸汽吹洗应从总汽阀开始,沿蒸汽管道中蒸汽的流向逐段进行。一般每一吹洗管段只设一个排汽口。

④排汽口附近管道固定应牢固,排汽管应接至室外安全的地方,管口朝上倾斜,并设置明显标记,严禁无关人员接近。

⑤排汽管的截面积应不小于被吹洗管截面积的75%。蒸汽管道吹洗时,应关闭减压阀、疏水器的进口阀,打开阀前的排泄阀,以排泄管做排出口,打开旁通管阀门,使蒸汽进入管道系统进行吹洗。

⑥用总阀控制吹洗蒸汽流量,用各分支管上阀门控制各分支管道吹洗流量。

⑦蒸汽吹洗压力应尽量控制在管道设计工作压力的75%左右,最低不能低于工作压力的25%。吹洗流量为设计流量的40%~60%。

⑧每一排汽口的吹洗次数不应少于2次,每次吹洗15~20min,并按升温—暖管—恒温—吹洗的顺序反复进行。蒸汽阀的开启和关闭都应缓慢,不应过急,以免引起水击而损伤阀件。

⑨蒸汽吹洗的检验,可用刨光的木板置于排汽口处检查,以板上无锈点和污物为合格。对可能留存污物的部位,应用人工加以清除。

⑩蒸汽吹洗过程中不应使用疏水器来排除系统中的凝结水,而应使用疏水器旁通管疏水。

⑪管道清洗一般按总管—立管—支管的顺序依次进行。当支管数量较多时,可视具体情况,关断某些支管逐根进行清洗,也可数根支管同时清洗。

(2)自动喷水灭火系统

1)管网冲洗应在试压合格后分段进行。冲洗顺序应先室外,后室内,先地下,后地上,室内部分的冲洗应按配水干管、配水管、配水支管的顺序进行。

2)管网冲洗宜用水进行。冲洗前,应对系统的仪表采取保护措施。

3)冲洗前,应对管道支架、吊架进行检查,必要时应采取加固措施。

4)冲洗直径大于100mm的管道时,应对其死角和底部进行敲打,但不能损伤管道。

5)水压试验和水冲洗宜采用生活用水进行,不得使用海水或含有腐蚀性化学物质的水。

6)管网冲洗的水流流速、流量不应小于系统设计的水流流速、流量;管网冲洗宜分区、分段进行;水平管网冲洗时,其排水管位置应低于配水支管。

7)管网冲洗的水流方向应与灭火时管网的水流方向一致。

8)管网冲洗应连续进行,当出口处水的颜色、透明度与入口处水的颜色、透明度基本一致时,冲洗方可结束。

9)管网冲洗宜设临时专用排水管道,其排放应畅通和安全。排水管道的截面面积不得小于被冲洗管道截面面积的60%。

10)管网的地上管道与地下管道连接前,应在配水干管底部加设堵头后,对地下管道进行冲洗。

11)管网冲洗结束后,应将管网内的水排除干净,必要时可采用压缩空气吹干。

4.3.5 《通球试验记录》监理单位审核

通球试验记录
表 C6-19

资料编号	05－02－C6－001

工程名称	××住宅楼工程	试验日期	××年××月××日
试验项目	一层～十层卫生间、开水间排水干、立管及出户管通球试验	管道材质	柔性(A型)铸铁排水管

试验要求：

　　管道试球采用硬质空心塑料球，球径不小于管道内径的2/3。排水立管应自立管顶部将试球投入，在立管底部引出管的出口处进行检查，通水将试球从出口冲出。横干管及引出管应将试球在检查管管段的始端投入，通水冲至引出管末端排出。室外结合井处加临时网罩，以便将试球截住取出。通球试验以试球通畅无阻为合格。

试验部位	管段编号	通球管道管径(mm)	通球球径(mm)	通球情况
一至十层2卫生间立管	××	100	70	通畅无阻
一至十层开水间立管	××	100	70	通畅无阻
出户管	××	150	100	通畅无阻

试验记录：

　　从上午8:30～8:35、8:50～8:55，分别在一至十层卫生间立管顶部、开水间立管顶部将试球投入，试球采用硬质空心塑料球，球径为70mm，在首层检查口处设挡板进行检查，同时往立管内灌水冲洗，球落到挡板上，取出球；9:10从水平干管始端清扫口投球，球径为100mm，通水后室外结合井处截取到试球，均通畅无阻。

试验结论：

　　经检查，试验方式、过程及结果均符合设计要求和《建筑给水排水及采暖工程施工质量验收规范》(GB 50242－2002)规定，合格。

签字栏	施工单位	××建设集团有限公司	专业技术负责人	专业质检员	专业工长
			×××	×××	×××
	监理(建设)单位	××工程建设监理有限公司	专业工程师		×××

本表由施工单位填写。

"通球试验记录"填写说明与依据

排水主立管及水平干管均应进行100%通球试验,由施工单位专业技术员按本表规定如实填写,报专业监理工程师检查签认。

一、表格解析

1. 责任部门

项目机电部。

2. 提交时限

室内排水管道及卫生器具等全部安装完毕,且通水试验合格后,对室内排水水平干管、主立管进行通球试验,并要在隐蔽之前完成。

3. 填写要点

(1)试验部位:应体现楼层、轴线、建筑功能房间/区域名称,和进行试验的管道名称及相应编号。

(2)管径:指设计的标准尺寸。

(3)试验要求:根据现场实际情况,结合施工图的设计要求或规范要求进行真实描述。

(4)试验记录:应按试验要求,对现场的试验方式、过程进行详细描述,完整记录各管段名称(编号)、试验部位的通球时间及试验结果等。

(5)试验结论:应明确通球试验是否符合设计要求、符合施工质量验收规范规定,是否合格,结论应明确。

二、填写依据

1. 规范名称

《建筑给水排水及采暖工程施工质量验收规范》(GB 50242—2002)。

2. 相关要求

(1)管道试球直径应不小于排水管道管径的2/3,应采用硬质空心塑料球或体质轻、易击碎的空心球体进行,通球率必须达到100%。

(2)主要试验方法。

1)排水立管应自立管顶部将试球投入,在立管底部引出管的出口处进行检查,通水将试球从出口冲出。

2)横干管及引出管应将试球在检查管管段的始端投入,通水冲至引出管末端排出。室外检查井(结合井)处需加临时网罩,以便将试球截住取出。

(3)通球试验以试球通畅无阻为合格。若试球不通的,要及时清理管道的堵塞物并重新试验,直到合格为止。

(4)燃气管道及其附件组装完成并试压合格后,应进行通球扫线,并不少于两次。每次吹扫管道长度不宜超过3km,通球应按介质流动方向进行,以避免补偿器内套筒被破坏,扫线结果可用贴有纸或白布的板置于吹扫口检查,当球后的气体无铁锈脏物则认为合格。通球扫线后将集存在阀室放散管内的脏物排出,清扫干净。

4.3.6 《补偿器安装记录》监理单位审核

<table>
<tr><td colspan="2" align="center">补偿器安装记录
表 C6-20</td><td align="center">资料编号</td><td>05－03－C6－×××</td></tr>
<tr><td>工程名称</td><td>××住宅楼工程</td><td align="center">日　　期</td><td>××年××月××日</td></tr>
<tr><td>设计压力(MPa)</td><td>1.6</td><td align="center">安装部位</td><td>B01~F05层低区热水HW-1立管</td></tr>
<tr><td>规格型号</td><td>1.6RNY125×10J　DN50</td><td align="center">补偿器材质</td><td>轴向内压式不锈钢波纹补偿器</td></tr>
<tr><td>固定支架间距(m)</td><td>22</td><td align="center">管内介质温度(℃)</td><td>7~60</td></tr>
<tr><td colspan="4">补偿器安装记录及说明：

　　B01-F05层低区热水HW-1立管安装1.6RNY125×10J轴向内压式不锈钢波纹补偿器1个。
　　安装调试前先检查波纹补偿器的外观质量，按管道设计最高温度为60℃，最低温度为7℃，安装时的环境温度20℃，波纹补偿器的设计最大轴向补偿量40mm，按照 $\Delta X = X[1/2-(T-T_D)/(T_G-T_D)]$ 公式，经计算，计算预拉值为6.5mm，实际预拉值为6.5mm，因此补偿器可以安装。安装时，在管道上割掉一段管长使等于预拉或预压后的补偿器及两侧短管的长度，将补偿器置于管道中心位置，不歪斜，整体地焊接在连接管道上。最后拆掉补偿器的边杆。补偿器距固定支架的距离为40m。</td></tr>
<tr><td colspan="4">结论：

　　经检查，补偿器安装调试符合设计要求及施工规范规定，合格。</td></tr>
<tr><td rowspan="2">签字栏</td><td>施工单位</td><td>××建设集团有限公司</td><td>专业技术负责人　×××　　专业质检员　×××　　专业工长　×××</td></tr>
<tr><td>监理(建设)单位</td><td>××工程建设监理有限公司</td><td>专业工程师　×××</td></tr>
</table>

本表由施工单位填写。

"补偿器安装记录"填写说明与依据

饱和蒸汽压力不大于0.7MPa、热水温度不超过130℃的室外、室内供热管上安装的补偿器应进行补偿器预拉伸试验。由质量检查员检查合格后,才能用于工程,按表C6-20的规定如实填写补偿器安装记录,报专业监理工程师检查签认。

一、表格解析

1. 责任部门

项目机电部。

2. 提交时限

在补偿器安装完成后进行。

3. 填写要点

(1)设计压力:按设计说明中要求的压力值进行填写。

(2)补偿器安装部位:说明补偿器所安装的管道编号、所在楼层及建筑功能房间/区域名称。

(3)补偿器规格型号:按补偿器的铭牌及说明书中的型号规格填写。

(4)固定支架间距:两个固定支架的间距,即为需进行补偿的管道总长度。

(5)管内介质温度:填写管道介质最低温度和最高温度。

(6)补偿器材质:说明补偿器的形式及材质。如:轴向内压式不锈钢波纹补偿器、轴向外压式不锈钢波纹补偿器等。

(7)预拉伸(或预压缩)的计算方法:

$$\Delta X = X[1/2 - (T - T_D)/(T_G - T_D)]$$

式中 ΔX——预拉伸(或预压缩)量(mm);

$\Delta X > 0$ 表示预拉伸;$\Delta X < 0$ 表示预压缩;

X——最大轴向补偿量(mm);

T——安装时的环境温度(℃);

T_D——管道最低温度(℃);

T_G——管道最高温度(℃)。

(8)实际预拉伸值:按厂家提供的预拉伸证明书中的数值填写,补偿器必须要求厂家在出厂前对补偿器按计算预拉伸值完成预拉伸,并出具预拉伸证明书。

(9)需要说明的事项:应包括安装部位、固定支架间距、预拉伸、实测值记录、介质情况、安装时的环境温度、是否需要预压或预拉及安装情况和试验结论等。

二、填写依据

1. 规范名称

《建筑给水排水及采暖工程施工质量验收规范》(GB 50242—2002)。

2. 相关要求

(1)热水供应管道应尽量利用自然弯补偿热伸缩,直线段过长则应设置补偿器。

(2)补偿器的型号、安装位置及预拉伸和固定支架的构造及安装位置应符合设计要求。

(3)方形补偿器制作时,应用整根无缝钢管煨制,如需要接口,其接口应设在垂直臂的中间位置,且接口必须焊接。

(4)方形补偿器应水平安装,并与管道的坡度一致;如其臂长方向垂直安装,必须设排气及泄水装置。

4.3.7 《消火栓试射记录》监理单位审核

消火栓试射记录 表 C6-21		资料编号	05-01-C6-001
工程名称	××住宅楼工程	试射日期	××年××月××日
试射消火栓位置	屋顶消火栓	启泵按钮	☑合格 □不合格
消火栓组件	☑合格 □不合格	栓口安装高度(m)	☑合格 □不合格
栓口水枪型号	☑合格 □不合格	卷盘间距、组件	☑合格 □不合格
栓口静压(MPa)	0.10	栓口动压(MPa)	0.20

试验要求：

  取屋顶消火栓进行试射试验，观察压力表读数不应大于 0.50MPa，射出的密集水柱长度不应小于 10m，屋顶消火栓静压不小于 0.07MPa。

试验记录：

  试验从 14:00 开始。打开屋顶消火栓箱，按下消防泵启动按钮，取下消防水龙带迅速接好栓口和水枪，打开消火栓阀门，拉到平屋顶上水平向上倾角 30°～45°试射，同时观察压力表读数为 0.20MPa，射出的密集水柱约 20m。检查屋顶消火栓静压为 0.10MPa。试验至 14:30 结束。

试验结论：

  屋顶消火栓试射试验符合设计要求。

签字栏	施工单位	××建设集团有限公司(总包)	专业技术负责人	专业质检员	专业工长
			×××	×××	×××
	监理(建设)单位	××工程建设监理有限公司	专业工程师		×××

本表由施工单位填写。

"消火栓试射记录"填写说明与依据

室内消火栓系统安装完成后应取屋顶层（或水箱间内）试验消火栓和首层取两处消火栓，由施工单位技术员在专业监理工程师的见证下做实地试射试验，达到设计要求为合格。并按表C6-21的规定填写消火栓试射记录。

一、表格解析

1. 责任部门

项目机电部。

2. 提交时限

在消火栓系统安装完成后进行。

二、填写依据

1. 规范名称

《建筑给水排水及采暖工程施工质量验收规范》(GB 50242—2002)；

《高层民用建筑设计防火规范》(GB 50045—1995,2005年版)。

2. 相关要求

(1)室内消火栓试射试验为检验其使用效果，不能逐个试射，故选取有代表性的三处：屋顶层（或水箱间内）试验消火栓和首层取两处消火栓做试射试验，达到设计要求为合格。屋顶试验消火栓试射可测出流量和压力（充实水柱）；首层两处消火栓试射可检验两股充实水柱同时到达消火栓应到达的最远点的能力。

(2)消火栓系统的栓口静压、动压及试验要求必须满足《高层民用建筑设计防火规范》(GB 50045—1995,2005年版)中相关规定。

1)对于建筑高度不超过100m的高层建筑

①首层的消火栓的试验要求为：消火栓的启泵按钮应灵活有效；消火栓栓口的静压不应大于0.80MPa，出水压力不应大于0.50MPa，消火栓的间距应保证同层任何部位有两个消火栓的水枪充实水柱同时到达；水枪充实水柱不应小于10m。

②屋顶消火栓的试验要求为：消火栓的启泵按钮应灵活有效；消火栓栓口的静压不应低于0.07MPa，水枪充实水柱不应小于10m。

2)对于建筑高度超过100m的高层建筑

①首层的消火栓的试验要求为：消火栓的启泵按钮应灵活有效；消火栓栓口的静压不应大于0.80MPa，出水压力不应大于0.50MPa，消火栓的间距应保证同层任何部位有两个消火栓的水枪充实水柱同时到达；水枪充实水柱不应小于13m。

②屋顶消火栓的试验要求为：消火栓的启泵按钮应灵活有效；消火栓栓口的静压不应低于0.05MPa，水枪充实水柱不应小于13m。

4.3.8 《自动喷水灭火系统质量验收缺陷项目判定记录》监理单位审核

<table>
<tr><td colspan="8">自动喷水灭火系统
质量验收缺陷项目判定记录
表 C6-22</td></tr>
</table>

自动喷水灭火系统质量验收缺陷项目判定记录 表 C6-22								资料编号		05-11-06-002
工程名称		××住宅楼工程						建设单位		××集团开发有限公司	
施工单位		××建设集团有限公司						监理单位		××工程建设监理有限公司	

缺陷分类	严重缺陷(A)	缺陷分类	重缺陷(B)	缺陷分类	轻缺陷(C)	缺陷款数
包含条款	—	—	—	—	8.0.3条第1~5款	—
	8.0.4条第1、2款	—	—	—	—	—
	—	—	8.0.5条第1~3款	—	—	—
	8.0.6条第4款	—	8.0.6条第1、2、3、5、6款	0	8.0.6条第7款	0
	—	—	8.0.7条第1、2、3、4、6款	—	8.0.7条第5款	—
	8.0.8条第1款	—	8.0.8条第4、5款	0	8.0.8条第2、3、6、7款	0
	8.0.9条第1款	—	8.0.9条第2款	0	8.0.9条第3~5款	1
	—	—	8.0.10条	0	—	—
	8.0.11条	0	—	—	—	—
	8.0.12条第3、4款	0	8.0.12条第5~7款	0	8.0.12条第1、2款	0
	严重缺陷(A)合计	0	重缺陷(B)合计	0	轻缺陷(C)合计	0
合格判定条件	A	0	B	≤2	B+C	≤6
缺陷判定记录	A	0	B	0	B+C	1
判定结论	判定结论为合格					
参加单位	建设单位项目负责人: （签章） ××年××月××日		监理单位监理工程师: （签章） ××年××月××日			施工单位项目负责人: （签章） ××年××月××日	

"自动喷水灭火系统质量验收缺陷项目判定记录"填写说明与依据

一、表格解析

1. 责任部门

合同约定。

2. 提交时限

自动喷水灭火系统竣工后进行。

二、填写依据

1. 规范名称

《自动喷水灭火系统施工及验收规范》(GB 50261—2005)。

2. 相关要求

(1)竣工后,必须进行工程验收,验收不合格不得投入使用。

(2)自动喷水灭火系统工程验收应按《自动喷水灭火系统施工及验收规范》(GB 50261—2005)附录E的要求填写。

(3)竣工验收时,施工单位应提供下列资料。

1)竣工验收申请报告、设计变更通知书、竣工图。

2)工程质量事故处理报告。

3)施工现场质量管理检查记录。

4)自动喷水灭火系统施工过程质量管理检查记录。

5)自动喷水灭火系统质量控制检查资料。

(4)供水水源的检查验收应符合下列要求:

1)应检查室外给水管网的进水管管径及供水能力,并应检查消防水箱和消防水池容量,均应符合设计要求。

2)当采用天然水源作系统的供水水源时,其水量、水质应符合设计要求,并应检查枯水期最低水位时确保消防用水的技术措施。

(5)消防泵房的验收应符合下列要求:

1)消防泵房的建筑防火要求应符合相应的建筑设计防火规范的规定。

2)消防泵房设置的应急照明、安全出口应符合设计要求。

3)备用电源、自动切换装置的设置应符合设计要求。

(6)消防水泵验收应符合下列要求:

1)工作泵、备用泵、吸水管、出水管及出水管上的泄压阀、水锤消除设施、止回阀、信号阀等的规格、型号、数量,应符合设计要求;吸水管、出水管上的控制阀应锁定在常开位置,并有明显标记。

2)消防水泵应采用自灌式引水或其他可靠的引水措施。

3)分别开启系统中的每一个末端试水装置和试水阀,水流指示器、压力开关等信号装置的功能均符合设计要求。

4)打开消防水泵出水管上试水阀,当采用主电源启动消防水泵时,消防水泵应启动正常;关掉主电源,主、备电源应能正常切换。

5)消防水泵停泵时,水锤消除设施后的压力不应超过水泵出口额定压力的1.3~1.5倍。

6)对消防气压给水设备,当系统气压下降到设计最低压力时,通过压力变化信号应启动稳压泵。

7)消防水泵启动控制应置于自动启动挡。

(7)报警阀组的验收应符合下列要求:

1)报警阀组的各组件应符合产品标准要求。

2)打开系统流量压力检测装置放水阀,测试的流量、压力应符合设计要求。

3)水力警铃的设置位置应正确。测试时,水力警铃喷嘴处压力不应小于0.05MPa,且距水力警铃3m远处警铃声声强不应小于70dB。

4)打开手动试水阀或电磁阀时,雨淋阀组动作应可靠。

5)控制阀均应锁定在常开位置。

6)与空气压缩机或火灾自动报警系统的联动控制,应符合设计要求。

(8)管网验收应符合下列要求:

1)管道的材质、管径、接头、连接方式及采取的防腐、防冻措施,应符合设计规范及设计要求。

2)管网排水坡度及辅助排水设施,应符合本规范第5.1.10条的规定。

3)系统中的末端试水装置、试水阀、排气阀应符合设计要求。

4)管网不同部位安装的报警阀组、闸阀、止回阀、电磁阀、信号阀、水流指示器、减压孔板、节流管、减压阀、柔性接头、排水管、排气阀、泄压阀等,均应符合设计要求。

5)干式喷水灭火系统管网容积不大于2900L时,系统允许的最大充水时间不应大于3min;如干式喷水灭火系统管道充水时间不大于1min,系统管网容积允许大于2900L。预作用喷水灭火系统的管道充水时间不应大于1min。

6)报警阀后的管道上不应安装其他用途的支管或水龙头。

7)配水支管、配水管、配水干管设置的支架、吊架和防晃支架,应符合本规范第5.1.8条的规定。

(9)喷头验收应符合下列要求:

1)喷头设置场所、规格、型号、公称动作温度、响应时间指数(RTI)应符合设计要求。

2)喷头安装间距、喷头与楼板、墙、梁等障碍物的距离应符合设计要求。

3)有腐蚀性气体的环境和有冰冻危险场所安装的喷头,应采取防护措施。

4)有碰撞危险场所安装的喷头应加设防护罩。

5)各种不同规格的喷头均应有一定数量的备用品,其数量不应小于安装总数的1%,且每种备用喷头不应少于10个。

(10)泵接合器数量及进水管位置应符合设计要求,消防水泵接合器应进行充水试验,且系统最不利点的压力、流量应符合设计要求。

(11)系统流量、压力的验收,应通过系统流量压力检测装置进行放水试验,系统流量、压力应符合设计要求。

(12)系统应进行系统模拟灭火功能试验,且应符合下列要求:

1)报警阀动作,水力警铃应鸣响。

2)水流指示器动作,应有反馈信号显示。

3)压力开关动作,应启动消防水泵及与其联动的相关设备,并应有反馈信号显示。

4)电磁阀打开,雨淋阀应开启,并应有反馈信号显示。

5)消防水泵启动后,应有反馈信号显示。

6)加速器动作后,应有反馈信号显示。

7)其他消防联动控制设备启动后,应有反馈信号显示。

(13)系统工程质量验收判定条件:

1)系统工程质量缺陷应按《自动喷水灭火系统施工及验收规范》(GB 50261—2005)附录F要求划分为:严重缺陷项(A),重缺陷项(B),轻缺陷项(C)。

2)系统验收合格判定应为:A=0,且B≤2,且B+C≤6为合格,否则为不合格。

4.3.9 《风管漏光检测记录》监理单位审核

风管漏光检测记录 表 C6-81		资料编号	08-01-C6-×××
工程名称	××大厦工程	试验日期	××年××月××日
系统名称	B02层SEF-B204车库排风兼排烟风管	工作压力(Pa)	300
系统接缝总长度(m)	85	每10米接缝为一检测段的分段数	6段
检测光源	150W带保护罩低压照明		
分段序号	实测漏光点数(个)	每10m接缝的允许漏光点数(个/10m)	结论
1	0	小于2	合格
2	1	小于2	合格
3	0	小于2	合格
4	0	小于2	合格
5	1	小于2	合格
6	0	小于2	合格
合 计	总漏光点数(个)	每100m接缝的允许漏光点数(个/100m)	结论
	2	平均小于16	合格

检测结论：
　　按施工验收规范要求进行测试的6段中,各段漏光点均未超标,评定结论合格。
　　已测出的漏光处用密封胶堵严。

签字栏	施工单位	××机电工程有限公司	专业技术负责人	专业质检员	专业工长
			×××	×××	×××
	监理(建设)单位	××工程建设监理有限公司	专业工程师		×××

本表由施工单位填写。

"风管漏光检测记录"填写说明与依据

风管漏光检测记录应符合《通风与空调工程施工质量验收规范》(GB 50243—2002)的有关规定,由施工单位自检合格,专业技术员应按表C6-81的规定如实填写,报专业监理工程师检查签认。漏光法检测是利用光线对小孔的强穿透力,对系统风管严密程度进行检测的方法。

一、表格解析

1. 责任部门

项目机电部。

2. 提交时限

在风管系统安装完成后进行,并要在进行隐蔽之前完成。

3. 填写要点

(1)工作压力:填写测试风管段的最大工作压力。

(2)接缝长度:主要指风管环向接缝(法兰接缝)长度。

(3)系统接缝总长度:指被检测系统风管段的环向接缝(法兰接缝)长度的总和。

(4)检测光源:应采用具有一定强度的安全光源,手持移动光源可采用不低于100W带保护罩的低压照明灯,或其他低压光源。在严格安装质量管理的基础上,系统风管的检测以总管和干管为主。

(5)实测漏光点数:低压系统风管的严密性检验应采用抽检,抽检率为5%,且不得少于1个系统。在加工工艺得到保证的前提下,采用漏光法检测。检测不合格时,应按规定的抽检率做漏风量测试。当采用漏光法检测系统的严密性时,低压系统风管以每10m接缝,漏光点不大于2处,且100m接缝平均不大于16处为合格。

(6)检测结论:应明确漏光检测是否符合设计要求及施工规范规定,是否合格。

二、填写依据

1. 规范名称

《通风与空调工程施工质量验收规范》(GB 50243—2002)。

2. 相关要求

漏光法检测是利用光线对小孔的强穿透力,对系统风管严密程度进行检测的方法。

(1)风管系统分类,见表4-18。

表4-18 风管系统分类

系统类别	系统工作压力 P(Pa)	系统类别	系统工作压力 P(Pa)
低压系统	$P \leqslant 500$	高压系统	$P > 1500$
中压系统	$500 < P \leqslant 1500$		

(2)系统风管严密性检验。

系统风管严密性检验的被抽检系统,应全数合格,则视为通过。如有不合格时,则应再加倍抽检,直至全数合格。

1)中压系统风管的严密性检验,应首先对全部主干风管进行漏光法检测,在漏光法检测合格后,对系统漏风量测试进行抽检。

2)当采用漏光法检测系统的严密性时,中压系统风管以每10m接缝,漏光点不大于1处,且100m接缝平均不大于8处为合格。

3)漏光检测中对发现的条缝形漏光,应做密封处理。

4.3.10 《风管漏风检测记录》监理单位审核

风管漏风检测记录 表 C6-82		资料编号	08－01－C6－×××
工程名称	××住宅楼工程	试验日期	××年××月××日
系统名称	地下一层车库××排烟系统	工作压力(Pa)	740
系统总面积(m²)	416	试验压力(Pa)	1100
试验总面积(m²)	397	系统检测分段数	5段

检测区段图示：	分段实测数值		
	序号	分段表面积(m²)	试验压力(Pa)	实际漏风量(m³/h)
	1	42	1100	205.8
	2	83	1100	381.8
	3	172	1100	808.4
	4	75	1100	375
	5	25	1100	130

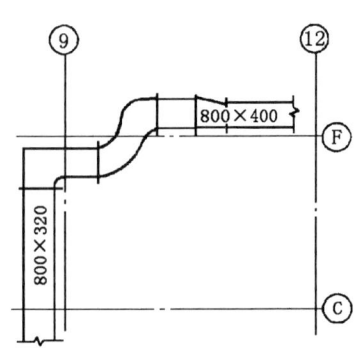

系统允许漏风量(m³/m²·h)	6.9	实测系统漏风量(m³/m²·h)	4.88

检测结论：
经检测，检测结果符合设计要求和《通风与空调工程施工质量验收规范》(GB 50243—2002)的规定，合格。

签字栏	施工单位	××机电工程有限公司	专业技术负责人 ×××	专业质检员 ×××	专业工长 ×××
	监理(建设)单位	××工程建设监理有限公司	专业工程师	×××	

本表由施工单位填写。

"风管漏风检测记录"填写说明与依据

风管漏风检测记录应符合《通风与空调工程施工质量验收规范》(GB 50243—2002)的有关规定,由施工单位自检合格,专业技术员应按表 C6-82 的规定如实填写,报专业监理工程师检查签认。

一、表格解析

1. 责任部门

项目机电部。

2. 提交时限

在风管系统安装完成后进行,并要在进行隐蔽之前完成。

3. 填写要点

(1)工作压力:填写测试风管段的最大工作压力。

(2)试验压力:应为工作压力的 1.5 倍。

(3)系统检测分段数:可以整体或按方便检测的原则分段进行。如整体进行系统检测,则分段数为 1;如按方便检测的原则分成 n 段进行检测,则分段数为 n。

(4)系统总面积:指被测风管所在系统风管的总面积。

(5)试验总面积:指实际被测的面积值。

(6)检测区段图示:应将被测区段系统示意图画出,并标注测试顺序段号。

(7)实际漏风量:被测风管区段使用漏风测量装置测出的实际漏风量,注意要进行单位换算。

(8)系统允许漏风量:是将试验压力带入第二条 2 款中相应的公式中计算得出。

(9)实测系统漏风量 = ∑分段实际漏风量/∑分段面积。

(10)检测结论:应明确漏风检测是否符合设计要求及施工规范规定,是否合格。

二、填写依据

1. 规范名称

《通风与空调工程施工质量验收规范》(GB 50243—2002)。

2. 相关要求

(1)风管系统安装完成后,应按设计要求及规范规定进行风管漏风测试,并做记录。漏风量测试应采用经检验合格的专用测量仪器,或采用符合国家现行标准《流量测量节流装置》规定的计量元件搭设的测量装置。测量仪器必须有经有资质的计量检测单位出具的计量有效性证明文件。

(2)测试时,被测系统的所有开口均应封闭,不应漏风。无论何种系统风管,都必须在大面积加工风管之前,通过工艺性的检测或验证,进行相应的漏风检测。按风管系统的类别和材质分别抽查,不得少于 3 件及 $15m^2$。

(3)风管的强度应能满足在 1.5 倍工作压力下接缝处无开裂。

(4)各种系统的风管漏风量应符合以下规定:

矩形风管的允许漏风量应符合以下规定:

低压系统风管　　$Q_L \leqslant 0.1056 P^{0.65}$

中压系统风管　　$Q_M \leqslant 0.0352 P^{0.65}$

高压系统风管　　$Q_H \leqslant 0.0117 P^{0.65}$

式中　Q_L、Q_M、Q_H——系统风管在相应工作压力下,单位面积风管单位时间内的允许漏风量$[m^3/(h \cdot m^2)]$;

　　　　P——指风管系统的工作压力(Pa)。

低压、中压圆形金属风管、复合材料风管以及采用非法兰形式的非金属风管的允许漏风量,应为矩形风管规定值的50%。

砖、混凝土风道的允许漏风量不应大于矩形低压系统风管规定值的1.5倍。

排烟、除尘、低温送风系统按中压系统风管的规定,1~5级净化空调系统按高压系统风管的规定。

风管系统分类见表4-18。

(5)中压系统风管的严密性检验,在漏光法检测合格后,对系统漏风量测试进行抽检,抽检率为20%,且不得少于1个系统。

(6)高压系统风管的严密性检验,为全数进行相应的漏风检测。

(7)在严格安装质量管理的基础上,系统风管的检测以总管和干管为主。系统风管严密性检验的被抽检系统,应全数合格,则视为通过。如有不合格时,则应加倍抽检,直至全数合格。

(8)被测系统的漏风量超过设计和施工规范的规定时,应查出漏风部位(可用听、摸、观察、水或烟检漏)做好标记,修补完工后,重新测试,直至合格。

4.3.11 《现场组装除尘器、空调机漏风检测记录》监理单位审核

现场组装除尘器、空调机漏风检测记录 表 C6-83		资料编号	08－03－C6－×××
工程名称	××大厦工程	分部工程	空调风系统
分项工程	空调风系统	检测日期	××年××月××日
设备名称	新风机组	型号规格	ZKD03－JX－Y4
总风量 (m^3/h)	7000	允许漏风率 (%)	3
工作压力 (Pa)	400	测试压力 (Pa)	700
允许漏风量 (m^3/h)	＜210	实测漏风量 (m^3/h)	200
检测记录： 新风机组组装后，经采用 Q80 型漏风检测设备测试，先打压至工作压力 400Pa，漏风量为 200m^3/h，在允许范围内，然后再打压超出工作压力 700Pa，观看读数为 200m^3/h，仍在允许范围内，则组装严密。			
检测结论： 经检测，符合设计要求及《通风与空调工程施工质量验收规范》(GB 50243－2002)的规定，合格。			

签字栏	施工单位	××机电工程有限公司	专业技术负责人 ×××	专业质检员 ×××	专业工长 ×××
	监理(建设)单位	××工程建设监理有限公司	专业工程师		×××

本表由施工单位填写。

"现场组装除尘器、空调机漏风检测记录"填写说明与依据

工作压力不大于 5kPa 的除尘器、空调机、漏风斗在施工现场组装完成后应进行漏风检测,由施工单位专业技术员按表 C6-83 的规定如实填写,报专业监理工程师检查签认。

一、表格解析

1. 责任部门

项目机电部。

2. 提交时限

在设备安装完成后进行。

3. 填写要点

(1)工作压力:设计对现场组装设备要求的工作压力或设备铭牌标注压力。

(2)测试压力:不得小于工作压力。

(3)允许漏风量:参见第二条第 2 款相关内容。

(4)实测漏风量:对现场组装设备进行漏风检测时实际漏风量数值。

(5)检测结论:应明确现场组装的设备漏风检测是否符合设计要求及施工质量验收规范规定,是否合格。

二、填写依据

1. 规范名称

(1)《通风与空调工程施工质量验收规范》(GB 50243－2002);

(2)《组合式空调机组》(GB/T 14294－2008)。

2. 相关要求

(1)对于现场组装的除尘器、空调机组,由于加工质量和组装水平的不同,组装后的设备的密封性能存在较大的差异,严重的漏风将影响系统的使用功能。

(2)现场组装的除尘器的漏风量在设计工作压力下允许漏风量为 5%,其中离心式除尘器为 3%。

(3)现场组装的组合式空气调节机组的漏风量必须符合《组合式空调机组》(GB/T 14294－2008)的规定。

1)漏风率为机组的漏风量与机组的额定风量的比值。

2)抽检数量:按总数抽检 20%,不得少于 1 台。净化空调系统的机组,1~5 级全数检查,6~9 级抽查 50%。

3)漏风率合格标准:机组的静压保持 700Pa 时,机组的漏风率不大于 3%;用于净化空调系统的机组,机组的静压应保持 1000Pa,洁净度低于 1000 级时,机组的漏风率不大于 2%;洁净度高于等于 1000 级时,机组的漏风率不大于 1%。

(4)测试时,被测除尘器、空调机组等的所有开口均应封闭,不应漏风。

4.3.12 《各房间室内风量温度测量记录》监理单位审核

各房间室内风量温度测量记录 表 C6-84				资料编号	08-04-C6-006
工程名称	××住宅楼工程			测量日期	××年××月××日
系统名称	××新风机组			系统位置	F05层 ①~⑬/Ⓓ~Ⓕ轴
项目 房间 (测点)编号	风量 (m³/h)				所在房间室内温度 (℃)
	设计风量($Q_{设}$)	实际风量($Q_{实}$)	相对差		
1	225	232	3.1%		25
2	225	221	-1.8%		24.5
3	225	228	1.3%		26
4	225	235	4.4%		25
5	225	220	-2.22%		24.5
6	225	240	6.67%		26
7	225	231	2.67%		25
8	225	227	2.67%		25
9	225	237	5.3%		24.5
10	225	234	4%		26
11	225	230	2.22%		25
12	225	220	-2.22%		24.5
13	225	235	4.44%		26
14	225	232	3.11%		25
15	225	219	-2.67%		24.5
16	225	223	0.9%		26
	总 3600	总 3664	$\delta=(Q_{实}-Q_{设})/Q_{设}\times100\%$		
			$\delta=\dfrac{3664-3600}{3600}\times100\%=2\%$		
施工单位		××建设集团有限公司			
测量人		记录人		审核人	
×××		×××		×××	

本表由施工单位填写。

"各房间室内风量温度测量记录"填写说明与依据

通风与空调工程无生产负荷联合试运转时,应分系统的,将同一系统内的各房间内风量、室内房间温度进行测量调整,并做记录。

一、表格解析

1. 责任部门

项目机电部。

2. 提交时限

在无生产负荷联合试运行时进行。

3. 填写要点

(1)记录内容包括:工程名称、测量日期、系统名称、系统位置、房间(测点)编号、设计风量($Q_设$)、实际风量($Q_实$)、相对差、所在房间室内温度等。

(2)各房间室内风量温度测量数据应根据现场实际测量情况如实填写,不得拼凑伪造数据,以符合设计、规范要求。测试数据应由技术部门审签并加盖标识章。

(3)相对差计算公式:$\delta=(Q_实-Q_设)/Q_设\times 100\%$。

二、填写依据

1. 规范名称

《通风与空调工程施工质量验收规范》(GB 50243—2002)。

2. 相关要求

各房间内的风量可在风管内或风口处测量。实测风量与设计风量的相对偏差不应大于10%。所在房间室内温度应填写风口所在房间室内温度,而不是风口处温度。房间室内温度应符合设计要求及规范规定。

(1)通风与空调工程无生产负荷联合试运转时,应分系统的,将同一系统内的各房间内风量、室内房间温度进行测量调整,并做记录。

(2)各房间室内风量温度测量记录是与管网风量平衡记录配套使用的表格。为配合两个记录表,使其能更清楚地反映填写情况,必须附通风与空调系统各测点调测的单线平面图或透视图,图中应标明系统名称、测点编号、测点位置、风口位置,并注明送风、回风、新风管。

(3)"各房间室内风量温度测量记录"的测量及填写要求:

1)各房间内的风量可在风管内或风口处测量。

2)在风口测风量可用风速仪直接测量或用辅助风管法求取风口断面的平均风速,再乘以风口净面积得到风口风量值。风口处的风速如用风速仪测量时,应贴近格栅或网格,平均风速测定可采用匀速移动法或定点测量法等,匀速移动法不应少于3次,定点测量法的测点不应少于5个。

3)实测风量与设计风量的相对差$(Q_实-Q_设)/Q_设\times 100\%$,不应大于10%。

4)所在房间室内温度应填写风口所在房间室内温度,而不是风口处温度。

5)在设计没有规定情况下,房间室内温度测点应选择在人员经常活动的范围或工作面(一般为距内墙表面大于0.5m,离地高度为1~1.5m的平面处)。

6)房间室内温度应符合设计要求及施工规范规定。

4.3.13 《管网风量平衡记录》监理单位审核

管网风量平衡记录 表 C6-85										
资料编号						08-04-004				
工程名称	××住宅楼工程					测试日期	××年××月××日			
系统名称	××新风机组					系统位置	F03层①~⑬/Ⓐ~Ⓖ轴			
测点编号	风管规格 (mm×mm)	断面积 (m^2)	平均风压 (Pa)			风速 (m/s)	风量 (m^3/h)		相对差	使用仪器编号
			动压	静压	全压		设计 ($Q_设$)	实际 ($Q_实$)		
21号 (新风)	400×650	0.26				5.18	4500	4850	7.7%	
	400×650	0.26				5.12	4500	4790	6.4%	
	400×650	0.26				5.16	4500	4830	6.9%	
	400×650	0.26				5.07	4500	4750	5.5%	
	400×650	0.26				5.14	4500	4810	6.89%	
	400×650	0.26				5.16	4500	4830	7.3%	
							4500	4810 (平均值)	6.9%	
22号 (送风)	700×300	0.21			352	5.18	4500	4850	7.78%	
	700×300	0.21			348	5.12	4500	4790	6.44%	
	700×300	0.21			355	5.16	4500	4750	5.56%	
	700×300	0.21			342	5.07	4500	4810	6.89%	
	700×300	0.21			348	5.14	4500	4830	7.33%	
	700×300	0.21			346	5.14	4500	4810	6.89%	
					348.5 (平均值)	5.135 (平均值)	4500	4806.7 (平均值)	6.81%	
送风=∑1~20=4564						4564				
施工单位	××建设集团有限公司									
审核人			测定人				记录人			
×××			×××				×××			

本表由施工单位填写。

"管网风量平衡记录"填写说明与依据

通风与空调工程应在专业监理工程师见证下,进行无负荷联动试运转,对各系统的风压、风速、风量进行测试和调整。施工单位专业技术员按表C6-85的规定如实填写测试和调整情况,报专业监理工程师检查签认。

一、表格解析

1. 责任部门

项目机电部。

2. 提交时限

在无生产负荷联合试运转时进行。

3. 填写要点

(1)记录内容包括:工程名称、测量日期、系统名称、使用仪器名称及精度、测点编号、风管规格、断面积、平均风压、风速、设计风量($Q_设$)、实际风量($Q_实$)、相对差、检测结论等。

(2)管网风量平衡测量数据应根据现场实际测量情况如实填写,不得拼凑伪造数字,以符合设计、规范要求。

(3)相对差计算公式:$\delta=(Q_实-Q_设)/Q_设\times 100\%$。

二、填写依据

1. 规范名称

《通风与空调工程施工质量验收规范》(GB 50243—2002)。

2. 相关要求

(1)风管的测量一般可用微压计、毕托管及风速仪测量。系统风量测试时,测试截面的位置应选择在气流均匀处,并按气流方向,选择在局部阻力影响尽量小的直管段上。当测试截面上的气流速度不均匀时,应增加测试截面上的测点数量。

(2)系统风量调整采用"流量等比分配法"或"基准风口法",从系统最不利环路的末端开始,最后进行总风量的调整。

(3)系统风量调整平衡后,应能从表中的数据反映出:

1)风口的风量、新风量、排风量、回风量的实测值与设计风量的相对差不大于10%。

2)新风量与回风量之和应近似等于总的送风量或各送风量之和。

3)总的送风量应略大于回风量与排风量之和。

4.3.14 《空调系统试运转调试记录》监理单位审核

空调系统试运转调试记录 表 C6-86		资料编号	08－01－C6－×××
工程名称	××住宅楼工程	试运转调试日期	××年××月××日
系统名称	F02层 PAU－201、PAU－202新风机组	系统所在位置	首层多功能厅
设计总风量 (m³/h)	1300	实测总风量 (m³/h)	1390
风机全压(Pa)	(机组)余压500	实测风机全压(Pa)	495
试运转、调试内容: (1)系统总风量调试结果与设计风量的偏差不应大于10%。 (2)系统联动试运转中,设备及主要部件的联动必须符合设计要求,动作协调、正确,无异常现象。 (3)空调室内噪声应符合设计规定要求。 F02层PAU－201、PAU－202新风机组安装完成,分别调整新风机组的进风口处的调节阀、送风管各支管处的调节阀,进行总风量的调整,采用"基准风口法",从系统最不利环路的末端开始,使系统内各风口风量达到平衡。系统调试完成后,系统实际风量与设计风量的相对差为5.3%。			
试运转、调试结论: 经检查,调试结果符合设计要求和《通风与空调工程施工质量验收规范》(GB 50243－2002)的规定,调试合格。			
签字栏 施工单位	××机电工程有限公司	专业技术负责人 ×××	专业质检员 ×××
			专业工长 ×××
签字栏 监理(建设)单位	××工程建设监理有限公司	专业工程师	×××

本表由施工单位填写。

"空调系统试运转调试记录"填写说明与依据

空调系统试运转调试记录应符合《通风与空调工程施工质量验收规范》(GB 50243—2002)的有关规定,由施工单位专业技术员按表 C6-86 的规定如实填写调试记录,报专业监理工程师核验签认。

一、表格解析

1. 责任部门

项目机电部。

2. 提交时限

在无生产负荷联合试运转及调试时进行。

二、填写依据

1. 规范名称

《通风与空调工程施工质量验收规范》(GB 50243—2002)。

2. 相关要求

(1)系统调试所使用的测试仪器和仪表,性能应稳定可靠,其精度等级及最小分度值应能满足测定的要求,并应符合国家有关计量法规及检定规程的规定。

(2)通风与空调工程的系统测试,应由施工单位负责、监理单位监督,设计单位与建设单位参与和配合,系统测试的实施可以是施工企业本身或委托给具有调适能力的其他单位。

(3)系统调试前,承包单位应编制调试方案,报送专业监理工程师审核批准;调试结束后,必须提供完整的调试资料和报告。

(4)通风与空调工程系统无生产负荷的联合试运转及调试,应在制冷设备和通风与空调设备单机试运转合格后进行。空调系统带冷(热)源的正常联合试运转不应少于 8h,当竣工季节与设计条件相差较大时,仅做不带冷(热)源试运转。通风系统的连续试运转不应少于 2h。

4.3.15 《空调水系统试运转调试记录》监理单位审核

空调水系统试运转调试记录 表 C6-87		资料编号	08—07—C6—×××
工程名称	××大厦工程	试运转 调试日期	××年××月××日
设计空调冷(热)水 总流量($Q_设$)(m^3/h)	1500	相对差	3.47%
实际空调冷(热)水 总流量($Q_实$)(m^3/h)	1552		
空调冷(热)水 供水温度(℃)	7	空调冷(热) 水回水温度 (℃)	12
设计冷却水总流量 ($Q_设$)(m^3/h)	1800	相对差	3.33%
实际冷却水总流量 ($Q_实$)(m^3/h)	1860		
冷却水供水温度 (℃)	32	冷却水回水 温度(℃)	37

试运转、调试内容：

依据设计提出的流量分配原则及设备供应商提供的设备水量参数,编制水流量分配表,绘制水平衡测试草图,进行现场水平衡调试工作,并进行空调水系统试运转调试记录。

水平衡调试前认真检查系统平衡阀安装位置,启动所有设备,使系统在满载运行状态下调试。先调试每台设备,使其达到满载值后,再调试区域控制平衡阀,使其达到设计数据,每个平衡阀调试完成后将手轮锁定。定时检查总回水的实际流量,使其保持在设计流量范围内。发现平衡阀前后压差过大时要及时查明原因如过滤器堵塞,压差过小时应检查区域是否满足设计需求流量。记录实测数据,实测数据与设计数据偏差控制在10%以内。最终调试结果,实际空调冷水总流量与设计空调冷水总流量偏差为3.47%。

调试期间,冷水机组、冷冻水泵、冷却塔、冷冻水软水装置、冷却水加约装置、加湿器运行正常。

试运转、调试结论：

空调水系统调试结果符合设计要求和《通风与空调工程施工质量验收规范》(GB 50243—2002)的规定,合格。

签字栏	施工单位	××机电工程 有限公司	专业技术负责人	专业质检员	专业工长
			×××	×××	×××
	监理(建设) 单位	××工程建设监理有限公司	专业工程师		×××

本表由施工单位填写。

"空调水系统试运转调试记录"填写说明与依据

通风空调工程无生产负荷联合试运转应有空调水系统试运转调试记录。

空调系统试运转中,空调冷(热)水、冷却水的调试应在专业监理工程师见证下进行,由施工单位专业技术员按表C6-87的规定如实填写调试记录,报专业监理工程师检验签认。

一、表格解析

1. 责任部门

项目机电部。

2. 提交时限

在无生产负荷联合试运转及调试时进行。

3. 填写要点

(1)记录内容包括:工程名称,调试日期,设计空调冷(热)水总流量($Q_设$)、实际空调冷(热)水总流量($Q_实$)及相对差,空调冷(热)水供回水温度,设计冷却水总流量($Q_设$)、实际冷却水总流量($Q_实$)及相对差,冷却水供回水温度和试运转、调试内容及试运转、调试结果等。

(2)试运转、调试内容:应将试运转调试项目、调试过程及具体内容描述清楚。如本工程空调水系统的调试顺序、调试时间、运行中有关数值、检查有无异常情况等。

(3)试运转、调试结果:应明确调试结果是否达到设计、规范要求,是否合格。

二、填写依据

1. 规范名称

《通风与空调工程施工质量验收规范》(GB 50243—2002)。

2. 相关要求

(1)空调水系统试运转及调试包括两个方面:一是冷却塔、泵等组合的冷却水系统;二是风机盘管的冷却水系统的调试,都应有记录。

(2)空调水系统试运转调试的过程,首先要绘制水平衡测试草图,标明各空调设备编号及区域控制平衡阀编号。依据设备供应商提供的设备水量参数,整理出设备设计水流量。依据设计提出的流量分配原则,编制水流量分配表。编制水平衡测试报告,记录设计调试数据。依据水平衡测试草图和测试报告中的设计调试数据进行现场水平衡调试工作。

(3)空调冷(热)水、冷却水总流量的实际流量与设计流量的相对差不应大于10%,为调试合格。

(4)空调冷(热)水、冷却水进出水温度应符合设计要求及规范规定。

4.3.16 《制冷系统气密性试验记录》监理单位审核

制冷系统气密性试验记录 表 C6-88			资料编号	08－06－C6－×××
工程名称	××住宅楼工程		试验时间	××年××月××日
试验项目	制冷设备系统安装		试验部位	1#机房 1#冷冻机组制冷系统
管道编号	气 密 性 试 验			
	试验介质	试验压力(MPa)	停压时间	试验结果
1	氮气	1.6	××日××时××分	压降不大于0.03MPa
2	氮气	1.6	××日××时××分	压降不大于0.03MPa
3	氮气	1.6	××日××时××分	压降不大于0.02MPa
管道编号	真 空 试 验			
	设计真空度(kPa)	试验真空度(kPa)	试验时间	试验结果
1	760mmHg (101.3kPa)	720mmHg (96kPa)	24h	剩余压力<5.3kPa
管道编号	充注制冷剂检漏试验			
	充制冷剂压力(MPa)	检漏仪器	补漏位置	试验结果
				厂家已做
试验结论： 以上由生产厂家现场试验,经试验记录检查,符合施工规范及厂家的技术文件规定,试验结果合格。				
签字栏	施工单位	××机电工程有限公司	专业技术负责人 ×××	专业质检员 ×××	专业工长 ×××
	监理(建设)单位	××工程建设监理有限公司	专业工程师		×××

本表由施工单位填写。

"制冷系统气密性试验记录"填写说明与依据

制冷系统气密性试验记录应符合《通风与空调工程施工质量验收规范》(GB 50243—2002)的有关规定,由施工单位专业技术员按表C6-88的规定如实填写试验记录,报专业监理工程师核验签认。

一、表格解析

1. 责任部门

项目机电部。

2. 提交时限

在系统安装完成后进行。

二、填写依据

1. 规范名称

(1)《通风与空调工程施工质量验收规范》(GB 50243—2002);

(2)《制冷设备、空气分离设备安装工程施工及验收规范》(GB 50274—2010)。

2. 相关要求

气密性试验分正压试验、负压试验和充氟检漏三项,分别按顺序进行,有关试验的压力标准、时间要求可依照厂家的规定。另外尚需符合有关设备技术文件规定的程序和要求,并做好记录。

4.3.17 《净化空调系统测试记录》监理单位审核

净化空调系统测试记录 表C6-89			资料编号	08－05－C6－×××
工程名称	××住宅楼工程		试验日期	××年××月××日
系统名称	××净化空调系统		洁净室级别	3级和4级
仪器型号	光学粒子计数器 1L/min		仪器编号	×××
高效过滤器	型 号	D类	数 量	4台
	测试内容	首先测试高效过滤器的风口处的出风量是否符合设计要求		
		然后用扫描法在过滤器下风侧用粒子计数器动力采样头		
		对高效过滤器表面、边框、封头胶处移动扫描而测出泄漏率是否超出		
		设计参数		
室内洁净度		实测洁净等级		室内洁净面积（m²）
	测试内容	根据检测数据（静态下）悬浮粒子浓度达到3级洁净度		20
		根据检测数据（空态下）悬浮粒子浓度达到4级洁净度		40

测试结论：

以上检测记录及数据符合设计要求和《通风与空调工程施工质量验收规范》(GB 50243—2002)的规定，合格。

签字栏	施工单位	××机电工程有限公司	专业技术负责人	专业质检员	专业工长
			×××	×××	×××
	监理（建设）单位	××工程建设监理有限公司	专业工程师		×××

本表由施工单位填写。

"净化空调系统测试记录"填写说明与依据

净化空调系统无生产负荷试运转时,应对系统中的高效过滤器进行泄漏测试和室内洁净度进行检测,并按表 C6-89 的规定由施工单位专业技术员填写测试记录,报专业监理工程师核验签认。

一、表格解析

1. 责任部门

项目机电部。

2. 提交时限

在无生产负荷联合试运转时进行。

二、填写依据

1. 规范名称

《通风与空调工程施工质量验收规范》(GB 50243－2002)。

2. 相关要求

(1)净化空调系统除应包括恒温、恒湿空调系统综合效能试验项目外,尚可增加下列项目:

1)生产负荷状态下室内空气洁净度等级的测定;

2)室内浮游菌和沉降菌的测定;

3)室内自净时间的测定;

4)空气洁净度高于 5 级的洁净室,除应进行净化空调系统综合效能试验项目外,尚应增加设备泄露控制、防止污染扩散等特定项目的测定;

5)洁净度等级高于等于 5 级的洁净室,可进行单向气流流线平行度的检测,在工作区内气流流向偏离规定方向的角度不大于 15°。

(2)净化空调系统的综合效能检测单位和检测状态,宜由建设、设计和施工单位三方协商确定。

4.3.18 《防排烟系统联合试运行记录》监理单位审核

防排烟系统联合试运行记录 表 C6-90					资料编号		08－02－C6－×××	
工程名称	××图书馆工程				试运行时间		××年××月××日	
试运行项目	屋面层 PF－RF01 楼梯间正压送风系统				系统编号或位置		F10 层合用前室	
风道类别	镀锌钢板风道				风机类别型号		高效低噪斜流风机	
试验风口位置	风口尺寸(mm)	风速(m/s)	风量(m^3/h)		相对差 $\delta=(Q_{实}-Q_{设})/Q_{设}\times100\%$			风压(Pa)
			设计风量($Q_{设}$)	实际风量($Q_{实}$)				
1	500×1000	11.5	22000	22451	2.05％			28
系统设计风量(m^3/h)	22000		系统实际风量(m^3/h)	22451		相对差 δ		2.05％
结论: 试运行结果符合设计要求和《通风与空调工程施工质量验收规范》(GB 50243－2002)的规定,合格。								
签字栏	施工单位	××机电工程有限公司	专业技术负责人		专业质检员		专业工长	
			×××		×××		×××	
	监理(建设)单位	××工程建设监理有限公司			专业工程师		×××	

本表由施工单位填写。

"防排烟系统联合试运行记录"填写说明与依据

防排烟系统联合试运行记录应符合《通风与空调工程施工质量验收规范》(GB 50243－2002)的有关规定,由施工单位专业技术员按表 C6-90 的规定如实填写,报专业监理工程师核验签认。

在防排烟系统联合试运行和调试过程中,应对测试楼层及其上下二层的排烟系统中的排烟风口、正压送风系统的送风口进行联动调试,并对各风口的风速、风量进行测量调整,对正压送风口的风压进行测量调整。

一、表格解析

1. 责任部门

项目机电部。

2. 提交时限

在联合试运转和调试时进行。

3. 填写要点

(1)风压:因排烟系统试运行时,只检测风速及排烟量,此栏可不填。

(2)电源型式:指电源是否为末端双路互投电源。

二、填写依据

1. 规范名称

(1)《通风与空调工程施工质量验收规范》(GB 50243－2002);

(2)《高层民用建筑设计防火规范》(GB 50045－1995,2005 年版)。

2. 相关要求

(1)调试准备

1)送风排烟风机检查:送风、排烟风机的型号、风压、风量及安装位置;风机机座的牢固件,防振、防腐措施;风机的电源和主备电源条件;风机进风口、出风口与系统连接的情况。

2)防火阀、排烟防火阀型号、安装位置、关闭状态、电源、控制线路连接状况、单件动作的可靠性。

3)送风口、排烟口的安装位置、安装质量、动作可靠性。

4)管道及连接件的材质、规格以及连接垫圈、管道的吊架的牢固性和管道穿楼板封堵措施等。

(2)机械正压送风系统测试

1)若系统采用砖、混凝土风道,测试前应进行检查,以确定风道严密、内表面平整,无堵塞、无孔洞、无串井等现象。

2)将楼梯间的门窗及前室或合用前室的门(包括电梯门)全部关闭;将楼梯间的送风口全部打开。

3)在大楼选一层作为模拟火灾层(宜在加压送风系统管路最不利点附近),将模拟火灾层及上、下一层的前室送风阀打开,将其他各层的前室送风阀关闭。

4)启动加压送风机,测试前室、楼梯间、避难层的余压值:消防加压送风系统应满足走廊→前室→楼梯的压力呈递增分布。测试楼梯间内上下均匀选择 3～5 点,重复不少于 3 次的平均静压,当静压值为 40～50Pa 时,为达到设计要求。

测试开启送风口的前室的一个点,重复次数不少于 3 次的静压平均值,当静压值为 25～

30Pa[即前室、合用前室、消防楼梯前室、封闭避难层(间)与走道之间的压力差为25~30Pa]时,为达到设计要求。

测试是在门全闭下进行,压力测点的具体位置,应视门、排烟口、送风口等的布置情况而定,总的原则是应该远离各种门、口等气流通路。

5)同时打开模拟火灾层及其上、下一层的走道→前室→楼梯间的门,分别测试前室通走道和楼梯间通前室的门洞平面处的平均风速,当各门平均风速为 0.7~1.2m/s(注:门洞风速不是越大越好,如果门洞风速超过 1.2m/s,可能会使门开启困难,甚至不能开启,不利于火灾时人员疏散),为符合消防要求。测试时,门洞风速测点布置应均匀,可采用等小矩形面法,即将门洞划分为若干个边长为 200~400mm 的小矩形网格,每个小矩形网格的对角线交点即为测点。

6)以上 4)、5)两项,任选其一进行测试即可。

(3)机械排烟系统测试

1)走道(廊)排烟系统:将模拟火灾层及上、下一层的走道排烟阀打开,启动走道排烟风机,测试排烟口处平均风速,根据排烟口截面(有效面积)及走道排烟面积计算出每平方米面积的排烟量,当结果≥60m³/(h·m²),为符合消防要求。测试宜与机械加压送风系统同时进行,若系统采用砖、混凝土风道,测试前还应对风道进行检查。平均风速测定可采用匀速移动法或定点测量法,测定时,风速仪应贴近风口,匀速移动法不小于 3 次,定点测量法的测点不少于 4 个。

2)中庭排烟系统:启动中庭排烟风机,测试排烟口处风速,根据排烟口截面计算出排烟量(若测试排烟口风速有困难,可直接测试中庭排烟风机风量),并按中庭净空换算成换气次数。若中庭体积小于 17000m³,当换气次数达到 6 次/h 左右时,为符合消防要求;若中庭体积大于 17000m³,当换气次数达到 4 次/h 左右且排烟量不小于 102000m³/h 时,为符合消防要求。

3)地下车库排烟系统:若与车库排风系统合用,须关闭排风口,打开排烟口。启动车库排烟风机,测试各排烟口处风速,根据排烟口截面计算出排烟量,并按车库净空换算成换气次数。当换气次数达到 6 次/h 左右时,为符合消防要求。

4)设备用房排烟系统:若排烟风机单独担负一个防烟分区的排烟时,应把该排烟风机所担负的防烟分区中的排烟口全部打开;如排烟风机担负两个以上防烟分区时,则只需把最大防烟分区及次大的防烟分区中的排烟口全部打开,其他一律关闭。启动机械排烟风机,测定通过每个排烟口的风速,根据排烟口截面计算出排烟量,符合设计要求为合格。

4.3.19 《设备单机试运转记录》监理单位审核

设备单机试运转记录 表 C6-91		资料编号	08－C6－001
工程名称	××住宅楼工程	试运转时间	2014年5月8日 10:00～12:00
设备名称	冷水机组	设备编号	L－L－1
规格型号	FS－S－R－400D	额定数据	制冷量1407kW、蒸发器水量242m³/h、水压降97kPa,冷凝器水量288m³/h、水压降85kPa,工作压力1.0MPa,功率277kW
生产厂家	××空调设备有限公司	设备所在系统	冷冻水系统

试验要求：
　　设备外观检查后通电试运转,检查运行状况、减震器连接状况、减震效果、传动装置、压力表、电气设备、轴承温升等状况,符合设计要求、规范规定、设备技术文件规定为合格。

序号	试验项目	试验记录	试验结论
1	减震器连接状况	连接牢固、平稳、接触紧密,并符合减震要求	符合设计要求、施工规范规定及产品说明书要求
2	减震效果	减振器运行平稳,无异常振动与声响	符合设计要求、施工规范规定及产品说明书要求
3	进出水口水温、水量、水压	运行数据正常	符合设计要求及设备技术文件规定
4	电气设备	电机绕组对地绝缘电阻合格。电机运行电流、电压正常	符合设计要求、施工规范规定及产品说明书要求
5	运行噪声	运行噪声值88dB	符合设计或产品技术文件的规定

试运转结论：
　　符合设计要求及施工规范规定,合格。

签字栏	施工单位	××机电工程有限公司	专业技术负责人 ×××	专业质检员 ×××	专业工长 ×××
	监理(建设)单位	××工程建设监理有限公司	专业工程师	×××	

本表由施工单位填写。

"设备单机试运转记录"填写说明与依据

通风与空调系统的各类水泵、风机、冷水机组、冷却塔、空调机组、新风机组等设备在安装完毕后,应进行单机试运转,并做记录。

一、表格解析

1. 责任部门

项目机电部。

2. 提交时限

在系统管道和设备安装完毕后进行,合格后1d内提交。

3. 填写要点

(1)空调水泵(包括冷冻水泵、冷却水泵、定压泵等)的单机试运转记录填写说明参见本书第5.3.10条。

(2)风机(包括排烟风机、排风风机、正压送风机、送风风机等)、空调机组、新风机组的"设备单机试运转记录"的主要检验项目及填写说明:

1)试运转时间:

应记录进行试运转时间及连续试运转时间,如2011年2月10日,8时~16时。

2)风机、空调机组、新风机组型号规格:

填写设备铭牌及产品说明书中的型号及规格,必须符合设计要求。

3)设备额定数据:

在设备技术文件或机体铭牌上摘录,且必须符合设计要求。

4)试验项目包括:

①减振器连接状况。

②减振效果。

③传动装置。

④叶轮旋转。

⑤压力表。

⑥电气装置。

⑦轴承温升。

⑧运行噪声。

5)减振器连接状况记录:

连接应牢固、平稳、接触紧密,并符合减振要求。

6)设备试运转时减振效果记录:

减振器应工作正常,运行时无异常振动与声响。

7)运行噪声记录:噪声值要符合设计或产品技术文件的规定:

①叶轮旋转方向应正确,运转平稳、无异常振动与声响。

②风机试运转时传动装置检查记录:传动皮带的松紧应适当,一般用手敲打已装好的皮带中间,以稍有弹跳为准。盘车是否灵活、无异常现象,润滑情况是否良好。运行时各固定连接部位是否有松动。

③电气装置检查记录:电机绕组对地绝缘电阻应符合要求。电动机转向应与风机的转向相符。电机运行电流、电压应符合设备技术文件的规定。

④轴承温升检查记录：记录试运转时的环境温度，连续运转 2h 后，设备轴承外壳最高温度不得超过 70℃，滚动轴承不得超过 80℃。

⑤试运转结论：应明确经试运转，设备的单机试运行是否符合设计要求、施工规范规定及产品说明书要求，是否合格。

8）冷水机组的"设备单机试运转记录"的主要检验项目及填写说明：

①试运转时间：应记录进行试运转时间及连续试运转时间，如 2011 年 4 月 10 日，8 时～16 时。

②冷水机组型号规格：填写设备铭牌及产品说明书中的型号及规格，必须符合设计要求。

③冷水机组额定数据：在设备技术文件或机体铭牌上摘录，且必须符合设计要求。

④试验项目包括：

a. 减振器连接状况；

b. 减振效果；

c. 进出水口水温、水量、水压；

d. 电气装置；

e. 运行噪声。

⑤减振器连接状况记录：

连接应牢固、平稳、接触紧密，并符合减振要求。

⑥冷水机组试运转时减振效果记录：

减振器应工作正常，运行时无异常振动与声响。

⑦运行噪声记录：噪声值要符合设计或产品技术文件的规定，制冷机组正常运转不应小于 8h，实测数据时应每隔半小时或一小时记录一次。

⑧冷水机组的进出水口水温、水量、水压等运行数据是否符合设计要求及设备技术文件要求。

⑨试运转结论：应明确经试运转，设备的单机试运行是否符合设计要求、施工规范规定及产品说明书要求，是否合格。

二、填写依据

1. 规范名称

(1)《通风与空调工程施工质量验收规范》(GB 50243—2002)；

(2)《建筑节能工程施工质量验收规范》(GB 50411—2007)。

2. 相关要求

冷水机组、冷却塔的单机试运转的时间，因其受季节影响，如果工程竣工时间在本年度 10 月至第二年 4 月之间，在此期间冷水机组、冷却塔无法启动，故冷水机组、冷却塔的单机试运转可以在竣工时间之后的适当时间进行，时间也可相应后延。因此，在施工资料上会出现单机试运转时间与竣工时间不交圈的现象，但这是可以接受的。

第5章 监理单位审签建筑电气、智能建筑工程施工资料

5.1 施工记录

5.1.1 《建筑电气隐蔽工程验收记录》监理单位审核

隐蔽工程验收记录 表 C5-1		资料编号	06－05－C5－002
工程名称	××办公楼工程		
隐检项目	照明系统管路敷设	隐检日期	××年××月××日
隐检部位	地下一层 ⑦～⑬/Ⓐ～Ⓗ 轴线 墙体、柱内	标高	－4.800～－0.250m

隐检依据:施工图图号____电施－5____,设计变更/洽商(编号____/____)及有关国家现行标准等。
主要材料名称及规格/型号:____焊接钢管 SC15、SC20,镀锌钢管 SC50____

隐检内容:
　　埋入混凝土内的焊接钢管内壁刷防锈漆,弯曲半径不小于管外径的10倍,管材弯扁度不大于管外径的10%,管路采用套管连接,套管长度为连接管径的2.2倍,焊口牢固严密。用 $\phi 6$ 的钢筋作跨接地线,焊接长度大于钢筋直径的6倍(大于40mm),双面施焊,焊缝均匀牢固,焊接处药皮清理干净。箱、盒位置正确,稳装牢固,管进箱、盒处顺直,固定牢固,盒内用泡沫填实,并用胶带封堵严密。
　　在图中指定位置即穿越防护密闭隔墙处,分别预埋2根SC50镀锌钢管,钢管底距地3.5m,并进行防护密闭处理。
　　影像资料的部位、数量:
　　地下一层⑦～⑨/Ⓔ～Ⓖ轴墙体、柱内,××
　　　　　　　　　　　　　　　　　　　　　　　　　　　　　　　　　　　　申报人:×××

检查意见:
经检查,符合设计要求及《建筑电气工程施工质量验收规范》(GB 50303－2002,2012年版)的规定。

检查结论: ☑同意隐蔽　　□不同意,修改后进行复查

复查结论:
　　　　　　　　复查人:　　　　　　　　　　复查日期:

签字栏	施工单位	××建设集团有限公司	专业技术负责人	专业质检员	专业工长
			×××	×××	×××
	监理(建设)单位	××工程建设监理有限公司	专业工程师		×××

本表由施工单位填写,并附影像资料。

"照明系统隐蔽工程验收记录"填写说明与依据

一、表格解析

核查导管的品种、规格、位置、弯扁度、弯曲半径、连接、跨接地线、防腐、管盒固定、管口处理、敷设情况、保护层、需焊接部位的焊接质量等是否符合设计要求及规范规定。

二、填写依据

1. 规范名称

《建筑电气工程施工质量验收规范》(GB 50303—2002,2012年版)。

2. 相关要求

(1)金属导管严禁对口熔焊连接;镀锌和壁厚小于等于2mm的钢导管不得套管熔焊连接。

(2)室外埋地敷设的电缆导管,埋深不应小于0.7m。壁厚小于等于2mm的钢电线导管不应埋设于室外土壤内。

(3)室外导管的管口应设置在盒、箱内。在落地式配电箱内的管口,箱底无封板的,管口应高出基础面50~80mm。所有管口在穿入电线、电缆后应做密封处理。由箱式变电所或落地式配电箱引向建筑物的导管,建筑物一侧的导管管口应设在建筑物内。

(4)金属导管内外壁应防腐处理;埋设于混凝土内的导管内壁应防腐处理,外壁可不防腐处理。

(5)室内进入落地式柜、台、箱、盘内的导管管口,应高出柜、台、箱、盘的基础面50~80mm。

(6)暗配的导管,埋设深度与建筑物、构筑物表面的距离不应小于15mm;明配的导管应排列整齐,固定点间距均匀,安装牢固;在终端、弯头中点或柜、台、箱、盘等边缘的距离150~500mm范围内设有管卡,中间直线段管卡间的最大距离应符合表5-1的规定。

表5-1 管卡间最大距离

敷设方式	导管种类	导管直径(mm)				
		15~20	25~32	32~40	50~65	65以上
		管卡间最大距离(m)				
支架或沿墙明敷	壁厚>2mm刚性钢导管	1.5	2.0	2.5	2.5	3.5
	壁厚≤2mm刚性钢导管	1.0	1.5	2.0	—	—
	刚性绝缘导管	1.0	1.5	1.5	2.0	2.0

隐蔽工程验收记录
表 C5-1

资料编号　06—07—C5—004

工程名称	××办公楼工程		
隐检项目	防雷接地引下线敷设	隐检日期	××年××月××日
隐检部位	一层　⑨～⑬/Ⓐ～Ⓖ　轴线　柱内	标高	0.000～3.600m

隐检依据:施工图图号　　　电施—3　　　,设计变更/洽商(编号　　　/　　　)及有关国家现行标准等。

主要材料名称及规格/型号:　　　钢筋 HRB 335 ϕ25,圆钢 ϕ12　　　

隐检内容:
1. 利用 2 根 ϕ25 结构柱对角主筋作为避雷引下线。
2. 该部位柱避雷引下线共 8 处,分别为⑪/Ⓖ、⑬/Ⓖ、⑬/Ⓕ、⑬/Ⓓ、⑪/Ⓓ、⑫/Ⓐ、⑪/Ⓐ、⑨/Ⓐ轴柱主筋。
3. 2 根 ϕ25 柱对角主筋以 ϕ12 圆钢可靠焊接联通;柱主筋采用直螺纹套筒连接,连接牢固。
4. 焊接长度大于 ϕ25 钢筋直径的 6 倍,双面施焊,焊药清除干净,焊接饱满,无咬肉、夹渣等现象。
5. 每根避雷引下线均用白色油漆涂刷标识。

如下图所示。

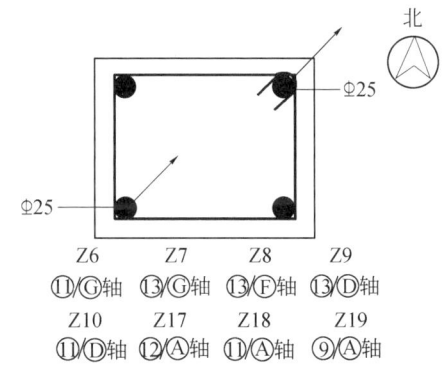

Z6　　Z7　　Z8　　Z9
⑪/Ⓖ轴　⑬/Ⓖ轴　⑬/Ⓕ轴　⑬/Ⓓ轴
Z10　Z17　Z18　Z19
⑪/Ⓓ轴　⑫/Ⓐ轴　⑪/Ⓐ轴　⑨/Ⓐ轴

影像资料的部位、数量:

申报人:×××

检查意见:
　　经检查,符合设计要求及《建筑电气工程施工质量验收规范》(GB 50303—2002,2012 年版)的规定。

检查结论:　☑同意隐蔽　　□不同意,修改后进行复查

复查结论:
　　　　　复查人:　　　　　　复查日期:

签字栏	施工单位	××建设集团有限公司	专业技术负责人	专业质检员	专业工长
			×××	×××	×××
	监理(建设)单位	××工程建设监理有限公司	专业工程师	×××	

本表由施工单位填写,并附影像资料。

"防雷接地隐蔽工程验收记录"填写说明与依据

一、表格解析

检查轴线位置、钢筋数量、规格、搭接长度、焊接质量及与接地极、避雷网、均压环等连接点的焊接情况等是否描述清楚且符合设计及规范规定。

二、填写依据

1. 规范名称

《建筑电气工程施工质量验收规范》(GB 50303—2002,2012 年版)。

2. 相关要求

(1)暗敷在建筑物抹灰层内的引下线应有卡钉分段固定;明敷的引下线应平直、无急弯,与支架焊接处油漆防腐,且无遗漏。

(2)变压器室、高低压开关室内的接地干线应有不少于 2 处与接地装置引出干线连接。

(3)当利用金属构件、金属管道做接地线时,应在构件或管道与接地干线间焊接金属跨接线。

(4)当电缆穿过零序电流互感器时,电缆头的接地线应通过零序电流互感器后接地;由电缆头至穿过零序电流互感器的一段电缆金属护层和接地线应对地绝缘。

(5)设计要求接地的幕墙金属框架和建筑物的金属门窗,应就近与接地干线连接可靠,连接处不同金属间应有防电化腐蚀措施。

隐蔽工程验收记录
表 C5-1

资料编号	06-07-C5-001

工程名称	××办公楼工程		
隐检项目	接地装置安装	隐检日期	××年××月××日
隐检部位	地下一层 ⑰~⑦/©~⊕ 轴线		标高-5.750m

隐检依据：施工图图号_____电施-3_____，设计变更/洽商(编号___/___)及有关国家现行标准等。

主要材料名称及规格/型号：_____圆钢 φ12_____

隐检内容：

利用基础底板内周围网状焊接的主筋作为自然接地极(2根)。自然接地极横向、纵向(柱筋)的钢筋交叉处采用 φ12 镀锌圆钢搭接焊好，清除药皮，并将两根引上主筋做好标记。焊接处焊缝饱满并有足够机械强度，无夹渣、咬肉、气孔及焊透现象，圆钢焊接长度大于其直径的6倍(80mm)，并双面施焊。

影像资料的部位、数量：

申报人：×××

检查意见：

经检查，符合设计要求和《建筑电气工程施工质量验收规范》(GB 50303-2002,2012年版)的规定。

检查结论： ☑同意隐蔽　　□不同意，修改后进行复查

复查结论：

复查人：　　　　　复查日期：

签字栏		专业技术负责人	专业质检员	专业工长
	施工单位	××建设集团有限公司		
		×××	×××	×××
	监理(建设)单位	××工程建设监理有限公司	专业工程师	×××

本表由施工单位填写，并附影像资料。

"接地装置隐蔽工程验收记录"填写说明与依据

一、表格解析

1. 填写要点

核查接地极的位置、间距、数量、材质、埋深、接地极的连接方法、连接质量、防腐情况等是否描述清楚且符合设计要求及规范规定。

2. 电气隐蔽工程检查方法

(1)敷设在素土内的线管和电缆应分块、分区检查。

(2)敷设在混凝土内的线管应随土建进度分墙体、顶板检查。

(3)敷设在混凝土内的防雷接地、引线及均压环应分层或分区随土建进度检查。

(4)二次设备接地、防静电、等电位、地槽、门窗接地应分层或分区检查。

(5)吊顶内的配管、线槽、桥架、母线安装应分层或分区检查。

(6)封闭竖井内的配管、线槽、桥架、母线安装应按井号或电气回路检查。

二、填写依据

1. 规范名称

《建筑电气工程施工质量验收规范》(GB 50303—2002,2012年版)。

2. 相关要求

(1)当设计无要求时,接地装置顶面埋设深度不应小于0.6m。圆钢、角钢及钢管接地极应垂直埋入地下,间距不应小于5m。接地装置的焊接应采用搭接焊,搭接长度应符合下列规定:

1)扁钢与扁钢搭接为扁钢宽度的2倍,不少于三面施焊;

2)圆钢与圆钢搭接为圆钢直径的6倍,双面施焊;

3)圆钢与扁钢搭接为圆钢直径的6倍,双面施焊;

4)扁钢与钢管,扁钢与角钢焊接,紧贴角钢外侧两面,或紧贴3/4钢管表面,上下两侧施焊;

5)除埋设在混凝土中的焊接接头外,有防腐措施。

(2)接地模块应集中引线,用干线把接地模块并联焊接成一个环路,干线的材质与接地模块焊接点的材质应相同,钢制的采用热浸镀锌扁钢,引出线不少于2处。

5.1.2 《工序交接检查记录》监理单位审核

工序交接检查记录		资料编号	06－07－C5－001
工程名称	××办公楼工程		
上道工序名称	建筑物基础接地体	下道工序名称	浇捣混凝土
交接部位	地下一层结构基础	检查日期	××年××月××日
交接内容： 1. 底板钢筋敷设完成，按设计要求做接地施工。 2. 人工接地装置采用－40mm×4mm镀锌扁钢，埋深××m，位置符合电气施工图纸。 3. 环形接地装置分别与轴Ⓐ、⑬、轴Ⓐ、⑨……处引至结构基础钢梁进行焊接，并与避雷引线连成一体。 4. 扁钢连接处焊接长度为其宽度的2倍以上，且三面施焊，焊接处药皮已清除，无夹渣咬肉现象，并涂沥青，防腐无遗漏。			
检查结果： 经检查，工序交接符合设计要求和《建筑电气工程施工质量验收规范》(GB 50303－2002,2012年版)的规定。			
复查意见：			
	复查人：	复查日期：	
签字栏	施工单位	××建设集团有限公司	
	移交人	接收人	
	×××	×××	

本表由施工单位填写。

5.2 施工试验记录

5.2.1 《电气接地电阻测试记录》监理单位审核

电气接地电阻测试记录 表 C6-23			资料编号	06－07－C6－×××	
工程名称	××住宅楼工程		测试日期	××年××月××日	
仪表型号	ZC－8		天气情况	晴	气温(℃) 26
接地类型	☑防雷接地　　□计算机接地　　☑工作接地 □保护接地　　□防静电接地　　□逻辑接地 ☑重复接地　　□综合接地　　□医疗设备接地				
设计要求	□≤10Ω　　□≤4Ω　　☑≤1Ω □≤0.1Ω　　□≤　Ω　　□				
测试结论： 　　季节系数取 1.4,按接地类型分 2 组进行测试,组别及实测数据分别为： 　　防雷接地：(1)0.27×1.4＝0.378,(2)0.27×1.4＝0.378； 　　重复接地：(1)0.27×1.4＝0.378,(2)0.27×1.4＝0.378； 　　工作接地：(1)0.27×1.4＝0.378,(2)0.26×1.4＝0.364。 　　经测试计算,符合设计要求和《建筑电气工程施工质量验收规范》(GB 50303－2002,2012 年版)规定。					
签字栏	施工单位	××建设集团有限公司	专业技术负责人 ×××	专业质检员 ×××	专业工长 ×××
	监理(建设)单位	××工程建设监理有限公司	专业工程师		×××

本表由施工单位填写。

"电气接地电阻测试记录"填写说明与依据

电气接地电阻测试是保证用户的人身安全和用电设备正常运行以及保护建筑物的重要检测事项之一。接地电阻测试主要包括:设备、系统的防雷接地、保护接地、工作接地、防静电接地以及设计有要求的接地电阻测试。

一、表格解析

1. 责任部门

专业分包及项目机电部。

2. 提交时限

接地装置完成后进行,若未达到设计要求,增设人工接地体,增设后再次测试。

3. 填写要点

(1)工程名称:应与规划许可证、设计图图签中工程名称一致。

(2)测试日期:进行接地电阻测试的实际日期。

(3)仪表型号:接地电阻表型号,如 ZC-8。

(4)天气情况:接地电阻测试时的天气情况,一般应在晴天进行接地电阻测试。

(5)气温:进行接地电阻测试时的测试点或处的(室内或室外)空气温度。

(6)接地类型:在各测试类型栏的"□"内划"√"选择。

(7)设计要求:应按设计对本工程接地测试类型、要求电阻值在"□"内划"√"选择。

(8)测试部位:可标注在接地装置平面示意图上。

(9)测试结论:是实际测试值,即实测值乘以季节修正系数,就是接地电阻测试结果,并有明确的结论。

(10)签字栏:专业施工单位和监理或建设单位相关责任人签认齐全后方有效。

二、填写依据

1. 规范名称

(1)《建筑电气工程施工质量验收规范》(GB 50303-2002,2012 年版);

(2)《智能建筑工程质量验收规范》(GB 50339-2013);

(3)《电梯工程施工质量验收规范》(GB 50310-2002)。

2. 相关要求

每年 4~10 月期间进行测试时,应乘以季节系数 ψ 值(ψ 值见表5-2)。

表5-2 接地装置接地电阻值的季节系数 ψ 值

埋深(m)	水平接地体	长度为2~3m的垂直接地体	备 注
0.5	1.4~1.8	1.2~1.4	
0.8~1.0	1.25~1.45	1.15~1.3	
2.5~3.0	1.0~1.1	1.0~1.1	
			埋深接地体

注:大地比较干燥时,则取表中的较小值;比较潮湿时,则取表中的较大值。

(1)接地电阻的测试应根据《电气装置安装工程接地装置施工及验收规范》(GB 50169-

2006)的规定,在测试前首先要分清是哪一类接地,并必须对隐蔽部分的情况进行全面了解,确定接地装置的位置,并作接地装置平面示意图。

(2)选择合适的仪表。测试仪表要在检定有效期内;雨后不应立即测量接地电阻,否则测量结果无效。

(3)接地电阻的电阻值,应根据实测值按不同测试季节和测试环境等因素换算确定。并与设计值相比较,作出正确判断。

(4)当设计无明确要求时,接地电阻的实测值应符合下列规定:

100kVA 及以上变压器(发电机)　　　　　　$R \leqslant 4\Omega$

100kVA 及以上变压器供电路的重复接地　　　$R \leqslant 10\Omega$

100kVA 及以下变压器(发电机)　　　　　　$R \leqslant 10\Omega$

100kVA 及以下变压器供电路的重复接地　　　$R \leqslant 30\Omega$

高低压电气设备的联合接地体　　　　　　　$R \leqslant 4\Omega$

配电线路零线每一重复接地　　　　　　　　$R \leqslant 10\Omega$

低压电力设备接地装置　　　　　　　　　　$R \leqslant 4\Omega$

电力设备与防雷接地系统共用接地体　　　　$R \leqslant 1\Omega$

一类建筑物防雷接地装置　　　　　　　　　$R \leqslant 5\Omega$

二类建筑物防雷接地装置　　　　　　　　　$R \leqslant 10\Omega$

三类建筑物防雷接地装置　　　　　　　　　$R \leqslant 30\Omega$

(5)接地电阻应及时进行测试,当利用自然接地体作为接地装置时,应在底板钢筋绑扎完毕后进行测试;当利用人工接地体作为接地装置时,应在回填土之前进行测试;若电阻值达不到设计、规范要求时,应补做人工接地极。

5.2.2 《电气接地装置隐检与平面示意图表》监理单位审核

电气接地装置隐检与平面示意图表
表 C6-24

资料编号	06—07—C6—×××

工程名称	××大厦工程	图 号	电施—15
接地类型	防雷接地	组数	/	设计要求	≤1Ω

接地装置平面示意图(绘制比例要适当,注明各组别编号及有关尺寸)

（图中包含轴线①~⑬和Ⓐ~Ⓗ，标注Z1~Z21接地点；左下角标注"与护坡桩主筋焊接"、"-40×4镀锌扁钢"、"护坡桩"）

注：图中 Z1、Z4、Z7 引下线处距室外地坪 0.5m 处为接地电阻测试点位置

接地装置敷设情况检查表(尺寸单位:mm)

槽沟尺寸	沿结构外四周,深700mm	土质情况	粉质黏土
接地极规格	/	打进深度	/
接地体规格	Φ25	焊接情况	符合规范规定
防腐处理	焊接处均涂沥青油	接地电阻	（取最大值） 0.18Ω
检验结论	符合设计和规范要求	检验日期	××年××月××日

签字栏	施工单位	××建设集团有限公司	专业技术负责人 ×××	专业质检员 ×××	专业工长 ×××
	监理(建设)单位	××工程建设监理有限公司	专业工程师	×××	

本表由施工单位填写。

"电气接地装置隐检与平面示意图表"填写说明与依据

一、表格解析

1. 责任部门

项目机电部。

2. 提交时限

接地装置隐蔽前完成。

3. 填写要点

(1)工程名称:应与规划许可证、设计图中工程名称一致。

(2)图号:本次接地电阻测试所涉及的施工图编号。

(3)接地类型:同电气接地电阻测试记录一致。

(4)组数:进行本次电气接地电阻测试的同类型的总数。

(5)接地装置平面示意图:绘制比例要恰当,注明各组别编号及有关尺寸。

二、填写依据

1. 规范名称

《建筑电气工程施工质量验收规范》(GB 50303—2002,2012年版);

《防雷与接地装置》(92DQ13)。

2. 相关要求

(1)人工接地装置或利用建筑物基础钢筋的接地装置必须在地面以上按设计要求位置设测试点。

(2)测试接地装置的接地电阻值必须符合设计要求。

(3)防雷接地的人工接地装置的接地干线埋设,经人行通道处埋地深度不应小于1m,且应采取均压措施或在其上方铺设卵石或沥青地面。

(4)接地模块顶面埋深不应小于0.6m,接地模块间距不应小于模块长度的3～5倍。接地模块埋设基坑,一般为模块外形尺寸的1.2～1.4倍,且在开挖深度内详细记录地层情况。

(5)接地模块应垂直或水平就位,不应倾斜设置,保持与原土层接触良好。

(6)当设计无要求时,接地装置顶面埋设深度不应小于0.6m。圆钢、角钢及钢管接地极应垂直埋入地下,间距不应小于5m。接地装置的焊接应采用搭接焊,搭接长度应符合下列规定:

1)扁钢与扁钢搭接为扁钢宽度的2倍,不少于三面施焊;

2)圆钢与圆钢搭接为圆钢直径的6倍,双面施焊;

3)圆钢与扁钢搭接为圆钢直径的6倍,双面施焊;

4)扁钢与钢管、扁钢与角钢焊接,紧贴角钢外侧两面,或紧贴3/4钢管表面,上下两侧施焊;

5)除埋设在混凝土中的焊接接头外,有防腐措施。

(7)当设计无要求时,接地装置的材料采用钢材,热浸镀锌处理,最小允许规格、尺寸应符合表5-3的规定。

表 5-3 最小允许规格、尺寸

种类、规格及单位		敷设位置及使用类别			
		地上		地下	
		室内	室外	交流电流回路	直流电流回路
圆钢直径(mm)		6	8	10	12
扁钢	截面(mm²)	60	100	100	100
	厚度(mm)	3	4	4	6
角钢厚度(mm)		2	2.5	4	6
钢管管壁厚度(mm)		2.5	2.5	3.5	4.5

(8)接地模块应集中引线,用干线把接地模块并联焊接成一个环路,干线的材质与接地模块焊接点的材质应相同,钢制的采用热浸镀锌扁钢,引出线不少于 2 处。

5.2.3 《电气绝缘电阻测试记录》监理单位审核

电气绝缘电阻测试记录 表 C6-25		资料编号			06—05—C6—002					
工程名称	××住宅楼工程				测试日期			××年××月××日		
计量单位	MΩ(兆欧)				天气情况			晴		
仪表型号	ZC—7		电压		500V		气温		13℃	
试验内容	相间			相对零			相对地			零对地
	L_1-L_2	L_2-L_3	L_3-L_1	L_1-N	L_2-N	L_3-N	L_1-PE	L_2-PE	L_3-PE	$N-PE$
1AL—1										
WP1	500	500	500	500	500	500	500	500	500	500
WL1	500	500	500	500	500	500	500	500	500	500
WL2				470						
WL3					480					
WL4								450		
WL5				400						
WL6					400			400		400
WL7						400			400	400
WL8				450			450			450
WL9	500	500	500	500	500	500	500	500	500	500
WL10	500	500	500	500	500	500	500	500	500	500
WL11				450			450			450
WL12					470			470		470

层数·路别·名称·编号

测试结论：
　　经测试,线路绝缘良好,符合设计要求和《建筑电气工程施工质量验收规范》(GB 50303—2002,2012年版)的规定。

签字栏	施工单位	××建设集团有限公司	专业质检员	专业工长	检验员
			×××	×××	×××
	监理(建设)单位	××工程建设监理有限公司	专业工程师	×××	

本表由施工单位填写。

"电气绝缘电阻测试记录"填写说明与依据

电气绝缘电阻测试主要包括电气设备和动力、照明线路及其他必须摇测绝缘电阻的测试,配管及管内穿线分项质量验收前和单位工程质量竣工验收前,应分别按系统回路进行测试,不得遗漏。

一、表格解析

1. 责任部门

项目机电部。

2. 提交时限

配管及管内穿线分项质量验收前和单位工程竣工验收前完成。

3. 填写要点

(1)工程名称:应与规划许可证、设计图图签中工程名称一致。

(2)测试日期:进行接地电阻测试的实际日期。

(3)计量单位:摇测所采用的计量单位,一般为"MΩ"。

(4)天气情况:绝缘电阻测试时的天气情况,一般应在晴天进行绝缘电阻测试。

(5)仪表型号:兆欧表型号,如 ZC-7,需经校准检定合格,有检定证书及校准状态标识,并在检定有效期内。

(6)电压:兆欧表的电压等级,兆欧表铭牌或合格证上所标电压值,如 500V、1000V、2500V 等。应视被测设备或线缆电压等级的不同选用合适的绝缘电阻测试仪。一般额定电压在 500V 以下的设备或线缆,选用 500V 兆欧表;额定电压在 500~1000V 的设备或线缆,选用 1000V 的兆欧表;额定电压在 1000V 以上的设备或线缆,选用 2500V 兆欧表。民用建筑工程一般情况下照明摇测选用 500V 兆欧表,动力摇测选用 1000V 兆欧表,母线摇测选用 1000~2500V 兆欧表(根据建筑物电气系统实际情况选用,但同一单位工程内电气系统母线摇测选用同一电压等级兆欧表)。

(7)环境温度:进行绝缘电阻测试时的测试点或处的(室内或室外)空气温度。

(8)试验内容:层数、箱盘编号、回路号、相间、相对零、相对地、零对地的绝缘电阻值。

(9)测试结论:填写最小值,大于规范要求,但如果《建筑电气工程施工质量验收规范》(GB 50303-2002,2012 年版)对所进行绝缘电阻测试项目没有要求的,不能简单填写符合《建筑电气工程施工质量验收规范》(GB 50303-2002,2012 年版)的要求,可填写符合设计及规范要求。

(10)签字栏:专业施工单位、监理或建设单位相关责任人签认齐全后方有效。

二、填写依据

1. 规范名称

(1)《建筑电气工程施工质量验收规范》(GB 50303-2002,2012 年版);

(2)《电气装置安装工程 电气设备交接试验标准》(GB 50150-2006)。

2. 相关要求

现行规范、标准对电气设备和动力、照明线路等绝缘电阻值的要求:

(1)照明线路的绝缘电阻值不小于 0.5MΩ,动力线路的绝缘电阻值不小于 1MΩ;

(2)低压电线和电缆、线间和线对地间的绝缘电阻值必须大于 0.5MΩ;

(3)矿物电缆:用 1000V 兆欧表测试,导线与铜护层之间的绝缘电阻应大于 200MΩ;

(4)普通灯具的导电部分对地绝缘电阻值不小于 2MΩ;

(5)庭院灯具的导电部分对地绝缘电阻值大于2MΩ;

(6)开关、插座的导电部分对地绝缘电阻值不小于5MΩ;

(7)封闭、插接式母线绝缘电阻值大于20MΩ;

(8)低压母线相间和相对地间的绝缘电阻值大于0.5MΩ;

(9)柜、屏、台、箱、盘间线路的线间和线对地间绝缘电阻值,馈电线路必须大于0.5MΩ;二次回路必须大于1MΩ;柜、屏、台、箱、盘间二次回路交流工频耐压试验,当绝缘电阻值大于10MΩ时,用2500V兆欧表摇测1min,应无闪络击穿现象;当绝缘电阻值在1~10MΩ时,用1000V兆欧表摇测1min,应无闪络击穿现象;直流屏主回路间和线对地间绝缘电阻值应大于0.5MΩ;柜、屏、台、箱、盘的继电器线圈之间、接点之间及其他部分绝缘电阻一般不应低于10MΩ;电气装置的交流工频耐压试验电压为1kV,当绝缘电阻值大于10MΩ时,可采用2500V兆欧表摇测1min,应无闪络击穿现象;

(10)不间断电源装置间连线的线间、线对地间绝缘电阻值应大于0.5MΩ;电池组母线对地绝缘电阻值,110V蓄电池不小于0.1MΩ,220V蓄电池不小于0.2MΩ;

(11)电动机、电加热器及电动执行机构绝缘电阻值应大于0.5MΩ;100kW以上的电动机,应测量各相直流电阻值,相互差不应大于最小值的2%;无中性点引出的电动机,测量线间直流电阻值,相互差不应大于最小值的1%;

(12)低压电动机使用1kV兆欧表进行测量,绝缘电阻值不低于1MΩ;

(13)发电机组至低压配电柜馈电线路的相间、相对地间的绝缘电阻值应大于0.5MΩ;塑料绝缘电缆馈电线路直流耐压试验为2.4kV,时间15min,泄露电流稳定,无击穿现象;

(14)低压电器绝缘电阻值≥1MΩ;潮湿场所,绝缘电阻值≥0.5MΩ。

5.2.4 《电气器具通电安全检查记录》监理单位审核

电气器具通电安全检查记录 表 C6-26																													资料编号	06－05－C6－002
工程名称					××住宅楼工程																							检查日期		××年××月××日
楼门单元或区域场所													一层																	
层数	开　关									灯　具									插　座											
	1	2	3	4	5	6	7	8	9	1	2	3	4	5	6	7	8	9	1	2	3	4	5	6	7	8	9			
一层	√	√	√	√	√	√	√	√	√	√	√	√	√	√	√	√	√	√	√	√	√	√	√	√	√	√	√			
		√	√	√	√	√	√	√	√	√	√	√	√	√	√	√	√	√	√	√	√	√	√	√	√	√	√			
		√	√	√	√	√	√	√	√	√	√	√	√	√	√	√	√	√	√	√	√	√	√	√	√	√	√			
		√	√	√	√	√	√	√	√	√	√	√	√	√	√	√	√	√	√	√	√	√	√	√	√	√	√			
		√	√	√	√	√	√	√	√	√	√	√	√	√	√	√	√	√	√	√	√	√	√	√	√	√	√			
		√	√	√	√	√	√	√	√	√	√	√	√	√	√	√	√	√	√	√	√	√	√	√	√	√	√			
		√	√	√	√	√	√	√	√	√	√	√	√	√	√	√	√	√	√	√	√	√	√	√	√	√	√			
		√	√	√	√	√	√	√	√	√	√	√	√	√	√	√	√	√	√	√	√	√	√	√	√	√	√			
	√	√	√	√																										
										√	√	√	√	√	√	√	√	√	√	√	√	√	√	√	√	√	√			
										√	√	√	√	√	√	√	√	√	√	√	√	√	√	√	√	√	√			
										√	√	√	√	√	√	√	√	√	√	√	√	√	√	√	√	√	√			
										√	√	√	√	√	√	√	√	√	√	√	√	√	√	√	√	√	√			
										√	√	√	√	√	√	√	√	√	√	√	√	√	√	√	√	√	√			
										√	√	√	√	√	√	√	√	√	√	√	√	√	√	√	√	√	√			

检查结论：

　　经检查，开关、插座、灯具均接线正确，通断正常，开关通断位置一致，操作灵活，接触可靠，符合设计要求及《建筑电气工程施工质量验收规范》(GB 50303－2002，2012年版)的规定。

签字栏	施工单位	××建设集团有限公司	专业质检员	专业工长	检验员
			×××	×××	×××
	监理(建设)单位	××工程建设监理有限公司	专业工程师		×××

本表由施工单位填写。

"电气器具通电安全检查记录"填写说明与依据

电气器具安装完成后,按楼层、按部位(户)进行通电检查,并做记录。内容包括接线情况、开关、灯具、插座情况等。电气器具应全数进行通电安全检查。

一、表格解析

1. 责任部门

项目机电部。

2. 提交时限

电气器具安装完成后进行。

二、填写依据

1. 规范名称

《建筑电气工程施工质量验收规范》(GB 50303—2002,2012年版)。

2. 相关要求

(1)电气器具通电安全检查是保证照明灯具、开关、插座等能够达到安全使用的重要措施,也是对电气设备调整试验内容的补充。

(2)电气器具通电安全检查记录应由施工单位的专业技术负责人、专业质检员、监理或建设单位专业工程师参加。

5.2.5 《电气设备空载试运行记录》监理单位审核

电气设备空载试运行记录
表 C6-27

资料编号	06-04-C6-001

工程名称	××住宅楼工程						
试运项目	地下一层9#风机(2.2kW)			填写日期	××年××月××日		
试运时间	由 ×× 日 ×× 时 ×× 分 开始至 ×× 日 ×× 时 ×× 分结束						

<table>
<tr><th rowspan="3">运行负荷记录</th><th rowspan="2">运行时间</th><th colspan="3">运行电压(V)</th><th colspan="3">运行电流(A)</th><th rowspan="2">温度(℃)</th></tr>
<tr><th>L_1-N
(L_1-L_2)</th><th>L_2-N
(L_2-L_3)</th><th>L_3-N
(L_3-L_1)</th><th>L_1相</th><th>L_2相</th><th>L_3相</th></tr>
<tr><td>7:50</td><td>376</td><td>377</td><td>377</td><td>3.8</td><td>3.8</td><td>3.9</td><td>25</td></tr>
<tr><td>8:50</td><td>376</td><td>377</td><td>377</td><td>3.8</td><td>3.8</td><td>3.9</td><td>26</td></tr>
<tr><td>9:50</td><td>376</td><td>377</td><td>377</td><td>3.8</td><td>3.8</td><td>3.9</td><td>26</td></tr>
<tr><td></td><td></td><td></td><td></td><td></td><td></td><td></td><td></td></tr>
<tr><td></td><td></td><td></td><td></td><td></td><td></td><td></td><td></td></tr>
<tr><td></td><td></td><td></td><td></td><td></td><td></td><td></td><td></td></tr>
<tr><td></td><td></td><td></td><td></td><td></td><td></td><td></td><td></td></tr>
<tr><td></td><td></td><td></td><td></td><td></td><td></td><td></td><td></td></tr>
<tr><td></td><td></td><td></td><td></td><td></td><td></td><td></td><td></td></tr>
</table>

试运行情况记录:

经2h通电试运行,线压接点和线路无过热现象,电机运转、温升、噪声等情况正常;配电线路、开关、仪表等正常;符合设计要求和《建筑电气工程施工质量验收规范》(GB 50303—2002,2012年版)的规定。

<table>
<tr><th rowspan="2">签字栏</th><td>施工单位</td><td colspan="2">××建设集团
有限公司</td><td>专业技术
负责人</td><td>专业质检员</td><td>专业工长</td></tr>
<tr><td></td><td></td><td></td><td>×××</td><td>×××</td><td>×××</td></tr>
<tr><td></td><td>监理(建设)
单位</td><td colspan="3">××工程建设监理有限公司</td><td>专业工程师</td><td>×××</td></tr>
</table>

本表由施工单位填写。

"电气设备空载试运行记录"填写说明与依据

建筑电气设备安装完毕后应进行耐压及调整试验。主要包括：高压电气装置及其保护系统（如电力变压器、高压开关柜、高压机等），发电机组、低压电气动力设备和低压配电箱（柜）等。

一、表格解析

1. 责任部门

专业分包及项目机电部。

2. 提交时限

电气设备安装完成后进行。

3. 填写要点

（1）工程名称：应与规划许可证、设计图中工程名称一致。

（2）试运行项目：填写空载试运行的电气设备名称、设备功率。

（3）填写日期：进行空载试运行的实际日期。

（4）试运行时间：试运行的启停时间，由××日××时××分开始，至××日××时××分结束。

（5）运行时间：电气设备每次空载运行时间。

（6）运行电压（V）、运行电流（A）：电气设备每次空载运行平稳时的各相的电压、电流值。

（7）温度（℃）：电气设备每次空载运行时主要工作或关键部件（按设计或有关规范、标准、规程规定或机械工艺装置的空载状态运行的要求）的温度，一般设备轴承温度不超过65℃。

（8）试运行情况记录：填写电气设备实际运行状态，线路是否过热，电气设备的运转、温升、噪声等是否正常，电压、电流是否稳定，仪表指示等是否正常等，并注明合格与否。

（9）签字栏：专业施工单位相关责任人签认齐全后方有效。

二、填写依据

1. 规范名称

《建筑电气工程施工质量验收规范》（GB 50303—2002,2012年版）。

2. 相关要求

（1）试运行前，相关电气设备和线路应按《建筑电气工程施工质量验收规范》（GB 50303—2002,2012年版）中规定试验合格。

（2）各个系统设备的交接试验记录依据《建筑电气工程施工质量验收规范》（GB 50303—2002,2012年版）中附录A和附录B的要求进行试验。

（3）成套配电（控制）柜、台、箱、盘的运行电压、电流应正常，各种仪表指示正常。

（4）电动机应试通电，检查转向和机械转动有无异常情况；可空载试运行的电动机，时间一般为2h，每一小时记录一次空载电流，共记录3次，且检查机身和轴承的温升。

（5）交流电动机在空载状态下（不投料）可启动次数及间隔时间应符合产品技术条件的要求；连续启动2次的时间间隔不应小于5min，再次启动应在电动机冷却至常温下。空载状态（不投料）运行，应记录电流、电压、温度、运行时间等有关数据，且应符合建筑设备或工艺装置的空载状态运行（不投料）要求。

（6）电动执行机构的动作方向及指示，应与工艺装置的设计要求保持一致。

5.2.6 《建筑物照明通电试运行记录》监理单位审核

建筑物照明通电试运行记录 表 C6-28							
资料编号			06-05-C6-×××				
工程名称	××住宅楼工程 照明系统进线 1(AA4、AA5、AA9、AA10)				公建□/住宅☑		
试运项目	照明系统			填写日期	××年××月××日		
试运时间	由 ×× 日 ×× 时 ×× 分 开始,至 ×× 日 ×× 时 ×× 分 结束						

	运行时间	运行电压(V)			运行电流(A)			温度(℃)
		L_1-N (L_1-L_2)	L_2-N (L_2-L_3)	L_3-N (L_3-L_1)	L_1 相	L_2 相	L_3 相	
运行负荷记录	16:00	221	220	220	120	120.5	119.5	17
	16:00~18:00	223	222	221	120.5	120.5	120	16
	18:00~20:00	222	221	222	120	120	120	16
	20:00~22:00	220	222	223	120.5	120.5	120	16
	22:00~0:00	221	219	221	120	121	120.5	17
	0:00~2:00	221	220	220	120.5	120.5	121	16
	2:00~4:00	222	220	220	119	119.5	120.5	16
	4:00~6:00	221	220	224	120	121	121	17
	6:00~8:00	221	223	220	120.5	120.5	120.5	19
	8:00~10:00	223	221	222	121	121	120.5	20
	10:00~12:00	222	222	222	120.5	121	120	20
	12:00~14:00	223	222	220	120.5	120	120	18
	14:00~16:00	221	221	221	120.5	120	119.5	19

试运行情况记录:

照明系统灯具均投入运行,经 24h 通电试验,配电控制正确,空开、线路结点温度及器具运行情况正常,符合设计及规范要求。合格。

签字栏	施工单位	××建设集团有限公司	专业技术负责人 ×××	专业质检员 ×××	专业工长 ×××
	监理(建设)单位	××工程建设监理有限公司	专业工程师	×××	

本表由施工单位填写。

"建筑物照明通电试运行记录"填写说明与依据

建筑电气安装工程全部完成后,交付使用前,应在专业监理工程师见证下进行全负荷通电试运行,电压、电流、温度等试运行的结果,由施工单位专业技术员按表 C6-28 的规定如实填写,报专业监理工程师检查签认。

一、表格解析

1. 责任部门

项目机电部。

2. 提交时限

单位工程竣工验收前完成。

3. 填写要点

(1)工程名称:应与规划许可证、设计图图签中工程名称一致。

(2)日期:填写完成通电试运行的实际日期。

(3)试验时间:试运行的启停时间,由××日××时××分开始至××日××时××分结束。

(4)运行时间:照明系统通电试运行在连续运行期间,每隔 2h 记录运行状态时的时间,××时××分至××时××分。

(5)运行电压(V)、运行电流(A):照明系统通电试运行时,每 2h 记录运行状态时的各相的电压、电流值。

(6)温度(℃):照明系统通电试运行时,每 2h 记录运行状态时的环境温度,××℃。

(7)试运行结论:填写照明系统实际运行状态,配电控制、开关、计量仪表等是否正常,线路是否过热、电压、电流是否稳定,并注明合格与否。

(8)签字栏:施工单位、监理或建设单位相关责任人签认齐全后方有效。

二、填写依据

1. 规范名称

《建筑电气工程施工质量验收规范》(GB 50303—2002,2012 年版)。

2. 相关要求

(1)公用建筑照明系统通电连续试运行时间应为 24h,每 2h 记录运行状态 1 次,共记录 13 次;民用住宅照明系统通电连续试运行时间应为 8h,每 2h 记录运行状态 1 次,共记录 5 次;所有照明灯具均应在开启且连续试运行时间内无故障。

(2)建筑物照明通电试运行要求:

1)通电试运行前检查

①复查总电源开关至各照明回路进线电源开关接线是否正确;

②照明配电箱及回路标识应正确一致;

③检查漏电保护器接线是否正确,严格区分工作零线(N)与专用保护零线(PE),专用保护零线(PE)严禁接入漏电开关;

④检查开关箱内各接线端子连接是否正确可靠;

⑤断开各回路分电源开关,合上总进线开关,检查漏电测试按钮是否灵敏有效。

2)分回路试通电

①将各回路灯具等用电设备开关全部置于断开位置;

②逐次合上各分回路电源开关;

③分回路逐次合上灯具等的控制开关,检查开关与灯具控制顺序是否对应,风扇的转向及调速开关是否正常;

④用试电笔检查各插座相序连接是否正确,带开关插座的开关是否能正确关断相线。

3)故障检查整改

①发现问题应及时排除,不得带电作业;

②对检查中发现的问题应采取分回路隔离排除法予以解决;

③对开关一送电漏电保护就跳闸的现象,重点检查工作零线与保护零线是否混接、导线是否绝缘不良。

(3)建筑物照明通电试运行方法:

1)所有照明灯具均应开启;

2)建筑物照明通电试运行不应分层、分段进行,应按供电系统进行;

3)试运行应从总进线柜的总开关开始供电,不应甩掉总进线柜及总开关,而使其性能不能接受考验;

4)建筑物照明通电试运行应在电气器具通电安全检查完后进行,或按有关规定及合同约定要求进行。

5.2.7 《大型照明灯具承载试验记录》监理单位审核

大型照明灯具承载试验记录 表 C6-29		资料编号		06－05－C6－×××
工程名称	××大厦工程			
楼　　层	一　层	试验日期	××年××月××日	
灯具名称	安装部位	数　量	灯具自重(kg)	试验载重(kg)
花　灯	大　厅	10套	35	70
检查结论： 　　一层大厅使用灯具的规格、型号符合设计要求，预埋螺栓直径符合规范要求，经做承载试验，试验载重70kg，试验时间为15min，预埋件牢固可靠，符合规范规定。				

签字栏	施工单位	××建设集团有限公司	专业技术负责人	专业质检员	专业工长
			×××	×××	×××
	监理(建设)单位	××工程建设监理有限公司	专业工程师	×××	

本表由施工单位填写。

"大型照明灯具承载试验记录"填写说明与依据

根据《建筑电气工程施工质量验收规范》(GB 50303—2002,2012年版)的有关规定,有关大型花灯的固定及悬吊装置,应在专业监理工程师的见证下,按不小于灯具重量2倍做过载试验。由施工单位专业技术员按表C6-29的规定如实填写,报专业监理工程师检查签认。

一、表格解析

1. 责任部门

项目机电部。

2. 提交时限

在灯具安装前完成。

3. 填写要点

(1)工程名称:应与规划许可证、设计图图签中工程名称一致。

(2)楼层部位:所测承载试验的灯具所在的楼层。

(3)试验日期:进行大型照明灯具承载试验的实际日期。

(4)灯具名称:大型照明灯具的名称或型号。

(5)安装部位:大型照明灯具的实际安装部位。

(6)灯具自重(kg):灯具合格证上所示灯具重量。

(7)试验载重(kg):大型照明灯具承载试验的测试值。

(8)试验结论:对试验结果如实填写,符合规范要求,并注明合格与否。

(9)签字栏:专业施工单位、监理或建设单位相关责任人签认齐全后方有效。

二、填写依据

1. 规范名称

《建筑电气工程施工质量验收规范》(GB 50303—2002,2012年版)。

2. 相关要求

(1)大型照明灯具承载试验要求

1)大型灯具的界定:

①大型的花灯。

②设计单独出图的。

③灯具本身指明的。

2)大型灯具应在预埋螺栓、吊钩、吊杆或吊顶上嵌入式安装专用骨架等物件上安装,吊钩圆钢直径不应小于灯具挂销直径,且不应小于6mm。

(2)大型照明灯具承载试验方法

1)大型灯具的固定及悬挂装置,应按灯具重量的2倍做承载试验。

2)大型灯具的固定及悬挂装置,应全数做承载试验。

3)试验重物宜距地面30cm左右,试验时间为15min。

5.2.8 《漏电开关模拟试验记录》监理单位审核

漏电开关模拟试验记录
表 C6-30

资料编号	06－05－C6－002

工程名称	××住宅楼工程		
试验器具	漏电开关检测仪（MI 2121 型）	试验日期	××年××月××日

安装部位	型　　号	设 计 要 求		实 际 测 试	
		动作电流（mA）	动作时间（ms）	动作电流（mA）	动作时间（ms）
一层 1AT－1 箱 WL2 支路	C65N/2P＋VM16A	30	100	10	5
一层 1AT－2 箱 WL1 支路	C65N/4P＋VM32A	30	100	16	15
一层 1AT－2 箱 WL2 支路	C65N/2P＋VM16A	30	100	17	16
一层 1AT－2 箱备用	C65N/2P＋VM16A	30	100	20	9
一层 1AT－4 箱 WL2 支路	C65N/2P＋VM16A	30	100	19	16
一层 1AT－4 箱 WL3 支路	C65N/2P＋VM16A	30	100	19	15
一层 1AT－5 箱 WL2 支路	C65N/2P＋VM16A	30	100	20	17
一层 1AL－1－1 箱 WL3 支路	C65N/2P＋VM16A	30	100	19	16
一层 1AL－2－1 箱 WL3 支路	C65N/2P＋VM16A	30	100	17	14
一层 1AL－2－1 箱 WL4 支路	C65N/2P＋VM16A	3	100	19	13
一层 1AL－2－1 箱备用	C65N/2P＋VM16A	30	100	18	17
一层 1AL－1 箱 WL16 支路	C65N/2P＋VM16A	30	100	9	9
一层 1AL－1 箱 WL17 支路	C65N/2P＋VM16A	30	100	10	8
一层 1AL－1 箱 WL18 支路	C65N/2P＋VM16A	30	100	9	9
一层 1AL－1 箱 WL19 支路	C65N/2P＋VM16A	30	100	7	18
一层 1AL－1 箱 WL20 支路	C65N/2P＋VM16A	30	100	12	7
一层 1AL－1 箱 WL21 支路	C65N/2P＋VM16A	30	100	15	11
一层 1AL－1 箱 WL22 支路	C65N/2P＋VM16A	30	100	19	18
一层 1AL－1 箱 WL23 支路	C65N/2P＋VM20A	30	100	17	17
一层 1AL－1 箱 WL24 支路	C65N/2P＋VM16A	30	100	18	13
一层 1AL－1 箱 WL25 支路	C65N/2P＋VM16A	30	100	15	8
一层 1AL－1 箱备用	C65N/2P＋VM16A	30	100	20	9
一层 1AL－3 箱 WL6 支路	C65N/2P＋VM16A	30	100	20	10
一层 1AL－3 箱 WL7 支路	C65N/2P＋VM16A	30	100	9	8
一层 1AL－3 箱 WL8 支路	C65N/2P＋VM16A	30	100	19	11
一层 1AL－3 箱 WL9 支路	C65N/2P＋VM20A	30	100	20	6
一层 1AL－3 箱备用	C65N/2P＋VM16A	30	100	17	9

测试结论：
　　经对一层箱（盘）内所有带漏电保护的回路进行测试，所有漏电保护装置动作可靠，漏电保护装置的动作电流和动作时间均符合设计及施工规范要求。

签字栏	施工单位	××建设集团有限公司	专业技术负责人	专业质检员	专业工长
			×××	×××	×××
	监理（建设）单位	××工程建设监理有限公司	专业工程师		×××

本表由施工单位填写。

"漏电开关模拟试验记录"填写说明与依据

依据《建筑电气工程施工质量验收规范》(GB 50303—2002,2012年版)中规定,动力和照明工程的带漏电保护装置的回路均要进行漏电开关模拟试验。目的是检查漏电的灵敏性、时限性,使其符合设计要求的额定值。

一、表格解析

1. 责任部门

项目机电部。

2. 提交时限

漏电开关安装完毕,分项质量验收前完成。

3. 填写要点

(1)工程名称:应与规划许可证、设计图图签中工程名称一致。

(2)试验器具:漏电开关模拟试验所使用的仪器。

(3)试验日期:漏电开关模拟试验的实际日期。

(4)安装部位:漏电模拟试验的开关所安装的部位。

(5)型号:进行漏电模拟试验的开关型号。

(6)设计要求,动作电流(mA)、动作时间(ms):施工图纸漏电开关所要求的额定动作电流(mA)、动作时间(ms)值。

(7)实际测试,动作电流(mA)、动作时间(ms):漏电开关模拟试验进行测试的动作电流(mA)与动作时间(ms)的实际测试值。

(8)测试结果:实际测试的动作电流(mA)与动作时间(ms)的最大值小于设计要求的动作电流(mA)、动作时间(ms)额定值,并注明合格与否。

(9)签字栏:专业施工单位、监理或建设单位相关责任人签认齐全后方有效。

二、填写依据

1. 规范名称

(1)《建筑电气工程施工质量验收规范》(GB 50303—2002,2012年版);

(2)《民用建筑电气设计规范(附条文说明[另册])》(JGJ 16—2008)。

2. 相关要求

(1)漏电开关模拟试验应使用漏电开关检测仪,并在检定有效期内。

(2)漏电开关模拟试验应100%检查。

(3)测试住宅工程的漏电保护装置动作电流应依据《建筑电气工程施工质量验收规范》(GB 50303—2002,2012年版)中第6.1.9条第2款的数值要求进行,即箱(盘)内开关动作灵活可靠,带有漏电保护的回路,漏电保护装置动作电流不大于30mA,动作时间不大于0.1s;测试其他设备的漏电保护装置动作电流应依据《民用建筑电气设计规范(附条文说明[另册])》(JGJ 16—2008)中第12.3.7条的数值要求,且动作时间不大于0.1s。

5.2.9 《大容量电气线路结点测温记录》监理单位审核

大容量电气线路结点测温记录 表 C6-31			资料编号	06－02－C6－003
工程名称	××大厦工程			
测试地点	地下室配电室	测试品种	导线□/母线☑/开关□	
测试工具	远红外摇表测量仪	测试日期	××年××月××日	
测试回路(部位)	测试时间	电流(A)	设计温度(℃)	测试温度(℃)
地下配电室1#柜A相母线	10:00	640	60	55
地下配电室1#柜B相母线	10:00	645	60	55
地下配电室1#柜C相母线	10:00	645	60	55

测试结论：

　　设备在设计计算负荷运行情况下,对母线与电缆的连接结点进行抽测,温升值稳定且不大于设计值,符合设计及施工规范规定。

签字栏	施工单位	××建设集团有限公司	专业技术负责人 ×××	专业质检员 ×××	专业工长 ×××
	监理(建设)单位	××工程建设监理有限公司	专业工程师		×××

本表由施工单位填写。

"大容量电气线路结点测温记录"填写说明与依据

大容量(630A及以上)导线或母线连接处,在设计计算负荷运行情况下应做温度抽测记录,温升值稳定且不大于设计值。

一、表格解析

1. 责任部门

项目机电部。

2. 提交时限

分项工程安装完毕,分项质量验收前或单位工程质量验收前完成。

3. 填写要点

(1)工程名称:应与规划许可证、设计图中工程名称一致。

(2)测试地点:进行结点测温的地点,一般为导线大容量、母线连接处或开关所处的工程部位。

(3)测试品种:在被测项后的"□"内划"√"进行选择。

(4)测试工具:大容量电气线路结点测温所使用的仪器、仪表等。

(5)测试日期:线路结点测温的实际日期。

(6)测试回路(部位):大容量(630A及以上)导线、母线连接处或开关在施工图纸上的回路编号。

(7)测试时间:大容量测温选择系统全负荷运行和空载运行时进行测试,时间填写进行测温开始时间即可。

(8)电流(A):指进行结点测温时导线、母线或开关的电流值。

(9)设计温度(℃):在设计额定电压、额定电流下,大容量电气线路结点处的额定温度。

(10)测试温度(℃):在设计额定电压、额定电流下,大容量电气线路结点处的实际测量温度,一般分别在用电最高峰和最小时进行测试。

(11)测试结论:填写测试温度最大值小于设计温度,并注明合格与否。

(12)签字栏:专业施工单位相关责任人签认齐全后方有效。

二、填写依据

1. 规范名称

(1)《建筑电气工程施工质量验收规范》(GB 50303—2002,2012年版)

(2)《额定电压450/750V及以下聚氯乙烯绝缘电缆》(GB 5023.1~5023.7)

(3)《电力工程电缆设计规范》(GB 50217—2007)

2. 相关要求

(1)大容量电气线路结点测温要求:依据《建筑电气工程施工质量验收规范》(GB 50303—2002,2012年版)中规定,大容量(630A及以上)导线、母线连接处,在设计计算负荷运行情况下应做温度抽测记录,温升值稳定且不大于设计值。

(2)大容量电气线路结点测温方法。

1)大容量电气线路结点测温应使用远红外摇表测量仪,并在检定有效期内。

2)应对导线或母线连接处温度进行测量,且温升值稳定不大于设计值。

3)设计温度应根据所测材料的种类而定。导线应符合《额定电压450/750V及以下聚氯乙烯绝缘电缆》(GB 5023.1~5023.7)生产标准的设计温度;电缆应符合《电力工程电缆设计规范》(GB 50217—2007)中附录A的设计温度等。

(3)大容量电气线路结点测温应由监理(建设)单位及施工单位共同进行检查。

5.2.10 《避雷带支架拉力测试记录》监理单位审核

避雷带支架拉力测试记录
表 C6-32

资料编号	06-07-C6-001

工程名称	××住宅楼工程		
测试部位	屋顶	测试日期	××年××月××日

序号	拉力(kg)	序号	拉力(kg)	序号	拉力(kg)	序号	拉力(kg)
1	5.5	17	5.5	33	5.5	49	5.5
2	5.5	18	5.5	34	5.5	50	5.5
3	5.5	19	5.5	35	5.5	51	5.5
4	5.5	20	5.5	36	5.5	52	5.5
5	5.5	21	5.5	37	5.5	53	5.5
6	5.5	22	5.5	38	5.5	54	5.5
7	5.5	23	5.5	39	5.5	55	5.5
8	5.5	24	5.5	40	5.5	56	5.5
9	5.5	25	5.5	41	5.5	57	5.5
10	5.5	26	5.5	42	5.5	58	5.5
11	5.5	27	5.5	43	5.5	59	5.5
12	5.5	28	5.5	44	5.5	60	5.5
13	5.5	29	5.5	45	5.5	61	5.5
14	5.5	30	5.5	46	5.5	62	5.5
15	5.5	31	5.5	47	5.5	63	5.5
16	5.5	32	5.5	48	5.5	64	5.5

检查结论：

　　屋顶避雷带安装平正顺直，固定点支持件间距均匀，经对全楼避雷带支架(共计××处)进行测试，每个支持件均能承受大于49N(5kg)的垂直拉力，固定牢固可靠，符合设计及施工规范要求。

签字栏	施工单位	××建设集团有限公司	专业技术负责人	专业质检员	专业工长
			×××	×××	×××
	监理(建设)单位	××工程建设监理有限公司	专业工程师	×××	

本表由施工单位填写。

"避雷带支架拉力测试记录"填写说明与依据

一、表格解析

1. 责任部门

项目机电部。

2. 提交时限

在避雷带安装前完成。

3. 填写要点

(1)工程名称:应与规划许可证、设计图中工程名称一致。

(2)测试部位:女儿墙(屋面)避雷带支架。

(3)测试日期:避雷带支架拉力测试的实际日期。

(4)序号:避雷带支架拉力测试流水号。

(5)拉力(kg):避雷带支架垂直拉力测试的实际测试值,应大于49N(5kg)。在此表格中,拉力(kg)一栏,应该填写同一数值。

(6)检查结论:填写实际拉力值(kg),即值大于49N(5kg),符合《建筑电气工程施工质量验收规范》(GB 50303—2002,2012年版)规定的要求。

(7)签字栏:专业施工单位相关责任人签认齐全后方有效。

二、填写依据

1. 规范名称

《建筑电气工程施工质量验收规范》(GB 50303—2002,2012年版)。

2. 相关要求

(1)避雷带支架拉力测试要求:

1)避雷带应平正顺直,固定点支持件间距均匀、固定可靠,每个支持件应能承受大于49N(5kg)的垂直拉力。

2)当设计无要求时,明敷接地引下线及室内接地干线的支持件间距应符合:水平直线部分0.5~1.5m,垂直直线部分1.5~3m,弯曲部分0.3~0.5m。

(2)避雷带支架拉力测试方法:

1)避雷带支架垂直拉力测试应使用弹簧秤,弹簧秤的量程应能满足规范要求,并在检定有效期内。

2)避雷带的支持件10m以内应100%进行垂直拉力测试,大于10m应30%进行垂直拉力测试。

(3)避雷带支架拉力测试应由监理(建设)单位及施工单位共同进行检查。

5.2.11 《逆变应急电源测试试验记录》监理单位审核

逆变应急电源测试试验记录
表 C6-33

资料编号	06－06－C6－×××

工程名称	××大厦工程	施工单位	××建设集团有限公司
安装部位	配电室	测试日期	××年××月××日
规格型号	HIPULSE160kVA	环境温度	25℃

检查测试内容			额定值	测试值
输入电压(V)			380	412
输出电压(V)	空载		380	388
	满载	正常运行	380	383
		逆变应急运行	380	383
输出电流(A)	满载	正常运行	140	140
		逆变应急运行	140	142
能量恢复时间(h)				
切换时间(s)			0.003	0.002
逆变储能供电能力(min)			60	62
过载能力 (输出表观功率额定值120%的阻性负载)	正常运行	连续工作时间(min)	10	13
	逆变应急运行	连续工作时间(min)	10	12
噪声检测(dB)	正常运行		58～68dB	60dB
	逆变应急运行		58～68dB	61dB
测试结果	符合设计和规范要求，合格。			

签字栏	施工单位	××建设集团 有限公司	专业技术负责人 ×××	专业工长 ×××	测试人员 ×××
	监理(建设) 单位	××工程建设监理有限公司		专业工程师	×××

本表由施工单位填写。

5.2.12 《柴油发电机测试试验记录》监理单位审核

柴油发电机测试试验记录 表 C6-34		资料编号	06-06-C6-×××
工程名称	××大厦	施工单位	××机电工程有限公司
安装部位	一层柴油机房	测试日期	××年××月××日
规格型号	DCM300	环境温度	-30~45℃
检查测试内容		额定值	测试值
输出电压(V)	空载	400	405
	满载	400	398
输出电流(A)	满载	486	487
切换时间(s)		10	9
供电能力(min)		24	24
噪声检测(dB)	空载	105	98
	满载	105	104
测试结果	符合设计及规范要求,合格。		

签字栏	施工单位	××机电工程 有限公司	专业技术负责人	专业工长	测试人员
			×××	×××	×××
	监理(建设) 单位	××工程建设监理有限公司	专业工程师		×××

本表由施工单位填写。

5.2.13 《低压配电电源质量测试记录》监理单位审核

低压配电电源质量测试记录
表 C6-35

资料编号	06－06－C6－×××

工程名称	××大厦工程		
施工单位	××建设集团有限公司	测试日期	××年××月××日
测试设备名称及型号	PITG3500 电能质量测量仪		

检查测试内容			测试值(V)	偏差(%)
供电电压	三相	A相	/	
		B相	/	
		C相	/	
	单相		220	2
公共电网谐波电压	电压总谐波畸变率(%)		5	
	奇次(1~25次)谐波含有率(%)		4	
	偶次(2~24次)谐波含有率(%)		2	
	谐波电流(A)		附检测设备打印记录	

测试结果	符合设计及规范要求,合格。			
签字栏	施工单位	××建设集团有限公司	专业技术负责人 ×××	专业工长 ×××	测试人员 ×××
	监理(建设)单位	××工程建设监理有限公司	专业工程师	×××	

本表由施工单位填写。

"低压配电电源质量测试记录"填写说明与依据

1. 规范名称

《建筑电气工程施工质量验收规范》(GB 50303—2002,2012年版)。

2. 相关要求

(1)供电电压允许偏差:三相供电电压允许偏差为标称系统电压的±7%;单相220V为+7%、-10%。

(2)公共电网谐波电压限值为:380V的电网标称电压,电压总谐波畸变率(THFu)为5%,奇次(1~25次)谐波含有率为4%,偶次(2~24次)谐波含有率为2%。

(3)谐波电流不应超过表5-4中规定的允许值。

表5-4 谐波电流允许值

标准电压(kV)	基准短路容量(MVA)	谐波次数及谐波电流允许值(A)											
		2	3	4	5	6	7	8	9	10	11	12	13
0.38	10	78	62	39	62	26	44	19	21	16	28	13	24
		谐波次数及谐波电流允许值(A)											
		14	15	16	17	18	19	20	21	22	23	24	25
		11	12	9.7	18	8.6	16	7.8	8.9	7.1	14	6.5	12

(4)三相电压不平衡度允许值为2%,短时不得超过4%。

5.2.14 《通信网络系统程控电话交换系统自测记录》监理单位审核

<table>
<tr><td colspan="3" rowspan="2" align="center">通信网络系统
程控电话交换系统自检测记录
表 C6-40</td><td>资料编号</td><td colspan="2">07-01-C6-×××</td></tr>
<tr><td colspan="3"></td></tr>
<tr><td colspan="3">工程名称</td><td>××大厦</td><td>检测时间</td><td>××年××月××日</td></tr>
<tr><td colspan="3">部　位</td><td colspan="3">一层</td></tr>
<tr><td colspan="3" align="center">检　测　内　容</td><td colspan="2" align="center">检测记录</td><td align="center">备注</td></tr>
<tr><td>1</td><td colspan="2">通电测试前检查</td><td>标称工作电压为-48V</td><td colspan="2">-48V</td><td>允许变化范围 -57～-40V</td></tr>
<tr><td>2</td><td colspan="2">硬件检查测试</td><td>可见可闻报警信号工作正常</td><td colspan="2">合格</td><td rowspan="19">执行 YD/T 5077-2005 规定</td></tr>
<tr><td>3</td><td colspan="2">系统检查测试</td><td>装入测试程序,通过自检,确认硬件系统无故障</td><td colspan="2">合格</td></tr>
<tr><td rowspan="17">4</td><td rowspan="17">初验测试</td><td rowspan="7">可靠性</td><td>不得导致50%以上的用户线、中继线不能进行呼叫处理</td><td colspan="2">合格</td></tr>
<tr><td>每一用户群通话中断或停止接续,每群每月不大于0.1次</td><td colspan="2">合格</td></tr>
<tr><td>中继群通话中断或停止接续:0.15次/月(≤64话路);0.1次/月(64～480话路)</td><td colspan="2">合格</td></tr>
<tr><td>个别用户不正常呼入、呼出接续:每千门用户,≤0.5户次/月;每百条中继,≤0.5线次/月</td><td colspan="2">合格</td></tr>
<tr><td>一个月内,处理机再启动指标为1～5次(包括3类再启动)</td><td colspan="2">合格</td></tr>
<tr><td>软件测试故障不大于8个/月,硬件更换印刷电路板次数每月不大于0.05次/100户及0.005次/30路 PCM 系统</td><td colspan="2">合格</td></tr>
<tr><td>长时间通话,12对话机保持48h</td><td colspan="2">合格</td></tr>
<tr><td colspan="2">障碍率测试:局内障碍率不大于 3.4×10^{-4}</td><td colspan="2">合格</td><td>同时40个用户模拟呼叫10万次</td></tr>
<tr><td rowspan="8">性能测试</td><td>本局呼叫</td><td colspan="2">合格</td><td>每次抽测3～5次</td></tr>
<tr><td>出、入局呼叫</td><td colspan="2">合格</td><td>中继100%测试</td></tr>
<tr><td>汇接中继测试(各种方式)</td><td colspan="2">合格</td><td>各抽测5次</td></tr>
<tr><td>其他各类呼叫</td><td colspan="2">合格</td><td></td></tr>
<tr><td>计费差错率指标不超过 10^{-4}</td><td colspan="2">合格</td><td></td></tr>
<tr><td>特服业务(特别为110、119、120 等)</td><td colspan="2">合格</td><td>作 100%测试</td></tr>
<tr><td>用户线接入调制解调器,传输速率为2400bps,数据误码率不大于 1×10^{-5}</td><td colspan="2">合格</td><td></td></tr>
<tr><td>2B+D 用户测试</td><td colspan="2">合格</td><td></td></tr>
<tr><td colspan="2">中继测试:中继电路呼叫测试,抽测2～3条电路(包括各种呼叫状态)</td><td colspan="2">合格</td><td>主要为信令和接口</td></tr>
<tr><td rowspan="3">接通率测试</td><td>局部接通率应达 99.96%以上</td><td colspan="2">合格</td><td rowspan="3">60对用户,10万次呼叫200次</td></tr>
<tr><td>局间接通率应达 98%以上</td><td colspan="2">合格</td></tr>
<tr><td>采用人机命令进行故障诊断测试</td><td colspan="2">合格</td></tr>
<tr><td colspan="6">检测结论:
　　经检验,符合设计要求及规范规定。</td></tr>
<tr><td rowspan="4">签字栏</td><td colspan="2">施工单位</td><td>××机电工程有限公司</td><td>技术负责人</td><td>专业质检员</td><td>检测人</td></tr>
<tr><td colspan="2"></td><td></td><td>×××</td><td>×××</td><td>×××</td></tr>
<tr><td colspan="2">监理(建设)单位</td><td>××工程建设监理有限公司</td><td colspan="2">专业工程师</td><td>×××</td></tr>
</table>

本表由施工单位填写。

5.2.15 《火灾自动报警及消防联动系统自测记录》监理单位审核

火灾自动报警及消防联动系统自检测记录 表 C6-59			资料编号	07—04—C6—×××
工程名称		××大厦	检测时间	××年××月××日
部　位		机房		
	检 测 内 容		检测记录	备注
1	系统检测	执行 GB 50166－2007 规范	合格	系统检测报告 GB 50166－2007 规定,使用 GB 50166－2007 的附录表格
		系统应为独立系统	合格	
2	系统联动	与其他系统联动	合格	满足设计要求为检测合格
3	系统电磁兼容性防护		合格	
4	火灾报警控制器人机界面	汉化图形界面	合格	符合设计要求为检测合格
		中文屏幕菜单	合格	
5	接口通信功能	消防控制室与建筑设备监控系统	合格	符合设计要求为检测合格
		消防控制室与安全防范系统	合格	
6	系统关联功能	公共广播与紧急广播共用	合格	符合 GB 50166－2007 有关规定符合设计要求为检测合格
		安全防范子系统对火灾响应与操作	合格	
7	火灾探测器性能及安装状况	智能性	合格	符合设计要求为检测合格
		普通性	合格	
8	新型消防设施设置及功能	早期烟雾探测	合格	符合设计要求为检测合格
		大空间早期检测	合格	
		大空间红外图像矩阵火灾报警及灭火	合格	
		可燃气体泄漏报警及联动	合格	
9	消防控制室	控制室与其他系统合用时要求	合格	符合 GB 50166－2007、GB 50314－2006 的有关规定

检测结论：

经检验,符合设计要求及规范规定。

签字栏	施工单位	××机电工程有限公司	技术负责人	专业质检员	检测人
			×××	×××	×××
	监理(建设)单位	××工程建设监理有限公司	专业工程师		×××

本表由施工单位填写。

5.2.16 《安全防范系统安全防范综合管理系统自检测记录》监理单位审核

安全防范系统 安全防范综合管理系统自检测记录 表 C6-60			资料编号	07－05－C6－×××
工程名称		××大厦	检测时间	××年××月××日
部 位			机房	
		检测内容	检测记录	备注
1	数据通信接口	对子系统工作状态观测并核实	合格	各项系统功能和软件功能检测合格率100％时系统检测合格
1	数据通信接口	对各子系统报警信息观测并核实	合格	各项系统功能和软件功能检测合格率100％时系统检测合格
1	数据通信接口	发送命令时子系统响应情况	合格	各项系统功能和软件功能检测合格率100％时系统检测合格
2	综合管理系统	正确显示子系统工作状态	合格	各项系统功能和软件功能检测合格率100％时系统检测合格
2	综合管理系统	对各类报警信息显示、记录、统计情况	合格	各项系统功能和软件功能检测合格率100％时系统检测合格
2	综合管理系统	数据报表打印	合格	各项系统功能和软件功能检测合格率100％时系统检测合格
2	综合管理系统	报警打印	合格	各项系统功能和软件功能检测合格率100％时系统检测合格
2	综合管理系统	操作方便性	合格	各项系统功能和软件功能检测合格率100％时系统检测合格
2	综合管理系统	人机界面友好、汉化、图形化	合格	各项系统功能和软件功能检测合格率100％时系统检测合格
2	综合管理系统	对子系统的控制功能	合格	各项系统功能和软件功能检测合格率100％时系统检测合格
检测结论： 经检验,符合设计要求及规范规定。				
签字栏	施工单位	××机电工程有限公司	技术负责人 ×××	专业质检员 ×××	检测人 ×××
签字栏	监理(建设)单位	××工程建设监理有限公司	专业工程师	×××	

本表由施工单位填写。

第6章 监理单位审签竣工质量验收资料

6.1 《单位(子单位)工程质量竣工验收记录》监理单位审核

表 H.0.1-1 单位工程质量竣工验收记录

工程名称	××住宅楼工程	结构类型	砖混结构	层数/ 建筑面积	地下一层地上十层/19500m²
施工单位	××建设集团有限公司	技术负责人	×××	开工日期	××年××月××日
项目负责人	×××	项目技术 负责人	×××	完工日期	××年××月××日

序号	项 目	验 收 记 录	验 收 结 论
1	分部工程验收	共 10 分部,经查符合设计及标准规定 10 分部	所有分部工程质量验收合格
2	质量控制资料核查	共 45 项,经核查符合规定 45 项	质量控制资料全部符合有关规定
3	安全和使用功能 核查及抽查结果	共核查 33 项,符合规定 33 项, 共抽查 10 项,符合规定 10 项, 经返工处理符合规定 0 项	核查及抽查项目全部符合规定
4	观感质量验收	共抽查 24 项,达到"好"和"一般"的 24 项,经返修处理符合要求的 0 项	好
综合验收结论		工程质量合格	

参加验收单位	××集团有限公司(公章) 项目负责人:××× ××年××月××日	××工程建设监理有限公司(公章) 总监理工程师:××× ××年××月××日	××建设集团有限公司(公章) 项目负责人:××× ××年××月××日	××设计研究院(公章) 项目负责人:××× ××年××月××日	××勘察设计研究院(公章) 项目负责人:××× ××年××月××日

注:1. 单位工程验收时,验收签字人员应由相应单位法人代表书面授权;
    2. 本表摘自《建筑工程施工质量验收统一标准》GB 50300—2013)。

"单位(子单位)工程质量竣工验收记录"填写说明与依据

1. 填写基本要求

(1)单位工程完工,施工单位自检合格后,报请监理单位。监理单位组织进行工程预验收,合格后施工单位填写"单位工程质量竣工验收记录",向建设单位提交工程竣工报告。

(2)工程竣工正式验收应由建设单位组织,参加单位包括设计单位、监理单位、施工单位、勘察单位等。验收合格后,验收记录上各单位必须签字并加盖公章,验收签字人员应由相应单位法人代表书面授权。

(3)进行单位工程质量竣工验收时,施工单位应同时填报"单位工程质量控制资料检查记录"、"单位工程安全和功能检查资料核查及主要功能抽查记录"、"单位工程观感质量检查记录",作为"单位工程质量竣工验收记录"的附表。

2. 表头填写说明

"单位(子单位)工程名称"栏:

填写全称,如为群体工程,则按群体工程名称+单位工程名称形式填写,子单位工程标出该部分的位置。

"分部(子分部)工程名称"栏:

按 GB 50300—2013 划定的分部(子分部)名称填写。

"分项工程名称"栏:

按检验批所属分项工程名称填写,分项工程名称按 GB 50300—2013 附录 B 规定。

"施工单位"及"项目负责人"栏:

"施工单位"栏应填写总包单位名称,或与建设单位签订合同的专业承包单位名称,并与合同上公章名称一致,并应注意各表格填写的名称应相互一致;"项目负责人"栏填写合同中指定的项目负责人名称,表头中人名由填表人填写即可。

"分包单位"及"分包单位项目负责人"栏:

当不涉及分包时,此栏不需要填写,划"/"。

当有分包项目时,"分包单位"栏应填写分包单位全称,应与合同上公章名称一致,并应注意各表格填写的名称应相互一致;"分包单位项目负责人"栏填写合同中指定的分包单位项目负责人名称,表头中人名由填表人填写即可。

"检验批容量"栏:

指本检验批的工程量,按工程实际填写,计量项目和单位按专业验收规范中对检验批容量的规定。

"检验批部位"栏:

是指一个分项工程中验收的那个检验批的抽样范围,要按实际情况填写清楚。

"施工依据"栏:

可以填写所采用的企业标准、地方标准、行业标准或国家标准;要将标准名称及编号填写齐全。

"验收依据"栏:

填写验收依据的标准名称及编号。

3. 验收记录填写说明

"验收记录"栏由监理单位填写。

4. 验收结论填写说明

"验收结论"栏由监理单位填入具体的验收结论。

(1)"分部工程验收"栏根据"分部工程质量验收记录"填写。应对所含各分部工程,由竣工验收组成员共同逐项核查。

(2)"质量控制资料核查"栏根据"单位工程质量控制资料核查记录"的核查结论填写。

建设单位组织由各方代表组成的验收组成员,或委托总监理工程师,按照"单位工程质量控制资料核查记录"的内容,对资料进行逐项核查。

(3)"安全和使用功能核查及抽查结果"栏根据"单位工程安全和功能检验资料核查及主要功能抽查记录"的核查结论填写。对于分部工程验收时已经进行了安全和功能检测的项目,单位工程验收时不再重复检测。但要核查以下内容:

1)单位工程验收时按规定、约定或设计要求,需要进行的安全功能抽测项目是否都进行了检测;具体检测项目有无遗漏。

2)抽测的程序、方法是否符合规定。

3)抽测结论是否达到设计要求及规范规定。

(4)"观感质量验收"栏根据"单位工程观感质量检查记录"的检查结论填写。建设单位组织验收组成员,对观感质量进行抽查,共同做出评价。观感质量评价分为"好"、"一般"、"差"三个等级。

5. 综合验收结论填写说明

"综合验收结论"栏应由参加验收各方共同商定,并由建设单位填写,主要对工程质量是否符合设计和规范要求及总体质量水平做出评价。

6.2 《单位(子单位)工程质量控制核查记录》监理单位审核

表 H.0.1-2　单位工程质量控制资料核查记录

工程名称		××住宅楼工程		施工单位		××建设集团有限公司	
序号	项目	资料名称	份数	施工单位		监理单位	
				核查意见	核查人	核查意见	核查人
1	建筑与结构	图纸会审记录、设计变更通知单、工程洽商记录	24	齐全有效	×××	合格	×××
2		工程定位测量、放线记录	54	齐全有效		合格	
3		原材料出厂合格证书及进场检验、试验报告	226	齐全有效		合格	
4		施工试验报告及见证检测报告	126	齐全有效		合格	
5		隐蔽工程验收记录	136	齐全有效		合格	
6		施工记录	118	齐全有效		合格	
7		地基、基础、主体结构检验及抽样检测资料	56	齐全有效		合格	
8		分项、分部工程质量验收记录	12	齐全有效		合格	
9		工程质量事故调查处理资料	/	/		/	
10		新技术论证、备案及施工记录	2	齐全有效		合格	
1	给水排水与供暖	图纸会审记录、设计变更通知单、工程洽商记录	9	齐全有效	×××	合格	×××
2		原材料出厂合格证书及进场检验、试验报告	32	齐全有效		合格	
3		管道、设备强度试验、严密性试验记录	6	齐全有效		合格	
4		隐蔽工程验收记录	25	齐全有效		合格	
5		系统清洗、灌水、通水、通球试验记录	28	齐全有效		合格	
6		施工记录	22	齐全有效		合格	
7		分项、分部工程质量验收记录	10	齐全有效		合格	
8		新技术论证、备案及施工记录	1	齐全有效		合格	
1	通风与空调	图纸会审记录、设计变更通知单、工程洽商记录	5	齐全有效	×××	合格	×××
2		原材料出厂合格证书及进场检验、试验报告	4	齐全有效		合格	
3		制冷、空调、水管道强度试验、严密性试验记录	7	齐全有效		合格	
4		隐蔽工程验收记录	8	齐全有效		合格	
5		制冷设备运行调试记录	10	齐全有效		合格	
6		通风、空调系统调试记录	5	齐全有效		合格	
7		施工记录	25	齐全有效		合格	
8		分项、分部工程质量验收记录	5	齐全有效		合格	
9		新技术论证、备案及施工记录	1	齐全有效		合格	

续表

工程名称		××住宅楼工程		施工单位		××建设集团有限公司	
序号	项目	资料名称	份数	施工单位		监理单位	
				核查意见	核查人	核查意见	核查人
1	建筑电气	图纸会审记录、设计变更通知单、工程洽商记录	9	齐全有效	×××	合格	×××
2		原材料出厂合格证书及进场检验、试验报告	25	齐全有效		合格	
3		设备调试记录	8	齐全有效		合格	
4		接地、绝缘电阻测试记录	30	齐全有效		合格	
5		隐蔽工程验收记录	25	齐全有效		合格	
6		施工记录	20	齐全有效		合格	
7		分项、分部工程质量验收记录	10	齐全有效		合格	
8		新技术论证、备案及施工记录	1	齐全有效		合格	
1	智能建筑	图纸会审记录、设计变更通知单、工程洽商记录	9	齐全有效	×××	合格	×××
2		原材料出厂合格证书及进场检验、试验报告	25	齐全有效		合格	
3		隐蔽工程验收记录	30	齐全有效		合格	
4		施工记录	30	齐全有效		合格	
5		系统功能测定及设备调试记录	25	齐全有效		合格	
6		系统技术、操作和维护手册	20	齐全有效		合格	
7		系统管理、操作人员培训记录	10	齐全有效		合格	
8		系统检测报告	1	齐全有效		合格	
9		分项、分部工程质量验收记录	9	齐全有效		合格	
10		新技术论证、备案及施工记录	2	齐全有效		合格	
1	建筑节能	图纸会审记录、设计变更通知单、工程洽商记录	9	齐全有效	×××	合格	×××
2		原材料出厂合格证书及进场检验、试验报告	32	齐全有效		合格	
3		管道、设备强度试验、严密性试验记录	6	齐全有效		合格	
4		隐蔽工程验收记录	25	齐全有效		合格	
5		系统清洗、灌水、通水、通球试验记录	28	齐全有效		合格	
6		施工记录	22	齐全有效		合格	
7		分项、分部工程质量验收记录	10	齐全有效		合格	
8		新技术论证、备案及施工记录	1	齐全有效		合格	

续表

工程名称		××住宅楼工程		施工单位		××建设集团有限公司	
序号	项目	资料名称	份数	施工单位		监理单位	
				核查意见	核查人	核查意见	核查人
1	电梯	图纸会审记录、设计变更通知单、工程洽商记录	4	齐全有效	×××	合格	×××
2		设备出厂合格证书及开箱检验记录	25	齐全有效		合格	
3		隐蔽工程验收记录	8	齐全有效		合格	
4		施工记录	30	齐全有效		合格	
5		接地、绝缘电阻测试记录	5	齐全有效		合格	
6		负荷试验、安全装置检查记录	20	齐全有效		合格	
7		分项、分部工程质量验收记录	10	齐全有效		合格	
8		新技术论证、备案及施工记录	1	齐全有效		合格	

结论：

施工单位项目负责人：×××　　　　　　总监理工程师：×××
　　××年××月××日　　　　　　　　　××年××月××日

注：本表摘自《建筑工程施工质量验收统一标准》（GB 50300－2013）。

"单位(子单位)工程质量控制资料核查记录"填写说明与依据

1. GB 50300－2013中规定了按专业分共计61项内容。建筑与结构10项；给排水与采暖8项；通风与空调9项；建筑电气8项；建筑智能化10项，建筑节能8项，电梯8项。

2. 本表由施工单位按照所列质量控制资料的种类、名称进行检查，并填写份数，然后提交给监理单位验收。

3. 本表其他各栏内容先由施工单位进行自查和填写。监理单位核查合格后，在"核查意见"栏填写对资料核查后的具体意见如"齐全"、"符合要求"。施工、监理单位具体核查人员在"核查人"栏签字。

4. 总监理工程师确认符合要求后，在"结论"栏内填写综合性结论。

5. 施工单位项目负责人应在"结论"栏内签字确认。

6.3 《单位(子单位)工程安全和功能检验资料核查及主要功能抽查记录》监理单位审核

表 H.0.1-3　单位工程安全和功能检验资料核查及主要功能抽查记录

工程名称		××住宅楼工程	施工单位		××建设集团有限公司	
序号	项目	安全和功能检查项目	份数	核查意见	抽查结果	核查人
1	建筑与结构	地基承载力检验报告	2	完整、有效		××× ×××
2		桩基承载力检验报告	3	完整、有效		
3		混凝土强度试验报告	12	完整、有效	抽查5处合格	
4		砂浆强度试验报告	2	完整、有效		
5		主体结构尺寸、位置抽查记录	5	完整、有效		
6		建筑物垂直度、标高、全高测量记录	2	完整、有效	抽查5处合格	
7		屋面淋水或蓄水试验记录	10	完整、有效	抽查4处合格	
8		地下室渗漏水检测记录	10	完整、有效		
9		有防水要求的地面蓄水试验记录	16	完整、有效	抽查5处合格	
10		抽气(风)道检查记录	18	完整、有效	抽查2处合格	
11		外窗气密性、水密性、耐风压检测报告	2	完整、有效		
12		幕墙气密性、水密性、耐风压检测报告	3	完整、有效		
13		建筑物沉降观测测量记录	12	完整、有效		
14		节能、保温测试记录	5	完整、有效		
15		室内环境检测报告	10	完整、有效		
16		土壤氡气浓度检测报告	1	完整、有效		
1	给水排水与供暖	给水管道通水试验记录	12	完整、有效		
2		暖气管道、散热器压力试验记录	2	完整、有效	抽查5处合格	
3		卫生器具满水试验记录	12	完整、有效		
4		消防管道、燃气管道压力试验记录	15	完整、有效		
5		排水干管通球试验记录	16	完整、有效		
6		锅炉试运行、安全阀及报警联动测试记录	2	完整、有效		
1	通风与空调	通风、空调系统试运行记录	12	完整、有效		××× ×××
2		风量、温度测试记录	2	完整、有效		
3		空气能量回收装置测试记录	8	完整、有效	抽查5处合格	
4		洁净室洁净度测试记录	9	完整、有效		
5		制冷机组试运行调试记录	16	完整、有效		
1	建筑电气	建筑照明通电试运行记录	2	完整、有效		
2		灯具固定装置及悬吊装置的载荷强度试验记录	10	完整、有效		
3		绝缘电阻测试记录	36	完整、有效	抽查8处合格	
4		剩余电流动作保护器测试记录	23	完整、有效		
5		应急电源装置应急持续供电时间记录	5	完整、有效		
6		接地电阻测试记录	6	完整、有效	抽查3处合格	
7		接地故障回路阻抗测试记录	6	完整、有效		

续表

工程名称		××住宅楼工程	施工单位		××建设集团有限公司	
序号	项目	安全和功能检查项目	份数	核查意见	抽查结果	核查人
1	智能建筑	系统试运行记录	16	完整、有效		××× ×××
2		系统电源及接地检测报告	5	完整、有效	抽查2处合格	
3		系统接地检测报告	5	完整、有效		
1	建筑节能	外墙节能构造检查记录或热工性能检验报告	12	完整、有效		××× ×××
2		设备系统节能性能检查记录	2	完整、有效		
1	电梯	运行记录	5	完整、有效		××× ×××
2		安全装置检测报告	5	完整、有效		
结论:资料齐全有效、抽查结果全部合格						

　　　　　　施工单位项目负责人:×××　　　　　　　　总监理工程师:×××
　　　　　　××年××月××日　　　　　　　　　　　××年××月××日

注:1. 抽查项目由验收组协商确定;
　　2. 本表摘自《建筑工程施工质量验收统一标准》(GB 50300-2013)。

"单位(子单位)工程安全和功能检验资料核查及主要功能抽查记录"填写说明与依据

(1)本表由施工单位按所列内容检查并在"份数"栏填写实际数量后,提交给监理单位。

(2)本表其他栏目由总监理工程师或建设单位项目负责人组织核查、抽查并由监理单位填写核查意见。

(3)建筑工程投入使用,最为重要的是要确保安全和满足功能性要求。涉及安全和使用功能的分部工程应有检验资料,施工验收对能否满足安全和使用功能的项目进行强化验收,对主要项目进行抽查记录,填写此表。

(4)抽查项目是在核查资料文件的基础上,由参加验收的各方人员确定,然后按有关专业工程施工质量验收标准进行检查。

(5)本表中已经列明安全和功能的各项主要检测项目,如果设计或合同有其他要求,经监理认可后可以补充。

(6)安全和功能的检测,如果条件具备,应在分部工程验收时进行。分部工程验收时凡已经做过的安全和功能检测项目,单位工程竣工验收时不再重复检测。只核查检测报告是否符合有关规定。

6.4 《单位(子单位)工程观感质量检查记录》监理单位审核

表 H.0.1-4 单位工程观感质量检查记录

工程名称		××大厦	施工单位	××建筑有限公司	
序号		项目	抽查质量状况		质量评价
1	建筑与结构	主体结构外观	共查 10 点,好 10 点,一般 0 点,差 0 点		好
2		室外墙面	共查 10 点,好 10 点,一般 0 点,差 0 点		好
3		变形缝、雨水管	共查 10 点,好 10 点,一般 0 点,差 0 点		好
4		屋面	共查 10 点,好 10 点,一般 0 点,差 0 点		好
5		室内墙面	共查 10 点,好 9 点,一般 1 点,差 0 点		好
6		室内顶棚	共查 10 点,好 9 点,一般 1 点,差 0 点		好
7		室内地面	共查 10 点,好 10 点,一般 0 点,差 0 点		好
8		楼梯、踏步、护栏	共查 10 点,好 9 点,一般 1 点,差 0 点		好
9		门窗	共查 10 点,好 9 点,一般 1 点,差 0 点		好
10		雨罩、台阶、坡道、散水	共查 10 点,好 10 点,一般 0 点,差 0 点		好
1	给排水与供暖	管道接口、坡度、支架	共查 10 点,好 8 点,一般 2 点,差 0 点		好
2		卫生器具、支架、阀门	共查 10 点,好 9 点,一般 1 点,差 0 点		好
3		检查口、扫除口、地漏	共查 10 点,好 9 点,一般 1 点,差 0 点		好
4		散热器、支架	共查 10 点,好 8 点,一般 2 点,差 0 点		好
1	通风与空调	风管、支架	共查 10 点,好 9 点,一般 1 点,差 0 点		好
2		风口、风阀	共查 10 点,好 10 点,一般 0 点,差 0 点		好
3		风机、空调设备	共查 10 点,好 9 点,一般 1 点,差 0 点		好
4		管道、阀门、支架	共查 10 点,好 8 点,一般 2 点,差 0 点		好
5		水泵、冷却塔	共查 10 点,好 8 点,一般 2 点,差 0 点		好
6		绝热	共查 10 点,好 9 点,一般 1 点,差 0 点		好
1	建筑电气	配电箱、盘、板、接线盒	共查 10 点,好 8 点,一般 2 点,差 0 点		好
2		设备器具、开关、插座	共查 10 点,好 9 点,一般 1 点,差 0 点		好
3		防雷、接地、防火	共查 10 点,好 9 点,一般 1 点,差 0 点		好
1	智能建筑	机房设备安装及布局	共查 10 点,好 9 点,一般 1 点,差 0 点		好
2		现场设备安装	共查 10 点,好 10 点,一般 0 点,差 0 点		好
1	电梯	运行、平层、开关门	共查 10 点,好 9 点,一般 1 点,差 0 点		好
2		层门、信号系统	共查 10 点,好 9 点,一般 1 点,差 0 点		好
3		机房	共查 10 点,好 10 点,一般 0 点,差 0 点		好
	观感质量综合评价		好		

结论:评价为好,观感质量验收合格。
    施工单位项目负责人:×××   总监理工程师:×××
    ××年××月××日   ××年××月××日

注:1. 对质量评价为差的项目应进行返修;
    2. 观感质量现场检查原始记录应作为本表附件;
    3. 本表摘自《建筑工程施工质量验收统一标准》(GB 50300—2013)。

6.5 《单位工程竣工预验收报验单》监理单位审核

单位工程竣工预验收报验单 表 C8-5		资料编号	××-××-C1-×××
工程名称	××工程	日　　期	××年××月××日

致　　××建设监理有限公司　　（监理单位）：

　　我方已按合同要求完成了＿＿＿＿＿××工程＿＿＿＿＿，经自检合格，请予以检查和验收。

附件：

单位工程竣工资料

施工单位名称：××建设集团有限公司　　　　　　　　　　项目经理（签字）：×××

审查意见：

经预验收，该工程：
1. ☑符合 □不符合　我国现行法律、法规要求。
2. ☑符合 □不符合　我国现行工程建设标准。
3. ☑符合 □不符合　设计文件要求。
4. ☑符合 □不符合　施工合同要求。

综上所述，该工程预验收结论：　　☑合格　　　□不合格
可否组织正式验收：　　　　　　　☑可　　　　□否

监理单位名称：××建设监理有限公司（盖章）　总监理工程师（签字）：×××　日期：××年××月××日

本表由施工单位填写。

"单位工程竣工预验收报验单"填写说明与依据

（1）总监理工程师应组织专业监理工程师，依据有关法律、法规、工程建设强制性标准、设计文件及施工合同，对承包单位报送的竣工资料进行审查，并对工程质量进行竣工预验收。对存在的问题，应及时要求承包单位整改。整改完毕由总监理工程师签署工程竣工报验单，并应在此基础上提出工程质量评估报告。工程质量评估报告应经总监理工程师和监理单位技术负责人审核签字。

（2）项目监理机构应参加由建设单位组织的竣工验收，并提供相关监理资料。对验收中提出的整改问题，项目监理机构应要求承包单位进行整改。工程质量符合要求，由总监理工程师会同参加验收的各方签署竣工验收报告。

参 考 文 献

[1] 中华人民共和国住房和城乡建设部. 建筑工程施工质量验收统一标准(GB 50300—2013)[S]. 北京:中国建筑工业出版社,2014.

[2] 中华人民共和国住房和城乡建设部. 建设工程监理规范(GB/T 50319—2013)[S]. 北京:中国建筑工业出版社,2014.

[3] 中华人民共和国建设部,中华人民共和国国家质量监督检验检疫总局. 建筑地基基础工程施工质量验收规范(GB 50202—2002)[S]. 北京:中国计划出版社,2004.

[4] 中华人民共和国建设部,国家质量监督检验检疫总局. 混凝土结构工程施工质量验收规范(GB 50204—2002,2011年版)[S]. 北京:中国建筑工业出版社,2011.

[5] 中华人民共和国住房和城乡建设部. 砌体结构工程施工质量验收规范(GB 50203—2011)[S]. 北京:中国建筑工业出版社,2011.

[6] 中华人民共和国国家质量监督检验检疫总局,中华人民共和国建设部. 钢结构工程施工质量验收规范(GB 50205—2001)[S]. 北京:中国计划出版社,2002.

[7] 中华人民共和国住房和城乡建设部. 屋面工程质量验收规范(GB 50207—2012)[S]. 北京:中国建筑工业出版社,2012.

[8] 中华人民共和国建设部,中华人民共和国国家质量监督检验检疫总局. 建筑给水排水及采暖工程施工质量验收规范(GB 50242—2002)[S]. 北京:中国建筑工业出版社,2002.

[9] 中华人民共和国建设部. 通风与空调工程施工质量验收规范(GB 50243—2002)[S]. 北京:中国计划工业出版社,2002.

[10] 中华人民共和国建设部,国家质量监督检验检疫总局. 建筑电气工程施工质量验收规范(GB 50303—2002)[S]. 北京:中国计划工业出版社,2002.

[11] 中华人民共和国建设部,中华人民共和国国家质量监督检验检疫总局. 建筑节能工程施工质量验收规范(GB 50411—2007)[S]. 北京:中国建筑工业出版社,2007.